ÉTUDES

SUR LA VIE PARLEMENTAIRE

DE

M. THIERS

PAR

A. VEYSSIÈRE.

1884
Imprimerie de B. VALAT à Martel (Lot).

Bastia (Cor) le 5 Juin 1855

Mademoiselle,

J'ai gardé la lettre gracieuse dont vous
m'avez honoré, après avoir pris connaissance
du travail que j'ai fait, il y a déjà plusieurs
années, sur la vie parlementaire de Monsieur
Thiers.

La bonne opinion que m'en ont inspiré
les éloges et ceux des personnes auxquelles
j'ai communiqué mon manuscrit m'ayant
décidé à le faire imprimer, j'ose vous
en adresser un exemplaire comme un
témoignage du prix que j'attache ou chercher
flatteuse ceux de vous à cette occasion.

Si vous daignez encore parcourir le volume,
il vous dira de nouveau quelle admiration
passionnée ont entretenu dans mon cœur,

le patriotisme et la ~~vertu~~ ~~meneur~~ ... de
l'homme auquel j'ai consacré mon
~~temps~~ vie

arrivé à l'âge de 72 ans je trouve
encore à les parcourir ~~...~~ les
~~...~~ les meilleurs
moments de ma longue vie

en m'exprimant ainsi, été
persuadé quelle serait ma vive satisfaction
~~d'être~~ de vous ... jusqu'à mon qu'il aurait appartenu
à ... auquel j'ai tant prié, soit
soit en ... ma vie, soit en ... ... relisant
... les ... dont je lui redevable
à vos bontés ~~...~~

j'ai ... l'espoir que vous
comprendrez mes désirs, et que vous daignerez
les satisfaire.

Veuillez agréer, mademoiselle,
l'expression des sentiments respectueux
avec les quels j'ai l'honneur de ...
... très obéissant serviteur ...

Montreux le 4 Juillet 1885.

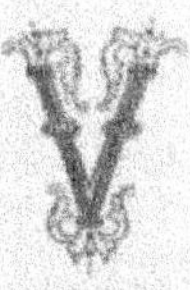

Mademoiselle,

Je viens vous exprimer le plaisir que m'a fait le beau livre dont vous avez eu la bonté de me faire l'envoi et celui de la lecture que je me propose d'en faire.

Je serai vraiment heureux d'y trouver la description des objets d'art auxquels monsieur Thiers, si connaisseur, attachait tant de prix, et veuillez agréer tous mes remerciements à ce sujet.

Ce livre sera l'ornement de mon salon, et me fournira l'occasion de [illegible] à votre estime pour mon travail

Sur la vie parlementaire de Monsieur
Thiers,

il désirera [...] que [...] Souvenir
[...]
qu'il m'encourage de [...] adressée
des premières œuvres.

Ce sont les essays historiques sur les
[...] et [...] publié [...] [...]
les événements de 70, où [...] Thiers [...]
[...] à l'occasion de [...] de [...] grand[...]
[...] à Longcham[...]

Veuillez [...] Mademoiselle,

agréer la nouvelle expression du
respect et des sentiments affectueux que
vous offre

votre [...] et très
obéissant serviteur

[signature]

29 Juin 88

HANNEUCOURT
PAR GARGENVILLE
SEINE ET OISE

Monsieur,

Si je vous remercie
tardivement de
votre lettre et du
volume que vous
avez eu l'obligeance
de m'envoyer,
c'est parceque j'ai
désiré prendre

nouveau, Monsieur,
de recevoir l'expression
de mes bien
sincères remerciements.

Romez

Monsieur Beyssière
homme de Lettres
à Martel
Lot.

Juin 1885

ÉTUDES

SUR LA VIE PARLEMENTAIRE

DE

M. THIERS

PAR

A. VEYSSIÈRE.

1884

Imprimerie et Librairie de J.-B. VALAT, à Martel (Lot).

ÉTUDES

SUR LA VIE PARLEMENTAIRE

DE

M. THIERS

PAR

A. VEYSSIÈRE.

1884

Chez l'auteur : M. Augustin VESSIÈRE, à Martel (Lot).

PRÉFACE

Un écrivain moraliste a dit un jour : le progrès des sciences et des arts tend à détruire l'universalité des talents parmi nous.

A ses yeux, Voltaire fut un homme prodigieux, sous ce rapport ; et comme lui, nous dirons que M. Thiers a possédé cette universalité d'une manière aussi surprenante.

Mais peut-on espérer que d'autres héritent de cette gloire ? il est permis d'en douter.

Dans les conditions actuelles, les nécessités sociales forcent les individus à se restreindre, à viser un but unique, à ne suivre qu'une seule voie pour arriver à l'acquisition des connaissances indispensables à la carrière de leur choix.

La civilisation ne comptera bientôt plus que des spécialistes ; l'esprit littéraire s'éteint parmi nous.

Celui des affaires nous gagne, et finira bientôt par nous absorber.

Un intérêt secret, une voix intérieure crie aux jeunes gens : laissez les livres, et faites fortune.

S'il en est ainsi, que deviendra cette France qui, pendant des siècles, n'a pas eu de plus noble passion que celle des lettres et de la philosophie ?

Il est triste d'y penser.

De nos jours, M. Thiers, est peut-être, l'homme unique qui ait vraiment possédé l'universalité dont nous parlons.

Il est dificile, en effet, de discerner ce qu'il a su le moins bien, et quelles ont été ses moindres aptitudes.

Sa supériorité s'est produite dans tous les genres : l'histoire, la géographie, la politique, la diplomatie, la guerre, les finances, les arts, il a successivement tout abordé, et nous ne savons personne qui, sur la plupart de ces matières, ait écrit ou parlé mieux que lui.

Il a eu le génie du bon sens comme l'avait Voltaire, dont il s'est montré le descendant à plusieurs titres.

Dans ses livres, son style est clair et limpide comme le sien;

Historiens éminents tous les deux, une grande simplicité dans le récit des plus hauts faits caractérise leurs œuvres.

On ne trouverait pas une seule phrase déclamatoire dans leurs écrits; mais le plus grand mérite de M. Thiers consiste dans le dévouement qu'il a montré pour son pays.

Venu à une époque ou il a pu se trouver mêlé à de grands évènements, à prendre part aux affaires les plus importantes, il a vécu pendant plus de quarante ans au milieu d'elles; et dans le long parcours de sa carrière parlementaire, les nombreux discours qu'il a prononcés sur toutes les questions de la politique, après avoir excité l'admiration de ses contemporains, glorifieront son patriotisme.

Nous en avons recueilli de belles pages dans notre travail :

C'est un humble hommage de notre vénération pour sa mémoire, pour le souvenir des services éclatants, parmi lesquels sera toujours celui qui, en lui méritant d'être appelé *le libérateur du territoire*, perpétuera ses droits à la reconnaissance nationale.

Pour nous, si nous osions dévancer le jugement de la postérité, nous dirions que, de tous les grands hommes auxquels la France a donné le jour, il n'en est peut-être aucun qu'elle puisse placer au-dessus de lui.

Martel, le 21 Mars 1880,

A. VEYSSIÈRE.

CHAPITRE I.

Dilexit patriam, veritatem coluit, et in
principiis constans sibi.

M. Thiers est mort le 3 septembre 1877, à l'âge de 80 ans.

Un million d'hommes ont assité à ses funérailles ; les puissances
étrangères et les grandes villes de France y avaient leurs représentants.

Quel spectacle touchant et grandiose que cette immense foule,
silencieuse, recueillie, et tête nue devant un cercueil !

On ne pouvait plus dignement honorer la mémoire du grand
citoyen.

Il a voulu qu'on mît sur sa tombe les quatre premiers mots
qui nous ont servi d'épigraphe ; ils disent éloquemment sa vie et
ses actes ; c'est le résumé de ses travaux et des services qu'il a
rendus à son pays.

Nous allons essayer de rappeler ici tous ceux qu'il nous sera
donné de recueillir, dans le cours de cette vie si active et si
glorieuse, en attendant que l'histoire en perpétue le souvenir.

Nous ne parlerons pas des succès de la première jeunesse de
M. Thiers faisant pressentir ce qu'il deviendrait un jour.

Arrivé à Paris en 1821, il débuta dans le journalisme, et s'y
distingua bientôt par une série d'articles sur la politique ou les
beaux arts et qui, fort remarqués à cette époque, ne tardèrent pas
à lui donner accès dans des salons très-considérables de la
capitale.

Doué d'une facilité merveilleuse, d'une force de travail et d'une sagacité d'esprit qui démêlait toutes les difficultés, en les surmontant sans efforts et sans lassitude ; il aborda tour à tour et selon ses vues du moment, les questions les plus diverses de la politique ; il les étudia sous les meilleurs maîtres ; il discutait celles que soulevait la presse quotidienne ; et dans les intervalles de cette polémique, il avait entrepris l'histoire de la révolution française, avec la ferme volonté de braver tous les préjugés d'alors contre elle, en disant ce qu'il croirait être la vérité sur les hommes et les choses de ce temps.

Ces études lui apprirent tout ce qui concerne l'armée, les finances, les relations extérieures, les rouages administratifs ; et lorsqu'il eut raconté les commencements de cette révolution dont les premiers efforts firent crouler le vieil édifice social que sapaient, depuis des siècles, tant de pitoyables abus, le public étonné trouva dans ces récits une exposition si bien ordonnée, des tableaux si animés, des portraits si énergiquement tracés, tant de simplicité et de lumière dans le style, que tous les lecteurs se passionnèrent pour une publication qui révélait une telle supériorité de talent chez son jeune auteur.

Je me rappelle encore, moi-même, parce que j'en reçus alors ma bonne part, l'impression extraordinaire que produisirent les premiers volumes sur l'opinion publique.

A mesure que paraissaient les livraisons lentement publiées, elles excitaient de vives admirations, et par conséquent, d'ardentes critiques.

Les partis étaient alors aussi divisés qu'à l'heure présente, et presque pour les mêmes causes, aussi, pendant tout le cours de cette publication, chaque volume redoublait les vivacités de la controverse suscitée par elle.

Néanmoins, les justes appréciations prévalurent, et firent à M. Thiers une véritable réputation d'historien ; à peine avait-il trente ans quand il eut achevé son œuvre.

Voilà donc par quels travaux il parvint à se munir des connaissances dont la rapide maturité devait plus tard faire de lui un homme d'état de premier ordre.

On approchait, dans ce moment, de 1830 ; l'agitation régnait alors dans tous les esprits ; la formation du ministère *Polignac* faisait pressentir de graves événements ; et dans ces prévisions,

M. Thiers fonda *Le National* avec Armand Carrel, sans autre but que celui de défendre la Charte menacée.

C'est dans ce journal qu'il formula pour la première fois la fameuse maxime *le roi règne et ne gouverne pas*, dont il devait maintenir la doctrine toute sa vie, et plusieurs fois, au prix des plus patriotiques sacrifices.

Peu de temps après, lorque le pouvoir entreprit de nous enlever nos libertés, M. Thiers prit aussitôt la courageuse initiative d'une protestation que tous les journalistes libéraux de la capitale vinrent signer dans ses bureaux, à son appel.

Cette protestation fut le signal d'un mouvement insurrectionnel qui, après trois jours d'une lutte sanglante, devint une révolution victorieuse ; et ce triomphe obtenu, l'organisation d'un nouvel ordre de chose donna lieu aux combinaisons les plus laborieuses, dont, en définitive, le résultat fut de faire proclamer le duc d'Orléans, sur la proposition de M. Thiers ; et quelques jours après, ce prince accepta la couronne que lui offrit l'Assemblée, au nom de la souveraineté nationale.

C'est ainsi que se termina la révolution de 1830.

Et maintenant, nous allons suivre M. Thiers sur la scène où, comme orateur, et comme homme politique, il allait se produire avec éclat.

Dès les premières séances de l'assemblée, il fut nommé membre d'une commission où figuraient les hommes les plus importants appelés à présenter les modifications que la loi électorale devait subir.

Un peu plus tard, le Baron Louis, ministre des finances, dont il avait été l'élève, l'appela auprès de lui, pour l'associer, à titre de sous-secrétaire d'état, à ses travaux.

Il le chargea ensuite de soutenir une grave question de crédits spéciaux soumis à l'assemblée; et l'extrême habileté qu'il mit à remplir cette mission donna la plus haute idée de ses aptitudes financières, et des connaissances que lui permit de déployer la surprenante facilité de parole dont il fit preuve, à cette occasion.

Le Baron Louis se trouvant alors accablé par l'âge, et manifestant le désir de résigner ses fonctions, proposa au roi d'appeler M. Thiers, pour lui confier le porte-feuille qu'il trouvait trop lourd pour ses mains affaiblies; mais à des offres si flatteuses, M. Thiers répondit qu'avant d'accepter une si haute marque de confiance, il voulait la mériter par ses services.

Sa modestie et sa réserve lui conseillèrent d'attendre encore ; il conserva donc le poste de sous-secrétaire d'état des finances ; et c'est pendant l'exercice de ces hautes fonctions qu'il fut élu député des Bouches-du-Rhône, dans la ville d'Aix.

M. Laffite avait alors remplacé le Baron Louis en prenant la direction d'un nouveau cabinet auprès duquel M. Thiers continuait d'occuper le poste qu'il avait consenti à garder ; mais le cabinet présidé par M. Laffite ne dura pas; et comme ce dernier se retirait pour des raisons personnelles dignes de sympathies, M. Thiers, pénétré de ces sentiments pour lui, voulut aussi se retirer, nonobstant de royales instances, et malgré les dissentiments survenus entre M. Laffite et lui sur beaucoup de points.

M. Casimir Périer succéda donc le 15 mars 1851 à M. Laffite, à la tête d'un nouveau personnel dont le programme, en tout conforme aux idées de M. Thiers, devait le trouver prêt à lui donner son appui.

C'est, en effet, ce qu'il fit avec dévouement ; le premier acte de M. Casimir Périer fut de poser la question de confiance par une demande de crédit.

Cette question impliquant celle de la politique générale et des mesures de prévoyance qu'elle imposait, souleva de vifs débats, et si M. Périer rencontra d'ardents contradicteurs, M. Thiers lui vint puissamment en aide, et le crédit fut accordé.

Après cette épreuve, le moment était venu d'appliquer sans délai, la loi électorale qu'on avait refaite ; en conséquence, la dissolution s'en suivit le premier juin; et le vingt-huit juillet, dans la chambre renouvelée, M. Thiers reparut, réélu par ses premiers mandants.

Cette chambre était appelée à traverser une époque orageuse et difficile; comme le sont trop souvent les débuts d'une révolution qui a eu pour auxiliaires les hommes ardents qu'une nation possède dans son sein. Car il est bien difficile que les passions, une fois soulevées, n'excitent pas à dépasser les limites de la liberté qu'on a conquise; le ministère de M. Casimir Périer eut donc de rudes assauts à soutenir.

Il fallait faire face aux fréquentes émeutes de la rue, aux

conspirations légitimistes, aux passions qui agitaient l'assemblée ; et M. Thiers ne cessa de venir en aide au pouvoir, en mettant, au service d'une politique qui était la sienne, toutes les ressources de son talent.

La suppression des traités de 1815, l'indépendance ou l'annexion de la Belgique, les secours à donner à la Pologne, la prétention dangereuse et chimérique de vouloir fomenter des insurrections chez les autres peuples, étaient autant de sujets d'où la guerre pouvait surgir, dont la solution effrayait les esprits, et qui entretenaient les inquiétudes que ces diverses causes excitaient dans l'opinion publique.

M. Thiers prit une part active à toutes ces discussions qui enfiévraient l'Assemblée, et grâce à son esprit politique, à son bon sens supérieur, il parvenait à démontrer la témérité de ces projets belliqueux ; il calmait un peu l'ardeur des partis, et contribuait ainsi à faire adopter par la majorité de prudentes décisions.

C'est dans la paix, disait-il, et sous son influence, que les libertés se développent et s'affermissent ; les guerres agressives de notre première révolution nous apprennent qu'elles n'ont eu pour issue, ni pour récompense, ces libertés auxquelles nous attachons tant de prix.

Telle était l'intervention par laquelle M. Thiers agrandissait, chaque jour, l'importance du rôle qu'il devait être appelé à remplir.

Quoiqu'il en soit, nous avons à signaler la part qu'il voulut prendre dans la grande question relative à l'hérédité de la pairie, et à consigner ici l'inutilité de ses efforts pour le maintien d'une prérogative que nos mœurs démocratiques rendaient incompatibles à la nation.

Il se livra, à cet égard, disons-le, à des prévisions menaçantes que le temps ne devait pas réaliser ; et l'éloquence de sa parole éprouva cette fois un véritable échec.

Mais il n'en fut pas ainsi, lorsque dans les derniers jours de janvier 1832, la commission du budget des dépenses, dont il faisait partie, le chargea du rapport.

Une circonstance imprévue amena le jour de la discussion plus tôt que ne le pensait M. Thiers, il n'avait encore étudié ce budget que dans son ensemble après en avoir réuni et coordonné les matériaux.

Vingt-quatre heures lui restaient à peine, pour rédiger son volumineux rapport, il fallait donc suppléer à l'impossibilité matérielle de faire un pareil travail, par les notes et les chiffres, sur lesquels il s'excusa de s'être insuffisamment préparé, malgré cela, dès qu'il fut rentré en matière, il aborda si bien l'une après l'autre, toutes les questions financières dont il avait à parler que, par la lucidité de son exposé, l'ordre de ses calculs, la précision de ses chiffres, et le charme de son langage sur le plus aride sujet, il tint, pendant quatre heures, la chambre attentive, sans la fatiguer un seul instant, sans se fatiguer lui-même, sachant, à propos, mêler à des détails économiques des élans spontanés d'éloquence qui enthousiasmaient l'assemblée.

Rien, dirent les journaux du temps, n'est comparable à cette séance, et ce jour là M. Thiers prit décidément place parmi les premiers hommes d'état du pays.

La haute fortune à laquelle il s'élevait si rapidement, était l'œuvre de son magnifique talent; mais en montant les degrés de cette élévation, plus d'une fois, l'outrage et la calomnie l'assaillirent, plus d'une fois, les passions abjectes de l'envie s'irritèrent de ses succès : et, pourtant, il devenait un exemple encourageant de tout ce que peuvent espérer, dans notre siècle, les puissances intellectuelles, mises au service de la chose publique.

La session, aux travaux de laquelle M. Thiers venait de prendre une si grande part, l'avait vu déployer le courage toujours difficile, de soutenir le gouvernement, avec énergie, contre les mouvements tumultueux dont Paris était fréquemment le théâtre; et la fatigue d'être continuellement à la tribune lui fit une nécessité d'aller respirer, en Italie, l'air doux et vivifiant dont l'état de sa santé avait besoin.

Pendant son absence, Casimir Périer succombait victime du choléra ; sa mort faisait un grand vide dans le ministère; il devenait très difficile de le remplacer; et au moment où l'on se livrait à de nouvelles combinaisons, la duchesse de Berry débarquait dans la Vendée.

Dès que ce double événement fut connu de M. Thiers, il rentra aussitôt à Paris, où le rappelaient les solutions ministérielles que rendaient urgentes la situation du moment.

Durant les difficultés qu'elles firent naître survint, aussi, la mort du général Lamarque, dont les funérailles populaires furent l'occasion d'un mouvement insurrectionnel qu'on eut beaucoup de peine à calmer.

M. Thiers, comme toujours, se montra le courageux soutien du gouvernement ; il proposa même de mettre Paris en état de siége, afin d'opposer un acte de vigueur aux premiers excès, mais cette mesure, que le gouvernement n'osa pas, d'abord, adopter, ayant été prise, après l'ordre rétabli, devint dérisoire et ridicule, à cause de son inopportunité, et produisit un très mauvais effet sur les esprits.

On approchait alors de l'époque où les chambres devaient rentrer, il paraissait indispensable de fortifier le cabinet, en y introduisant des hommes énergiques, et capables de continuer le système politique inauguré par Casimir Périer.

Cette nouvelle formation donna lieu à de nombreux pourparlers qui semblaient devoir être interminables ; on finit cependant par s'entendre.

Le maréchal Soult fut désigné pour présider le Conseil, M. Thiers accepta le portefeuille de l'intérieur, et le cabinet, complété le 11 octobre, reçut, du jour de son installation, le nom qu'il devait avoir.

Au moment où M. Thiers arrivait au ministère, le parti légitimiste se livrait dans l'Ouest, ainsi que dans le Midi, à des menées, dont la propagande préoccupait beaucoup le pouvoir ; et les troubles qu'on s'efforçait d'étouffer étaient surexcités par la présence de la princesse, dont le débarquement dans la Vendée était déjà connu.

Cette veuve, cette italienne que le sentiment maternel poussait aux aventures périlleuses et romanesques, exaltait l'imagination dans ces contrées, et menaçait d'y allumer la guerre civile ; il s'agissait de la conjurer, en s'emparant de celle qui la fomentait.

C'était, pour les débuts de M. Thiers, une difficile mission : elle exigeait autant de modération que de fermeté.

Dans une circulaire spéciale aux départements de l'Ouest, il leur annonça sa résolution de poursuivre les ennemis du gouvernement, quels qu'ils fussent, par toutes les voies de droit, sans aucun esprit de haine et de vengeance, mais sans souffrir d'aucun parti la violation des lois.

Ses premiers soins furent de découvrir l'asile où se cachait la mère d'Henri V ; il y mit beaucoup de prudence et d'habileté.

Nous voulons prendre le duc d'Enghien, disait-il, mais nous ne voulons pas le fusiller.

Il ne tarda pas longtemps à trouver celle qu'il cherchait, un juif la lui livra ; elle fut conduite dans la citadelle de Blaye, et la nouvelle de cette arrestation produisit dans le parti légitimiste une émotion inexprimable.

A partir de ce moment, de nombreuses pétitions arrivèrent à l'assemblée, les ministres furent l'objet d'interpellations très-vives, une discussion passionnée s'en suivit, les uns plaçaient la princesse au-dessus du droit commun dont sa famille était exclue ; les autres réclamaient contre elle les rigueurs de la justice ordinaire; enfin M. Thiers intervint, il déroula, dans un habile discours, les difficultés de toutes sortes que présentait une procédure judiciaire qui était sans précédents ; et dans son hésitation la Chambre passa à l'ordre du jour.

Heureusement pour le pouvoir qui ne savait que faire de sa captive, il arriva que, par une de ces fatalités attachées aux dynasties condamnées à s'éteindre, cette mère du prétendant ne se trouva plus qu'une femme passée, clandestinement, à de secondes noces, dont elle portait le fruit dans son sein.

Ce dénouement frappa d'un rude coup le parti légitimiste; il en fut découragé, de façon à ne pouvoir plus donner beaucoup de soucis.

Quoi qu'il en soit, à cette époque, la Chambre ne continuait pas moins de subir l'influence des agitations, toujours si lentes à calmer, dans une société où la révolution a surexcité les partis qui ont contribué à son triomphe.

Chaque séance de l'assemblée donnait lieu à de vives agressions contre le gouvernement, et le mettait en butte à des exigences auxquelles il paraissait impossible ou dangereux de satisfaire.

L'énergie de sa résistance lui suscitait, sans cesse, des embarras dont M. Thiers portait presque tout le fardeau, et voulant enfin s'alléger, s'il le pouvait, d'une si rude tâche, il imagina de donner le change aux passions du moment, en proposant de compléter les travaux publics restés inachevés depuis l'empire, et d'exécuter le plus tôt possible ceux que réclamaient les besoins les plus urgents.

Les grandes entreprises d'utilité publique, les développements du commerce et de l'industrie, la promulgation, aussi prompte

que possible, des lois destinées à les faciliter ouvraient à M. Thiers
une carrière d'activité qui plaisait à sa nature, et dont les effets
lui paraissaient le plus sûr moyen d'attiédir l'effervescence des
esprits, si nuisible à la marche du gouvernement; et comme il se
trouvait le plus jeune de tous les ministres, il sollicita de ses
collègues le portefeuille du commerce et des travaux publics qui
allait devenir le ministère le plus chargé, par suite des travaux
considérables qu'il avait en vue.

Ses collègues accédèrent volontiers à cette permutation de
portefeuille ; et dès qu'il se trouva revêtu de ses nouvelles attributions, il se mit à l'œuvre, sans retard.

Dès les premiers mois de son installation, il s'occupa de toutes
les questions relatives aux échanges extérieurs de l'agriculture
et de l'industrie par une modification opportune des lois applicables à ce double élément de nos richesses nationales, et pour
la facilité des travaux projetés, il présenta, et fit voter une
loi qui, après enquête préalable, autorisait les expropriations
pour cause d'utilité publique ; et lorsqu'il fut question de discuter les budgets spéciaux relatifs à son département, il exposa
à l'assemblée une longue série de projets concernant les routes,
les canaux, les chemins de fer, dans l'ordre de leur urgence, il
entra dans les explications les plus détaillées sur chacun d'eux ; et
sa demande de crédit s'éleva à 100 millions.

L'Assemblée accueillit avec faveur les projets de M. Thiers ;
et depuis le moment où la responsabilité de leur exécution pesa
sur sa tête, il se livra, nuit et jour, à toutes les investigations, à
toutes les études que nécessitait sa grande tâche.

Aussitôt après la clôture de la session, il entreprit un voyage
en Angleterre dont il visita les principales manufactures ; il se
rendit au Hâvre, à Rouen, se mettant, partout, en relation avec
les hommes spéciaux dont le concours pouvait l'éclairer et le
servir; et quand on sait tout ce qu'il fit faire, on reconnaît qu'il lui
fallut une activité prodigieuse pour mener à bonne fin l'œuvre
mémorable de ses grandes entreprises.

Lorsque M. Thiers terminait ses excursions, la session de 1834
allait s'ouvrir.

Le ministère du 11 octobre reparut devant la Chambre ; et
malgré la position spéciale que lui faisait son portefeuille, M.
Thiers, se montrant toujours un des membres les plus alertes du

cabinet, n'hésita pas à se mêler activement à la discussion de politique générale que soulevait tous les ans l'ouverture de la session.

Cette discussion, cette année, fut ardente et prolongée.

Parmi les adversaires du pouvoir se trouvait alors le parti républicain, ayant à sa tête la plupart des hommes politiques avec lesquels M. Thiers avait fondé *Le National*, avant 1830, mais dont il s'était séparé, pour contribuer à l'établissement de la nouvelle dynastie.

Ce parti réduit, à cette époque, à quelques individualités considérables avait acquis une importance, provenant moins encore du nombre de ses adeptes, que de l'énergie et du mérite réel des chefs qui le personnifiaient.

Il avait pour organe plusieurs journaux, contre un desquels les tribunaux avaient été obligés récemment de sévir.

Ces journaux étaient les constants auxiliaires de l'opposition dynastique faite au gouvernement ; et comme M. Thiers était toujours prêt à soutenir la discussion sur les questions les plus diverses, l'animation des débats, qu'envenimait, au-dehors, la violence de la presse hostile, tendait à susciter contre ce ministre une impopularité dont la malveillance allait jusqu'à transformer en apostasie la rupture des liens de confraternité que ses anciens amis rappelaient amèrement à son souvenir.

Les ressentiments à ce sujet avaient pris de telles proportions, qu'ayant été nommé membre de l'Académie française, comme historien de la révolution dont il avait fait un si admirable récit, il était accusé d'avoir renié les principes et les opinions exprimées par lui dans son livre ; et cette injuste imputation renouvelée à l'assemblée dans la discussion de l'adresse, lui fournit l'occasion d'une réplique dans laquelle il donna à ses calomniateurs les plus éloquents démentis.

Nous regrettons, ici, de ne pouvoir reproduire la noblesse de langage avec lequel il s'exprima.

Mais voici comment il termina son discours : « j'ai fait ce livre, lorsque j'étais dans l'opposition, et je crois être du petit nombre des écrivains, qui, arrivés au pouvoir, ont pu faire imprimer, plusieurs fois, leurs œuvres, sans avoir besoin d'y rien changer.

Le texte des miennes restera inaltérable, parce qu'elles sont l'expression de principes et de convictions qui ne changeront jamais.

L'adresse en question fut enfin votée à une grande majorité ; mais les débats auxquels elle avait donné lieu n'étaient que le prélude des démêlés parlementaires qui ne tardèrent pas à s'en suivre, et dont les excitations, au-dehors, durent déterminer le gouvernement à demander à l'Assemblée les moyens défensifs qui lui manquaient.

Il existait alors des sociétés nombreuses qui se livraient ouvertement, aux plus audacieux projets contre le pouvoir et les institutions établies.

Leurs doctrines et leurs complots tenaient perpétuellement en danger la tranquillité publique, privaient l'avenir de sécurité, et troublaient les transactions d'une façon déplorable.

Dans une questions de salaire, les ouvriers de Lyon affiliés à ces sociétés firent une émeute suivie de collisions sanglantes, dont les passions politiques étaient la véritable cause, des troubles analogues se produisirent sur d'autres points ; et lorsque la cour d'assises de Paris fut saisie d'un procès intenté à la fameuse société *des Droits de l'homme* qui enlaçait tous les grands centres de son vaste réseau, et dont il suffisait de lire l'ardent manifeste pour reconnaître à quel point étaient subversifs ses doctrines et ses desseins, le pouvoir ne trouva dans le Code pénal que l'art. 291 que les tribunaux compétents ne jugèrent pas à propos d'appliquer.

En présence de cet état de choses, il paraissait urgent de régler légalement le droit d'association.

M. Thiers entreprit d'établir cette nécessité, et n'eut pas de peine à démontrer à la majorité que le pouvoir ne pouvait rester désarmé contre de si dangereuses agressions.

Suivant lui, un état ne peut se former dans l'état; le droit de s'associer ne saurait être toléré, sans une autorisation préalable réglée par les lois.

Cette opinion lui paraît indiscutable, c'est celle de tous les jurisconsultes éminents, les sociétés industrielles et commerciales y sont soumises ; quelle anomalie ne serait-ce pas que les sociétés politiques, foyers de discordes et de séditions, fussent dispensées de règlement.

M. Thiers fut logique, pressant, rigoureux dans son argumentation, son discours produisit sur l'assemblée une impression profonde, et le projet présenté reçut d'elle une complète adhésion.

M· de Lamartine, alors nouveau venu, fut du nombre des députés qui le votèrent, mais en déclarant qu'il le votait comme loi d'inquiétude publique.

La Chambre eut ensuite à s'occuper d'une proposition, ayant pour objet de payer aux États-unis une somme de 25 millions qu'ils nous réclamaient.

M. de Broglie, ministre des affaires étrangères, la croyant bien justifiée l'appuya au point, de faire dépendre la conservation de son portefeuille du bon accueil fait à cette réclamation; cependant la majorité refusa d'y souscrire, malgré la démission dont on la menaçait, M. Thiers en parut péniblement contrarié, il avait instamment prié M. Guizot de retenir pour lui la parole, pendant la courte absence qu'il avait à faire, et par le refus de déférer à ce désir, comme par la témérité de vouloir y suppléer, il eut, lui aussi, une part de cet échec.

Des modifications dans le ministère en furent la suite, et comme M. d'Argout s'était montré insuffisant à l'intérieur, M. Thiers, dont il avait eu si souvent besoin, fut appelé à le remplacer dans la nouvelle combinaison que provoquait la retraite de M. de Broglie.

La loi sur les associations avait aigri les partis extrêmes; leurs chefs faisaient de fréquentes réunions où se discutaient les entreprises les plus séditieuses; et dans le public, il en résultait une sourde agitation donnant à pressentir de graves événements.

On parlait de distributions clandestines d'armes et de cartouches, de tentatives d'embauchage parmi les soldats, mais les moyens d'entente et d'action divisaient les factieux: et le comité faisait d'incroyables efforts pour contenir les impatiences turbulentes qu'il avait à gouverner.

Pendant que se produisaient à Paris ces malendus, on apprenait que depuis les derniers troubles de Lyon, un levain de fermentation y travaillait les populations ouvrières ; et des émissaires de la capitale s'y rendirent pour empêcher des manifestations prématurées.

Il ne fut pas possible de s'en rendre maître ; les premiers symptômes de l'insurrection qui couvait se montrèrent à propos d'un ouvrier mort, et dont les funérailles furent le prétexte d'une réunion immense.

L'autorité civile et militaire se mit aussitôt sur le pied d'une vigilante défensive, et déploya les forces qui devaient mettre en évidence ses intentions.

Pendant plusieurs jours, des rassemblements étranges se formaient et se dissipaient, semblables au flux et reflux des vagues qui précèdent la tempête ; M. Thiers informé de la situation, écrit au Préfet du Rhône : « ne vous départez jamais de la modération dont vous n'êtes pas sorti jusqu'ici, mais si les lois sont attaquées, réprimez, avec énergie l'attentat qui sera commis contre elles. »

Enfin arriva un moment où parut, répandue par milliers dans le peuple, une proclamation portant ces mots : *l'audace du Gouvernement est à son comble, il faut le renverser.*

Cette proclamation est lue de toutes parts ; partout s'élèvent des barricades, un coup de feu sur la troupe, donne le signal d'une guerre civile, la fusillade y répond instantanément.

Ce que cette guerre pouvait avoir de plus affreux se montre bientôt dans toute son épouvante.

Le sang coule à flots, les maisons brûlent et s'écroulent, l'incendie fait des ravages effroyables, la troupe attaquée avec rage, extermine les assaillants avec un sang froid implacable, les rues sont jonchées de cadavres ; la lutte cesse enfin avec le jour, un silence sinistre lui succède, mais elle recommence, le lendemain, plus furieuse que la veille, dans les faubourgs les plus populeux l'insurrection serpente alors et se répand de toutes parts comme un fleuve débordé, le canon gronde, les bombes pleuvent, des vieillards, des enfants éperdus cherchent vainement un refuge entre la fusillade et l'incendie, la mort se montre inévitable, sous les aspects les plus effrayants, chaque heure de lutte multiplie les désastres, elle se prolonge ainsi deux jours encore, avec plus ou moins de fureur, jusqu'à ce qu'elle cesse de fatigue et d'épuisement.

Le télégraphe fonctionnait, continuellement, transmettant les plus lugubres dépêches.

M. Thiers informé de cette horrible situation, et redoutant que la guerre civile ne se prolongeât dans la capitale annonça qu'elle était finie, pendant qu'elle durait encore ; il fit intercepter

La Tribune, au moment où ce journal allait publier une procla-
mations incendiaire qu'Armant Carrel, rédacteur du *National*,
avait refusé d'insérer dans le numéro du même jour le ministre
fit opérer des arrestations importantes pour atteindre l'insurrection à la tête ; et au moment où l'on construisait les premières
barricades, quarante mille hommes de troupes convenablement
placées, auxquelles se joignit la garde nationale, se disposaient,
avec une calme résolution à soutenir le combat, s'il commençait.

Le quartier général de l'insurrection était rue Transnonain.
M. Thiers le savait, et se dirigea de ce côté avec le général
Lascours.

Chemin faisant, il assita à l'enlévement d'une barricade ; et
de celle dont il approchait partit une décharge qui tua ou blessa
plus de vingt personnes autour de lui.

Cette barricade fut encore enlevée, et la lutte cessa aussitôt
sur ce point; mais la rue Transnonain devenait le théâtre d'une
horrible scène, la seule, du reste, qui laisse, de cette journée,
d'affreux souvenirs.

Nous nous détournons de ce récit qui donne le frisson, et dont
un écrivain se fait complaisamment l'historiographe, nous nous
bornerons à dire que grâce aux mesures prises par M. Thiers,
les forces immenses sur lesquelles comptaient les insurgés s'éva-
nouirent en un clin d'œil, et qu'il fut impossible, comme le dit
le même écrivain, de rassembler, en un commun effort, les
membres de cette société des droits de l'homme, qui croyait
porter une révolution dans ses flancs.

M. Thiers, ajoute-t-il encore, vainquit aisément une armée
absente, il n'eut que la gloire de faire balayer les pierres inutilement amoncelées qui obstruaient un grand nombre de rues.

Vient, ensuite, du seul et malheureux épisode de ce jour, une
espèce de procès-verbal où sont minutieusement décrits les actes
féroces et sanglants d'une soldatesque furieuse, dont les horreurs
auraient dû lui inspirer quelques paroles d'exécration contre les
misérables qui avaient provoqué cette douloureuse lutte.

A Lyon, comme à Paris, M. Thiers fit arrêter les principaux
factieux et lorsque l'ordre fut partout rétabli, les victimes inno-
centes qu'avaient faites l'insurrection ou l'émeute dans les deux
villes, devinrent l'objet de sa sollicitude et de ses soins.

Il fallut aussi rendre compte à l'Assemblée du double drame

dont communication lui était dûe. M. Thiers s'acquitta de cette tâche en homme d'état qui a le sentiment d'un grand devoir à remplir.

Après avoir fait un rapide tableau de la lutte dont le télégraphe lui avait permis de diriger la répression avec une prudente lenteur, il fait connaître les causes de la révolte, et n'hésite pas à l'attribuer aux hommes de mauvaise foi qui, en soulevant les questions les plus difficiles à résoudre, leur permettaient de tromper le peuple par l'appât de promesses irréalisables, il s'adresse surtout à ceux qui, parlant du haut de la tribune nationale à laquelle tant d'oreilles sont attentives, disent qu'il existe un bien mystérieux dont le secret leur est connu, et que le gouvernement réaliserait, s'il le voulait bien.

«Qu'ils se présentent, disait M. Thiers, ces bienfaiteurs du peuple prêts à lui donner ce que nous lui refusons, je les défie de venir ici, annoncer et prouver ces moyens.»

Entrant ensuite dans la discussion d'impôts dont on sollicitait le dégrèvement, au nom des classes ouvrières, il en démontra si clairement les difficultés, qu'on n'insista pas et qu'il obtint d'une grande majorité les crédits par lui demandés à l'occasion des événements récents qui les avaient rendus nécessaires.

Le 24 mai 1834, c'est-à-dire dix jours après ce vote de confiance, la session de la chambre fut close et la dissolution prononcée.

C'était un appel fait à l'opinion du pays, M. Thiers reçut la récompense de son patriotisme par son élection dans trois collèges différents.

Une nouvelle session se rouvrit le premier août; le discours du trône suivi d'une adresse de la chambre ne suscita aucun embarras au ministère et cette chambre, une fois constituée, fut prorogée au 29 décembre suivant.

Quatre mois s'écoulèrent, durant lesquels il survint, un jour, entre les ministres des dissentiments dont les causes ne furent pas bien connues et desquelles, en définitive, il résulta que le maréchal Soult donna sa démission de président du conseil.

Il paraît que M. Thiers et M. Guizot, alors bien d'accord, contribuèrent à son éloignement, pour arriver à le remplacer par le maréchal Gérard ; celui-ci peu ambitieux du pouvoir, ne consentit à l'accepter qu'en inaugurant son entrée aux affaires par une amnistie générale; on lui fit donc cette promesse, mais, plus tard, quand il fut question de la réaliser, elle parut absolument inopportune à tous les membres du cabinet, même à ceux qui l'avaient absolument promise ; ils y voyaient un acte de pusillanimité ne pouvant que les affaiblir, et la condamnation de la politique suivie par le gouvernement jusqu'à ce jour.

Dans leur opinion, les partis étaient exaspérés au point de ne pouvoir accueillir un sentiment généreux avec quelques gratitudes, leurs journaux, et leurs chefs en parlaient déjà avec un amer dédain.

Au reste, ajoutaient les ministres, on n'était pas libre d'oublier le sang versé, de laisser impuni les crimes qu'avait fait commettre la plus audacieuse violation des lois ; la sécurité publique en recevait une trop grave atteinte, dans tous les cas, la grâce ne devait venir qu'après la condamnation.

Suivant eux, le plus efficace moyen de désarmer les factieux consistait à déployer d'abord toutes les sévérités de la justice, et surtout à leur montrer l'impossibilité de faire jamais prévaloir la force contre le droit.

Aucune de ces considérations politiques exposées au Maréchal ne put faire fléchir ses exigences ; il ne voulut pas accepter sa part des mesures impopulaires que les circonstances imposaient; et son refus de rester au ministère à ce prix fit naître de grandes difficultés sur le choix du successeur à lui donner.

Cette crise ministérielle se prolongea longtemps, on essaya des combinaisons diverses, beaucoup d'intrigues s'y mêlèrent.

M. Thiers, malgré l'universalité de ses aptitudes, se trouvait trop jeune pour désirer la présidence du conseil; M. Guizot avait une réputation de raideur qu'on redoutait; M. de Broglie désiré par ces deux ministres inspirait au roi beaucoup d'éloignement, et de guerre lasse, tout le cabinet finit par mettre les portefeuilles entre ses mains.

Son embarras devint extrême, il s'enfonça néanmoins dans sa résistance pour éviter la faiblesse de paraître céder; et cette autre faiblesse le conseillait mal.

Dans ce moment, il lui fallait un ministère composé d'hommes expérimentés et supérieurs, tandis que l'obstination de son orgueil lui fit rechercher des hommes qui ne fussent point de taille à lui dire *que le roi règne et ne gouverne pas.*

Il arriva par conséquent, que ceux dont il fit choix se trouvèrent incapables de suffire aux complications qui allaient surgir.

Aussi ce ministère se retira, le troisième jour, emportant, de son passage éphémère, le nom que lui donnait sa durée.

Un pareil dénoument dût révéler au roi les inconvénients qu'il y avait à vouloir asservir à ses volontés celle de ses ministres, contrairement à la constitution du régime établi.

En présence de cet avortement presque ridicule, le Roi se trouva réduit à rappeler M. Thiers et M. Guizot, en leur abandonnant le soin de composer le ministère comme ils l'entendraient.

Le retour de M. de Broglie aux affaires fut ajourné; le maréchal Mortier qui avait d'abord refusé finit par accepter, par égard pour les embarras de la couronne.

C'était donc le cabinet du 11 octobre, modifié seulement dans la personne de deux ministres.

La crise avait été longue, il était temps qu'elle eut une fin.

M. Thiers et M. Guizot rappelés au pouvoir, y rentrèrent affranchis de l'influence prépondérante que le roi voulait avoir; et comme le ministère venait de subir un changement par la retraite de deux de ses membres, les membres restants crurent devoir faire connaître à la chambre les causes de ce changement, prêts à lui renouveler l'exposé de leurs intentions sur la direction générale qu'ils se proposaient de donner à leur politique.

CHAPITRE II.

Dans les premiers jours de décembre 1834, l'Assemblée se trouvant réunie, M. Thiers se présenta un des premiers à la tribune.

C'était l'époque où la chambre des pairs s'était transformée en cour criminelle pour juger les insurgés d'avril; le nombre en était considérable.

Le ministre annonça que la justice ferait son œuvre, que la plus grande publicité serait donnée aux débats, que tous les accusés y assisteraient, et que la plus grande latitude donnée au droit de défense aurait pour témoin le public admis à l'écouter, en conséquence, il demanda un crédit dont le montant serait affecté aux travaux d'agrandissement de la salle où ce procès devait être jugé.

Il aurait voulu, ajouta-t-il, que l'amnistie fut possible, il y avait songé avant qu'on l'eut impérieusement réclamée au ministère comme un désaveu de sa politique, avant que la presse eut dénaturé les intentions du pouvoir par les plus injustes récriminations, malheureusement, depuis lors, on s'était divisé, non sur l'amnistie en elle-même, mais sur l'opportunité de ce grand acte; et le maréchal Gérard s'était alors retiré du cabinet.

A la suite de ces explications, le maréchal Mortier qui le remplaçait, succéda à M. Thiers pour offrir de répondre, immédiatement, à toute les questions qui leur seraient adressées sur la nouvelle composition du ministère, et sur la responsabilité constitutionnelle assumée par tous ses membres, pour leurs divers actes.

La majorité ayant reconnu la sincérité de ses ouvertures, il fut décidé que les interpellations auraient lieu à l'une des prochaines séances.

Dans cette occasion solennelle, M. Thiers accepta la mission de porter la parole au nom du gouvernement.

Son début fut de bien poser les bases sur lesquelles, à son avis, le régime représentatif est établi.

Il s'exprima à cet égard, avec toutes les convenances que nécessitait cette question, il donna ensuite sur les accidents de la crise, sur la sortie, comme sur la rentrée des ministres, tous les détails que l'assemblée devait savoir

Il insista, de nouveau, sur le regret qu'on eût rendu l'amnistie impossible, en la réclamant impérieusement comme un droit, au moment où les uns leur reprochaient d'avoir été cruels et sanguinaires, pendant que d'autres repoussaient cette amnistie comme un outrage, et demandaient à comparaître devant la justice, se couronnant d'avance de l'auréole des martyrs.

Abordant ensuite la question politique, M. Thiers affirma que le ministère n'avait jamais cessé d'être unanime sur tous les points que cette politique embrasse: qu'ennemis des aventures et des systèmes inapplicables, ils ont, tous, les mêmes principes et les mêmes programmes; que la révolution commencée en 89 et terminée en 1830 n'avait pas de partisans plus sincéres qu'eux; mais le jour où cette révolution a été victorieuse, il a fallu penser, courageusement, à la régler.

Cette politique, dit-il, nous a fait recourir, malgré nous, à des mesures répressives, et si nous nous sommes trompés, que la majorité donne notre place à ceux qui trouvent notre résistance contraire aux intérêts du pays.

M. Thiers parla aussi de la question extérieure : il constata, avec détail, les heureux résultats qu'elle avait produits; et sur le point de finir ce grand discours qui, pendant plus de deux heures, avait captivé l'attention de l'assemblée, il demanda qu'un ordre du jour motivé leur dit quelle confiance ils inspiraient.

Cette proposition ayant été mise aux voix, le ministère Mortier

obtint toute les satisfactions qu'ildésirait, et par ce vote, se trouva définitivement constitué.

Quelques jours après cette mémorable séance, une séance plus
mémorable devait avoir lieu.

Le 13 du même mois de décembre, les portes de l'institut allaient s'ouvrir, pour y recevoir parmi ses membres le jeune ministre dont nous parlons.

Cette fête littéraire avait attiré la plus brillante assistance; les
hommes éminents dans la politique, dans les lettres, dans les
sciences et les arts, tout ce que possédait de plus élégant le
monde de Paris s'était donné rendez-vous dans cette enceinte,
pour honorer, par leur présence, la réception académique de l'historien, aux palmes duquel venaient se mêler celles qu'il avait
déjà conquises à la tribune française.

Nous ne reproduirons, ici aucun fragment de ce discours; il
faudrait le transcrire tout entier pour n'avoir pas à regretter les
omissions que nécessiterait son étendue; nous ne pouvons qu'en
conseiller la lecture aux vrais amis des lettres.

Ils trouveront dans l'éloge de M. Andrieux de charmants détails sur la vie accidentée du savant et spirituel professeur, une
excellente appréciation de ses œuvres, le tout mêlé de grands
faits historiques résumés par l'élu dans un langage simple, grave
et limpide, comme le beau livre d'où jaillirent les premiers
rayons d'une renommée à laquelle l'académie rendait un juste
hommage, dans ce moment.

Et bien qu'il fut, rapidement, arrivé au faîte des honneurs, on
voit, dans ses dernières et touchantes paroles, quel regard
d'envie mélancolique, il jette, en passant, sur le bonheur de
l'homme dont la vie paisiblement écoulée, au sein des jouissances
intellectuelles, s'achève en laissant après lui des œuvres qui per-
pétueront sa mémoire dans l'estime et les regrets de tous.

Cette belle journée dût laisser une impression durable dans le
souvenir de M. Thiers, elle dût, quelque fois adoucir les amertumes de la lutte à laquelle il avait voué son existence.

Mais à peine la nouvelle session de 1835 était-elle ouverte,
qu'il fut obligé de recommencer la discussion qu'avait soulevé le
crédit dont il avait fait la demande à l'occasion du procès des accusés d'avril traduits devant la chambre des pairs; ce jour là, M.

Berryer ouvrit le feu par un discours véhément et dramatique qui passionna vivement l'Assemblée.

Il commença de s'apitoyer douloureusement sur les hommes subissant une détention préalable, pendant que leurs familles souffraient toutes les misères de la pauvreté, il semble redouter que les débats orageux de l'amnistie ne surexcitent des préventions contre les accusés, il attaque avec amertume la révolution de juillet et ses principes.

Dans ses convictions, les promoteurs de cette révolution sont les vrais coupables des maux imputés à ceux qu'on va juger.

C'est parce qu'ils ont été excités jusqu'à la démence par de détestables doctrines que ces infortunés gémissent dans les cachots où les ont fait plonger leurs anciens complices d'insurrections, pour avoir eu le malheur d'échouer dans celle qu'ils ont voulu tenter contre eux.

Comment nos ministres osent-ils songer à punir des hommes dont la culpabilité ne diffère en rien de celle qui les menaçait des mêmes peines, s'ils n'avaient pas réussi?
Comment permettront ils qu'on présente au public le scandale d'un débat où de telles objections leur seront faites par ceux qui ne sont devenus des rebelles, à leurs yeux, que pour avoir attaqué le pouvoir qu'ils tiennent de leurs mains.

C'est sur ce canevas que M. Berryer broda son discours dont l'éloquence était si bien servie par toutes les qualités oratoires de son talent.

Aussitôt qu'il eut fini, M. Thiers demanda la parole, afin de faire justice des invectives lancées contre une révolution glorieuses; et nous allons voir comment il s'acquitta de cette tâche.

C'est grâce à cette révolution calomniée par vous, répondit-il, en débutant, que vous pouvez aujourd'hui venir l'attaquer audacieusement en face du pays, vous tous qui, pendant quinze ans, avez nié, combattu la liberté conquise par elle, vous en jouissez maintenant, elle vous sert à contester le gouvernement qu'elle a fondé; tout cela vous est permis, l'on vous écoutera jusqu'au bout sans vous interrompre, l'on se donnera même l'innocent plaisir de vous admirer, lorsque vous outragez éloquemment les principes que cette révolution a consacrés.

La chambre vous écoute avec calme, et demain, soyez en sûr, le pays n'en sera pas agité.

Et à ce propos, il compare le principe souverain de la légitimité que soutient son adversaire à celui de la souveraineté nationale ; il discute la force virtuelle de chacun, et démontre, par des exemples tirés des plus récents souvenirs de notre histoire, quelles garanties supérieures d'ordre et de sécurité présente le principe sur lequel la révolution est établie.

Il rappelle que de la violation de ces garanties inscrites dans la charte, a surgi le divorce entre l'ancienne dynastie et la nation.

Que les deux éléments qui les séparent entretiennent la révolution dans laquelle nous nous agitons depuis quarante ans.

Qu'ils sont devenus irréconciliables ; et que l'autorité absolue incarnée dans une famille, mise en présence des libertés d'un peuple, rencontrera, désormais, parmi nous, une répulsion insurmontable.

Le gouvernement de la restauration, dit M. Thiers, sentait si bien l'antipathie qu'inspirait son principe, qu'ayant été rétabli par les armées étrangères, il crut devoir se placer, pendant cinq ans, sous la sauvegarde de leur occupation, tandis que, dans ce moment, le pays n'a besoin que de lui-même pour protéger le gouvernement appuyé sur la volonté de tous.

Et vous qui, n'ayant pas su, lorsque les événements vous ont mis au pouvoir, diriger cette nation pleine d'ardeur pour les grandes et nobles choses, nous laissez le pénible devoir de contenir, de régler son enthousiasme, vous voudriez, aujourd'hui, susciter les entreprises de la force contre nos institutions et nos lois ! mais ne seriez-vous pas exposé autant que nous, et peut être plus que nous, aux colères d'une insurrection nouvelle qui ne saurait entasser que des ruines ?

Et comprenez vous ce que vous tentez quand nous rencontrons dans nos efforts vos mauvais offices et vos funestes excitations ?

Heureusement, en dépit de vous, nous comptons sur la sagesse du pays ; et nous sommes certains qu'il saura se défendre aussi bien contre ceux qui voudraient le faire retourner en arrière, que contre ceux qui voudraient imprudemment le précipiter sur d'inévitables écueils.

Ce discours de M. Thiers, dont nous ne pouvons donner qu'une idée très-affaiblie, dans cette froide analyse, produisit tout l'effet qu'on devait en attendre ; et la chambre vota le crédit qu'il avait demandé.

A cette époque, l'année 1835 commençait ; celle que venait de traverser le pouvoir l'avait mis à de bien cruelles épreuves; et le grand procès jugé par la chambre des pairs eut, enfin, pour résultat d'arrêter les désordres sanglants de la guerre civile, et de rendre un peu de calme aux passions intérieures, de l'Assemblée, mais en leur donnant un autre cours.

Depuis ce moment, les questions de système tendirent à se substituer aux questions de principes parmi les hommes les plus dévoués au gouvernement,

Un personnage important fit alors paraître une brochure où se trouvait fortement accentuée la nécessité indispensable de laisser intervenir activement, et d'une façon prépondérante, le pouvoir royal dans le gouvernement de la chose publique.

Presque aussitôt, un autre publiciste répondit par une réfutation énergique de cette doctrine qui, après avoir été très vivement controversée dans la presse, finit par soulever à la chambre une discussion très-animée sur la formule crée sous la Restauration par M. Thiers, et consistant dans ces mots : *le Roi règne mais ne gouverne pas.*

Or, pendant que le public se préoccupait ardemment de cette polémique, il survint un incident imprévu qui fournit sur la question du moment un moyen de la résoudre avec toute la netteté qu'elle exigeait.

Le maréchal Mortier donna sa démission, en déclarant qu'il n'avait accepté la présidence du conseil que pour mettre un terme à la dernière crise ministérielle ; que son âge et ses fatigues n'avaient pu laisser aucun doute sur le caractère provisoire de son acceptation ; et comme la question soulevée par les brochures et le public était aussi l'objet de tiraillements dans le cabinet, le cabinet tout entier suivit dans sa retraite le vieux ministre qui le présidait.

Durant cette crise, un membre de l'opposition interpella les ministres démissionnaires sur une réclamation d'argent que fit à la France le gouvernement russe.

M. de Rigny, ministre des affaires étrangères, n'avait pas une élocution suffisante pour donner à ce sujet toutes les explications demandées ; le talent d'un auxiliaire lui devenait indispensable.

M. Thiers mis au courant de cette affaire dans les bureaux du ministre, consentit à le remplacer; et comme le dit un écrivain, il occupa la tribune avec une grande habileté, il arriva même que, par leur intervention dans la question, MM. Isambert et Odilon-Barrot lui fournirent l'occasion de révéler des aptitudes nouvelles, dont ne furent pas seuls à s'étonner les interpellateurs du ministre.

Dans ce moment, la presse continuait à s'occuper de la formule dont nous avons parlé; à cette occasion, on signalait, entre M. Thiers et M. Guizot devenus les ministres les plus influents, certaines dissidences d'opinion, certains sentiments de rivalité suscitant, parfois des désaccords entre eux, et dont il transpirait quelque chose au dehors, malgré le secret des délibérations du conseil.

On attribuait à ces rivalités, à ces dissidences les difficultés survenues dans les crises précédentes, et notamment dans celle qui donnait lieu à tant de commentaires.

On savait aussi que le roi, dont la haute intelligence n'était niée par personne, se montrait, de son coté, trop jaloux d'exercer ses prérogatives sur la formation du cabinet; on rappelait même, à ce sujet, tout ce que cette intervention, souvent trop prononcée, avait jadis rencontré de résistance de la part de M. Casimir Périer, un de ses anciens ministres ; mais bien que M. Thiers, ne se montrât guère plus docile à subir cette influence, la souplesse de ses formes, et les ressources infinies de son esprit lui permettaient de s'y dérober, avec tous les égards que lui inspiraient son dévouement.

Aussi pendant cette dernière crise, il ne prenait presque aucune part aux diverses combinaisons qu'on essayait; il se tenait discrètement à l'écart, ne manifestant aucune ambition de rester ministre, mais posant carrément ses conditions, lorsqu'on lui faisait connaître le personnel dans lequel on lui proposait d'entrer.

Tel était l'état des choses lorsque le long retard de cette dernière formation finit par provoquer les suppositions les plus fâcheuses, et l'opposition crut devoir s'en emparer pour demander si les ministres démissionnaires ne laissaient pas inconstitutonnellement à découvert la royauté.

En réponse à cette interpellation, faite en pleine assemblée M. Thiers se chargea de mettre un terme aux commentaires en circulation, et de rassurer tous les esprits à cet égard; tant que nous ne serons pas remplacés, dit-il à la tribune, la responsabilité du gouvernement pèse sur nous, avec toutes les conséquences, et nous n'entendons nullement nous y soustraire.

L'administration fonctionne régulièrement à tous les dégrés, rien ne souffre, rien n'est en retard; tel fut le sens des déclarations de M. Thiers : il ne pouvait, en effet, parler autrement puisque la durée de la crise était indépendante de la volonté ministérielle; et tout ce qu'on peut en dire, c'est qu'il s'en suivit pour le lendemain, 12 mars, la reconstitution du cabinet.

M. de Broglie fut appelé à le présider; M. Thiers consentit à garder son portefeuille, ayant pour chef un homme d'état dont le caractère élevé, et les principes, garantissaient la rigoureuse application de la formule sur laquelle reposait la vérité du gouvernement parlementaire, dans notre pays.

Le cabinet du 12 mars était à peine installé que de nouvelles interpellations se produisirent, pour savoir à quelles causes devait être attribué le long travail de sa formation.

M. Guizot prit, le premier, la parole pour se plaindre de ce qu'avait d'insolite une pareille demande, et M. Thiers montant à la tribune après lui, n'hésita pas à déclarer qu'une maligne curiosité avait bien plus de part dans cette question que les véritables intérêts du pays, et bien dit-il, qu'en pareil cas, nous ne soyons nullement tenus d'y satisfaire, les interpellations adressées auront une réponse qui sera sans déguisement.

Dans ma conviction, la formation d'un ministère doit avoir pour unique visée la majorité du parlement, le pouvoir n'a de force et ne peut accomplir ses destinées qu'à ce prix.

Les scrupules excessifs dont nous étions animés à cet égard justifient suffisamment le temps employé à nous constituer.

Sur ce point, il entre dans des explications détaillées; et puis, il ajoute que, pour son compte, il s'est constamment tenu en dehors de toutes les combinaisons essayées, non qu'il n'eut une profonde estime pour les hommes dont on lui proposait l'alliance, mais parceque la plus importante des conditions du programme sur lesquelles il fallait s'entendre ne pouvait recevoir son adhésion ; qu'en définitive, M. de Broglie, désigné pour reconstituer le cabinet, ayant donné son approbation aux motifs qui, jusqu'à ce moment, lui avaient fait rejeter toutes les offres, il avait crû devoir, sur ses instances, garder le portefeuille resté disponible, depuis sa démission.

Enfin M. Thiers termina par ces paroles : «si maintenant la majorité se prononce contre nous, les devoirs seront clairs, et les devoirs clairs ne sont jamais facheux pour d'honnêtes gens. »

Un Député, M. Sauzet, qui débutait ce jour là prit ensuite la parole, il fit un brillant discours; M. Thiers lui répliqua, il rendit hommage à l'éloquence de son langage, mais en lui démontrant avec beaucoup d'apropos et d'esprit, qu'il n'était pas dans la question.

La cloture des interpellations fut alors prononcée et le cabinet entra en possession de la confiance qu'il demandait.

Comme on devait s'y attendre, le retour de M. de Broglie à la tête du pouvoir fit revivre la question des 25 millions réclamés par lui, au nom des États-unis, et dont le refus l'avait fait sortir du ministère.

Pendant le temps qui s'était écoulé depuis lors, les États-unis n'avaient pas laché prise; et la persistance de leur président faisait naître des complications qui pouvaient provoquer les actes les plus hostiles entre les deux pays.

Ces actes ne consistaient pas à nous intimider par la voie des armes, mais à faire des saisies sur les propriétés françaises, et à nous menacer de lois prohibitives, nuisibles à notre commerce et à notre industrie, si l'on était forcé de briser toutes bonnes relations avec la France.

Ce différend s'était tellement envenimé qu'il y avait eu rappel réciproque des ministres accrédités auprès des deux peuples, et que la chambre se trouvait saisie d'un nouveau projet de loi au moment où M. de Broglie reprenait le portefeuille que lui avait fait résigner le refus du projet précédent.

Les titres de la créance américaine avaient été vivement discutés dans la presse ; le rapporteur M. Dumont nommé par la commission de l'Assemblée dépouilla toutes les pièces du dossier avec une patiente lenteur, il dissimula, sous un monceau de notes diplomatiques, toutes celles dont le langage avait quelque chose d'agressif et de provoquant, dans le but d'assoupir les passions que pourrait soulever cette affaire.

Son rapport fut long, et ses conclusions tendaient à justifier la légitimité de la créance.

La discussion s'ouvrit le neuf avril, elle donna lieu, dès le début, entre M. Fitz-James et M. Thiers, à une joute oratoire dont M. Louis Blanc, qui l'appele ainsi, constate le grand éclat.

Le vieux champion de la légitimité fit un brillant discours, mais il eut la témérité de citer l'énergie de la restauration, et d'attribuer à la peur la proposition d'admettre la créance en question, puis il finit en disant :

«Vous qui vous vantez d'avoir relevé le drapeau d'Austerlitz, dont nous sommes fiers aussi, quoiqu'il ne porte pas nos couleurs, parceque nous aimons la gloire autant que ceux qui la moissonnaient sous lui, vous qui vous êtes chargés de le tenir *debout*, ce noble drapeau, si longtemps suspendu à l'hôtel de la victoire, persuadez vous bien qu'on ne vous permettra jamais de le traîner à l'autel de la peur.»

À peine était-il descendu que M. Thiers monte à la tribune, et lui riposte par une cruelle réplique.

Il commence par ces mots : « n'est-il pas surprenant que ce soit au nom de la restauration que l'on vienne nous reprocher de donner des indemnités ? mais il me semble que si l'on veut consulter sa mémoire à ce mot d'*indemnité*, on devrait se taire.....»

Il rappela toutes les indemnités humiliantes accordées par la restauration, l'injonction plus humiliante encore d'entreprendre une guerre aux Pyrénées, pour éviter de l'avoir sur le Rhin, et l'indignation que souleva dans le pays la concession faite à cette menace.

Et quant à la question actuelle, ajoute-t-il, rien de plus inhérent au véritable courage que d'acquitter une dette lorsque les documents attestent qu'elle est fondée, nous préférons payer 25 millions à un gouvernement libre auquel nous devons, que de faire comme le vôtre, qui a payé des millions à des gouvernement absolus auxquels il ne devait rien.

M. Thiers possédait une verve d'ironie et de persifflage dont il cribla la réstauration vantée par son adversaire, et fit bonne justice de ses téméraires agressions.

Mais cette discussion dura huit jours ; un bon nombre d'orateurs se succédèrent ; et M. Berryer se présenta à la tribune pour refaire l'éloge du passé et discréditér la créance américaine.

Il déploya, à cet effet, toutes les ressources de sa merveilleuse éloquence, il tint son auditoire sous le charme pendant plusieurs heures, Mirabeau, dans ce moment, paraissait éclipsé.

M. Thiers, séduit comme tout le monde, entreprit cependant de lui répondre, non en essayant d'exercer le même prestige, mais en ayant simplement recours à la force irrésistible de la vérité.

Il s'empara des pièces relatives à cette dette, il en fit connaître l'origine ; il analysa les principaux documents, il établit la dette elle-même sur preuves irrécusables, il démontra qu'elle avait été admise par les gouvernements antérieurs, et formellement reconnue par eux, et tout en signalant les causes du retard que le paiement avait subi, il mit si bien les détails de ces explications sous le jour de sa lumineuse parole qu'il obtint d'une majorité considérable, encore profondément émue par le discours de M. Berryer, le vote du traité soumis à son approbation.

Quelques jours après la solution de la question américaine, M. Thiers soumit à l'assemblée divers projets de travaux administratifs sur lesquels il appela son attention.

Il développa devant elle sa théorie sur la navigation par la vapeur, et sur l'avenir des voies rapides qui ouvraient devant nous de si belles perspectives.

Mais la science n'avait pas dit alors tous ses secrets, de nombreux préjugés s'élevaient contre ce qu'on appelait d'audacieuses tentatives, les petites lignes trouvaient beaucoup de partisans, M. Thiers consentait à les encourager par des subventions, mais l'entreprise des grandes lignes l'effrayait.

Son imagination rêvait un vaste réseau, rayonnant dans tous les sens, de Paris vers nos ports et nos villes les plus éloignées, mais ce phénomène, disait-il, est bien loin de nous, il peut se réaliser un jour ; dans ce moment les difficultés sont incalculables.

Il aborda néanmoins ces questions; il fit connaître les projets gigantesques livrés à l'étude par les anglais; il révéla à ses auditeurs émerveillés les tentatives prodigieuses du nouveau monde, et donna à son exposé tout l'intérêt qu'inspirent des entreprises reculant les limites de l'impossible jusqu'au miracle, toutefois il sentait le besoin de nous mettre en garde contre les dangers d'une analogie entre l'Amérique et notre pays.

A la suite de cet exposé, il examina l'opposition des intérêts existants entre les diverses branches du commerce et de l'industrie, les résultats fâcheux de la concurrence qui se produisait entre elles, leurs plaintes réciproques aboutissant, toutes, à celles qu'on élevait contre les difficultés des communications et des moyens d'y remédier.

Suivant M. Thiers, il résultait de l'examen géographique de notre position, que nous formons le centre d'un immense transit qui nous imposait la nécessité de perfectionner, dans le plus bref délai, toutes les voies destinées à le faciliter.

Il signale les améliorations que de grands travaux pourraient réaliser sur les rivières, les canaux et la viabilité territoriale, il fait connaître tout ce qui avait été déjà fait, tout ce qui restait encore à faire dans la double voie des transports; mais la principale question pour lui consistait à bien choisir le système le plus avantageux dans l'exécution de ces diverses entreprises.

Il développa son opinion à ce sujet avec un talent admiré de tous ceux qui l'écoutaient, et termina par faire des propositions conformes à ses idées sur ce grand intérêt national.

M. Thiers avait présenté le résultat de ses études spéciales sur les sujets dont nous venons brièvement de parler, lorsqu'arriva le moment, pour le cabinet nouvellement reconstitué, de demander, selon l'usage, à la chambre une preuve manifeste de sa confiance et de ses bonnes dispositions à le soutenir dans sa politique.

L'ouverture d'un crédit destiné aux dépenses secrètes que nécessitait la police était une occasion naturelle de connaître les intentions de l'assemblée.

En sa qualité de ministre de l'intérieur, M. Thiers servit d'organe à cette demande.

A une époque où les passions politiques suscitaient les plus injustes défiances, il fallait être doué d'un certain courage pour braver les insinuations perfides que se permettraient les adversaires du pouvoir sur l'emploi des fonds secrets, et loin de se montrer inquiet d'avoir à sa disposition un argent dont il ne pourrait pas rendre compte, il aborda résolument les calomnies auxquelles devait, sans crainte, s'exposer un honnête homme.

Est-il nécessaire dit-il à ses ennemis, de toucher aux fonds secrets pour être calomnié? non, il suffit d'avoir touché aux affaires publiques, il faut avoir fait une chose, avoir eu le courage de secouer le joug des partis.

Voulez-vous n'être pas calomnié par eux ? ayez la bassesse de les flatter, d'être de leur avis, et alors, soyez en sûrs, ils ne vous calomnieront pas ; mais ces partis politiques, je les connais, je sais comment ils élèvent des idoles, comment ils font des victimes, je connais leur justice, je la méprise et je la brave : il ne leur est pas donné de m'intimider dans l'accomplissement de mes devoirs, et de me faire fléchir dans ma conduite.

Il discute ensuite le chiffre du crédit demandé ; il rappelle celui des allocations accordées pour le même objet par les gouvernements précédents, les revenus secrets aux quels ont recours la police impériale; il constate que ces revenus s'élevaient jusqu'à six ou sept millions, et que, de 1818 à 1830, le chiffre varia entre cinq et trois millions, chiffre un peu supérieur à celui qu'il propose, et qui lui paraît positivement indispensable.

Maintenant, ajoute-t-il, nous le disons avec franchise, une diminution de ce chiffre, si minime qu'on puisse la faire, aura pour nous une signification dont nous comprendrons le sens, il faut que la majorité se prononce pour ou contre le cabinet, à cette occasion, afin qu'il puisse se conformer aux principes parlementaires que lui impose la charte.

Après ce discours, la majorité n'hésita pas, et M. Thiers obtint grandement le crédit qu'il demandait.

CHAPITRE III.

Peu de temps après, c'est-à-dire, le cinq mai suivant, s'ouvrit le procès intenté aux accusés d'avril devant la cour des pairs ; l'attention ardente du public fut absorbée par les débats.

Nous n'avons rien à raconter de ce grand procès qui donna aux défenseurs l'occasion de se livrer contre le gouvernement à tant d'éloquentes invectives, et aux accusés, celle d'offrir héroïquement leurs têtes pour le triomphe des principes et des idées qui, dans leurs convictions, glorifiaient leurs sacrifices.

Qu'importe disaient ils, la victoire matérielle de nos ennemis, elle ne vaut pas celle que nous gagnons, s'il peut être démontré que la vérité, l'amour du peuple et la justice sont avec nous.

Telle était l'exaltation qu'excitait alors chez les accusés l'idée républicaine : elle érigeait, à leurs yeux, la lutte contre le pouvoir en vertueux dévouement pour la plus noble des causes, et les trompait, au point de leur inspirer dans leurs actes tout l'orgueil du patriotisme.

M. Thiers ne figura d'aucune façon dans ce procès ; il regrettait qu'on l'eut porté devant la cour des pairs, à cause du retentissement et de l'importance que sa haute juridiction donnait aux accusés ; il aurait préféré la compétence du jury ; quoiqu'il en soit, nous n'en parlons ici que pour mentionner ce grand événement, dont le récit impartial appartient à l'histoire.

Pendant le cours de cette orageuse session de 1835, M. Thiers ne borna pas ses travaux aux études spéciales et aux propositions que nous avons indiquées, la chambre ne cessa de le voir prendre une part active à la confection des lois diverses destinées à organiser l'administration intérieure, et contribuer puissamment à ce résultat, grâce aux lumières d'un bon sens supérieur, et à l'habileté persuasive de son talent.

Nous avons, maintenant, à parler d'une grave question soumise alors à la délibération du cabinet.

Il s'agissait d'une intervention militaire que sollicitait le cabinet de Madrid, afin de pouvoir, avec notre concours, mettre un terme à la guerre civile qui, depuis trop longtemps, désolait la malheureuse Espagne.

Dans cette délibération, M. Thiers se montra très-disposé à bien accueillir cette réclamation, mais le Roi refusa, dit-on, de s'associer à ce premier mouvement du ministre; et ses objections soulevèrent entr'eux une dissidence prononcée.

M. Thiers, un des hommes les plus dévoués aux principes de la révolution à laquelle le Roi devait son trône, essaya vainement de lui démontrer que son intérêt, comme l'intérêt de la nation, nous invitaient à soutenir les gouvernements reposant sur les mêmes principes que le nôtre, ce qui, dans cet ordre d'idées, nous conduisait à substituer l'alliance des peuples à l'alliance des dynasties suivie par la vieille politique des Bourbons.

Un des autres membres du cabinet, M. Guizot se contenta de dire qu'on pouvait tenir l'une ou l'autre conduite; le Roi sans méconnaître les convenances de cette politique nouvelle, ne voulut pas admettre qu'il fût prudent d'y entrer sans beaucoup de précautions.

Que si notre influence en Espagne devait nous être avantageuse, il fallait aussi envisager les dangereux effets d'une immixtion étrangère chez cette nation si susceptible dans son patriotisme, il rappela ce que la fierté de ces sentiments avait produit d'exaltation héroïque à l'époque de notre malheureuse intervention sous l'empire, et quelle circonspection nous imposaient ces tristes souvenirs.

M. Thiers contesta la possibilité d'une comparaison quelconque entre l'intervention actuelle et celle dont le Roi parlait.

Il cita les dépêches de notre ambassadeur, insistant vivement sur l'urgence comme sur l'opportunité d'une satisfaction à donner à la réclamation qui nous était faite ; et lorsqu'il vit que ces considérations ne produisaient aucune impression sur l'esprit du Roi, il évoqua les engagements que le traité de la quadruple alliance imposait réciproquement aux deux nations.

Ce dernier moyen n'ayant pas réussi, M. Thiers présenta sa démission ; et malgré les instances du Roi, il ne consentit à la retirer que sur les justes observations de M. de Broglie, président du conseil, qui lui fit entendre qu'avant toute décision à cet égard, l'Angleterre, une des quatre contractantes, devait être consultée.

Cette démarche, en effet, ayant été faite, il arriva d'Angleterre une réponse négative conforme à celle du Roi ; et dès lors, M. Thiers ne put s'empécher d'adhérer à la notification du refus adopté par le conseil.

M. Thiers en fut très mécontent ; mais les évènement qui survinrent, peu de temps après, lui firent oublier les dissentiments que nous venons de raconter.

L'anniversaire de juillet approchait.

De vagues rumeurs se répandirent à cette occasion ; des complots révélés donnèrent lieu à la circulation de projets sinistres ; mais le Roi, contre lequel on supposait ces conspirations dirigées, n'en paraissait pas effrayé ; il était peu accessible à toutes ces appréhensions populaires ; néanmoins, elles tenaient en éveil le ministre de l'intérieur, M. Thiers, dont la vigilance était pleine de sollicitudes.

Quelques jours avant les fêtes annoncées, il reçut des informations très précises, suivant les quelles un projectile enflammé devait éclater sur la voiture du Roi, quand il se rendrait, comme de coutume, à Neuilly.

Le premier soin de M. Thiers fut de lui communiquer ces révélations, et de le détourner de cette promenade, mais sans pouvoir y réussir.

Les princesses éplorées joignirent inutilement leurs instances à celles du ministre, dont il ne voulut même pas être accompagné, ce jour là.

Heureusement M. Thiers avait fait prendre de telles mesures que les conspirateurs, se sentant surveillés, furent forcés de renoncer à leur dessein, et la promenade effectuée, malgré tout le monde, n'eut pas les suites qu'on redoutait.

Le vingt-huit juillet, vers dix heures du matin, le Roi sortit des tuileries, accompagné de ses fils et d'une foule d'officiers supérieurs.

Un soleil splendide semblait promettre une fêtes digne de la glorieuse date qu'on allait célébrer.

La garde nationale et les troupes de ligne se déployaient sur une immense étendue, le long des boulevards ; comme le Roi arrivait au boulevard du temple, en face de la huitième légion, une détonation éclate, tout à coup, comme un feu de peloton bien nourri, et le point où se trouvait le Roi est aussitôt jonché de morts et de mourants ; le Roi que l'on visait, ni ses fils ne sont atteints ; un maréchal de France, un général, et beaucoup d'officiers de tout grade, furent mortellement frappés.

Le Roi, aux pieds duquel ils tombèrent, montra un calme admirable ; son cheval fit un bond ; mais il ne parut troublé, un instant après, que par l'exprssion de sa douloureuse sympathie pour tant de victimes.

C'était une machine infernale ; l'étincelle électrique n'est pas plus rapide que ne le fut la terrible nouvelle.

L'émotion produite par un crime si affreux ne s'exprime pas ; elle éclata, vive et spontanée, dans toute la France.

L'empressement des villes à le témoigner en attesta la marque sincère.

Nous n'entrerons pas dans d'autres détails, nous nous bornerons à dire que l'horreur de cet attentat fut réellement commune à tous les partis ; mais on ne pouvait nier qu'il ne fut l'œuvre des sentiments exaltés que suscitaient les violences incessantes de la presse.

Le gouvernement dut donc réfléchir aux grands devoirs que lui prescrivaient les sanglantes émeutes auxquelles venait de succéder cet événement tragique.

Aussi, peu de jours après, le cabinet se présenta devant l'assemblée, armé de plusieurs projets de loi qui, par leurs rigueurs exceptionnelles, devenaient un redoutable instrument de répression.

Oh ! comme il dût en coûter à notre grand citoyen de proclamer la nécessité de telles mesures !

Mais était-il libre de faire autrement ? nous disons *non* avec assurance ; et cette négation ressort de l'exposé que nous allons faire.

Le gouvernement n'avait encore commis aucune des fautes qu'on a pu lui reprocher plus tard : et tout en restant justiciable de l'opinion publique, le droit de légitime défense contre les violences de la force matérielle lui faisait une obligation absolue de demander, au nom du gouvernement, des moyens assez puissants, non seulement pour réprimer, mais pour contenir les agresseurs.

La tranquillité publique était alors à ce prix ; au reste, quelles bonnes raisons avait-on de s'insurger contre le nouvel ordre de choses ?

Que désirait-on de plus que ce qu'il nous donnait ?

La France était devenue maîtresse de ses destinées ; la souveraineté du peuple remplaçait celle d'une famille ; le Roi choisi par nos représentants avait reconnu le nouveau principe par l'acceptation solennelle de la charte consacrant nos droits et les siens.

Aucun obstacle ne pouvait plus s'élever impunément contre le principe des libertés conquises ; l'opinion publique imposait à nos représentants la nécessité de les développer selon nos besoins.

L'irresponsabilité du Roi le condamnait à l'inaction ; le droit qu'il avait de choisir ses ministres impliquait l'obligation de les prendre dans la majorité du parlement.

La monarchie conservée par égard pour les traditions séculaires d'un passé entré dans nos mœurs, ne gardait de cette forme que le nom et le prestige : mais le monarque ne pouvait rien empêcher sans briser son trône sur les écueils d'une résistance contraire aux volontés de la nation.

Si ce régime n'était pas la république, il nous en donnait le principal avantage, et nous acheminait irrésistiblement vers elle.

Le développement de nos institutions se conformant à celui de nos mœurs démocratiques, nous offrait la perspective d'arriver graduellement au suffrage universel ; au lieu de l'irruption que cet élément devait faire plus tard parmi nous, et dont nous avons expié l'avènement prématuré par vingt ans d'un gouvernement absolu qui a failli nous perdre, et nous a laissé d'effroyables souvenirs.

Au moment dont nous parlons aucune infraction de nos droits,
ne s'était produite ; l'expérience faite du régime établi ne justi-
fiait en rien la nécessité de lui substituer la république; l'opinion
n'exprimait d'aucune façon le désir de ce changement.

Mais ce désir était devenu l'objet des plus ardentes poursuites
de la part de quelques hommes d'action doués d'une haute intelligence, d'un esprit entraînant, et dont l'imagination éprise des
belles conceptions de la forme républicaine, les poussait à faire
une guerre ouverte au gouvernement, et à se livrer à la plus
active propagande, partout où pouvaient se recruter des auxiliaires de leurs audacieuses entreprises.

Sous le régime de liberté récemment établi, ils étaient parve-
nus à former des sociétés nombreuses dont les principaux membres entretenaient une infatigable correspondance entr'eux, et
faisaient circuler dans les villes les plus populeuses de hardis
manifestes, et les innombrables feuilles d'une presse qui surexci-
tait les classes ouvrières, leur faisant entrevoir des espérances
irréalisables.

Il résultait de ces excitations des désordres inquiétants, elles
exerçaient une influence funeste sur l'activité de toutes les transactions, sur le prix des salaires, et provoquaient des chômages,
des grèves d'où surgissaient la misère, et la faim cette mauvaise
conseillère des malheureux qui l'endurent.

Un état de choses où ces calamités produisaient des collisions
sanglantes, et des événements comme celui dont nous avons parlé,
exigeait du pouvoir qu'il mît tous ses soins à faire obstacle à la dif-
fusion de ces feuilles incendiaires, de ces pamphlets odieux qui, s'a-
dressant aux plus mauvais instincts, répandaient à pleines mains
l'injure et la calomnie sur le gouvernement, et poussaient, par
tous les moyens, les esprits à la révolte.

Les projets de lois proposés aggravaient donc énormément les
pénalités appliquées jusqu'à ce jour aux délits que nous venons
de signaler.

Quelques uns étaient mis au rang des crimes ; d'autres expo-
saient à des amendes ruineuses.

On ne laissait à la presse que la faculté de critiquer, avec plus
ou moins de justice, les actes dont le gouvernement demeurait
responsable envers le pays.

Et comme complément de ce rigoureux système, les lois nou-

velles spécifiaient devant quelle juridiction devaient être traduits
les accusés.

Ces dispositions diverses, et notamment les dernières, furent
dans l'assemblée, l'objet de vifs débats.

M. Royer-Collard, le philosophe, le grand orateur de la restauration, prit la défense de l'institution du jury dont les nouvelles
lois réduisaient la compétence, et portaient ainsi, d'après lui,
une grave atteinte aux libertés publiques.

M. Royer-Collard, la plus haute, la plus pure renommée d'une
autre époque, abordait rarement la tribune ; mais quand il parlait, sa grande autorité, son éloquence magistrale donnaient
l'importance d'un événement à tous ses discours ; il était toujours un contradicteur convaincu et sincère ; de graves paroles
sortirent de sa bouche, à cette occasion.

Les lois proposées subirent de sa part une condamnation bien
sévère ; elles destituaient le jury, disait-il, elles semblaient indiquer qu'on avait perdu, de la liberté, l'intelligence et le besoin ;
il qualifia d'apostasie la lutte que soutenait M. Thiers contre des
opinions extrêmes ; et ce dernier dut éprouver un amer déplaisir de se voir accusé d'attaquer injustement les plus indispensables institutions d'un peuple libre.

Les rôles, en effet, devaient paraître intervertis pour tous ceux
qui virent, qu'en matière de liberté, M. Royer-Collard montrait
plus de scrupule que M. Thiers ; néanmoins, le ministre ne se
laissa pas intimider par les désavantages de sa position ; et bien
qu'il soit toujours difficile de parler convenablement de soi, il ne
craignit pas de revenir sur son passé, d'en parcourir les phases
diverses, et de manière à le dégager entièrement des contradic-
tions qu'on opposait à ses opinions actuelles.

Il n'eut aucune peine à démontrer que son langage de publiciste ne démentait nullement le langage qu'exigeait de lui la défense du pouvoir.

Que, sous la restauration, comme aujourd'hui, il n'avait jamais
poursuivi que le triomphe des libertés promises par la charte ;
il donna lecture de plusieurs articles du *National* publiés en
juin 1830, au plus fort de la lutte, et prouva qu'il s'exprimait
dans des termes dont il n'avait rien à désavouer dans ce moment.

S'adressant ensuite à M. Royer-Collard, il lui demanda si ce langage méritait d'être assimilé à celui contre le quel il réclamait des moyens de répression, par les nouvelles lois.

Ces objections restèrent sans réplique ; seulement, il faut le dire, la division des juridictions appliquée aux délits de presse selon la catégorie dans laquelle ces délits seraient placés, trouva pour adversaires des jurisconsultes éminents.

Ils ne consentaient pas à mettre entre les mains de quelques hommes, susceptibles de s'irriter contre de violentes provocations, la dangereuse facilité de qualifier les délits, et de pouvoir déterminer, ainsi, la juridiction devant laquelle ils seraient traduits.

Suivant ces jurisconsultes, il ne pouvait exister aucune considération qui permît de substituer des formes arbitraires aux garanties qu'offrait la justice du pays.

Cependant, après avoir entendu cette grande discussion et les raisons d'état que M. Thiers sut faire valoir auprès d'elle, la chambre ne jugea pas à propos de refuser les lois qui lui étaient demandées, et les vota à une majorité considérable.

Au reste, lorsqu'elles furent discutées et votées, l'opinion publique n'était pas encore remise de l'effet causé par la dernière catastrophe, et dut, par conséquent, exercer une puissante influence sur l'assemblée.

De plus, sous cette impression générale, les partis les plus hostiles avaient senti la nécessité d'ajourner leurs ressentiments ; et par suite de cet appaisement momentané, les lois en question n'excitèrent point contre le pouvoir toutes les colères dont il aurait eu à supporter l'assaut dans un temps moins opportun.

Quoi qu'il en soit, dans la pensée de M. Thiers, qui les avait sollicitées plus spécialement encore que ses collègues, elles devaient rester suspendues comme une menace sur la tête des factieux, et ne survivre aux circonstances qui les avaient rendues nécessaires que pour aller déposer, un jour, leur inutilité dans l'arsenal des vieilles lois.

La session de 1835 se termina par le dernier acte que nous venons de rappeler.

Quand le pouvoir put disposer de l'arme défensive remise entre ses mains par l'assemblée, il avait déjà obtenu justice des maux causés par les émeutes et la guerre civile.

Il venait de voir les auteurs de la machine infernale condamnés à la peine que méritait leur abominable forfait ; et cette double satisfaction donnée à l'opinion ayant fait renaître dans les esprits un calme que la presse n'osait plus troubler, plusieurs mois consécutifs s'écoulèrent, pendant lesquels les ministres purent tranquilement donner leur temps à la bonne gestion des affaires publiques.

Mais s'il fallait en croire quelques écrivains d'alors, ce temps de calme fut aussi employé à raviver, parmi quelques membres du cabinet, les dissidences politiques, et les rivalités que l'intérêt commun d'une bonne entente avait momentanément assoupies.

Cette tentative, ajoutait-on, fut l'œuvre des intrigues secrètement suscitées par le Roi Louis-Philippe, pour arriver à rompre l'union formée entre les trois ministres, sur l'esprit desquels l'action de son influence personnelle était presque nulle.

L'auteur dont j'entends parler entre, à ce sujet, dans de longs détails, où il ne peut vraiment se complaire que pour avoir occasion de mêler à ce récit le fiel de son cœur contre des personnages qu'il déteste ; quoiqu'il en soit, ce fut, d'après lui, autour de M. Thiers que se croisèrent toutes les intrigues.

On essaya d'abord de lui faire prendre en dégoût un ministère qui, en le chargeant de veiller constamment aux jours du Roi, le commettait avec des agents dont la besogne avait quelque chose de dégradant ; on s'efforça de l'aigrir contre ses collègues, en lui rappelant le refus désobligeant de le remplacer pendant l'absence qu'avait exigée de lui les soins de sa santé souffrante, et le besoin de quelques repos ; et puis, on lui souffla ce que l'écrivain appelle *les plus audacieuses espérances.*

On lui fit entrevoir la succession de M. de Broglie que le Roi, disait-on, détestait à cause de sa morgue et de sa raideur ; on fit miroiter à ses yeux, toujours suivant le même auteur, la suprême fortune d'une position qui, en mettant les rênes du pouvoir dans ses mains, offrait à son orgueil la perspective de voir les plus fiers représentants de l'aristocratie européenne rendre hommage, dans sa personne, au moderne ascendant d'un mérite plébéien qui lui permettait de n'avoir rien à leur envier ; et pourtant malgré ces excitations, il demeure bien établi que M. Thiers se montra complétement insensibles à toutes sortes d'avances ; que la pensée de trahir ses collègues n'approcha jamais de son cœur, et surtout, qu'il ne fît rien pour précipiter la chute d'un cabinet dont la reconstitution lui aurait été confiée sans retard.

C'est, du reste, ce que les évènements qui vont suivre devaient montrer, de façon à défier toutes les calomnies de ses ennemis.

La session de 1836 était déjà commencée, lorsque dans la séance du 14 janvier, le ministre des finances M. Humann présenta à la chambre la loi du budget de 1837.

Son exposé des motifs fut un résumé de la bonne situation où l'on se trouvait alors, de l'ordre et de la sécurité rentrée dans les esprits, d'où il concluait que le moment était très favorable pour réduire l'intérêt de la dette pubique.

Et sans paraître se préoccuper de l'étrange effet de cette proposition, il développa son opinion sur le droit de remboursement au pair appartenant à l'état, aussi bien qu'à tout le monde, et soutint que l'équité et la politique justifiaient également cette mesure.

Cependant, la motion était tellement inattendue qu'elle produisit une stupéfaction inexprimable dans l'assemblée, et surtout au banc des ministres.

M. Thiers surpris comme les autres, devina d'où venait le coup ; et s'inclinant du coté de M. de Broglie, il lui dit, sur un ton de fine ironie, regardez bien dans votre poche, Monsieur le duc, vous allez y trouver un évènement.

Quant à ce dernier, il s'agitait sur son banc, donnant par ses gestes, la plus vive marque d'indignation.

Le fait est qu'une proposition de cette importance, prise en dehors du cabinet, semblait être une pomme de discorde jetée dans son sein ; et qu'une conversion de rente si imprévue devenait, de la part du ministre des finances, une question pleine de gravité.

Elle allait, inévitablement, alarmer de grands intérêts, et provoquer à la bourse une commotion d'où pouvait résulter une crise financière dont les suites seraient incalculables.

L'opposition sentit aussitôt l'usage qu'elle pouvait en faire ; un de ses membres, M. Giraud, prit la parole pour interpeller le cabinet sur ses intentions, feignant de croire, qu'il ne pourrait reculer devant la nécessité de discuter une mesure que le ministre des finances jugeait si juste et si opportune ; en conséquence, il annonça son interpellation pour une des séances les plus rapprochées.

La retraite de M. Humann devenait la conséquence de l'acte dont il avait eu l'imprudente initiative, et auquel le cabinet avait infligé la plus complette désapprobation.

Aussi, le décret qui donnait M. d'Argout pour successeur à ce ministre, parut le 18 janvier, c'est-à-dire le jour même des interpellations annoncées.

Ce jour là, M. Giraud se présenta de nouveau à la tribune pour demander au gouvernement quels étaient ses projets sur la conversion qui avait été proposée.

Son auteur, M. Humann crut devoir prendre encore la parole, pour justifier la mesure en elle-même ; mais quant à son application prochaine, il s'exprima dans un langage qui trahissait visiblement son embarras ; et comme M. Giraud insistait pour avoir des explications plus claires ; M. de Broglie, impatienté, s'écria

On veut savoir s'il est dans l'intention du gouvernement de proposer la conversion des rentes ? je réponds non : est-ce clair ?

C'est ce qu'on demandait.

Et cette réponse hautaine et péremptoire coupa court à l'interpellation de ce jour.

Cependant la question était, en réalité, susceptible d'une controverse sérieuse, et fournissait l'occasion de faire regretter au cabinet d'en avoir pris si brusquement son parti.

L'opposition chargea M. Gouïn, l'un des plus habiles financiers de la chambre, de développer à la tribune les avantages de la conversion, repoussée par le président du conseil.

M. Thiers s'était encore tenu dans une discrète réserve; et comme on connaissait les mésintelligences du cabinet ; comme on savait sur combien de points essentiels de la politique il différait de M. Guizot, et même de M. de Broglie, on continua plus que jamais de le circonvenir ; on le pressa de se mettre à la tête du parti dont les principes étaient les siens, en rompant définitivement avec des collègues auxquels de graves circonstances et son patriotisme l'avaient contraint de faire tant de sacrifices, mais toutes ces instances furent vaines.

Rien n'était capable de lui faire devancer l'heure où des dissidences déjà anciennes et persistantes pourraient loyalement l'éloigner des hommes dont il avait été le compagnon dans les plus terribles luttes ; non seulement il refusa d'entrer, pour la moindre part, dans les agissements préparés contre le cabinet ; mais de plus, il se constitua son énergique défenseur avec la résolution de vivre ou tomber avec lui.

En effet, le 4 février, M. Gouin renouvela la proposition de M. Humann sur la conversion des rentes ; et le gouvernement fut mis en demeure d'accepter le débat sur la question.

Ce financier la traita dans un savant discours, de façon à produire une grande impression sur les esprits ; M. Passy, autre habile orateur, venait de parler dans le même sens, lorsque M. Thiers s'élançant à la tribune débuta par ces mots : la mesure est juste mais elle est dure et pour le moment impraticable.

C'est ce que j'essayerai de démontrer si l'on veut bien me prêter une bienveillante attention.

Il expose d'abord ses principes sur cette importante question, il développe les considérations relatives à la légalité, à la justice de la mesure elle même, et aux avantages que l'état peut en retirer ; mais tout en reconnaissant son droit absolu, incontestable, il lui oppose les dangers politiques d'y avoir recours, sans aucun souci des souffrances que peut causer la mesure.

Il se demande si les économies résultant de l'opération seront assez importantes pour compenser les suites douloureuses qui en sont inséparables ; il les énumère ; il les met en évidence ; il se livre à tous les calculs de la dépense et des bénéfices ; il signale les créanciers divers qui auront à gagner ou à perdre dans le mouvement de hausse ou de baisse qui déplacera les capitaux ; il prouve que les agioteurs s'enrichiront, et que les regrettables victimes seront les petits rentiers, les rentiers les plus nombreux, ceux qui, dans leur confiance, ont déposé leur modeste fortune entre les mains de l'état.

Sa conclusion fut donc que la mesure devait être ajournée.

Mais, dit un écrivain, il faut avoir entendu cette improvisation pour se rendre compte de l'effet qu'elle produisit.

Jamais l'habileté oratoire de M. Thiers n'avait rencontré dans la chambre une résistance plus inquiète, plus opiniâtre ; il la sentait frémir de dépit, d'impatience et de colère sous la puissance de sa parole et l'action de son ascendant, tout en leur faisant éprouver les plus vives perplexités sur le résultat.

D'habiles orateurs lui succédèrent, irrités de voir qu'il allait peut-être leur dérober le succès, qu'il allait arracher à la majorité un vote en faveur du cabinet au maintien duquel il ne se montrait si dévoué que pour accomplir envers ses membres le devoir d'un loyal appui ; et ce devoir, il l'avait si bien rempli que l'ajournement demandé ne fut repoussé qu'à la majorité de deux voix.

Cette faible majorité à la quelle, disait-on, contribuèrent secrètement des amis dévoués au pouvoir personnel parut assez significative au gouvernement pour déterminer ses membres à résigner leur portefeuille entre les mains du Roi.

Quand cette démission fut connue, la presse s'en empara ; on discuta beaucoup la possibilité d'un nouveau cabinet naturellement appelé à suivre une politique un peu différente de celle qu'avait fait prévaloir l'union de M. de Broglie et Guizot représentant le parti doctrinaire, en opposition à celui dont M. Thiers passait pour être le représentant dans le conseil; et bien qu'il eut été de tous les ministres, le seul à prendre la parole contre la proposition qui avait servi à provoquer leur chute, il devait être cependant le seul qui n'eut rien à regretter dans l'échec qu'ils venaient de subir.

Après les plus sincères efforts pour le conjurer M. Thiers pouvait se rendre le témoignage d'avoir satisfait aux procédés d'un galant homme ; et lorsqu'il se vit délivré des engagements ministériels qui lui rendaient la pleine possession de sa liberté, il dût sentir tout le bonheur d'une situation dans la quelle il lui était permis d'attendre avec le calme d'une conscience tranquille les changements qui allaient s'accomplir.

CHAPITRE IV.

A cette époque, M. Thiers était devenu l'homme d'état le plus considérable de la révolution de juillet, et son plus vrai représentant.

M. Guizot qu'il avait pour collègue, issu, comme homme d'état, de la même origine, passait pour être aussi éminent que lui, mais il était animé d'un autre esprit que le sien, et comprenait, d'une autre façon, les principes de la souveraineté nationale.

Cette différence s'accentua peu à peu, au point de devenir fréquemment la cause première des dissidences dont nous avons déjà parlé ; et quoiqu'il eussent participé tous les deux aux événements de 1830, ils n'avaient pas tardé à montrer des tendances souvent opposées dans la poursuite des développements que cette révolution devait avoir.

Leurs antécédents, du reste, les expliquent ; au début de sa carrière, ainsi que nous l'avons déjà vu, M. Thiers étudia passionnément la révolution de 89, en écrivit l'histoire ; et les idées généreuses dont il s'était épris, le jetèrent, plein d'enthousiasme et d'ardeur, dans la mêlée de la politique contemporaine, tandis que M. Guizot, s'étant presque toujours tenu loin d'elle, avait entrepris de professer à la sorbonne, où le public allait écouter, sur la civilisation française, ses savantes leçons.

Cet esprit généralisateur racontait alors le progrès séculaire des idées de notre pays, sans aucun mélange des faits qu'il supposait connus de ses auditeurs ; et se tenant sur les hauts sommets de la science historique, il déployait paisiblement dans ces régions sereines son langage magistral dont le dogmatisme éloquent s'imposait à tous.

Les hommes les plus renommés dans les lettres se montraient assidus à son cours, et l'accoutumaient à voir sa parole accueillie avec toute l'admiration que méritait le plus haut enseignement.

Mais depuis son apparition sur un théâtre où tout devenait matière à controverse, l'auditoire était bien changé.

C'est alors qu'il rencontra parmi ses contradicteurs M. Thiers déjà exercé aux plus vives polémiques, ayant un esprit moins élevé peut-être, mais plus pratique, et plus universel que le sien, et qui, doué d'une prodigieuse facilité de parole, se montrait supérieur à lui par l'universalité de ses aptitudes et de son savoir, et s'emparait de ces avantages dans les diverses questions sur lesquelles ils différaient, comme dans la part plus active et plus importante qu'il prenait à tous les débats de l'assemblée.

Il était donc impossible que l'union de ces deux hommes pût durer.

Elle s'était maintenue aussi longtemps qu'un intérêt supérieur l'avait exigé de leur patriotisme ; mais le jour où la séparation n'était plus à leurs yeux d'un grand inconvénient pour la chose publique, ils se trouvèrent ouvertement à la tête de deux écoles formant dans l'assemblée deux grands partis dont l'un venait d'obtenir une majorité qui mettait virtuellement le pouvoir dans ses mains.

Aussi lorsqu'à la suite de cet état de choses, le Roi eut à s'occuper d'organiser un nouveau ministère, il dut consulter les hommes influents de la majorité nouvelle ; et ce fut probablement sur leurs indications qu'il fit appeler M. Thiers à qui fut offert le choix du personnel ministériel dont il lui destinait la présidence.

On dit que M. Thiers ne fit pas un accueil très empressé à cette offre : des raisons de toutes sortes motivaient ses hésitations, mais sans lui permettre de répondre définitivement par un refus ; il demanda donc à réfléchir.

Il ne se dissimulait nullement la cause principale à laquelle devait être attribuée la chute du dernier cabinet ; il savait avec

quelle secrète satisfaction le Roi avait vu se retirer le chef diri-
geant, trop rebelle à son influence ; et dans l'intimité de sa pensée, M. Thiers n'était guère plus disposé que M. de Broglie à
faire des concessions au pouvoir personnel.

Le Roi, lui-même, devait s'en douter : leurs vives altercations
dans l'affaire d'espagne ne pouvaient pas être effacées de sa mémoire ; mais ce souvenir lui faisait probablement peu d'ombrage ;
son affection pour M. Thiers ne souffrait jamais de leurs dissidences accidentelles ; M. Thiers, de son coté, la lui rendait,
vive, dévouée, mélée de déférence et de respect ; c'était donc
entr'eux une sympathie mutuelle, survivant à tous leurs désaccords.

Dureste, elle était déjà de vieille date ; elle était fondée sur
la conformité de leur humeur, sur des relations éprouvées dans
un long échange des sentiments les plus sincères, et toujours
très agréablement entretenue par cet aimable esprit de causerie
fine et spirituelle, jaillissante des mots les plus heureux, et pleine
d'attraits pour l'un et pour l'autre, parce qu'ils y excellaient
tous les deux.

Aucune solution ministérielle ne paraissait alors possible sans
M. Thiers ; il céda donc à la nécessité de former un nouveau
cabinet ; et le personnel qu'il proposa à la sanction du Roi le 22
février 1836 fut installé ce jour là à la tête des affaires.

Un mois s'était écoulé depuis cette installation, quand le député
M. Lacave-Laplagne déposa à l'assemblée le rapport où il déve-
loppait, au nom de la commission nommée à cet effet, les avantages et les inconvénients de la conversion des rentes dont le
vote avait renversé le dernier ministère.

La conclusion de ce rapport fut que la proposition, utile, en
elle-même était inopportune, et devait être ajournée à la prochaine session.

Or, comme l'avis de la commission se trouvait conforme à
celui qu M. Thiers avait essayé de faire prévaloir en premier
lieu, il s'empressa d'y adhérer au nom du gouvernement, et prit
l'engagement de présenter l'année suivante un projet où seraient
ménagés, autant que possible, les intérêts des petits rentiers, et
qui, en même temps, indiquerait l'époque précise de la conversion.

Après cette promesse, l'assemblée prononça l'ajournement

comme le désirait M. Thiers et quelques jours après, la loi sur les fonds secrets votés par une majorité satisfaisante devenait un gage donné de la confiance que le nouveau ministère lui inspirait.

Dans le cours de cette même session, de graves questions d'intérêts publics furent également discutées ; et en sa qualité de président du conseil, M. Thiers prit à toutes une grande part.

Il eut, notament l'occasion d'exposer son opinion sur l'irresponsabilité royale et sur la responsabilité ministérielle ; il expliqua comment il interprétait les dispositions de la charte à cet égard ; et les formalités relatives à la poursuite des agents du pouvoir ayant été mises en question, son avis fut qu'une autorisation préalable de poursuivre donnée par le conseil d'état devait en prévenir les abus.

La loi spéciale sur les douanes, bien qu'en dehors de ses attributions, lui parût aussi mériter qu'il intervint activement dans le débat.

Le libre échange avait de nombreux partisans dont il redoutait les solutions, téméraires ; et le système protecteur le trouva son défenseur décidé ; non que, dans sa pensée, le libre échange fut une utopie, mais, parce que, suivant lui, l'homme d'état devait mettre, au-dessus de tous les principes théoriques, la crainte du mal qu'ils pourraient faire, s'ils étaient prématurément appliqués, et la nécessité actuelle de protéger contre le danger des concurrences les produits nationaux qui en avaient besoin.

Mais au moment où la difficile question des douanes se discutait à l'assemblée, le ministère des affaires étrangères dont M. Thiers avait la direction, lui imposait bien d'autres soins.

Le Roi le poussait alors à se détacher de l'alliance anglaise, par l'adoption d'une politique destinée à nous rapprocher des trois grandes puissances du continent.

Aux yeux de ce monarque cette orientation nouvelle de nos tendances diplomatiques tirait son opportunité des avances marquées que ces trois puissances venaient de nous faire, au moment où elles s'éloignaient du gouvernement anglais qui faisait éclater sa vive indignation contre elles, pour avoir supprimé violemment la république de *Cracovie* fondée par les traités de Vienne, et cela, parce qu'elle était devenue, disaient ces puissances, un foyer d'agitation troublant sans cesse la sécurité de leurs frontières.

M. Thiers ne trouvait certainement pas cette suppression suffisamment justifiée ; il n'était pas, non plus, d'avis qu'il fallut s'engager sérieusement dans la voie nouvelle où le Roi voulait le faire entrer ; mais comme il comprenait dans quelles vues d'intérêt dynastique cette politique lui était suggérée, il consentit au bon accueil des ouvertures qui nous étaient faites en ne manifestant, pour notre part, aucune récrimination contre un acte irrégulier dont il était possible de ne pas se plaindre, puisque nos intérêts, ni notre signature n'en souffraient aucune atteinte.

Tel était le premier pas que M. Thiers avait déjà fait, presque malgré lui, lorsque l'ambassadeur d'angleterre l'invita au nom de son gouvernement, à se conformer aux stipulations du traité de la quadruple alliance, suivant lesquelles il était tenu d'occuper militairement une partie de la frontière d'Espagne, lorsque cette occupation nous serait imposée par la nécessité de faire cesser la guerre civile que le carlisme suscitait dans ce royaume.

Cette intervention précédemment voulue par M. Thiers et à laquelle il était invité, dans ce moment, dût un peu l'embarrasser ; mais comme l'Angleterre avait cru devoir différer lorsqu'il proposait, lui même, d'en prendre l'initiative, il eut, à son tour, quelques raisons de motiver un nouvel ajournement sur les inconvénients d'une intervention qu'on désirait à des conditions inacceptables, et c'est ce qu'à la date du 18 mai il fit signifier au gouvernement anglais.

Voilà comment M. Thiers parvint à se dégager, quoique à regret, des obligations que la politique du Roi l'empêchait alors de remplir.

Cette difficulté ainsi résolue, le Roi crut ce moment favorable pour songer à l'établissement du prince royal, et pour donner à sa jeune dynastie le prestige et l'appui des vieilles races royales, par son alliance avec l'une d'elles.

La famille d'Autriche fut celle qu'il choisit : sa tendresse paternelle se berçait, à cet égard, d'espérances que ne partageait pas M. Thiers ; et bien que le duc d'Orléans eut toutes les grâces extérieures de la jeunesse, comme les plus charmantes qualités de l'esprit, pouvaient elles faire oublier, dans une cour peuplée de la plus arrogante aristocratie de l'europe, que le nouveau trône de France était fondé sur un ordre de chose odieux à la noblesse et aux dynasties du continent ?

Il paraissait donc probable qu'en sollicitant la main d'une archiduchesse, suivant le vœu de son père, le duc d'Orléans s'exposerait à l'humiliation d'un refus.

Telles étaient les appréhensions de M. Thiers qui, voyant dans l'ambition du roi des vues contraires aux principes de notre révolution, avait souvent essayé de lui inspirer d'autres desseins, en manifestant le regret que l'objet de son choix ne fut pas une petite princesse d'Allemagne, pourvu qu'elle eut du sang royal dans les veines.

Réduit, sur ce point, à n'exprimer que des désirs, il fallut bien consentir à faire les démarches que nécessitait la mission dont, en qualité de premier ministre, il était chargé; et le moment venu, le prince royal et son frère le duc de Nemours partirent pour l'Allemagne où les attendait notre ambassadeur qu'on avait informé de leur voyage.

A Berlin et puis à Vienne, ils reçurent le plus gracieux accueil; il y eut des fêtes en leur honneur ; ils y brillèrent par la distinction de leurs personnes et de leurs manières ; on se montra enchanté de faire croire au duc d'Orléans qu'il réussirait dans ses intentions.

Notre ambassadeur fit donc les ouvertures nécessaires ; la princesse Thérèse et son père répondirent de façon à donner le meilleur espoir ; mais lorsque la demande officielle devint, en famille, l'objet d'un sérieux entretien, l'archiduchesse Sophie, appelée à donner son avis, souleva mille objections, et finit, dit-on, par exprimer son opposition dans les termes les plus déplaisants.

Le duc d'Orléans en ressentit une blessure cruelle, et ne différa pas d'un seul jour son départ pour l'Italie où il se proposait de séjourner quelque temps, lorsqu'arrivés, son frère et lui, dans cette contrée, ils furent forcés de rentrer précipitamment à Paris où les rappelait une triste nouvelle.

Le 25 juin, vers 6 heures du soir, au moment où leur père sortait des Tuileries pour se rendre à Neuilly, un homme placé près du guichet le voyant s'incliner pour saluer la garde, déchargea sur lui une arme à feu, presque à bout portant, et, fort heureusement, ne parvint pas à l'atteindre.

L'assassin n'ayant pas cherché à se dérober est saisi par un nommé

Devisme que le hasard avait conduit là, et qui, par un hasard plus singulier encore, reconnut le misérable auquel il avait récemment vendu l'arme dont il venait de se servir.

Après cette action criminelle, il montra un calme imperturbable ; les menaces les invectives dont on l'assaillit parurent ne lui faire aucun effet : il déclara se nommer Alibaud, et ses réponses à toutes les questions révélèrent une nature exaltée par le plus sombre fanatisme, un esprit dans lequel était entrée l'idée fixe que le Roi nous avait causé les plus grands maux ; et son seul regret était de n'avoir pas réussi à le tuer.

Lorsqu'il fut devant ses juges, son attitude et son langage restèrent les-mêmes ; il commença la lecture d'un manuscrit que le président fut obligé d'interrompre à cause de ses doctrines sur le régicide ; il fut donc condamné à la peine capitale, et le onze juillet, la justice faisait tomber la tête de cet affreux monomane.

Depuis que nous étions en bonnes relations avec les trois puissances du nord, l'Autriche avait entrepris de nous engager dans la politique ombrageuse à laquelle avait été sacrifiée la république de Cracovie. M. de Metternich, son ministre, se plaignait avec amertume à M. Thiers que la Suisse fut un foyer permanent de conspiration entretenu par des réfugiés venus de tous les points de l'Europe dans cette libre contrée, et s'y livrant aux complots les plus dangereux, sous la protection hospitalière du droit d'asile consacré par les lois de ce pays.

Le ministre autrichien rappelait en même temps les obligations internationales auxquelles ces lois assujettissaient la Suisse vis-à-vis des puissances voisines, les griefs qu'on avait à lui reprocher à cet égard, et notre intervention en faveur de cette vieille amie de la France pour garantir qu'elle exécuterait désormais ses engagements.

En présence de ces récriminations, M. Thiers prit le parti de transmettre ces plaintes au gouvernement suisse.

Il employa, quoiqu'on en ait dit, les formes les plus convenables, pour l'inviter à remplir les devoirs que lui imposait la foi des traités; sa note fut discutée en pleine diète, et ce qui prouve qu'elle n'avait rien de blessant c'est que le gouvernement suisse mit à s'y conformer la plus parfaite loyauté.

Les réfugiés signalés comme dangereux furent expulsés de son

territoire, et le ministre français facilita ces mesures par le concours demandé à notre gouvernement, dans cette occasion.

Mais il survint ensuite une autre affaire à la quelle donnèrent
lieu des actes inqualifiables de police secrète absolument étrangers à l'administration de M. Thiers, et qui, attribués à un agent
subalterne de l'intérieur, soulevèrent de graves complications
dont on devait, plus tard, demander compte au président du
conseil.

Toutes les préoccupations de M. Thiers se portaient alors sur
un autre point ; il suivait avec sollicitude le cours des évènements
que la guerre civile déroulait e Espagne, où notre intervention
n'avait pas eu lieu, aussi forte qu'il l'aurait voulue, mais sur les
frontières de la quelle il était, pourtant, parvenu à faire établir
un corps d'observation de trois mille hommes qui nous sauvaient
d'avoir mis entièrement en oubli nos engagements envers cette
malheureuse nation.

A l'aspect des progrès que faisait la guerre civile des carlistes,
M. Thiers sentait redoubler ses regrets de l'inefficacité de notre
assistance.

Cette guerre, longtemps limitée à quelques provinces, s'éten-
dait maintenant à vue d'œil : trois ministères s'étaient succédés
dans les périls d'une situation qui les plaçait entre le carlisme
et l'anarchie.

L'acharnement des partis divisés produisait partout l'incendie, le pillage et des égorgements ; la monarchie, elle-même,
menaçait de s'écrouler ; la reine implorait le secours qui lui était
dû ; et l'Angleterre qui remplissait ses engagements envers elle
nous sollicitait vivement de répondre à ce pressant appel pour la
part que nous imposaient des circonstances si impérieuses.

M. Thiers résolut alors de porter à douze mille hommes l'assistance réclamée ; ce corps composé de volontaires fut formé plus
activement qu'on ne pensait ; il en offrit le commandement au
général Bugeaud qui l'accepta ; il ne manquait plus que le consen-
tement du Roi pour l'acheminer vers sa destination.

M. Thiers revint donc sur l'intervention en question ; ses instances dans le conseil se renouvelèrent, plus vives, plus pressantes que jamais ; il rencontra de nouveau l'opposition persistante
du Roi, mais il lutta contre elle avec toute la force d'une volonté
reposant sur la conviction absolue que l'exécution loyale du traité

avec l'Espagne l'aurait préservée de tous ses maux; il se montra donc, cette fois, bien décidé à faire prévaloir son avis ou à résigner son portefeuille.

Or, comme le Roi redoutait cette détermination, il avait enfin cédé à l'inflexible volonté de son ministre, lorsqu'il leur survint la nouvelle qu'une révolution violente venait d'éclater dans toute la péninsule; que des juntes s'étaient formées dans les provinces; et qu'à St-Ildefonse, la constitution de 1812 imposée à la Reine avait été proclamée.

Le Roi s'empara aussitôt de cet évènement pour revenir sur sa concession, déclara que l'épée de la France ne pouvait pas être mise au service d'un ordre de chose tout différent de celui auquel nous liait un traité; M. Thiers fut forcé de reconnaître que ce qui venait de se passer nécessitait un ajournement; mais qu'il fallait maintenir à Pau le corps auxiliaire jusqu'à l'issue des évènements qui autorisaient notre inaction.

Le Roi ne fut pas de cet avis; dans son opinion, le traité n'existait plus; cette question souleva de nouveaux et vifs débats dans le conseil.

M. Thiers de son coté, s'efforça de prouver, le traité sous les yeux, qu'on ne pouvait s'en dégager sans rompre avec les autres contractants, et que sa retraite lui paraissait préférable à cette rupture entièrement contraire à ses tendances et à ses vues.

Sa démission fut alors acceptée: c'était tout ce qu'il désirait; il se retira donc sans aucun regret, le pouvoir n'ayant d'attraits pour lui qu'à la condition de l'exercer conformément à sa responsabilité et à ses principes.

Aussi, fut-il vraiment heureux de s'affranchir des soucis d'une politique qui n'avait pas été toujours la sienne et d'aller les oublier dans les distractions d'un charmant voyage en Italie où il pourrait si bien satisfaire son goût passionné pour les arts, et donner les plus doux loisirs à ses chères études et à ses grands travaux.

Le 6 septembre furent installés les nouveaux ministres, sous la présidence de M. Molé succédant aux affaires étrangères à M. Thiers.

Toutefois, le Roi, ne voulut pas laisser partir ce dernier, sans lui renouveler l'assurance de son affection; il manda venir ce vieil ami aux Tuileries, le combla de ses meilleurs témoignages ; toute sa famille s'associa à ses démonstrations, et au moment de se séparer, ils étaient sûrs, l'un et l'autre, que le souvenir de leurs dissidences n'altérait en rien la cordialité de leurs regrets.

M. Thiers revint d'Italie quelques temps avant la session de 1837 ; et à sa première apparition à la chambre il alla se placer au centre gauche de l'assemblée.

Lorsqu'arriva la discussion de l'adresse, le nouveau cabinet eut à répondre sur l'affaire d'un nommé Conseil, réfugié français, ou se faisant passer pour tel, et qui, accueilli en Suisse à ce titre, s'était livré au vil exercice d'un espionnage reconnu plus tard, et dont les conséquences avaient fini par susciter, entre la Suisse et nous, des démêlés assez sérieux pour nous exposer au risque d'une guerre avec cette vieille alliée.

Un paragraphe ayant trait à cette affaire fut introduit dans l'adresse ; et M. Odilon Barrot provoqua des explications en formulant ainsi la question :

« Je demande s'il est vrai que le nommé Conseil dont l'expulsion a été réclamée par le gouvernement français avait été envoyé par ce même gouvernement comme espion, en Suisse. »

M. Molé étranger aux premiers actes de cette affaire parût recevoir cette interpellation comme une injure ; mais M. Thiers, son prédécesseur, auquel elle s'adressait monta aussitôt à la tribune et s'exprima à peu près comme suit :

« L'affaire Suisse se divise en deux parties : la première concernant le droit d'asile, et donnant à deux nations la faculté réciproque d'exercer l'hospitalité à l'égard des réfugiés politiques, a été, de notre part, l'objet de réclamations fondées sur les conditions consacrées par le droit international ; la Suisse a très loyalement satisfait à nos justes exigences ; mais après avoir obtenu d'elle cette satisfaction, est survenue l'affaire *Conseil* dont il est question. »

« Je reçus un jour, dit-il, du département de l'Intérieur une lettre signée *Gasparin*, alors sous-secrétaire d'état, demandant que le nommé *Conseil* fut expulsé de la Suisse comme réfugié dangereux. »

« J'ignorais absolument les antécédents de cet individu, ce qu'il était ; et de la meilleure foi du monde, je transmis cette demande au gouvernement Suisse. »

M. Thiers borna là ses explications, ne croyant pas devoir entrer dans d'autres détails pour n'être pas obligé de dire quelle part de responsabilité lui revenait dans cette occasion.

Mais malheureusement, le langage hautain de notre ambassadeur, l'irritation du gouvernement Suisse à propos de cette affaire, l'avait rendue si grave qu'il avait été fait une information dont le rapport révélait des choses étranges ; or, comme ce rapport avait un caractère officiel, l'opposition en tira parti pour demander comment il était possible que notre gouvernement eût sollicité, lui-même, l'arrestation d'un homme qu'il signalait comme dangereux, après l'avoir envoyé comme agent auprès des réfugiés, parmi lesquels il s'était perfidement introduit, pour découvrir leurs secrets.

La réserve de M. Thiers fut mise dans ce moment, à une rude épreuve ; il continuait cependant à la garder, quand l'auteur de la lettre dont il avait parlé, M. de Gasparin, alors ministre de l'intérieur, vint exposer à la tribune une singulière théorie sur la nécessité du silence imposé à un agent subalterne dont les actes ont uniquement pour responsable le ministre son supérieur ; et s'il arrive, ajouta-t-il, que cet agent devienne, lui-même, ministre, il n'a rien à révéler des secrets de son ancien chef.

Le cas était précisément le sien : il n'avait donc pas à s'expliquer sur l'affaire en question.

Le nouveau garde des sceaux, M. Persil intervint aussi pour appuyer le système de défense d'après le quel M. Thiers ne pouvait se dérober à la grosse part de responsabilité qui pesait sur lui.

Il remonte alors à la tribune : « c'est avec un véritable regret, dit-il, que je reparais ici ; je n'ai rien fait pour provoquer une pareille discussion ; j'y ai été forcé parce que j'étais accusé d'avoir compromis la diplomatie de la France en demandant l'expulsion d'un réfugié, lorsque je savais que ce réfugié était un espion envoyé par le gouvernement lui-même. »

« Si je n'avais pas été obligé, non-seulement pour moi, mais pour mon pays, de venir expliquer ce que je savais, je l'eusse évité, et je me serais borné à la première affaire. »

« Mais l'honneur de mon pays et le mien m'ont forcé de prendre la parole ; et je suis étonné, quand j'ai employé tant de réserve dans mon langage, que M. le garde des sceaux soit venu rejeter la responsabilité sur moi. »

M. Persil interrompit aussitôt l'orateur pour affirmer qu'il n'avait adressé aucun reproche à M. Thiers ; qu'en appuyant le système de M. de Gasparin, il s'était associé à un principe, et qu'il serait désolé d'être compris autrement.

Malgré cette observation, M. Thiers continua ainsi :

« Ne croyez pas que je veuille aggraver le débat entre vous et moi ; je voudrais le faire disparaître ; mais vous avez eu recours à une responsabilité plus élevée, une responsabilité collective, celle du président du conseil à laquelle on doit s'adresser, dites vous, pour toutes les affaires du cabinet ; vous avez raison ; j'étais président du conseil ; et je dois être responsable de ce fait. »

« Si, en effet, je n'étais pas responsable je ne serais pas venu donner l'explication que j'offre dans ce moment. »

« Voici ma réponse : oui comme président du conseil j'aurais dû tout savoir ; on aurait dû tout me dire ; on ne m'a pas tout dit ; quelle excuse voulez vous que je fasse valoir ? »

« Ce n'est pas ici un trait malicieux de ma part ; je dois vous dire le fait dans toute sa vérité, je vous le dis et pour moi et pour le pays. »

« Le ministre des affaires étrangères n'a pas été informé des faits ; je n'ai pas su ce qu'était *Conseil* ; je ne le sais pas encore; mais enfin, si *Conseil* était en effet un agent français, et que les directeurs de la police m'eussent dit : nous avons intérêt à envoyer un agent en Suisse pour observer ce qui se passe parmi les réfugiés, je leur aurais dit : vous avez raison ; nous en envoyons partout, comme de tous les pays on en envoie chez nous ; c'est un droit réciproque ; mais si on eut ajouté, nous voulons, pour lui donner crédit, en demander ensuite l'expulsion, quel est votre avis ?

J'aurais répondu : « ne faites pas une pareille chose ; l'affaire est déjà assez délicate pour ne pas l'aggraver par une affaire de police. »

« Le fait est qu'on ne m'a pas demandé mon avis ; j'ignore même si le fait est vrai ; et dans l'hypothèse où il le serait ; si on avait consulté le président du conseil, comme il a quelque expérience des affaires, il aurait parlé ; mais on lui a laissé tout ignorer ; et si faute il y a, elle a été commise à son insu. »

«Maintenant, ce n'est pas moi qui dois trouver à la chambre un coupable ; vous comprenez ma situation ; je manquerais à mes devoirs, aux convenances, si je trouvais un coupable ; mais ce qu'il m'importe de prouver *c'est que le cabinet ne l'était pas* ; c'est que j'avais une lettre de M. *de Gasparin* ; je suis désolé qu'il soit ici question de M. *de Gasparin* et que son nom se soit trouvé sur la lettre ; mais moi, appelé à me justifier ici, je dis, que j'avais dans les mains une lettre signée de qui ? du ministre de l'intérieur ? pas du tout, de M. de Gasparin, j'ai donc dû rapporter le fait pur et simple ; ce n'est pas à moi à en tirer les conséquences, je le répète ; la responsabilité m'aurait appartenu, si j'avais tout su, elle ne m'appartient pas. »

« Voilà mon explication. »

Ce langage était facile à comprendre ; ces réticences donnaient à deviner le personnage mystérieux sur lequel il fallait se taire, parce que la constitution l'enveloppait d'une irresponsabilité dont il était interdit de soulever le voile, mais deux députés, MM. Dufaure et Odilon Barrot, déclarèrent que les recherches sur les faits devenaient indispensables, dans l'intérêt des principes et des personnes, et l'assemblée se sépara après une grande agitation.

Le lendemain le comte de Montalivet, ancien ministre de l'intérieur adressa une lettre à M. le comte Molé où il disait que l'incident élevé la veille dans la chambre des députés, à propos d'un acte de son administration, l'obligeait à déclarer qu'il assumait sur sa responsabilité personnelle tous les actes du ministère de l'intérieur depuis le 22 février jusqu'au 6 septembre ; qu'ils avaient eu pour motif et pour but le véritable intérêt du pays et la sûreté personnelle du Roi ; et j'ai droit d'espérer, ajoutait-il que personne n'en suspectera la sincérité.

Tout le monde comprendra ma réserve.

Après la lecture de cette lettre, la clôture de la discussion fut prononcée, grâce au dévouement que venait de montrer pour le Roi son ancien ministre.

Tel fut le dénouement de l'affaire *Conseil*, qui, en réalité, eut été presque insignifiante, sans l'aggravation provenant d'actes compromettants et des conséquences qu'ils pouvaient avoir.

Au reste, les débats soulevés à ce sujet ne devaient être que le prélude de ceux qu'allait faire naître la grande question d'in-

tervention en Espagne dont la solution avait déterminé la chute
du dernier cabinet, et la formation de celui qui se présentait devant l'assemblée.

M. le comte Molé, son président, ouvrit la discussion par un
exposé faisant connaître l'originine de la nouvelle administration
et le système politique qu'elle entendait suivre.

L'intervention en Espagne fut le premier sujet qu'il aborda ;
il posa d'abord trois questions :

Le gouvernement est-il toujours engagé envers cette nation,
l'intervention est-elle réalisable ? est-elle urgente ? est-elle dans
dans l'intérêt de la France ?

D'après lui, l'élasticité des termes dans les quels était conçu le
traité avait déjà permis à M. Thiers de varier sa politique à l'égard
de l'Espagne selon ses vues, et l'opportunité du concours qui lui
était dû.

Il rappela donc sa fameuse lettre du 18 mars dont il loua la
sagesse, et à la quelle il lui paraissait toujours prudent de se conformer, tant que le gouvernement espagnol serait presque sub-
mergé dans les confusions d'une guerre civile qui nous mêlerait
au cahos, sans nous permettre de prévoir ce que ce déplorable
état de choses produirait.

M. Thiers lui succéda à la tribune, et voici l'opinion qu'il exprima sur la question espagnole.

Dans son opinion, nous avions un immense intérêt à ce que le
gouvernement constitutionnel s'affermit en Espagne, et qu'il vint
à bout de la contre-révolution que le prétendant, *Don Carlos*,
s'efforçait d'y fomenter, non que cette contre-révolution put se
propager chez nous, mais parce que son triomphe créerait sur
nos derrières un ennemi toujours dangereux.

La France l'a compris ainsi, dit-il, quand elle s'est engagée
envers l'Espagne par un traité auquel ont voulu participer deux
autres gouvernements constitutionnels, le Portugal et l'Angleterre, formant ensemble une quadruple alliance, ayant pour objet de contribuer au rétablissement de l'ordre et de la sécurité
dans la Péninsule.

Ce traité stipulait une promesse d'assistance dont l'exécution
serait déterminée par les quatre contractants.

Son premier effet fut d'abord d'éloigner les deux prétendants
du Portugal et de l'Espagne ; mais ce dernier ayant reparu peu de

temps après, d'autres clauses furent spécifiées dans des termes plus précis, et ajoutées au traité.

Ces nouvelles garanties influèrent puissamment sur les progrès de la révolution et lui donnèrent un nouvel élan.

La Reine promulga son statut, les cortès se réunirent ; le ministère existant sut obtenir une bonne majorité : mais comme la guerre civile gagnait les provinces, l'intervention de la France parut indispensable.

M. Thiers fut le premier à démontrer sa nécessité pour empêcher que l'exaltation des partis fît dévier la révolution de son cours, en la précipitant vers les extrêmes ; mais son opinion ne prévalut pas.

L'offre de sa démission fit qu'on imagina un moyen de transiger en formant sur les frontières un corps de trois mille hommes, dont l'insuffisance produisit bientôt les résultats que M. Thiers avait prévus.

La révolution suivit sa pente ; le ministère modéré fut renversé, et remplacé par celui de *Mendizabal* dont l'ardeur et l'audace dominèrent la reine, et bouleversèrent tout en quelques mois.

Ce ministère opposé d'abord à notre intervention, consentit ensuite à la demander, mais en imposant des conditions auxquelles M. Thiers ne jugea pas possible de souscrire ; heureusement, le ministère *Mendizabal* s'écroula, battu par la réaction qu'avaient suscitées les témérités de ses entreprises ; M. Thiers, alors sollicité de nouveau par la Reine et par le nouveau cabinet, résolut de porter à 12 mille hommes le corps d'observations.

Nous avons déjà dit les difficultés que rencontra sa fermeté courageuse et la cause de sa démission.

Après ces explications données par M. Thiers, un amendement tendant à réclamer le plus énergique appui en faveur du gouvernement espagnol fut proposé et rejeté ; de là résulta la consolidation du ministère.

CHAPITRE V.

A l'époque dont nous parlons, il survint un évènement étranger à notre récit, et que nous nous bornerons à mentionner puisque M. Thiers ne figure en rien dans ces divers incidents.

Ce fut l'arrestation du prince Buonaparte à Strasbourg, sa translation aux États-Unis, l'acquittement de ses coaccusés, la présentation du projet de loi de disjonction, ainsi appelé, parce qu'il avait pour objet de dessaisir désormais le jury des affaires où des militaires seraient impliqués : le rejet de cette loi, et le retrait de la loi sur les apanages firent éclater au sein du conseil des ministres une division dont les symptômes s'y produisaient depuis quelques temps, et qui, cette fois, fut assez accentuée pour y provoquer, entre M. Molé et M. Guizot, une scission ne pouvant se résoudre que par la retraite de l'un d'eux.

Cette crise assez longue donna lieu à de nombreux pourparlers à des combinaisons laborieuses dont les deux rivaux étaient les instigateurs, mais M. Molé ayant fini par l'emporter, ce fut le 15 avril que parvint à se reconstituer le ministère, en présence du quel nous allons retrouver, l'homme illustre dont nous étudions les actes à l'assemblée.

Suivant l'usage, M. Molé débuta par présenter le projet de loi sur les fonds secrets, afin de mettre à l'épreuve la confiance de la chambre.

Ce rapport fut présenté dans les premiers jours de mai ; à la suite de quelques orateurs, M. Guizot prit la parole : il venait de perdre son fils ......

Et lorsqu'après avoir motivé son éloignement du ministère, on l'entendit, sous le poids de sa douleur, et les larmes dans les yeux exprimer si éloquemment ce qu'il ressentait, il émut la chambre bien vivement.

Hélas ! dit-il, j'ai pris et quitté le pouvoir plusieurs fois dans ma vie, et je suis, pour mon compte personnel, profondément indifférent à ces vicissitudes de la fortune politique ; je n'y mets d'intérêts que l'intérêt public et celui de la cause à laquelle j'appartiens : vous pouvez m'en croire, Messieurs il a plu à Dieu de me faire connaître des joies et des douleurs qui laissent l'âme bien froide à tout autre plaisir, à tout autre mal.

Et lorsqu'il en vint à la loi sur les apanages, retirée, malgré lui, par M. Molé, il développa sa théorie sur les classes sociales, sur la possibilité d'établir entre elles des distinctions compatibles avec les principe d'égalité consacrés par la révolution ; il affirma qu'on l'accusait injustement de tendances aristocratiques, quand il ne demandait que des institutions formant les degrés divers où pourrait s'échelonner tous les membres d'une société à chacun de leurs pas dans la voie ascendante du mérite et du talent.

Qu'à une époque où l'ancienne aristocratie dominait plus que dans ce moment, on lui reprochait de vouloir faire de la loi électorale le trionphe des classes moyennes où, d'après lui, résidaient les lumières et la vitalité de la nation.

M. Barrot lui répondit en soutenant que la loi sur les apanages rappelait des prétentions surannées entièrement anthipatiques aux mœurs de notre temps.

Que nos principes d'égalité impliquaient l'exclusion des classes; que la noblesse et la bourgeoisie maintenant confondues dans la classe moyenne, allaient, elles-mêmes, se perdre dans la masse de la nation.

M. Guizot répliqua qu'il ne fallait pas confondre la classe moyenne, en possession d'une liberté féconde, écrite dans la charte, avec cette démocratie envieuse, jalouse et tracassière, voulant abaisser toutes les têtes à son niveau.

Je ne veux pas, dit-il, que le peuple recommence les années néfastes de la révolution ; et si je vois la France pencher de ce côté, je me fais un devoir de l'en avertir, car on ne tombe jamais que du côté où l'on penche.

Cette discussion à la quelle aucun membre du cabinet ne vint se mêler fit dire à M. Barrot qu'elle avait eu lieu au-dessus de la tête des ministres.

Mais M. Thiers vint à son tour, y prendre part ; et comme il s'agissait, en réalité, de l'existence du nouveau cabinet et nullement de classifications civiques, ce fut sur la situation politique du moment qu'il lui parut utile de parler.

Le premier soin de M. Thiers fut de reconnaître comme tout le monde qu'en parlant des classes moyennes on entendait la nation toute entière, et que, se trouvant tous d'accord sur ce point, le moment était venu de se rendre compte de la durée éphémère des cabinets ; et qu'elle révélait une situation nouvelle dont il importait de pénétrer le sens.

Ce qui s'est passé depuis quelques temps m'a créé une position indépendante que je ne songe pas à changer.

Le 22 février, séparé du centre droit par la formation du cabinet que j'ai présidé, j'ai vu se produire contre ma politique l'alliance du six septembre entre M. Molé et M. Guizot, dont la rupture vient d'avoir lieu, le 15 avril.

Je suis donc devenu le spectateur d'une lutte où mon appui peut avoir quelque importance, mais dans la quelle mon esprit de neutralité me permet de juger quelle détermination je dois prendre, dans l'intérêt supérieur qui nous préoccupe tous.

Un fait grave peut servir d'élément à mon appréciation.

Les divers cabinets aux quels j'ai appartenu ont apporté des lois d'une immense gravité : et si graves qu'elles fussent, elles ont été votées à une grande majorité, (ici M. Thiers les rappelle toutes.)

Mais depuis le 6 septembre, cette majorité ne se montre plus aussi compacte ; et cette différence ne peut s'expliquer, dans son esprit que par la différence des temps.

Jadis, les hommes politiques séparés par des nuances d'opinion, même assez tranchées, nevoyaient d'autre intérêt que celui de l'union patriotique qu'imposait le danger commun.

Et personne plus que lui n'avait fait à ce besoin le sacrifice de sa personne, de son influence, et de sa popularité, mais à partir du moment où le calme est rentré dans les esprits, les divisions ont commencé à se faire jour, et le vote sur la conversion des rentes a été, suivant M. Thiers, la constatation du fait dont il parle.

Une scission éclatante, dit-il, s'est alors manifestée : deux partis se sont formés, l'un penchant vers la gauche, l'autre vers la droite, avec des systèmes différents.

M. Thiers discute ces deux partis : le premier est confiant, largement ouvert, faisant un pas vers ceux qui, sans abjurer leurs opinions font un pas vers lui ; l'autre, au contraire, est homogène et veut y rester, l'administration n'étant forte qu'à ce ce prix.

La politique de ce dernier lui paraissait fâcheuse : en voulant se prémunir contre un danger, elle en fait naître un plus grand.

En effet, dit-il, quand on a traversé des temps difficiles et orageux, on est enclin à s'émouvoir facilement, à concevoir des inquiétudes ; on se figure voir renaître à chaque pas les dangers qu'on a combattus, et l'on croit que ce qui a déjà servi pour y parer, réussira en toute occasion.

En second lieu, on conçoit à l'égard des hommes des préventions exagérées ; on suppose que, puisqu'ils vous ont combattu, ils n'ont aucune idée de gouvernement, et n'en peuvent jamais avoir ; on leur suppose toujours des intentions déplorables.

Ces principes paraissent dangereux à M. Thiers ; il le démontre par les résultats qu'ils ont amenés, par l'échec des lois exceptionnelles aux quelles on a eu recours.

Suivant lui, en se préoccupant exclusivement des intérêts matériels, ceux qui ont voulu faire triompher une politique trop ombrageuse, n'ont pas assez tenu compte de l'opinion publique.

Pendant ce discours habile et sensé, dont nous ne donnons qu'une courte analyse, la chambre, silencieuse, attendait du chef du centre-gauche la conclusion à la quelle paraissait attachée l'existence du cabinet ; l'opposition avancé désirait sa chute et le retour des doctrinaires ; elle avait exprimé ce vœu par la bouche de M. Garnier-Pagès qui avait dit à ces derniers, nous *vous souhaitons au pouvoir.*

Mais M. Thiers ne s'associa pas à ce vœu : moi, dit-il à son interlocuteur, *je ne vous souhaite pas,* et je donne ma boule blanche au cabinet du 15 avril ; aujourd'hui, ajoute-il, qu'il n'est donné à personne de faire renaître des dangers, l'apropos d'une politique inclémente et rigoureuse n'existe plus ; non que dans cette chambre il y ait exclusion pour les personnes, non, les personnes peuvent venir, elles auront peut-être la majorité ; mais je n'ajoute qu'un mot, les personnes sans les choses.

M. Thiers sauva le cabinet ; les fonds secrets furent votés à une grande majorité, et quelques jours après, il repartait pour l'Italie, heureux pour la seconde fois d'aller retrouver les délices du séjour qu'il y avait fait lors de son dernier voyage.

M. Molé s'étant maintenu au pouvoir, grâce à l'appui de M. Thiers, jugea loyalement qu'il devait soumettre sa politique à l'opinion, par de nouvelles élections ; et la chambre issue de cette épreuve fut convoquée en janvier 1838.

M. Thiers était alors de retour, réélu par les mêmes mandants.

La discussion de l'adresse devint, comme à l'ordinaire, l'occasion de savoir si le ministère du 15 avril obtiendrait d'elle la majorité.

Au nombre des articles mis en discussion figurait un article relatif à l'Espagne où l'on invitait le ministère à exécuter fidèlement le traité de la quadruple alliance ayant pour but de pacifier la péninsule, et de la sauver du malheur d'une contre-révolution.

Un membre de la droite proposa de substituer au mot *exécuter* les mots *en continuant d'exécuter* qui modifiaient évidemment le sens du paragraphe exprimant le vœu des partisans de l'intervention, tandis que la substitution proposée semblait approuver la politique d'inaction adoptée par le ministère.

Cet orateur développa sa pensée sur la différence résultant des deux rédactions.

C'était une provocation adressée à M. Thiers qui ne pouvait la laisser passer sans répondre.

Il monta donc à tribune et déclara que le changement proposé donnait au paragraphe un sens tout différent ; qu'il ne pouvait y avoir d'équivoque sur ce point, mais que la question sur le caractère de l'intérêt porté à l'Espagne était mal posé.

Pour les uns elle n'inspirait que de l'indifférence, et pour les autres on devrait intervenir immédiatement, même sans la consulter : la question ainsi posée est dans le faux.

Personne ne peut être indifférent dans le choix entre *Isabelle* et *Don Carlos*, comme aussi personne ne veut intervenir à tout prix.

Mais il n'est pas moins évident qu'il existe deux politiques distinctes, l'une qui, après quelques efforts indirects, se résignerait à laisser périr l'Espagne, et l'autre qui, sans obliger le gouvernement à intervenir à un jour donné, dit que la France doit contribuer à faire obstacle à la contre-révolution.

Ce dernier système, d'après M. Thiers, est celui que nous impose le traité, celui dont le gouvernement doit demeurer responsable, tandis que l'amendement proposé approuve absolument la continuité de l'inaction.

En réponse à M. Thiers, M. Molé déclare que tout ce que devait faire le gouvernement était accompli ; et qu'il s'opposait à toute intervention nouvelle.

A cette réponse, M. Thiers répliqua qu'il y voyait la résolution de n'exécuter le traité dans aucun cas; qu'on était décidé à laisser périr le gouvernement Espagnol sans lui venir en aide ; mais M. Molé, effrayé d'en avoir trop dit, rétracta le mot *jamais* que lui reprochait M. Thiers ; et dans le *Moniteur* parut une rectification, expliquant textuellement que pour empêcher la contre-révolution en Espagne le gouvernement aurait recours à tous les moyens que lui suggérerait la situation du moment, quand l'intervention serait reconnue indispensable.

Le lendemain, l'amendement proposé, ainsi entendu, fut adopté.

Le ministère Molé raffermi par ce vote traversa toute la session de 1838 sans subir de rudes secousses ; et pendant sa durée, il s'effectua des travaux législatifs importants auxquels M. Thiers absent pendant quelques mois, ne prit aucune part.

L'amnistie et l'évacuation d'Ancône furent de la part de ce ministère deux actes qui, dans l'opinion publique, donnèrent lieu aux plus diverses appréciations ; il s'attachait à suivre une politique indécise, sans programme déterminé, voulant ménager tous les partis, et tâchant de vivre appuyé sur une majorité recrutée parmi tous ceux que leurs opinions modérées et paisibles plaçaient, moyennant quelques distinctions de nuance, dans le centre de l'assemblée.

M. Molé possédait à merveille toutes les qualités propres à captiver leurs sympathies.

Sans opinion bien tranchée, il avait, à la fois, beaucoup de bienveillance, de souplesse et d'habileté.

Son élocution facile, son expérience des grandes affaires inspiraient de la confiance ; mais la plupart de ses collègues étaient des hommes qui, par leur talents ou leur situation un peu effacée, ne pouvaient qu'imparfaitement le seconder et lui laissaient la plus grosse part du fardeau.

La médiocrité de ce personnel faisait supposer qu'il avait été ainsi constitué pour le rendre plus docile aux volontés d'un pouvoir qui, abrité par la charte, parvenait, sous ce voile, à faire prévaloir une politique personnelle et irresponsable sur celle de ses ministres.

M. Thiers, notamment, savait à quoi s'en tenir à cet égard ; néanmoins, il demeura, pendant le temps qu'il assista aux séances de l'assemblée, spectateur silencieux des résultats d'un système qui irritait extrêmement l'opinion publique, accumulait l'impopularité sur la tête de son royal auteur, et compromettait la couronne aussi bien que les institutions auxquelles tenait son existence.

Pénétré de cette conviction, M. Thiers, au moment venu, fut du nombre de ceux qui montrèrent le plus d'ardeur à vouloir mettre un terme à un état de choses dangereux pour le régime constitutionnel qu'il avait contribué à fonder, et dont il avait lui-même défini le fonctionnement par son énergique formule *le Roi règne et ne gouverne pas.*

La session de 1839 s'ouvrit le 17 décembre 1838.

La discussion de l'adresse, en réponse au discours du trône, commença le 7 janvier suivant.

M. Thiers était de la commission chargée de rédiger cette adresse ; son contenu faisait prévoir les dispositions les plus agressives contre le ministère.

Sous l'influence de leurs chefs, les partis les plus opposés dans l'assemblée, gardant chacun son drapeau, avaient formé une coalition ayant pour but un assaut général et combiné entr'eux.

Un de ces chefs, et des plus ardents, M. Guizot, commença l'attaque et débuta par dire dans son discours que la coalition dont le mot retentissait dans toutes les oreilles ne s'était formée que pour conjurer le péril auquel une administration funeste exposait le trône et le pays ; mais que les dissidences entre les partis restaient les-mêmes ; qu'il fut un temps où les sacrifices faits par eux, dans un intérêt supérieur, leur avaient permis d'organiser une honorable résistance ; mais qu'après les heureux résultats de cette union, il s'était naturellement formé deux grandes opinions, l'une contrôlant l'autre dans des luttes loyales et sincères, et concourant, toutes deux, au progrès de la raison publique ; que c'était là l'état régulier, l'état salutaire dont le cours avait été malheureusement interrompu par une politique sans principes, sans systèmes, et livrée à toutes les fluctuations d'une incertitude comparable à la plus confuse anarchie.

Suivant M. Guizot, ce défaut de système avait conduit le ministère à mettre une fâcheuse inopportunité dans ses actes les plus importants ; et son désir secret de tout subordonner à des calculs d'équilibre et d'intérêt personnel avait produit l'affaiblissement de la prérogative royale, l'abaissement du gouvernement représentatif ; et développant éloquemment cette opinion, il termina, en rappelant cette pensée de *Tacite*, *que les courtisans font servilement toutes choses pour rester les maîtres : omnia serviliter pro dominatione*, faisant application de cette parole au ministère actuel.

Le président du conseil, M. Molé, le remplace alors à la tribune et lui répond : ce n'est point des courtisans que *Tacite* disait ce qui vient d'être cité tout à l'heure, *c'était des ambitieux.*

Qu'il me soit permis, dit-il, de rétablir la vérité sur ce point.

Il affirme ensuite que ses adversaires lui attribuent leurs propres œuvres ; et il compare à l'état actuel des affaires celui où elles étaient, quand le pouvoir a été mis dans ses mains.

Il parle de l'amnistie par lui réalisée et de ses bons effets, malgré les sinistres prédictions de l'homme auquel il répond ; il accuse son système de résistance de tout le mal auquel cette amnistie a porté remède, et il déplore maintenant le triste spectacle qu'offre cet homme éminent qui se perd par son alliance avec ses plus irréconciliables ennemis.

On a parlé de corruption, dit-il, la pire de toutes est la corruption des esprits ; c'est l'œuvre de ceux qui, dans cette enceinte, confondent tous les drapeaux !

Après quelques développements donnés à cette idée, l'orateur en appelle à la justice de l'assemblée, espérant que, sans être un des princes de la parole, sa bonne cause lui suffira pour conserver la majorité qui l'a soutenu jusqu'à ce jour.

M. Thiers lui succéda immédiatement et demande pardon à l'assemblée de se mêler à ce débat.

Il croit que, dans cette occasion, elle serait étonnée de voir rester silencieux sur leurs bancs les hommes qui ont longtemps dirigé les affaires publiques, et dans les plus graves moments.

Il a gardé ce silence pendant la dernière session ; mais aujourd'hui son devoir lui prescrit de parler.

D'après lui, quand des hommes ont noblement défendu le pouvoir dans un temps où le canon retentissait dans nos rues, leur dévouement était aussi méritoire que le dévouement de ceux qui, pour le défendre aujourd'hui peuvent s'endormir sur l'oreiller d'une politique prétendue conciliatrice ; et j'en connais, dit-il, dans le nombre qui, jadis, l'attaquaient très vivement.

Et si, un certain jour, on a mis de côté des serviteurs qu'on trouvait trop zélés, en leur disant : que la résistance était leur tort ; qu'ils étaient les auteurs de l'irritation attribuée à cette résistance ; ces hommes, qui, après avoir sauvé l'ordre, ont été ainsi congédiés, s'ils ne veulent pas passer pour coupables des torts qu'on leur impute, se doivent à eux-mêmes de repousser de pareilles accusations et peuvent, sans se perdre, quoiqu'en dise M. Molé, défendre contre le gouvernement les convictions qui les ont éloignés de lui.

Pour moi, dit M. Thiers, ma situation est bien différente.

«Je me suis séparé du pouvoir depuis longtemps ; et quand on parle d'intrigues et d'ambitions, j'ai le droit de m'en étonner, et même de m'en indigner, quand je pourrais parler de *celles* qui ne permettent pas d'administrer, avec indépendance, les intérêts du pays.»

«Ces ambitions, ces intrigues, je les ai contenues ; ce n'est pas sur ce banc que mon opposition a commencé, c'est dans les conseils de la couronne ; je ne redoute donc pas les reproches qu'on a si légèrement élevés contre les hommes les plus éminents.»

«Si j'avais cru devoir faire ce que je blâme je ferais parti du cabinet du 15 avril ; et j'ai le droit de critiquer ce que je trouve mauvais et compromettant dans sa politique. »

«Si ce cabinet avait dit, il y a deux ans, comme aujourd'hui, qu'il existait un temps pour la politique de résistance, et puis un temps pour une autre politique, l'ayant d'abord soutenu comme je le devais, je serais resté son partisan dévoué ; mais dans quel moment vient-il tenir ce langage ? c'est après avoir présenté les lois de non révélation et de disjonction, rejetées par la chambre que, pour réparer ce double échec, le cabinet s'est séparé des ministres avec lesquels il avait soutenu ces lois. »

« Dès ce moment, il a voulu donner des gages d'une nouvelle politique en présentant la loi d'amnistie destinée à lui faire recouvrer la majorité qu'il avait perdue ; mais dans tout cela il n'y avait qu'une question de majorité ; c'est dans ce but qu'il a agi. »

« Sur la question intérieure, le cabinet a pu faire toutes les concessions que lui inspirait l'habileté de ses calculs, faire des avances, tantôt à la droite tantôt à la gauche, et les dénoncer alternativement, sans prévoir qu'il finirait par les avoir un jour toutes les deux contre lui. »

« Il a eu pleine liberté sur ce point. »

« Mais sa mission spéciale était de continuer la politique extérieure, sans réserve, celle qui consistait à ajourner indéfiniment toutes les difficultés et à reculer devant elles. »

« Cette politique timide et incertaine, sur laquelle personne ne pouvait compter, m'a forcé de quitter le pouvoir, car j'étais convaincu qu'elle accumulerait des fautes et peut-être des malheurs. »

« Mes prévisions se sont réalisées : elle nous a fait abandonner l'Espagne dont les affaires ne pèsent pas moins sur nous ; elle nous a fait abandonner l'Italie par le retrait des troupes qui occupaient Ancône ; nous abandonnerons peut-être la Belgique. »

« Était-il possible après cela, que ce ne fût pas pour effet d'unir aux hommes qui, à toutes les époques ont attaqué le gouvernement, ceux qui, à toutes les époques l'ont servi. »

Tel fut le langage de M. Thiers.

Nous ne donnons ici qu'un court résumé de ce discours, vif, pressant, spirituel ; mais nous allons le suivre dans cette discussion où prirent tour à tour la parole les hommes les plus considérables de l'assemblée.

Le second paragraphe sur lequel il y avait à délibérer, concernait l'indépendance de la Belgique dont il fallait obtenir la garantie dans les conférences qui devaient être reprises à Londres sur cet objet.

Un député proposait à la chambre de dire qu'elle attendait avec confiance l'issue des négociations.

Cette confiance, la commission de l'adresse ne l'accordait pas ; plusieurs orateurs parlèrent contre elle, et notamment M. Mauguin.

Le président du conseil lui répondit, et s'engagea dans les détails relatifs aux 24 articles du traité imposé à la Belgique et à la Hollande par la conférence de Londres, à la suite de la révolution qui avait séparé les deux peuples dont le traité de Vienne n'avait fait qu'une seule et même nation.

M. Molé dit que ces 24 articles furent repoussés par la Hollande, mais acceptés et signés par les représentants belges comme une garantie donnée à leur indépendance et à l'admission de la Belgique dans le cercle des états reconnus.

Après cette signature, la Hollande n'ayant pas renoncé à ses prétentions, la Belgique menacée par cette puissance réclama l'exécution du traité que la conférence de Londres avait fait en sa faveur ; la France, alors, au nom des cinq puissances, se chargea de l'expédition d'*Anvers* ; *Anvers* fut pris, mais on n'alla pas plus loin.

La Hollande maintenait ses droits, la Belgique persistait dans les siens ; et dans l'intérêt de la paix, on leur fit conclure une trêve qui, en conservant le *statu quo*, donnait le temps d'amener pacifiquement la Hollande à la concession qu'on exigeait d'elle.

La reprise des négociations réservée, cette trêve stipulait le maintien de la question territoriale déjà signée par les belges, et n'aurait à régler que les questions de navigation commerciale dont la solution leur importait infiniment.

Les choses en étaient là depuis lors ; et d'après M. Molé, les vingt-quatre articles relatifs aux clauses territoriales avaient été acceptés par les belges comme la base de leur droit public et devaient être maintenus.

M. Thiers demanda à lui répondre et sollicita toute l'attention de l'assemblée.

Pour traiter la question qui lui est soumise il croit nécessaire de remonter à son origine. Nous allons analyser son discours.

En 1815, dit-il, la Belgique était restée comme un fragment de l'empire français, on ne voulut la donner ni à l'Autriche, ni à la Prusse, ni à la France ; elle fut annexée à la Hollande, malgré l'incompatibilité que la différence de religion, de mœurs, de langage et les rivalités d'intérêt créaient entr'elles.

L'une était marchande et protestante, l'autre était manufacturière et catholique.

Leur antipathie et leurs rivalités se manifestaient en toute oc-

casion ; or comme on leur avait imposé l'impossible , le retentissement de notre révolution fit éclater presque aussitôt celle de la
Belgique.

Cet évènement provoqua la réunion des puissances signataires
du traité de Vienne qui, en vertu de ce traité, garantissaient le
maintien de l'annexion.

Leur première impression fut de reconnaître les différences
existant entre les deux peuples et d'en tenir compte : seulement,
le nouvel ordre de choses donnait à résoudre une grande difficulté ; les provinces du Luxembourg et du Limbourg ayant de
tout temps fait partie de la Belgique, avaient pris à sa révolution
une part aussi vive, aussi spontanée qu'elle-même ; elle s'étaient
insurgées sous l'empire des mêmes sentiments ; il devenait donc
bien difficile de les séparer de la nation à laquelle elles tenaient
par toutes sortes de liens.

Mais, malheureusement, elles appartenaient à la confédération
germanique par leur annexion à la Hollande dont le Roi avait été
qualifié duc de Luxembourg, afin de pouvoir être maintenu membre
de la dite confédération à ce titre, ayant été privé, au profit de la
Prusse, du duché de Nassau qui, auparavant, lui constituait ce
droit.

Maintenant, comment prononcer la séparation du Luxembourg
et du Limbourg de la Belgique ? comment leur imposer, à la suite
d'une révolution où ils étaient solidaires un sort si différent, en
les replaçant sous le maître irrité que leurs peuples détestaient ?

La conférence ne le fit pas.

Elle se borna à vouloir que le Luxembourg et le Limbourg
continuassent à figurer dans la confédération germanique ; elle
consacra l'indépendance et la neutralité de la Belgique, et réser-
va la possession des deux provinces dans les dix-huit articles
composant ce premier traité.

A la suite de cette décision, les Belges se donnèrent un Roi ;
et le Roi de Hollande qui n'avait nullement adhéré aux arrange-
ments de la conférence fit une tentative désespérée pour recouvrer l'intégralité de son royaume ; les Belges furent battus ;
mais la France intervint, et par la prise d'Anvers, comme le fait
observer M. Thiers, elle empêcha peut-être, que la contre-révolution se fît à nos portes.

A partir de ce moment, la situation précaire de la Belgique

fit naître le besoin de régler définitivement la question pendante ; et dans un supplément ajouté aux 18 articles du traité, la conférence décida que le Luxembourg et le Limbourg seraient partagés entre les deux nations.

De son côté, la Belgique redoutant une nouvelle attaque, se résigna à cette décision de la conférence, en échange des avantages qu'elle retirait de l'exécution du traité.

Mais, en réalité, la Belgique n'a pas été reconnue par la Hollande ; le traité des 24 articles n'a été exécuté qu'en partie : huit ans s'étant ainsi écoulés, il en résulte de justes réclamations de la part des Belges ; l'affaire est devenue très grave ; elle peut devenir l'objet d'un conflit ; peut-être que le repos de l'Europe en dépend, et notre gouvernement hésitant sur ce point comme sur tant d'autres ne peut inspirer la confiance qu'on propose de lui accorder.

Telle fut l'opinion de M. Thiers et tel est le sens des développements intéressants dans lesquels il entra à propos de l'amendement en question.

M. Molé lui répliqua et parvint à recueillir quatre voix de majorité dans le vote du paragraphe.

Vint ensuite le 4me ayant trait à l'évacuation d'Ancône où la France s'était bravement établie depuis plusieurs années en regard des autrichiens entrés avant nous dans les états du pape.

La commission proposait de signaler l'inopportunité de cette évacuation et la faute de l'avoir effectuée, sans les garanties que devait stipuler une sage et prévoyante politique.

Par l'occupation d'Ancône, Casimir Périer, avait fait un acte d'énergie attestant les principes libéraux de notre révolution, et la volonté résolue de tenir haut et ferme le drapeau arboré par elle.

Voici qu'elles furent les causes de cette entreprise.

En 1831 l'Italie était travaillée par des sociétés secrètes qui entretenaient une fermentation permanente, et provoquaient des troubles fréquents dans ces contrées.

Ces troubles servaient de raison ou de prétexte aux Autrichiens pour se montrer souvent dans la Romagne dont ils ne faisaient qu'exaspérer les populations, en voulant les contenir.

La nécessité de faire droit à leurs justes griefs détermina Casimir Périer à proposer un concert des grandes puissances ayant pour but d'obtenir du St-Siège certaines réformes réclamées par ses états ; mais dans le secret de sa pensée, le *mémorandum* qu'il présentait visait à la possibilité d'empêcher une insurrection dont profiteraient infailliblement les autrichiens pour étendre leur domination en Italie.

Les puissances acquiescèrent à cette initiative ; le pape même lui fit bon accueil, mais en réalité, les réformes promises n'ayant été effectuées qu'en partie, ce que redoutait Casimir Périer arriva, les légations se soulevèrent et les autrichiens s'empressèrent d'aller rétablir l'ordre, appelés par le St-Siège.

A la nouvelle de cette intervention, Casimir Périer n'hésita pas à suivre cet exemple, il expédia un corps de troupes qui alla débarquer dans le port d'Ancône et s'empara de cette place sans coup férir.

Après une année de séjour, le ministre consentit bénévolement à promettre au Pape qu'il retirerait ses troupes quand celles de l'Autriche auraient évacué son territoire ; mais cette promesse impliquait, nécessairement, la garantie qu'en nous retirant après elles , nous ne serions nullement exposés à les voir repasser le Pô, et entrer dans les légations, après notre départ.

Dans tous les cas, il devait suffire de réclamer cette garantie en temps opportun.

Il n'était donc nullement besoin de stipuler d'avance une condition, qui résultait de la nature des choses, et sans laquelle l'occupation d'*Ancône* devenait une démonstration vaine et ridicule, ou redeviendrait nécessaire avec des complications pleines de dangers.

Voilà les faits qu'établit M. Thiers, après avoir préalablement démontré l'importance de la place et de la bonne position qu'elle nous donnait, pour y faire contrepoids à l'influence autrichienne.

En conséquence, dans sa conclusion, il regrettait vivement l'évacuation sans garantie : il y voyait l'intérêt de la France compromis ; et la preuve de sa sincérité se trouvait dans ses instructions données à notre ambassadeur à Rome le 14 mars 1836, quand il présidait le conseil des ministres.

Néanmoins, il arriva que le paragraphe de la commission fut repoussé par une majorité de 28 voix qui, sous forme d'amendement, lui substitua une rédaction que le gouvernement acceptait. Toutefois, la discussion ayant continué avec la même animation, le dernier vote de la majorité se réduisit à 13 voix ; et le ministère se croyant trop faible, mit aussitôt sa démission entre les mains du Roi.

Tel fut le dénouement de cette grande lutte, les orateurs les plus éloquents y avaient pris part ; on n'en vit jamais de plus orageuse ; et jamais aussi elle n'avait trouvé au dehors de plus ardents échos.

La presse dévouée au pouvoir signalait, à grand renfort d'épigrammes et d'ironie, les difficultés qu'on aurait à tirer, de groupes si divers, les éléments d'un ministère plus parlementaire et plus fort que celui dont l'insuffisance était donnée comme la cause de sa chute.

Mais de son côté, l'opinion opposante attribuait uniquement la coalition à la nécessité de mettre un terme à ce qu'on appelait l'influence du pouvoir personnel, et comprenait à merveille que cette coalition accidentelle se dissoudrait d'elle-même, le jour où le gouvernement serait ramené à la vérité de son principe par l'inaction forcée du pouvoir auquel on imputait le tort, de vouloir, malgré son irresponsabilité, diriger les plus grandes affaires du pays.

Cette direction, en effet, ne pouvait être parlementaire qu'entre les mains des chefs politiques, et reconnus comme tels par l'assemblée.

C'était à la nécessité de recourir à eux que devait se soumettre le pouvoir royal, bien qu'il eut virtuellement le droit constitutionnel de choisir ses ministres.

Cette nécessité fut probablement pénible à la royauté ; et son entourage ne manqua pas de lui en faire sentir l'amertume ; il fut facile de lui prouver que les chefs de l'opposition, n'étaient pas plus surs de la majorité que les ministres dont elle avait reçu la démission ; et les combinaisons qu'elle essaya, pendant un bon nombre de jours, demeurèrent sans effet.

En voyant ces difficultés, le Roi prit le parti de rappeler les ministres démissionnaires et de différer le choix de leurs successeurs jusqu'au renouvellement de l'assemblée dont la dissolution fut prononcée.

Les élections qui eurent lieu se ressentirent de l'animation qu'avaient laissée dans les esprits les dernières séances de la chambre dissoute.

Cette effervescence régna partout ; et malgré les candidatures officielles, l'opposition fit des recrues assez nombreuses pour rendre définitive la retraite des ministres.

L'arrivée des députés fut bientôt le signal des négociations auxquelles devait donner lieu le choix du nouveau cabinet.

Les trois chefs de la coalition, MM. Thiers, Guizot et Odilon Barrot avaient naturellement leur avis à donner dans sa reconstitution ; et ce fut sous leur participation que se produisirent les nombreux pourparlers, qui, pendant plus d'un mois, préoccupèrent l'opinion publique.

Ces trois personnages ayant à consulter les groupes dont ils étaient les représentants montraient, à ce titre, des exigences qui rendaient difficile la possibilité d'une entente entr'eux sur beaucoup de points.

Dès le début, le Roi eut successivement avec eux plusieurs entrevues dont aucune n'aboutit.

Plus tard, M. Thiers reçut de lui une invitation à laquelle il s'empressa, comme toujours, de répondre, et de ce nouvel entretien résultèrent les propositions d'un personnel et d'un programme sur lequel ils s'entendirent, et portant, en substance, que la prérogative royale ne gênerait en rien l'action ministérielle dans ses divers actes.

Toutes les difficultés paraissaient donc applanies ; cependant, avant de passer à la signature, M. Thiers, en présence de ses collègues réunis, voulant agir avec une pleine loyauté, demanda qu'on soumît à quelques commentaires les propositions acceptées.

Dès qu'on fut entré dans cet examen, de nouveaux dissentiments s'élevèrent ; on se divisa sur la question d'Espagne, et sur des questions de politique intérieure ; et les membres du cabinet dissous avant d'être formé se retirèrent, affligés d'une rupture qui compliquait la situation plus que jamais.

Survint, enfin, une sixième combinaison dont on espérait un heureux dénouement ; mais M. Dupin la fit manquer ; et comme toutes les autres, elle trompa péniblement l'attente publique.

Cependant, le pays était inquiet d'un retard dont il ne comprenait pas bien les causes ; de sinistres rumeurs circulaient dans Paris, lorque le 12 mai, vers quatre heures du soir, une bande de factieux se porta sur l'hôtel-de-ville et sur la préfecture, avec l'espoir d'exciter un soulèvement populaire.

Cette folle tentative avorta complétement ; les principaux chefs furent arrêtés ; mais c'était un symptôme de mécontentement qui ne permettait pas de laisser les rênes de l'état plus long-temps flottantes et sans guide ; il s'en suivit, le même jour, la formation d'un ministère où, comme on le pense bien, M. Thiers ne figurait pas, il dut, croyons nous, être heureux d'un résultat qui le rendait à ses études et à ses travaux ; et peu de temps après, les journaux de Paris annonçaient que l'éditeur *Paulin* venait de lui acheter, au prix de cinq cent mille francs, l'histoire du consulat et de l'empire faisant suite à l'histoire de la révolution française qui avait eu un si prodigieux succès.

Avant le ministère accidentel du 12 mai, l'orient était le théâtre d'une guerre qui attirait depuis longtemps l'attention des puissances de l'Europe.

Le précédent ministère avait obtenu un crédit de dix millions pour subvenir aux éventualités qui pourraient surgir, et voici à quelle occasion.

Depuis plusieurs années, le pacha d'Egypte, révolté contre le sultan, se battait avec lui de puissance à puissance et s'était emparé de la Syrie après les plus glorieux succès ; il prétendait rester possesseur héréditaire des deux contrées ; on lui prêtait même des vues plus ambitieuses ; et la guerre continuant, nous avions fini par nous en mêler, tant nous redoutions l'intervention de la Russie dans cette querelle, tant nous savions combien était dangereuse la protection accordée par elle au sultan, en vertu du traité qu'ils avaient conclu, et dont l'Angleterre et la France n'avaient nullement voulu reconnaître l'existence.

En dernier lieu, nous avions enjoint au pacha de s'arrêter dans sa marche victorieuse ; et les divers évènements survenus depuis lors faisaient l'objet des plus vives préoccupations dans les hautes régions de la politique.

Le premier jour de janvier 1840, la session s'ouvrit sous ces impressions, et le discours de la courone les fit connaître à l'assemblée.

La réponse à ce discours en fut, cette fois, un commentaire très pacifique ; et l'on vota les premiers paragraphe presque sans discussion.

Un orateur M. de Givré fit remarquer que le mot *Conserva-teur* mis dans dans la bouche du monarque avait été remplacé

par le mot parlementaire dans le projet d'adresse ; et tout en signalant cette substitution plus significative peut-être que ne semblait le dire ce député ministériel, il se contenta d'en tirer des
réflexions fines et spirituelles qui égayèrent l'assemblée.

Mais lorsqu'on arriva au paragraphe relatif aux affaires d'o-
rient, la politique déjà suivie, ou celle qu'il importait désormais
de suivre donna lieu à de brillants débats.

Un des premiers orateurs qui prirent la parole M. *de Lamartine* y trouva l'occasion de discuter éloquemment les divers sys-
têmes qui se rattachaient à cette grande question

D'après lui, l'empire ottoman se mourait, et les populations
chrétiennes étouffaient sous le poids de son cadavre.

Animé des plus vives sympathies pour elles, il exprima l'opinion que les puissances de l'Europe, ne pouvaient rien trouver
de mieux que de faire cesser leur état de misère et d'oppression
par le partage des provinces que ces populations habitaient ; il
en espérait les transformations les plus heureuses ; mais comme le grand poëte n'indiquait point suffisammment par quels
moyens deviendrait possible le partage qu'il proposait, le magnifique discours dans lequel il déploya ses idées généreuses, fit
l'admiration de ses auditeurs, mais sans leur en dissimuler l'u-
topie.

Le plaisir de l'entendre ne put donc complétement satisfaire
les hommes sérieux qui auraient préféré des choses pratiques
dont le pouvoir pût tirer parti.

M. Thiers était l'orateur qui, à cet égard, devait captiver leur
attention ; et lorsqu'il parut à la tribune, la discussion ne s'abais-
sa point, mais elle descendit de la région des chimères pour entrer dans celle des faits où la ramena le discours dont nous allons nous occuper.

Voici son début :

«Lorsqu'on discutait ces jours-ci nos affaires intérieures je me
suis abstenu de parler, craignant, contre mon intention, que ce
débat ne prit un caractère personnel.»

«Aujourd'hui les choses sont assez graves pour que nous soyons
tous oubliés devant elles.»

«En cela, dit M. Thiers, je cède au sentiment irrésistible qui
nous pousse vers tout ce qui peut toucher aux intérêts et à la
grandeur du pays.»

« Je ne viens pas donner de conseils au cabinet ; je me bornerai à exprimer mon opinion, voulant contribuer, pour ma part, à la formation de celle dont les gouvernements finissent toujours par recevoir l'impulsion décisive. »

Dans l'affaire qui l'occupe M. Thiers distingue deux systèmes : le partage de l'empire ottoman que la Russie serait heureuse d'effectuer, ou le maintien de son intégrité que sont intéressées à soutenir l'Angleterre et la France.

Cet empire n'est peut-être pas facile à sauver, mais nos deux gouvernements peuvent encore faire durer son existence en s'entendant de façon à ce que, s'il était gravement menacé, on eut pris d'avance les précautions qui permettraient d'agir suivant les intérêts et la dignité des deux nations.

Aujourd'hui, la question est de savoir s'il ne faudrait pas qu'une flotte anglo-française stationnant dans le détroit des Dardanelles pût répondre aux actes agressifs qui pourraient venir du coté du Bosphore ; et si le danger que doivent toujours faire craindre les convoitises de la Russie est aujourd'hui bien menaçant ?

M. Thiers ne le croit pas.

Voici les vérités qu'il tire du langage des ses diplomates et de ses intérêts bien entendus.

La Russie veut le maintien de la paix ; une conflagration européenne lui serait nuisible comme aux autres états.

Or, depuis qu'elle possède la mer noire et l'étendue de ses beaux rivages, elle peut montrer beaucoup moins d'impatience dans son ambition.

Constantinople n'est qu'à quatre jours de Sébastopol où elle possède une flotte toujours prête qui lui permet dans ce court espace de temps, d'arriver devant la capitale du gouvernement au quel elle peut arracher les clefs des deux mers, tant que ces clefs seront dans des mains débiles.

En réalité, les victoires obtenues sur les terres par le pacha n'ont jamais sincèrement occupé la Russie ; elle le sait dans l'impossibilité d'arriver à Constantinople avant elle.

Constantinople est sous sa dépendance, depuis que son empereur contracta avec le sultan l'alliance offensive et défensive dont les conditions furent que cette ville serait ouverte aux russes le jour où elle serait exposée à des actes extérieurs d'agression, et que le détroit des Dardanelles ne serait ouvert à des bâtiments étrangers, sous aucun prétexte.

Il résultait de ce traité que les victoires du Pacha fournissaient à la Russie l'occasion d'aller protéger son allié ; mais, de notre coté nous sommes intervenus pour arrêter le vainqueur dont l'intention, j'en suis sur, dit M. Thiers, n'était pas de franchir la chaîne du Taurus où nous l'avons trouvé.

Cependant, pour prévenir ce danger, nous sommes allés au devant de lui ; il a paru tenir compte de nos instances ; et nous avons provoqué un congrès des puissances, afin de substituer leur protection à la protection exclusive que la Russie tenait de son traité primitif.

Selon M. Thiers, nous nous sommes trop pressés; la conférence a été une faute ; il ne fallait pas faire de la question d'orient une question européenne par cette convention hative dont nous subissons les embarras dans ce moment ; et c'est précisément lorsque des évènements inattendus allaient mettre fin à la lutte que la note du 27 juillet est venue compliquer la question.

Elle a fait naître entre la France et l'Angleterre, des dissentiments dont la Russie voudrait tirer parti à notre commun détriment.

Sachant que l'Angleterre exigerait que le vice-roi restitue les provinces conquises, et que notre avis diffère du sien, tout en voulant comme elle le *statu quô*, la Russie intrigue pour obtenir que le congrès ratifie le traité qui lui permet d'entrer dans la capitale de la Turquie, en consentant, elle-même, que l'Angleterre agisse contre le Pacha, et que le détroit des Dardanelles soit ouvert à huit vaisseaux anglais et français pouvant croiser entre les deux golfes situés dans la mer de Constantinople.

M. Thiers espère que l'Angleterre n'acceptera pas, il en démontre les dangers ; il n'admet pas la durée de la mésintelligence survenue entre les deux nations ; elle est le résultat de malentendus qu'auraient peut-être évité de franches explications de notre part.

Il regrette les causes de refroidissement imputable à des torts anciens envers elle.

«Je suis, dit-il, partisan de l'alliance anglaise, mais partisan comme un homme qui n'oublie jamais la fierté de son pays. »

«Il me serait pénible de renoncer à cette belle et noble alliance fondée non seulement sur la puissance matérielle, mais encore sur la force morale des principes.»

«Quand nous sommes avec l'Angleterre, nous ne sommes pas obligés de cacher notre drapeau; nous pouvons fièrement l'élever à côté du sien; ils portent pour devise :»

«*Lib rté moderne, et paix du monde.*»

Ici il s'étonne que cette alliance puisse encore trouver des ennemis; il retrace à grands traits les causes de la haine profonde qui a long-temps séparé les deux nations; c'est l'histoire de la démocratie française représentée dans son explosion tantôt par un comité sanglant, tantôt par un grand homme, étonnant le monde et l'effrayant, mais rencontrant la plus puissante et la plus habile des aristocraties qui avait aussi son grand homme pour lutter contre elle.

Heureusement, dit M. Thiers, la raison de cette lutte n'existe plus.

C'est la révolution modérée qui gouverne la France; c'est la révolution modérée qui gouverne l'Angleterre; nous n'avons plus à lui disputer l'empire des mers, la lutte d'intérêt est aussi impossible que la lutte des principes.

La France s'est éclairée sur la véritable voie de sa grandeur; elle ne songe plus aux possessions lointaines; son esprit est changé.

Tout le monde sent que notre grandeur est sur le continent.

Ce grand discours de M. Thiers résumé comme il pouvait l'être en deux pages tint la chambre pendant plusieurs heures.

Les applaudissements qui éclatèrent ensuite eurent dans toute la France un retentissement immense; la presse l'appela un *discours-ministre*; il devenait, en effet, difficile que le Roi pût renouveler son cabinet en dehors de M. Thiers.

Cependant aucun symptôme ne faisait pressentir ce renouvellement, lorsque la nécessité de l'effectuer se produisit de la façon la plus étrange et la plus inattendue.

CHAPITRE VI.

Dans le mois de janvier, le ministère avait proposé de constituer au duc de Nemours une dotation de 500 mille francs ; la presse avait vivement discuté ce projet ; il était devenu l'objet d'un pamphlet virulent qui avait fait fortune dans le public ; et lorsque le rapport en fut présenté à l'assemblée, la majorité refusa même de le discuter en le repoussant dédaigneusement par une espèce de question préalable.

Un refus pareil n'avait pas de précédents dans nos annales parlementaires , le Roi le considéra comme une injure personnelle, car il était plus directement atteint que ses ministres.

L'amertume des critiques auxquelles avait donné lieu cette malheureuse demande d'argent lui fit voir alors, quelles passions entretenaient ses fâcheuses tendances à vouloir trop se mêler à la direction des affaires du pays.

Le rejet de la dotation eut donc pour résultat immédiat la démission des ministres ; et M. Thiers appelé le lendemain aux Tuileries eut une très longue entrevue avec le Roi.

Sa première parole fut de prier très instamment sa majesté de tirer des deux ministères précédents les éléments de son nouveau cabinet.

Le Roi l'essaya mais en vain ; cette combinaison ne parut pas possible.

M. Thiers fut alors rappelé, et ne pouvant s'empêcher de reconnaître que les circonstances parlementaires lui imposaient le devoir d'accepter la présidence du conseil et le choix de ses collègues, le cabinet formé le premier mars fut désigné sous ce nom.

La presse de l'opposition lui fit un bon accueil; tandis que celle du parti qu'on appelait alors comme aujourd'hui *Conservateur* se renferma dans une froide réserve, annonçant qu'on attendrait les actes pour le juger.

Dans la journée du quatre mars M. Thiers et ses collègues se présentèrent devant la chambre.

Le président du conseil annonça que le Roi leur avait confié l'administration de l'état; qu'ayant déjà pris une part aux affaires publiques, ses collègues et lui n'avaient pu reculer devant le devoir d'accepter ce pesant fardeau ; que pour lui, sorti du ministère depuis trois ans, il avait respectueusement décliné l'honneur d'y rentrer aussi longtemps qu'un désaccord sur certains points l'obligerait à se tenir à l'écart ; mais qu'ayant aujourd'hui le bonheur de voir ses convictions personnelles en rapport avec les intentions de la royauté il avait répondu, sans aucune hésitation, à sa confiance.

Nous ne nous sommes point dissimulés, dit-il, la gravité d'une situation que rendait difficile la division des esprits et la grandeur des questions qui s'agitent ; mais tout en nous préoccupant de ces difficultés dont nous ne sommes pas intimidés, nous essayerons de les vaincre.

M. Thiers se borna à quelques paroles sur la direction générale qui devait être imprimée à la marche du gouvernement, en attendant le moment de s'expliquer avec détail sur tous les points.

Le vingt-quatre mars fut le jour où il devait faire connaître à l'assemblée la marche que le cabinet entendait suivre ; la demande des fonds secrets lui fournit cette occasion.

En abordant la tribune, il s'empressa aussitôt de déclarer que les diverses questions qui, pendant trois ans, l'avaient éloigné du pouvoir avaient reçu du temps des solutions qui le dispensaient de s'en occuper ; qu'il n'avait plus aujourd'hui un seul motif de refuser ses services à la couronne à laquelle il serait toujours

heureux de les consacrer tant que ses convictions ne s'oppose-
raient pas à ce désir sincère.

Il dit ensuite à quels personnages il s'était adressé pour former le cabinet, dans quels sentiments, il avait agi, sous l'empire
de quelles nécessités politiques ce cabinet était né ; il a pour but,
ajoute-t-il, une transaction honorable entre les partis ; cette transaction lui a paru plus facile aujourd'hui qu'il y a trois ans ; il
en explique les causes ; il appuie sur des faits réels les rappro-
chements qui s'étaient opérés dans les esprits ;

Il n'y a, dit-il, dans ce moment de véritable sujet de divisions
sérieuses que la réforme électorale dont la solution, d'après lui,
nécessite une opportunité réservée à l'avenir.

Mais, dans les conditions actuelles de la politique intérieure,
les nuances moyennes de la chambre doivent offrir tous les solides
éléments de majorité dont le pouvoir a besoin.

Quant à la politique extérieure sur laquelle se sont élevés les
graves dissentiments qui, à une autre époque, l'ont personnel-
lement séparé du pouvoir, il sent le besoin de s'expliquer avec
toute franchise ; et voici comment il s'exprime :

De quelque façon que vous considériez l'état de la France, vous
ne pouvez vous dissimuler que vous représentez une révolution.

Il y a par conséquent deux manières de le sentir : on peut être
honteux, embarrassé, on peut manquer de confiance en elle, mais
alors on ne la représente pas comme elle a le droit, comme elle
a besoin de l'être :

Il faut l'aimer cette révolution, la respecter, croire à sa persévérance, à sa force invincible, pour la représenter avec confiance, avec dignité, il faut, surtout, croire à la légitimité de son
but, car son but, c'est le besoin le plus grand de l'humanité, c'est
la participation de tous les hommes éclairés, sages, au gouvernement de leur pays.

M. Thiers ne confond pas ces sentiments avec une propagande
déloyale consistant à fomenter des troubles et des conspirations
dans les autres états ; mais lorsque des révolutions légitimes, nées
des progrès du temps et de ses besoins, se sont produites, il n'a
pas cru devoir dissimuler ses sympathies pour elles, ni se montrer
indifférent à leurs succès.

Animé de ces sentiments, il a combattu le pouvoir qui, dans

les questions de Belgique, de l'Italie, de l'Espagne, avait apporté les solutions que l'on connait.

L'histoire dira s'il s'est trompé : mais dans ce moment, dit-il, la véritable question du jour est celle que les événements de l'Orient ont posée, et qui, heureusement, parait devoir ne susciter aucune division sérieuse dans la majorité ;

Il n'admet pas qu'il puisse être proposé de détruire l'empire turc, ni, qu'en voulant le conserver, il soit possible de sacrifier ce vassal puissant et plein de génie qu'il regarde, lui, non comme l'ennemi de l'empire, mais comme son arrière-garde la plus sûre contre les envahisseurs qui voudraient le partager.

Il ne croit pas qu'il y ait deux avis sur ce point.

Résumant ensuite l'ensemble de la politique ministerielle, sa conviction est qu'avec cette chambre, il n'y a de possible que le système dans le quel sont compris les changements qu'il a énoncés.

Trois fois, dit M. Thiers, j'ai refusé d'entrer au pouvoir, parceque j'entendais obéir non seulement à la lettre mais à l'esprit du gouvernement représentatif, et parcequ'on n'est pas un homme parlementaire quand on n'a pas la force d'obéir à ses convictions, de sortir du pouvoir avec elles, et de n'y rentrer qu'avec elles.

M. Thiers déclare n'avoir pas de préjugés contre les partis : il n'y en a pas un exclusivement voué à l'ordre, pendant que les autres ne le veulent pas ; ils ne diffèrent, à ses yeux, que dans la manière de le comprendre : l'exclusion en politique est un mot qui portera toujours malheur à qui voudra le prononcer.

Le lendemain, la discussion ayant continué, M. Thiers ne reprit la parole que pour faire quelques objections spirituelles au discours de M. Duchatel ; et lorsque la chambre fut appelée à voter sur un amendement ayant pour objet un refus de confiance, cet amendement rejeté par 261 voix contre 158, constata que la majorité accordait sa confiance au cabinet.

Au moment où M. Thiers est redevenu président du conseil, il nous parait indispensable, plus qu'en un autre temps, de le suivre pas à pas, et de faire connaître avec plus d'exactitude encore tous les actes d'où ressortent son unité de principes et de conduite dans le cours des faits divers aux quels son rôle politique l'obligeait à prendre part.

Dans la séance du vingt-quatre avril, un député fit la proposition que les membres de la chambre ne pussent être promus à des fonctions publiques salariées pendant le temps de leur législature et de l'année qui la suivrait.

Selon son exposé des motifs, ce député avait pour but de relever la dignité du *pouvoir élu*, de garantir autant que possible son indépendence, et de rendre plus sincère la représentation nationale, en empêchant que le député fut plus préocupé des ses propres intérêts que des intérêts de tous.

Il savait bien, disait-il, que cette faiblesse humaine ne serait pas déracinée du cœur humain; mais il visait à ce que le législateur pût opposer quelques entraves aux abus de toutes sortes qu'il avait signalés.

Il espérait donc que cette proposition, vainement discutée jusque à ce jour, obtiendrait un résultat plus heureux, lorsque se trouvaient au pouvoir les chefs du parti qui en avait pris l'initiative dans les précédentes sessions; peut-être aussi esperait-il les embarrasser extrêmement.

Quoi qu'il en soit, le réveil de cette question avait suscité de longs et vifs débats, lorsque M. le président du conseil crût devoir intervenir, non pour la faire adopter définitivement, mais pour lui faire obtenir les honneurs de la prise en considération dant il l'a jugeait digne:

Dans les développements de son opinion, il rappela les divers incidents relatifs à cette proposition, à quelles circonstances tenait la fortune progressive de l'accueil qu'on tentait de lui faire; il examina la mesure sous toutes ses faces; il recherchaconsciencieusement si les abus dont on se plaignait n'avaient pas d'autres causes que celles qu'on leur supposait; il fit remarquer les difficultés nombreuses pouvant résulter des dispositions destinées à y remédier; il recherchà des exemples dans les pays voisins; néanmoins, il ne pouvait s'empêcher de reconnaître la nécessité de faire quelque chose dans le sens des précautions à prendre pour diminuer parmi les représentants le nombre des fonctionnaires.

En se livrantainsi à ces diverses observations, cet examen conduisit M. Thiers à penser qu'il pourrait peut-être y avoir lieu d'augmenter le nombre des incompatibilités prononcése par la loi en un mot, il admit la prise en considération, et se montra disposé à s'entendre avec la commission qui serait chargée de présenter les mesures les plus satisfaisantes à ce sujet.

M. Dupin succédant alors à M. Thiers s'élance impétueusement à la tribune pour dire que cette prise en considération n'était à ses yeux qu'un moyen détourné, subreptice, d'introduire la réforme électorale dont le gouvernement avait pourtant déclaré ne vouloir point s'occuper dans cette session ; il rappelle ce qui avait été déjà fait relativement à la proposition en question ; il conteste la possibilité de créer d'autres dispositions, sans porter atteinte aux droits des électeurs ; et si l'on visait à faire quelque chose dans ce sens, il demanderait qu'on mit plus de franchise à l'expliquer.

M. Thiers se montre fort étonné de l'étrange sortie de **M. Dupin**, et de l'arrière pensée qu'il lui suppose.

Il lui répond donc vivement que l'administration s'était expliquée aussi franchement qu'elle le devait ; mais que pour donner à sa pensée un degré de clarté plus grande encore, il déclarait vouloir résister avec énergie à l'adoption de tout article atteignant le corps électoral sur quelque point.

Quant à la proposition elle-même, il lui paraissait bien extraordinaire qu'on n'eut pas signalé plutôt le danger qu'on lui trouvait, qu'on n'eut pas essayé de la combattre, quand il était possible de l'arrêter.

Pour moi, dit-il, je l'ai votée ; et parceque nous sommes au pouvoir, nous ne ferons pas le contraire de ce que nous avons fait dans l'opposition, libre à vous d'agir autrement.

Au reste, nous ne sommes point les auteurs de la proposition ; nous n'avons jamais suspecté l'indépendance de la chambre, il n'est jamais entré dans notre pensée que le nombre des fonctionnaires fut pour elle une calamité ou un déshonneur ; mais nous avons cru qu'il y avait des précautions à prendre ; et je déclare que nous serons sur les bancs des ministres ce que nous avons été sur les bancs de la majorité de l'assemblée.

La franchise de cette loyale réponse reçut de la majorité l'accueil qu'elle méritait ; et la prise en considération fut adoptée.

Jusques aux premiers jours de mai les travaux de la chambre ne donnèrent point à M. Thiers l'occasion de parler, mais lorsque la loi relative aux droits sur les sucres vint en discussion, il fallut faire connaitre le système qui, dans la pensée du gouvernement, concilierait le mieux les intérêts de deux industries rivales dont l'ane, jeune encore, promettait de devenir un élément important de richesse nationale.

Il s'agissait de savoir si, comme on le disait, l'industrie des sucres de betteraves n'était pas viable, dans quelle mesure il fallait l'encourager, quelle protection devaient lui accorder les tarifs, sans nuire à l'industrie du sucre colonial dont les intérêts étaient si considérables.

M. Thiers demanda la parole avec le dessein de discuter complètement cette grande question, et de n'éluder aucune des difficultés qu'il rencontrerait dans cet examen.

Le gouvernement, suivant lui, est toujours placé entre des exagérations contraires.

Les uns disent que notre grandeur maritime est attachée à l'une des solutions, d'autres soutiennent que la prospérité agricole dépend d'une solution opposée; et tout en respectant ce langage des intérêts locaux et la part de vérité qu'il renferme, le gouvernement ne doit rechercher que les intérêts pouvant donner satisfaction à tous.

Entrant ensuite dans son sujet, il remonte à la naissance du sucre de betterave; il rappelle les difficultés de ses commencements, ses progrès favorisés par le silence de la loi, et les réclamations qui survinrent ensuite pour obtenir qu'un impôt vint équilibrer les effets de la concurrence faite au sucre exotique par ce nouveau produit.

Il raconte ensuite les péripéties d'une longue lutte, les récriminations, les doléances que les défenseurs des intérêts opposés ne cessaient de faire entendre, la proposition, dans ce moment, renouvelée de supprimer, moyennant indemnité, l'une des deux industries; et de tous les faits qu'il expose avec une admirable clarté, il en tire la conclusion que l'industrie indigène est appelée à prendre une extension incalculable; et que le gouvernement doit continuer à la protéger, mais de façon à ménager celle dont la prospérité se rattache à des intérêts maritimes et commerciaux dignes de la plus grande sollicitude.

M. Thiers, attentivement écouté jusqu'au bout, parla deux heures et dit en terminant:

La question des tarifs est une balance que le gouvernement doit tenir d'une main ferme sans cesse agitée par les intérêts contraires, il sera sans cesse obligé de la relever du côté où elle penchera pour rétablir l'équilibre, tant que les deux industries en auront besoin.

La chambre accepta le système proposé par M. Thiers qui,

dans l'impossibilité, de donner satisfaction aux deux industries à la fois, crut devoir se borner à rendre moins douloureux les effets d'une concurrence dont il fallait livrer les solutions aux progrès de l'avenir.

Le jour où se discutait cette loi, M. Thiers avait fait annoncer à l'assemblée qu'au nom de la France, il avait sollicité de l'Angleterre l'autorisation de transférer aux invalides les cendres de Napoléon 1er dont la tombe était à Ste-Hélène, et que, pour nous prouver son désir d'effacer jusqu'aux moindres traces de nos animosités nationales, le gouvernement anglais avait fait l'accueil le plus empressé et le plus cordial à notre demande ; que le fils du Roi devait aller, avec sa frégate, recueillir les restes mortels du grand homme, pour être déposés dans un lieu silencieux et sacré où puissent les visiter tous ceux qui respectent la gloire, le génie, la grandeur et l'infortune.

Ainsi s'exprima le ministre qui annonça cette nouvelle à la chambre, en lui demandant pour la dépense de cette translation un million qui lui fût accordé.

Dans la séance du lendemain, à propos des crédits supplémentaires de 1839, la chambre eut à discuter si, huit ans après la glorieuse prise d'Alger, les sacrifices et les travaux entrepris pour agrandir et consolider notre conquête, il pouvait encore être question d'abandonner cette colonie d'Afrique, comme le demandaient chaque jour ses adversaires, en reprochant à la majorité de se laisser fasciner par des espérances trompeuses et des préjugés ruineux, comme s'il ne fallait compter pour rien l'avantage de posséder un nouveau continent et de magnifiques positions militaires sur un immense rivage.

Une fraction importante de l'assemblée se prononçait pour cet abandon, et dans le but de préparer le public à cette détermination impopulaire, elle parvint à obtenir de la commission qu'en accordant le crédit, le gouvernement serait tenu, dans le cours de la session prochaine, de soumettre aux chambres les conditions de la domination et de l'occupation française dans l'Algérie.

M. Thiers s'empara très habilement des incertitudes qu'autorisait l'expression équivoque de ce paragraphe, pour le combattre dans un langage net et décisif qui ne laissait plus aucun doute sur la volonté du gouvernement dont une presse hostile accusait perfidement les intentions.

Voici quelles furent ses premières paroles : l'opinion publique de la France commande au gouvernement de se maintenir grandement en afrique et de déclarer au monde entier qu'il s'y maintiendra.

C'est là non pas une opinion d'un jour, c'est une opinion sensée et profonde qui-est dans les entrailles de la nation.

Les principes d'économie sont étrangers à cette question : si vous demandiez à l'Angleterre ce qu'il lui en a coûté pour ses premiers établissements dans l'inde, elle ne pourrait vous le dire, mais elle vous répondrait en vous montrant la situation qu'elle occupe dans l'univers.

Il examine ensuite le système de l'occupation restreinte qui, à ses yeux est le rêve et la chimère de gens qui ne connaissent ni les hommes ni les affaires.

Suivant lui, le traité de la *Tafna* en est la condamnation la plus complète, il a procuré au chef des arabes le repos dont il avait besoin, et nous rendra plus difficile et plus couteuse sa soumission.

M. Thiers veut qu'on agisse vigoureusement, et que les populations arabes soient bien convaincues de notre résolution à nous maintenir souverains en Afrique : quand cette idée sera bien inculquée dans leur esprit, on viendra parfaitement à bout de les soumettre : alors, seulement, on pourra désarmer et coloniser, on ne le pourra qu'à ce prix.

Répondant ensuite à ceux qui se preoccupaient de la concurrance que feraient à nos départements les productions de l'algérie, il leur demande ce qu'ils auraient dit si, à la suite d'une guerre heureuse, la destinée eut donné à la France une de ces belles provinces qu'elle avait autrefois possédées.

Pour ma part, dit-il, je serais charmé qu'une province française pût nous donner tout ce que nous allons chercher hors de notre pays.

A la suite de ce discours de M. Thiers, le paragraphe conditionnel de la commission fut rejeté à une forte majorité.

Deux jours après les discussions d'intérêts matériels dont nous avons parlé, la commission des pétitions, par l'organe de son rapporteur, avait à rendre compte de celles qui avaient pour objet la réforme électorale.

Dans le nombre de ces pétitions il en avait une dont les 185 mille signataires réclameraient le suffrage universel; le rapporteur proposa l'ordre du jour pour cette dernière, et conclut à ce que toutes les autres demandant l'application d'un système moins radical fussent transmises au ministère.

M. Thiers dût être contrarié de ce renvoi; la résolution qu'il avait exprimée quelques jours auparavant de combattre toute réforme électorale lui faisait une nécessité de ne point se dérober à ce devoir, en proposant le rejet des pétitions qui leur avaient été renvoyées.

Cependant, il laissa parler plusieurs orateurs avant de s'engager dans le débat.

M. Arago fut un de ceux qui revendiquaient le suffrage universel, comme une conséquence logique de la souveraineté nationale.

Suivant lui, ce principe était méconnu par le gouvernement, en maintenant une loi qui n'accordait qu'au plus petit nombre le droit de suffrage sans le quel un citoyen était privé du droit que lui donnait sa part de souveraineté : cette exception lui paraissait d'autant plus injuste qu'elle était infligée à ceux qui payaient la plus grosse part des contributions et de l'impôt du sang ; c'était donc parcequ'ils portaient ce double fardeau que les réclamations des pétitionaires lui paraissaient fondées.

M. Thiers demanda à lui répondre et commença ainsi :

«J'ai peu de choses à dire sur cette question, mais mon devoir est de le dire pour repousser ce que je crois faux et dangereux.»

A ses yeux la souveraineté nationale indiquant la souveraineté du nombre est inadmissible, et le droit individuel à ce titre n'existe pas; il faut que la loi le définisse et le constitue, car s'il en était autrement il n'y aurait alors d'exclusion pour personne, les femmes et les enfants pourraient également le réclamer.

Lorsque la société française est de trente quatre millions, dit M. Thiers, pourquoi ne donnez-vous qu'à dix-sept millions le droit de les représenter ? c'est parceque vous reconnaissez les autres comme incapables ; vous les excluez donc au nom de votre raison, et moi j'exclue au nom de la loi qui est l'expression de la souveraineté véritable.

Il n'y a de droit que celui que la loi exprime, et la loi fait le droit en considération des vrais besoins.

Je vous disais, il y a quelque jours, que les opinions que j'avais sur ces bancs je les porterais sur les bancs des ministres.

Pour le moment, je ne suis point partisan de la réforme électorale, nous l'avons exclue de notre programme ; nous ne donnerons pas moins, mais nous ne donnerons que ce que promet le programme annoncé.

La question peut s'engager plus tard, mais pour rester fidèles à nous mêmes, nous venons vous demander l'ordre du jour sur toutes ces pétitions : ainsi parla M. Thiers.

Dans sa pensée, cette réforme devait recevoir une solution prochaine ; mais il savait que dans ce moment la majorité était très mal disposée pour des manifestations ayant pris naissance dans des excitations et des agissements dont elle n'approuvait pas les principes ; aussi, lorsque la discussion fut terminée, l'ordre du jour demandé fut voté avec un ensemble attestant les vifs sentiments qui animaient alors l'assemblée.

Le même jour, le président du conseil lui présenta une loi impatiemment attendue, et dont il demandait le vote le plus promptement possible.

Il s'agissait de la navigation à vapeur transatlantique.

L'exemple de nos voisins, nous faisait une obligation d'avoir comme eux recours à ce moyen rapide de communications avec les régions éloignées.

Le gouvernement ne crut pas devoir se charger de cette entreprise comme il l'avait fait pour les bateaux à vapeur de la méditerranée, mais il proposa de donner des subventions aux compagnies de commerce qui voudraient s'engager dans cette voie ; en même temps, il indiquait les lignes qui seraient d'abord établies.

Depuis que M. Thiers présidait le cabinet, ses jours pouvaient presque se compter par ses discours aux deux chambre ; il parlait sur toutes les matières ; il contribuait, pour la plus grande part à toutes les solutions ; et quand on le voyait ainsi déployer une telle activité, on devait se demander si le pouvoir n'avait qu'une tête, et si les portefeuilles du ministère étaient tous dans une seule main.

Dans la séance dont nous allons parler la prorogation du privilège de la banque, jusques en 1865, devenait la grande affaire à traiter.

Cette question touchant au crédit public et au crédit privé avait une importance capitale ; mais les hommes spéciaux capables de prendre fructueusement la parole semblaient devoir, seuls, s'intéresser à ce débat.

La chambre croyait n'avoir à discuter qu'une prorogation pure et simple, aussi les premiers orateurs, malgré leur compétence, furent médiocrement écoutés par elle, il fallait que l'affaire fut plus sérieusement engagée pour attirer son attention : le *statú quó* proposé par la commission trouva de *vifs* contradicteurs.

Ces derniers, tout en reconnaissant l'importance des services de la banque, la loyauté, la prudence et l'habilité de ses administrateurs pensaient que cette grande institution était susceptible de développements proportionnés à ceux qu'avaient acquis le commerce et l'industrie dont elle était la bienfaitrice depuis quarante ans.

Ils voulaient, notamment, qu'à l'occasion de son renouvellement, l'échéance de ses escomptes fut prolongée de plusieurs mois ; et moyennant deux signatures au lieu de trois exigées jusques à ce jour, que l'émission de ses billets fut augmentée par des valeurs nouvelles et l'abaissement de celles qui circulaient ; on demandait aussi plusieurs autres modifications accompagnées du vœu qu'une étude approfondie de cet instrument financier, dans son action si puissante et si diverse, fut faite avec toute la maturité indispensable au maintien des garanties et de la confiance qu'il inspirait.

Une enquête était donc la conséquence des mesures proposées.

Après le discours de plusieurs orateurs, M. Thiers monte à la tribune, et dit qu'ayant pris une part active au travail de la commission dont il avait été le président quand il était simple député, il priait l'assemblée de lui accorder l'attention patiente due à une question importante et difficile qu'il avait profondément étudiée, et dans laquelle il ne s'agissait de rien moins que d'ébranler ou de consolider le crédit public.

Dès son début, il n'hésite pas à dire qu'à ses yeux la banque de france est le meilleur établissement du monde en fait de crédit ; et si elle n'est pas encore tout-à-fait digne de ce grand nom, elle le deviendra, moyennant les conditions que vous demande le projet soumis à votre examen.

Arrivant ensuite au fait, il ajoute : on lui reproche de n'escompter que sur trois signatures, à de trop courtes échéance, et de se renfermer dans un intérêt de quatre pour cent, malgré les progrès de l'industrie et des capitaux.

On dit encore qu'elle ne rend pas assez de services à la circulation en n'ayant guère plus de billets que d'argent dans ses caisses;
on lui demande des billets de moindre coupure, et pouvant être
reçus pour les impôts; on voudrait aussi qu'elle pût prêter sur
dépôt d'actions et sur divers effets publics; puis, enfin, quand il
s'agit de bien préciser ces extensions, on dit avec une modestie
un peu exagérée, nous ne savons rien, vous ne savez rien; ajour-
nons la question pour mieux l'étudier, tandis qu'à mon avis, la
question a été bien et savamment discutée, et qu'il est permis d'é-
tablir une opinion saine et solide sur ce sujet.

Après ce préambule, M. Thiers affirme que tous les éléments
de la question sont connus; que l'expérience des banques étrangères nous ont suffisamment appris ce qu'il importe d'éviter, et
ce qu'elles recommendent de faire; il rappelle leurs fautes à titre
d'enseignment, ajoutant qu'il n'y a pas d'autre manière de faillir;
il cite le fameux Law et son système sur lequel, dirons nous, il
a fait lui mêmes un si beau travail; et malgré les folies que suscita
cet économiste, il en savait, dit M. Thiers, autant que ceux qui,
depuis, ont traité la question.

Il raconte ensuite l'origine de la banque, les effets qu'elle produisit, les fautes de son début, l'irritation de son glorieux fondateur à cette occasion, et les développements qu'elle reçut de lui.

Il rappelle les services immenses rendus par elle à notre gouvernement dans un jours de détresse, son empressement à doubler ses escomptes au moment de la crise : il montre tout ce qu'il
y a d'inique et d'odieux à prétendre que la banque sacrifie le petit commerce aux banquiers formant le conseil de régence.

Il établit par des chiffres qu'annuellement, sur un milliard environ d'escompte, quatre de ces banquiers qui figurent parmi les
plus hautes sommités commerciales de l'europe, n'en prennent
qu'une faibles part, et les autres banquiers, presque rien; il fait
connaître le nombreux personnel du conseil de régence en question, avec quel bon sens ingénieux il a été composée pour donner à chaque nature de commerce ou d'industrie son représentant; il explique les opérations de l'escompte, les avantages que
trouve l'activité commerciale dans les réglements à courte échéance, et les inconvénients pour la banque de les retarder.

Il démontre, sans possibilité de lui répliquer, la nécessité de
trois signatures au nombre desquelles il est indispensable que

figure celle d'un banquier bien connu, dont la solvabilité puisse répondre de celle des signataires que la banque ne pourrait pas toujours accepter, sans cette intervention.

Quand au taux à quatre pour cent, il lui paraît évident que le conseil de régence peut seul, le fixer : il entre à cet égard dans des explications dont la lucidité révèle l'étendue de ses connaissances sur la matière dont il parle ; il nous serait donc bien difficile de continuer à le suivre dans les détails intéressants de son long et magnifique discours, et quand il arrive vers la fin, il dit à la chambre :

On parle de progrès, je les veux aussi, mais, sous ce prétexte, ne détruisez pas le bien excellent que nous possedons.

Il y en a un que je souhaite, c'est d'étendre ce bien hors de Paris, et je vous propose d'en chercher immédiatement les moyens.

Il se livre, lui-même, à cette recherche ; il compare les divers systèmes entre eux, et se borne, pour le moment, à vouloir que la loi crée des banques provinciales qui seraient autant de succursales indépendantes de celles que Paris possède.

Je veux dit-il, toutes les améliorations possibles, mais je desire aussi que le projet de loi soit voté sans retard, pour ne pas ouvrir une voie à l'agiotage sur les actions de la banque qui est une des plus belles créations de l'empire et des plus belles institutions de tous le pays.

La chambre émerveillée de ce discours n'écouta plus qu'avec distraction les orateurs qui succédèrent à M. Thiers ; et le projet qu'il venait de soutenir n'eut que cinquante huit voie contre lui.

Quelques jours après le vote de la loi sur la prorogation de la banque, la chambre entreprit la discussion du budget sur le quel M. Thiers ne trouva l'occasion de monter à la tribune que pour répondre au général Bugeaud qui, à propos du chapitre relatif à nos possessions d'afrique, proposa d'employer vingt millions à coloniser militairement plusieurs point de l'algérie.

En faisant cette proposition, il rappela les paroles de blâme et de regrets exprimées naguère par M. Thiers sur le traité de la *Tafna* en le priant d'observer qu'il eut été plus difficile alors qu'aujourdhui de faire autrement, il en donne en même temps les motifs.

A peine a-t-il fini, que M. Thiers demande la parole et lui répond :

M. le général Bugeaud est venu se plaindre d'une accusation que je n'avais pas dirigée contre lui.

Je crois avoir parlé du traité de la Tafna avec plus de modération qu'on ne l'a jamais fait à cette tribune ; je ne l'ai reproché ni au général, ni au ministère qu'il a servi, je reconnais qu'il a été amené par des nécessités de plusieurs sortes ; et M. Thiers les explique :

C'est une erreur, dit-il, dont j'ai prévu les conséquences, et que j'attribue aux fausses dispositions des esprits sous l'influence des quels on a agit ; je n'impute spécialement cette faute à personne ; on ne m'accusera donc pas de manquer de justice envers ceux qui l'ont commise, et pour vous général, je souhaite que dans votre carrière politique et militaire vous trouviez autant d'impartialité que j'en apporte ici ; (et le général en convint.)

Au reste, ajoute M. Thiers, je ne parle ici que pour éclairer le pays sur une faute dont je veux prévenir le retour ; et sachez le bien, nous avons affaire à un ennemi dont nous ne viendrons à bout qu'en lui faisant une guerre qui le réduise à la résignation de nous voir définitivement établis dans son pays.

Mais ne parlons pas, comme le disait M. Bugeaud, de guerre malheureuse, lorsque sur tous les champs de bataille notre armée a été constamment victorieuse dans des combats héroïques.

Jamais, m'ont dit des témoins instruits et désintéressés, vos soldats n'ont déployé tant de courage et de vertus militaires et quand je rapporte ce témoignage, je ne cède point à un sentiment de vaine gloire nationale, je dis la vérité telle qu'elle résulte des comptes rendus des officiers étrangers envoyés par d'autres puissances pour suivre les opérations de notre armée : elles s'est montrée sage, disciplinée, patiente ; sa bravoure a été comparée à celle qui a fait la réputation de nos vieilles bandes ; le passage du col de *Téniah* vaut ce qui a été fait de plus héroïque dans d'autres temps.

N'allez donc pas dire que l'afrique fait notre faiblesse ; elle fait notre force ; elle atteste ce que vous êtes, ce que vous avez été, ce que vous serez toujours, je l'espère, bien que vous n'ayez plus à votre tête le grand homme dont vous allez recevoir les cendres.

L'orateur convient, néanmoins, qu'on a fait de fausses manœuvres, il donne son opinion sur la colonisation, sur la nécessité de la varier suivant les provinces, suivant les moyens de donner aux populations la sécurité dont elles ont besoin.

Il vante la possibilité de faire d'Alger un port magnifique où trente vaisseaux pourront s'abriter sous la protection d'un canon invincible ;

Il voit en perspective l'avenir de cette ville, lorsque autour d'elle seront établis cent mille colons.

En attendant, notre armée trouve dans cette guerre une source inépuisable de bonnes leçons militaires, et la garantie que les anciennes traditions ne se perdent pas.

Après cette réponse patriotique de M. Thiers, le général Bugeaud retira l'amendement qu'il avez proposé.

La session approchait de sa fin, il restait encore à discuter la question des chemins de fer dont on s'occupait depuis si longtemps.

Une commission avait été nommée ; un jeune député M. de Beaumont chargé du rapport le présenta à la chambre ; la discussion générale produisit de longs débats, M. Thiers s'abstint d'y prendre part, mais lorsqu'il survint un amendement ayant pour objet de substituer le prêt par l'état au minimum d'intérêt de trois pour cent dont la commission voulait qu'il offrit la garantie à la compagnie d'orléans, M. Thiers demanda la parole pour dire son avis sur cette question.

Il commença d'abord par avouer qu'il a toujours été partisan de l'exécution des chemins de fer par l'état.

Si nous avions, dit il, le courage d'entreprendre ces grands travaux avec nos ingénieurs, nous ferions incomparablement mieux que les compagnies ; au reste, ajoute-t-il, aucune de mes opinions administratives n'a changé, depuis dix ans ; et l'expérience n'a fait que me confirmer dans celle que j'ai sur le sujet qui nous occupe.

Mais il y a, contre l'exécution par l'état, une objection qui m'a vaincu, c'est l'impossibilité actuelle, en présence de tant de travaux urgents et inachevés, de demander six cent millions, sans ouvrir un déficit redoutable.

Le recours à l'industrie privée est de rigeur ; et l'on peut croire que l'impuissance de l'état me paraît bien démontrée quand je renonce à la centralisation de ces grands travaux dans ses mains

M. Thiers voudrait que nous puissions imiter la Belgique dont les chemins de fer ont été construits par l'état ; mais il prie l'assemblée de remarquer que cette entreprise a été l'effet d'une grande impulsion nationale surgissant de la guerre qu'on redoutait avec la Hollande.

Il explique la situation où ils se trouvaient ; et dans la crainte que *l'Escaut* ne leur fut fermé, la chambre belge vota les chemins de fer par acclamations ; il en résulta que la rapide exécution qui en fut la suite leur ouvrit une source de prospérité immense.

Pour nous, nous sommes malheureusement réduits à l'exécution par les compagnies : le *minimum* d'intérêt qu'elles demandent ne lui parait pas éxagéré ; elles veulent obtenir la certitude que les pères de famille qui voudront placer leurs économies n'iront pas à leur ruine.

Il ne dissimule pas les inconvénients de ce système, mais il n'en connait pas un qui ne présente les siens.

Ce qu'il y a de pire à ses yeux, c'est de ne rien faire, depuis cinq ans, dit-il, nos discussions sur les chemins de fer sont stériles, il évoque l'exemple que nous donnent des nations moins avancées sous tous les autres rapports ; et dans l'intérêt du pays comme dans l'intérêt de sa propre dignité, il conjure la chambre, il la supplie de voter le projet, tel qu'il a été présenté par la commission.

La discussion continua cependant encore deux jours de suite, mais elle ne modifia que très légèrement le projet en question.

Peu de jours après, la chambre ajournait ses travaux, et grace aux vives instance de M. Thiers, la session de 1840 fit faire un grand pas au projet des chemins de fer, puisque dans la première quinzaine de juillet, trois grandes voies partant de Paris étaient en construction.

Ce fut un résultat au quel les adversaires eux mêmes de M. Thiers ne purent s'empêcher d'applaudir.

CHAPITRE VII.

Vers la fin de juillet, un journal semi-officiel contenait ce qui suit :

« Les résolution long-temps annoncées contre le pacha d'égypte
« viennent d'être arrêtées à Londres, à la date du quinze de ce mois.

« Les représentants de quatre puissances, l'Angleterre, l'Au-
« triche, la Prusse, et la Russie ont signé avec l'envoyé de la
« Porte une convention dont voici les dispositions principales :

« Le Sultan offrira au Pacha d'Égypte, l'Égypte héréditaire-
« ment et le Pachalik de St-Jean-d'Acre viagèrement.

« Si dans dix jours le Pacha n'a pas consenti, le Sultan ne lui
« offrira plus que l'Égypte seule; s'il refuse encore, les quatre
« puissances s'engagent à faire rentrer Méhémet Ali dans l'obéis-
« sance. »

On ne disait pas quels seraient les moyens coercitifs.

Cette nouvelle parût alarmante et provoqua à la *bourse* une
baisse de fonds très prononcée.

La presse et l'opinion publique s'en émurent vivement : les
termes de cette note indiquaient que le gouvernement français
n'était pas entièrement pris au dépourvu; et personne ne douta
des mesures que ferait prendre au gouvernement un acte portant
atteinte à notre dignité, et méritant une réponse fière comme le
sentiment que cet acte venait de blesser.

7

Ce qui restait des classes de 1836, 1837 et la classe entière de 1839 furent immédiatement appelées sous les drapeaux.

Une ordonnance royale ouvrit les crédits nécessaires pour augmenter l'effectif de la marine de dix mille matelots, de cinq vaisseaux de ligne, de treize frégates et de neuf bâtiments à vapeur.

L'opinion fût unanime pour approuver la promptitude et la fermeté des résolutions prises par le gouvernement.

Mais à partir de ce jour, on rechercha avec avidité dans les journaux de France et d'Angleterre l'explication d'une rupture si étrange.

Le journal anglais *le Times* l'attribuait à l'esprit étroit et passionné de Lord Palmerston ; on se souvenait de nos dissentiments au sujet du Pacha d'Égypte dans la question d'orient ; on supposait qu'ils s'étaient envenimés dans les échanges de notes diplomatiques sur cette question ; et qu'en définitive, il en était résulté la convention à quatre dont nous avait fait exclure la persistance de notre politique.

Au nombre des écrits publiés sur cette affaire il en parût un qu'on disait émané du président du conseil.

Aussi, fut-il très remarqué ; et si nous en reproduisons quelques fragments, c'est parce qu'en effet il nous semble que le bon sens et l'esprit de M. Thiers s'y révèlent.

Suivant cet écrit, le discours de lord Palmerston auquel il répond signifie que le peuple anglais verrait avec déplaisir la rupture de son alliance avec le peuple français, ce qui fait que son ministre s'efforce de réduire le traité du 15 juillet aux conséquences les plus minimes.

Ce traité fait avec trois puissances ne serait, aux yeux du ministre anglais, qu'un désaccord accidentel qui ne doit altérer en rien les principes sur lesquels l'alliance avec nous est établie, il résulte uniquement d'un point exceptionnel d'où s'est élevé entre les deux nations un dissentiment isolé qui, ne pouvant autrement prendre fin, devait être résolu sans l'une d'elles.

Mais en dehors de cette question, il s'empresse de protester de son dévouement à cette alliance dont il sent tout le prix, et se montre prêt à le prouver à la première occasion.

Mais après quelques développements, l'auteur de l'écrit répond à lord Palmerston qu'une alliance n'existe pas en réalité, si elle n'est bonne que pour voter ensemble, quand on est du même avis, et si, lorsqu'on est d'un avis différent on n'essaye pas de s'entendre, en faisant mutuellement des sacrifices, dans l'intérêt supérieur d'une union qui rendrait leurs forces irrésistibles.

Qu'aujourd'hui, cette union est menacée sur la question la plus importante de toutes celles qui existent dans ce moment, la seule qui, depuis que l'âge des grandes choses est clos, méritait le plus l'attention et le concours de deux nations voulant, aussi bien l'une que l'autre, le maintien de la paix.

Et c'est précisément sur cette grande question qu'on se sépare brusquement, sans avis préalable, pour se mettre d'accord avec des adversaires avoués ou déguisés, se mettant quatre contre la France laissée de coté sur une question qui l'intéresse plus que ceux qui la traitent.

L'on dit ensuite qu'il ne s'agit que d'un dissentiment accidentel, lorsqu'on a résolu avec la Russie la seule affaire qui puisse changer la face du monde, la seule question vraiment territoriale qui ait agité les esprits, depuis que l'épée de Napoléon ne fait et ne défait plus les empires.

Et puis, on viendra peut-être nous offrir de nous entendre sur l'entrée des poteries anglaises en France, ou sur l'entrée des modes françaises en Angleterre, ou bien encore on nous proposera de passer en commun une note à l'Autriche et à la Russie sur l'occupation trop prolongée de Cracovie.

L'auteur de l'écrit trouve que c'est de la dérision, et puis, répondant au dire du ministre anglais que nous avions rejeté tous les projets, refusé toutes sortes de propositions, il prouve péremptoirement le contraire par de longs détails sur tout ce qui s'est passé entre les représentants des deux nations.

En résumé, il conclut en disant : l'Angleterre, après dix ans d'alliance, quitte la France pour la Russie, et va résoudre avec nos communs adversaires la plus grande question du temps.

La France est exclue d'une question qui comprend à la fois tous ses intérêts dans la méditerranée, quand l'Autriche qui n'a que *Trieste*, et la Prusse qui n'a rien, sont appellées à la traiter.

La France se trouve donc seule en présence des ennemis de sa révolution, elle n'a plus l'Angleterre pour conjurer leur mauvais vouloir ; et le silence de la Reine, dans son discours de clôture à la chambre, est venu constater que l'alliance n'existe plus.

Que doit faire la France dans cette position ? elle doit se souve nir qu'étant seule, elle a tenu tête à l'Europe, qu'étant seule, elle peut défendre sa révolution, si c'est sa révolution qu'on menace, ou ses intérêts, si c'est à ses intérêts qu'on en veut dans la méditerranée ; elle doit se mettre en mesure, sans bruit, sans jactance ; et quand on lui dit, nous ne voulons pas la guerre, elle doit répondre : ne faites pas ce qui pourrait l'amener.

Cet état de choses agitait vivement les esprits ; la bourse en ressentait de fortes secousses.

De son côté, le gouvernement continuait ses préparatifs avec toute l'activité que lui imposait une sage prévoyance, mais sans y apporter cette ardeur fiévreuse qu'aurait excitée l'impossibilité d'un pacifique dénouement.

Les circonstance firent alors revivre le projet de fortifier Paris; et l'on décida qu'il serait demandé cent millions pour subvenir à cette vaste entreprise.

Pendant ce temps, la presse se livrait à mille conjectures.

Comment est-il vraisemblable, disait-on, qu'un réglement de frontières entre le Sultan et le Pacha d'Egypte puisse susciter une guerre entre des nations européennes dont plusieurs n'ont aucune raison sérieuse de s'en mêler, si le réglement n'est pas un prétexte auquel on a recours pour nous isoler au milieu d'une coalition formée contre nous ?

Cette interrogation restait sans réponse, lorsque le quatorze septembre fut publiée la convention de Londres dont nous avons parlé.

On remarquait l'art. 4 contenant la double stipulation que dans le cas d'une coopération des puissances réclamée par le Sultan pour sauvegarder son trône, leur entrée temporaire dans les détroits du Bosphore et des Dardanelles ne serait qu'une mesure exceptionnelle, ne dérogeant en rien à l'ancien droit de défendre aux bâtiments de guerre l'entrée de ces détroits, (d'où il résultait que le droit exclusivement accordé à la Russie par le traité d'*Unkiar Kélessi* se trouvait supprimé,

Un autre article mentionnait l'engagement formel des quatre puissances de respecter le droit dont il s'agissait.

A la suite de cette publication arrive la nouvelle que le Pacha consent à se contenter de la possession héréditaire de l'Egypte et de la possession viagère de la Syrie.

Ce résultat est attribué aux vives instances du gouvernement français faites dans l'intérêt de la paix.

Depuis ce moment, les journaux anglais se prononcent avec énergie pour l'acceptation des propositions auxquelles se réduisait le Pacha à l'instigation de la France.

Le *Times* en démontre la nécessité, le même jour, paraît le *memorandum* de Lord Palmerston ; en même temps arrivent des dépêches annonçant le bombardement de *Beyrouth* par les flottes anglaises et autrichiennes ; la nôtre se trouvant dans les eaux de Salamine ; la rente française baisse aussitôt de quatre francs devant les éventualités d'un rapprochement, bien que l'acte annoncé pût être considéré comme la conséquence d'une injonction dont le Pacha n'avait pas tenu compte dans les délais qui lui avaient été signifiés.

Au nombre de ces évènements, ajoutons encore celui de l'arrestation du prince Napoléon débarqué à Boulogne où il avait renouvelé son équipée de Strasbourg.

Venait ensuite la situation de l'Espagne qui, plongée dans une complète anarchie, voyait surgir la dictature militaire qu'elle méritait.

En présence de tant de choses imprévues, les ministres réunis en conseil décident que les chambres seront convoquées pour le vingt huit octobre ; et de son côté M. Thiers s'empresse de répondre au *memorandum* de Lord Palmerston par celui que nous avons sous nos yeux.

C'est, à notre avis, un exposé où les sentiments de modération, de convenance et de dignité donnent aux lucides explication de M. Thiers une force de vérité irrésistible.

Après son préambule, il analyse, aussi exactement que possible, l'exposé du ministre anglais, et le résume en ces termes :

La France aurait été inconséquente, elle a voulu et ne veut plus l'intégrité et l'indépendance de l'empire ottoman, les quatre cours ont fait des sacrifices réitérés à ses vues, elles ont fini par lui présenter un *ultimatum* fondé sur une ancienne proposition de son ambassadeur ; elles n'ont passé outre qu'après cet *ultimatum* refusé, par conséquent, elles ont droit d'être surprises de l'accueil fait au traité du 15 Juillet par la France quand on devait s'attendre d'elle à une adhésion passive ou à une influence morale.

A cette manière de présenter les négociations, M. Thiers répond par le récit exact et complet de tous les faits.

Cette réponse, sur laquelle il devait plus amplement s'expliquer à la tribune, reçut de toute la presse les plus grands éloges ; on approuva sans réserve le refus d'adhérer à une convention inique imposée au Vice-Roi que nous avions arrêté dans sa marche victorieuse, et qui, par *déférence* pour nous, faisait les plus généreuses concessions au Sultan.

De plus, une bon partie des assertions de Lord Palmerston était poliment mais très positivement contredite ; et l'on exprimait vivement le désir de voir arriver devant l'assemblée les discussions où serait élucidé tout ce que présentaient encore d'obscur, les incidents divers des négociations relatives à cette grande question d'orient.

De leur côté, les journaux anglais les plus importants, après avoir lu le *memorandum* de M. Thiers, n'hésitaient pas à trouver que le procédé de leur ministre avait été blessant pour la France, dont il n'aurait pas dû si brusquement se séparer sur une question si long-temps traitée en commun avec elle.

D'après eux, la communication inopinée d'une convention faite et signée, sans sa partificalion, avec de nouveaux alliés était contraire aux égards que méritait une nation amie.

Il aurait fallu lui faire connaître le projet de cette convention, et lui accorder le temps de faire un choix entre sa coopération au traité, ou son adhésion isolée à la politique égyptienne ; en un mot, le ministre anglais leur paraissait être dupe de la Russie dont les intrigues cherchaient à briser complétement une alliance qu'avaient peut-être un peu relachée des actes antérieurs.

Quoiqu'il en soit, durant le cours de ces discussions, le gouvernement anglais poursuivait celui de sa politique, en fomentant des insurrections en Syrie contre le Vice-Roi, en poussant le Sultan à proclamer sa déchéance, pendant que M. Thiers continuait les préparatifs auxquels le forçaient les nécessités regrettables du désaccord qui se manifestait de plus en plus entre les deux gouvernements.

Telle était la situation, lorsqu'un matin, le public fut informé de la retraite de M. Thiers, et bien qu'on sût vaguement que son action rencontrait des difficultés qui, plusieurs fois, l'avaient forcé d'offrir sa démission, l'on ne se montra pas moins étonné d'une détermination si grave, dans un pareil moment.

Mais la cause de cette démission fut bientôt connue.

On aurait voulu que M. Thiers se présentât devant les chambres pour y démentir sa politique par une manifestation destinée à détruire l'effet comminatoire des préparatifs belliqueux dont la continuation lui paraissait indispensable.

Son refus, cette fois, fut absolu, tous ses collègues s'y associèrent; et cette retraite collective venait ajouter de nouvelles complications aux incertitudes d'un état de choses qui, en troublant les esprits, entretenait une agitation dont on avait cru voir de sinistres symptômes dans la sixième tentative d'assassinat commise contre le Roi, quelques jours avant la démission des ministres.

L'interrègne dura jusques au 29 octobre, à cette date, parût dans l'officiel une ordonnance royale qui appelait le maréchal Soult à la présidence du conseil et *confiait* les affaires étrangères à M. Guizot, ambassadeur à Londres du ministère démissionnaire.

En arrivant au ministère ou il remplaçait M. Thiers, M. Guizot dût ressentir, dans l'intimité de son cœur, une vive satisfaction mais elle ne pouvait être sans mélange, car s'il allait voir cesser le déplaisir de se trouver le subordonné de son rival, et le représentant d'une politique qui différait de la sienne, ce ne fut certainement pas sans éprouver le cruel embarras que lui réservait la nécessité de substituer dans les affaires d'orient une autre politique à celle qu'il avait dû loyalement servir.

L'opinion publique, elle même, s'étonna qu'il consentit à remplir cette difficile tâche, cependant il n'hésita pas à s'en charger, puisque la formation du nouveau ministère ne retarda que de peu de jours l'ouverture de la session.

Le cinq novembre le Roi prononça son discours d'ouverture, et pour lui répondre, la chambre se divisa par bureaux dans les quels furent nommés les commissaires de l'adresse ; dans le bureaux dont faisait partie M. Thiers, il fut invité, en sa qualité de chef du dernier cabinet, de vouloir bien donner à ses collègues toutes les explications propres à leur servir d'élément dans la prochaine discussion : il résista d'abord à cette demande, à cause de la nature délicate des détails qu'il ne voulait donner qu'en présence de toute la chambre ; mais comme ses collègues insistèrent, il se rendit à leurs désirs ; et ses explications devinrent un exposé où les événements et les faits relatifs à la question d'orient furent résumés avec tant d'exactitude et de précision qu'il peuvent suppléer pour nous à l'analyse du grand discours prononcé par lui le 25 novembre, et dont les développements captivèrent pendant trois heures l'attention de l'assemblée.

Voici son début dans les explications que nous reproduisons :
Messieurs,

Je suis entré au cabinet du 1er mars avec un très vif regret d'être appelé à gérer les affaires dans les conditions où elles m'étaient léguées.

Au dedans la majorité était brisée, au dehors une question très grave venait d'être soulevée ; et les nombreuses dépêche que j'ai écrites prouveront que, dès le premier jour, j'augurais mal de la conclusion de l'affaire d'orient ; cependant j'ai dû accepter le pouvoir, et je dois vous faire connaître en peu de mots quel était l'état de la question quand je suis arrivé au ministère ; j'espère ne rien dire qui puisse blesser mes prédécesseurs ; mais on doit comprendre que je ne puis accepter dans cette affaire que la part de responsabilité qui me revient.

Toute union de vues entre la France et l'Angleterre avait alors cessé, cette dernière se trouvait complètement unie à la Russie, à l'Autriche et à la Prusse, dans la question d'orient ; la France se trouvait seule de son avis contre les quatre autres puissances : elle avait demandé, de la manière la plus formelle et la plus positive, l'Égypte héréditaire et la Syrie viagère, elle avait même annoncé qu'elle se séparait complètement de l'Angleterre et des autres puissances plutôt que de céder sur cet point ; je n'entends pas dire par là qu'elle ait pris des engagements irrévocables, mais lorsque je suis entré aux affaires, j'ai trouvé la France, seule, soutenant un dire qu'aucune des autres puissance ne voulait admettre ; et la seule conduite qui m'ait semblé devoir être tenue dans cette situation, c'était de gagner du temps pour amener les négociateurs à dégager tout amour propre de leurs prétentions.

M. Guizot était ambassadeur à Londres ; se plaindra-t-il de la direction que je lui ai donnée ? j'attendrai la discussion publique pour le savoir, mais d'avance je dirai que ses efforts et les miens ont tout fait pour empêcher la fatale résolution du 15 juillet ; et si nous y avons échoué, c'est parceque le parti de l'Angleterre était irrévocable.

Lord Palmerston considérait comme funeste la puissance du Vice-Roi ; la seule bonne politique, à ses yeux, était de la réduire.

En s'unissant à cette puissance, les trois autres y voyaient une occasion de briser son alliance avec nous ; mais dissimulant leur dessein, elles nous faisaient espérer qu'elles amèneraient le gouvernement Anglais à céder la Syrie viagère au Vice-Roi ; M. Guizot avait ordre d'accepter *ad referendum* ; et de notre côté, nous disposions le Vice-Roi à cette concession, lorsque le traité dont on nous faisait un mystère nous a été notifié, revêtu des signatures des quatre contractants.

Aussitôt, dit M. Thiers, j'ai considéré cela, non comme un outrage, mais comme un mauvais procédé de la part de Lord Palmerston, et comme un abandon blessant de notre alliance ; à la vérité, je n'y voyais pas un motif réel de guerre, ni l'intention de nous y provoquer, mais il devenait évident pour moi que les trois puissances c'étaient coalisées pour ruiner notre influence sur une des plus grandes question de ce temps.

Dans cet état de choses, ayant à sa solution un intérêt plus grand que les puissances appelées à la résoudre, j'ai cru que nous devions nous mettre en mesure d'obtenir une modification du traité qui nous permit d'y prendre part.

Je n'aurais demandé qu'une concession qui fut de nature à sauvegarder l'honneur et l'influence de la France, nous le devions au Vice-Roi par loyauté, car si la France ne s'était pas mêlée de ses affaires il aurait obtenu de la Porte tout ce qu'il aurait voulu.

Tel a été le but des armements ; notre intention était de mettre la France en mesure de négocier efficacement ; et pour leur donner cette conséquence il les fallait sérieux ; un demi armement devenait une mesure vaine, dispendieuse, compromettante et peu honorable ; c'était une pure jactance, tandis qu'il fallait faire comprendre à l'Europe que si l'on ne voulait pas négocier sur une base équitable, la guerre pourrait s'en suivre.

Il était impossible d'obtenir un résultat conforme à notre honneur, et conserver la certitude de la paix, il ne fallait pas s'engager dans la question d'orient, mais en s'y engageant, il fallait en sortir autrement qu'à sa honte.

Mes collègues et moi, nous avons donc résolu l'armement ; et la France n'étant pas prête il fallait gagner du temps, ne faire aucun acte téméraire tant que les préparatifs ne seraient pas avancés ; c'est dans ces vues que plus tard nous avons rappelé la flotte ; je souhaitais aussi que le Vice-Roi se renfermât dans une défense vigoureuse jusques à ce que la France, se montrant comme médiatrice armée, pût obtenir une concession, quelque modérée qu'elle fut, pourvu qu'il fut constaté qu'elle était due à la France.

Quand au bombardement de Beyrouth, cet évènement ne nous a pas surpris ; il n'a changé aucune de nos déterminations, mais il a prouvé qu'il fallait se hâter.

J'ai donc, en dernier lieu, demandé trois choses à la couronne : premièrement, compléter l'armement, convoquer les chambres, et l'envoi de la flotte devant Alexandrie pour couvrir cette place, et soutenir le moral des égyptiens.

Ces propositions ayant été repoussées, mes collègues et moi, nous avons donné notre démission.

Cette démission n'ayant pas été acceptée, on a parlé de transiger : ici M. Thiers explique les concessions faites, en attendant l'ouverture des chambres fixée ou 29 octobre.

La note du 8 octobre a été le résultat de cette transaction ; elle avait pour but de répondre à l'acte de déchéance du Pacha.

Toutes fois, il a été alors convenu qu'au moment où serait rédigé le discours de la couronne, si l'on ne parvenait pas à se mettre d'accord, les démissions dont on gardait le secret seraient acceptées.

Le moment de cette rédaction étant arrivé, le cabinet a renouvellé ses propositions dont la principale était un armement général ; cette proposition n'ayant pas été admise, les démissions sont devenues irrévocables.

Le cabinet, comme on le voit, ne voulait ni la guerre à tout prix, ni la paix à tout prix, mais il voulait un armement sérieux, complet, et négocier pour le Vice-Roi à des conditions acceptables.

Tel fut le langage de M. Thiers dans son bureau ; et lorsque arriva le jour de s'expliquer devant la chambre, il y prononça le grand discours où se trouvent si éloquemment développés tous les faits dont le court exposé dans un des bureaux nous a permis de donner ici l'analyse.

Le lendemain M. Passy ancien ministre du 12 mai et M. Guizot, l'ambassadeur du 1ᵉʳ mars se succédèrent à la tribune.

Le premier fit l'historique des négociations sous son ministère ;

et M. Thiers eut à le remercier des termes dans lesquels M. Passy avait parlé de ses actes.

A son tour de parole, M. Guizot déclara d'abord que les instructions à lui données par le cabinet du 12 mai lui avaient été confirmées par M. Thiers, et qu'après quelques explications préalables avec lui sur la politique intérieure, il avait consenti à continuer la mission dont l'avait chargé le ministère précédent.

Dès ce moment, ajoute-t-il, je me suis toujours fait un devoir de transmettre toutes mes impressions sur les actes de la politique anglaise dans les affaires d'orient ; on n'a jamais ignoré les craintes et les espérances entre les quelles faisaient osciller mon esprit les visées de cette politique ; mais après avoir rendu compte des faits et de leurs conséquences possibles, j'attendais la décision du ministre, ne croyant pas devoir prendre l'initiative d'un conseil sur un seul point.

En s'exprimant ainsi, il cite de nombreux fragments de ses dépêches.

Dans les dernier temps, dit-il ensuite, le cabinet Anglais se cachait de moi ; je ne pouvais plus donner de renseignement précis sur ce qui se passait entre les représentants des quatre puissances ; je ne croyais pas néanmoins qu'un arrangement à quatre dont on m'avait souvent parlé pût devenir définitif sans nous être préalablement notifié.

Aussi, losrque je reçus communication du traité, je ressentis tout ce que ce procédé pouvait avoir de blessant aussi vivement que M. Thiers ; et je devins l'organe très animé de ses sentiments, mais, comme lui, je n'y voyais ni insulte, ni affront pouvant avoir d'autres conséquences que la plainte, la froideur et l'isolement.

J'approuvai à ce point de vue, l'attitude, les préparatifs et les armements de prévoyance qui devaient nous mettre dans l'état le plus respectable de paix armée ; mais il n'y avait encore aucun motif sérieux de se préparer par des armements extraordinaires à rompre, nous mêmes, cette paix qu'avait poursuivie jusques à ce jour notre politique ; et si j'ai adhéré à l'attitude, aux armements dans les limites que j'ai indiquées, mon concours s'est arrêté aussitôt que j'ai cru entrevoir une impulsion révolutionnaire qui, d'une situation où la paix pouvait encore être maintenue, nous précipitait vers une guerre inévitable.

J'ai fait transmettre mes sentiments à M. Thiers ; j'ai donné toutes les raisons qui me faisaient repousser cet entraînement ; et pour en fournir la preuve, il lit les dernières lettres qu'il a écrites.

Son discours se termine ensuite par un appel chaleureux à la sagesse de la chambre, seule capable de conjurer la guerre et d'éclairer le pays : après avoir entendu M. Guizot, la chambre renvoya la discussion au lendemain.

A l'ouverture de la séance, M. Thiers demande la parole, tout en témoignant sa répugnance de paraître réduire aux proportions d'un intérêt personnel un si grand débat.

Il fera de son mieux pour empêcher qu'il ait ce caractère, déclarant d'avance qu'il n'attaquera pas les anciens ministres, mais la politique à laquelle ils sont venus s'associer.

M. Thiers, d'accord avec M. Passy sur le fonds des choses se borne à signaler les points sur lesquels ils diffèrent, dans l'unique but de maintenir l'exactitude du *memorandum* dont il a parlé ; et ce qu'il dit ensuite le conduit à déclarer que jusques au 29 octobre il accepte la responsabilité toute entière des négociations sur les affaires d'orient.

Je ne m'arrête pas, dit M. Thiers, aux fautes commises parceque tout le monde peut en commettre ; je ne me plains que d'une chose, c'est, qu'après avoir dit à l'Europe qu'on résisterait on ne resiste plus, je poursuis cette pensée, et non mes prédécesseurs.

Rentrant ensuite dans la question, il revient dans des termes encore plus précis et plus saisissants sur les incidents compliqués que rappelait la politique fortement accentuée dont il avait à continuer les actes ; et lorsque je pris, dit-il, les négociations en main, je ne me dissimulais point les difficultés que j'allais rencontrer, et surtout quels soucis amers me créerait la cruelle alternative de résister énergiquement à l'Angleterre en brisant tout à fait l'alliance dont j'avais été si sincèrement le partisan, ou de lui sacrifier un grand intérêt national.

Mes amis intimes savent le profond chagrin que j'en ressentis ; j'étais le plus malheureux des hommes ; néanmoins, l'esprit de résistance fut celui que m'inspirèrent l'honneur et l'intérêt de mon pays.

Malgré ce dessein, M. Thiers dit qu'il crut prudent de différer toute proposition nette et décisive. il temporisait, se trouvant d'accord en cela avec notre ambassadeur dont il aurait voulu recevoir les conseils qu'il lui demandait avec tant d'instances ; mais M. Guizot, comme il le dit lui-même, se renfermait toujours strictement dans le rôle de rapporteur, ce que M. Thiers trouve à blamer, en rappelant les actes et le concours que n'hésitèrent point à donner, en pareil cas, à leurs ministres deux ambassadeurs renommés dont il cite des exemples mémorables. A ce propos, M. Thiers rappelle les concessions territoriales que l'on consentait à faire au Vice-Roi avant le traité, et le silence évasif auquel l'autorisaient les renseignements qui lui étaient transmis.

Or si notre ambassadeur, dans des dépêches quelconques, m'avait dit : hâtez-vous, si vous ne vous hâtez pas ; tout est perdu, on rompra, on ne fera plus de propositions ; si j'avais reçu cet avis......, mais, point du tout, on me laissait vivre dans l'espoir qu'une dernière proposition nous serait faite ; que je serais à temps d'y adhérer, si elle devenait définitive ; et telle était la sécurité dans laquelle m'entretenait encore M. Guizot, le quatorze juillet, c'est-à-dire la veille de la conclusion du traité, que je puis vous montrer les lettres qui le constatent.

Eh ! savez vous, ajoute M. Thiers, ce qui l'a brusquement déterminé ce traité, c'est le succès de l'insurrection de Syrie fomentée par les anglais, sans laquelle on ne trouvait aucun moyen de contraindre le Pacha, et puis la certitude qu'on croyait avoir que la France n'agirait pas contre ce traité.

Voilà les conséquences de notre politique extérieure, dont les faiblesses ont compromis tant d'intérêts, et les compromettront long temps encore, si l'on continue à s'effrayer de la possibilité d'une guerre qu'on attribue à des entrainements dangereux.

La guerre à laquelle on se prépare, dit M. Thiers, est souvent un sur moyen de la conjurer.

Mais si vous vous faites un prétexte des déclamations hostiles pour déclarer devant l'étranger que vous abandonnez un intérêt démontré du pays, soyez surs qu'en cela vous parlez comme nos ennemis qui disent que vous ne pouvez faire la guerre parceque vous êtes dévorés par les factions.

Au reste, ajoute M. Thiers, quand le traité me fut connu, je n'en fis pas un sujet de guerre, j'aurais été un insensé ; j'e m'en plaignis amèrement, et je proposai au Roi des armements de précaution sans délai.

Vint ensuite le bombardement de Beyrouth dont je ne fus pas étonné, et qui me fit activer les préparatifs ; plus tard, lorsque je vis qu'on répondait aux concessions du Pacha par sa déchéance, j'écrivis aussitôt à M. Guizot dans la note du 8 octobre que les armements allaient s'achever ; et quand nous serions prêts, nous proposerions une transaction dont le refus serait la guerre.

Mais il faut bien le dire ici, on savait d'avance que nous laisserions exécuter le traité jusques au bout ; Lord Palmerston en avait reçu l'assurance.

Qu'on me condamne, qu'on m'exclue à jamais du pouvoir, dit en terminant M. Thiers, je m'y résigne volontiers ; mais quand je vois mon pays ainsi humilié, je ne puis contenir le sentiment qui m'oppresse, et je m'écrie, quoiqu'il arrive, sachons être toujours ce qu'ont été nos pères ; et faisons que la France ne descende pas du rang qu'elle a toujours occupé. Ces dernières paroles furent celles que prononça M. Thiers, en faisant ses adieux au pouvoir qu'il servait depuis dix ans avec tant de dévouement et patriotisme.

A partir de ce jour, il reprit à la chambre sa place au centre gauche dont il était le chef, heureux de retrouver ses loisirs et de les consacrer aux grands événemets du consulat et de l'empire dont le récit épique devait compléter le monument immortel qu'il a élévé à la gloire de la France.

Cependant, après sa retraite, M. Thiers eut à subir dans quelques journaux de vives attaques ; des calomnies odieuses le poursuivirent ; on accusa les ministres d'avoir retardé la publication de certaines dépêches, dans un but de spéculation, bien que l'officiel eut mis en évidence le mensonge de ces accusations infames,

Il arriva, néanmoins, que dans la séance du 5 décembre, au moment où l'assemblée se montrait impatiente d'en finir avec la discussion de l'adresse qui durait depuis dix jours, un député M. de Givré demandant à parler, et ne pouvant l'obtenir, s'écrie à travers les bruits les plus confus qu'il s'agissait de l'honneur du ministère du 1er mars.

M. Thiers, de sa place, demande aussitôt qu'on donne la parole à l'orateur ; les cris de clôture redoublent et produisent un tumulte inexprimable ; le Président se couvre ; M. de Givré reste impassible à la tribune ; et lorsque le calme est rétabli, M. Thiers en appelle au règlement.

Messieurs, dit-il, je saisis ce prétexte pour provoquer une explication complète sur les paroles qu'a prononcées M. de Givré ; il
s'agit de l'honneur du ministère du 1ᵉʳ mars, il s'agit de probité
publique.

Je le somme de s'expliquer, et je supplie la chambre de l'écouter jusqu'au bout.

M. de Givré parvenant enfin à se faire écouter articule d'abord
un grand nombre de faits recueillis dans les journaux, et qu'il
ne reproduit, dit-il, qu'avec les précautions et les défiances qu'ils
inspirent ; et malgré les nouvelles impatiences de l'assemblée, il
use tantôt de réticences, tantôt de circonlocutions, montrant avec
quel anxieux embarras il arrive au sujet qu'il a en vue.

Signalant alors les fluctuations désordonnées de hausse et de
baisse qui ont eu lieu sur les fonds publics les jours qu'il indique,
il déplore qu'on puisse les attribuer aux irrégularités qu'a subie ce
jour là la publicité des dépêches ; il parle des scandales que ces
irrégularités ont produits, et procédant toujours par insinuations,
il en tire des suppositions fâcheuses, tout en essayant hypocrite-
ment d'atténuer les torts qu'on impute à l'administration, et sou-
haitant, d'un ton de regret doucereux, que M. le ministre de
l'intérieur fasse justice de calomnies dont les effets sont toujours
si déplorables.

M. Thiers ému, impatient de répondre, demande vivement la
parole ; M. de Rémusat la réclame avec la même énergie ; et ces
deux ministres se trouvent en même temps à la tribune ; mais
M. Thiers fait observer à son collègue que la responsabilité des
faits allégués lui incombe toute entière, que la presse lui en a
demandé compte ; et parlant ensuite à M. de Givré, il le remercie
de lui avoir fourni l'occasion de s'expliquer, malgré la douleur
que ces explications allaient lui faire.

A peine a-t-il commencé, à peine a-t-il démontré, pièces en
main, la rigoureux précision de la publicité des dépêches, que
M. de Givré proteste et l'interrompt pour nier qu'il ait voulu
s'adresser à lui ; M. Thiers poursuit le cours de ses explications,
et se retournant ensuite vers son interrupteur, il le regarde pour
lui dire : *vous venez de calomnier, Monsieur*, ayez donc la franchise de votre conduite ; ayez le courage d'un accusateur ;

Vous vous renfermez dans des insinuations ; vous voulez, dites
vous, rendre service aux personnes inculpées, non, Monsieur,

c'est une douleur que vous voulez leur faire, et c'est une indigne manière de vouloir affaiblir l'influence d'un homme que de l'attaquer par de tels moyens.

Je la dénonce à tout ce qui porte un cœur généreux ; et je vous somme, non pas de faire des insinuations, mais si vous êtes un honnête homme (et je ferai comme vous, j'employerai les précautions de langage que vous avez employées ; je vous dirai que je n'en doute pas), je vous somme de venir apporter des preuves, ou bien vous rétracterez vos allégations avec le regret qu'un honnête homme doit éprouver d'avoir fait souffrir un honnête homme qui ne le méritait pas.

Je répète ici ce défi que je porte à la face de la France, à tous les calomniateurs quels qu'ils soient ; je les défie d'apporter contre moi la moindre preuve, non pas un commencement de preuve formelle, mais la moindre preuve que l'on puisse sincèrement discuter devant des gens d'honneur, devant des gens non prévenus.

M. de Rémusat monte à la tribune après M. Thiers, et s'exprime avec la même indignation.

Quant à M. de Givré, il ne voit qu'un excès de susceptibilité dans le vif langage qu'il vient d'entendre ; il consent même à l'excuser, tout en déclarant de nouveau que dans ce qu'il a dit, il n'y a rien de personnel contre M. Thiers ; il confond les deux ministres dans son amande honorable, et puis vient M. le Garde des Sceaux qui fait connaître les poursuites que, dès le début, M. Thiers l'a requis d'exercer ; mais, ajoute-t-il, s'il intervient, ce n'est nullement pour donner à la parole de M. le ministre un crédit dont elle n'a aucun besoin.

La chambre, admettant toutes ces explications, manifeste ses regrets des imputations odieuses que l'éloquence indignée de M. Thiers avait si bien vengées ; et passe à l'ordre du jour.

L'ensemble de l'adresse fut votée dans la même séance.

CHAPITRE VIII.

En quittant le pouvoir où il ne devait reparaître que longtemps
après la chute du gouvernement dont il était un des fondateurs,
M. Thiers assista pendant plusieurs mois aux séances de la chambre, sans se mêler à ses débats.

Il sentait probablement qu'après avoir si souvent occupé de lui
le public, il était digne de se tenir à l'écart, et de savoir se taire.

On le voyait donc à sa place, ne recherchant aucune occasion
de créer des entraves à la politique dans laquelle était entrée la
majorité de l'assemblée.

Cependant, malgré cette réserve, la presse de toutes nuances
continuait la lutte sur la politique dont M. Guizot et M. Thiers
passaient pour être les représentants les plus éminents ; et leur
personne comme leurs actes faisaient toujours les frais de la plus
ardente polémique.

C'est dans le cours de ces discussions que la chambre fut saisie
d'un projet de loi sur les fortifications de Paris.

Ce projet venait réaliser la pensée du ministère du 1ᵉʳ mars
qui en avait déjà fait décréter les premiers travaux, pour répondre à la coalition formée contre nous par un acte de patriotisme
et de fierté nationale.

La commission chargée d'examiner ce projet choisit **M. Thiers** pour son rapporteur, malgré la préférence du ministère pour M. Allard, officier-supérieur très compétent.

Dans tous les cas, M. Thiers ne fit pas attendre son rapport.

Le 13 janvier, il en donna lecture à la chambre, et dans l'impossibilité où nous sommes d'analyser ce grand travail, voici les indications auxquelles nous sommes forcé de nous borner.

Le premier soin du rapporteur est de réclamer pour le gouvernement de juillet l'honneur d'exécuter une pensée historique, en mettant le projet des fortifications sous la protection de *Vauban* dont il raconte les premiers essais dans cette entreprise ; il rappelle ensuite à quelle occasion *Napoléon* y songea, et les vifs regrets que lui donna l'abandon de cette grande pensée, quand vint pour lui l'heure des revers.

Après cela, il discute les divers systèmes de fortifications comparés à celui que la commission a préféré ; il se livre à des considérations étendues en s'appuyant toujours des deux plus grands juges, *Vauban* et *Napoléon* ; il donne son opinion sur la possibilité d'organiser la résistance en cas de siège ; il entre ensuite dans la question des dépenses dont aucun détail n'échappe à son examen ; et dans ce long rapport, il montre une telle science des choses, il y met une netteté d'exposition si merveilleuse qu'il excite au plus haut degré l'admiration des hommes spéciaux appelés à discuter le projet.

Puis, il termine ainsi :

Au nom de tous les collègues auxquels vous avez confié, l'examen de cette grande question, nous vous adressons, Messieurs, une instante prière ; l'Europe et le monde nous regardent.

Car jamais, plus grande entreprise ne fut proposée à un grand peuple.

Ceux qui ne nous souhaitent ni vertu ni force disent que nous reculerons devant la grandeur de cet effort, devant même la dépense qu'il pourrait entraîner, ils disent surtout que voués à l'éternelle division des esprits, nous ne saurons pas aboutir à un vote efficace, et que de tristes querelles feront encore avorter la tentative de fortifier Paris.

S'il en était ainsi, Messieurs, ce serait un grand malheur ; mais nous avons la conviction que nous ne méritons pas le jugement porté par nos ennemis ; que nous nous ferons, les uns aux autres,

le sacrifice de préoccupations sans fondement, et que nous donnerons à ce *Paris*, appelé par Vauban *le cœur et la tête* de la
France, cette puissante ceinture qui le rendra inaccessible à tous
les traits des ennemis de notre patrie.

Le rapport de M. Thiers fut suivi d'une discussion dans laquelle il défendit vaillamment l'œuvre de la commission et la
sienne.

Toutes les ressources de son esprit lui furent nécessaires dans
une lutte où il trouvait pour contradicteurs des savants de premier ordre, et des officiers généraux expérimentés, possédant à
fond les connaissances dont il avait eu besoin de se pourvoir, a-
vant d'entreprendre son travail.

Cette discussion fut longue, animée, et retentit dans toute
l'Europe, il devait en coûter à des membres de la majorité d'accepter l'héritage que le premier mars léguait à ses successeurs
mais comme le projet émanait de ces derniers, et qu'il avait le
caractère d'une proposition toute patriotique dans laquelle chacun pouvait revendiquer sa part, la loi fut votée par une majorité
où figuraient à la fois M. Guizot et M. Thiers représentant deux
partis divisés sur tant d'autres points.

Après le vote de ce projet, M. Thiers se retira de nouveau
dans le silence où il songeait à rester encore, lorsqu'à l'occasion
de fonds secrets demandés à la chambre, M. Jouffroi, rapporteur
de la loi, fit de la politique du 1ᵉʳ mars une critique si injuste et
si passionnée que la chambre, elle-même, s'en montra surprise,
et que M. Thiers fut forcé de s'arracher au silence dont il lui
répugnait de se départir, dans un moment où la question de confiance au nouveau ministère allait être débattue.

Mais, comme le dit M. Thiers, au début de son discours, une
raison d'honneur lui faisait un devoir de revenir sur la politique
que l'on blâmait avec tant d'amertume ; et cette fois les explications qu'il renouvela furent données de façon à bien établir sur
quels points essentiels son ministère différait du ministère précédent.

Une de ses premières déclarations fut que le cabinet du premier mars avait voulu tout ce que voulait la coalition contre M.
Molé, c'est-à-dire plus de caractère dans la politique extérieure ;
et dans la politique intérieur ne point intervertir le principe du

gouvernement en recrutant une majorité de réaction, au lieu de la chercher dans la voie du progrès.

C'est ce que j'ai essayé de faire, dit M. Thiers, à la tête d'une administration dont une question extérieure a deux fois brisé l'existence.

Et lorsque le rapporteur dit que le ministère du 1ᵉʳ mars avait fait perdre au pays sa position en Orient ; qu'il avait mis nos finances dans un embarras alarmant pour avoir voulu substituer la politique égyptienne à la politique d'orient, je lui réponds qu'en prenant les rênes du pouvoir j'ai trouvé le gouvernement beaucoup plus engagé que je ne l'aurais voulu dans la politique qu'il me reproche ; que j'ai déploré la chaleur avec laquelle on s'y était jeté, parceque je prévoyais que nous serions seuls contre tous, sur cette question ; et si je l'ai soutenue c'est par honneur pour le pays.

Je me disais, si, après avoir reculé successivement sur la question d'Espagne, dans la question Belge, dans la question d'Italie, nous reculons encore dans la question d'Orient, nous compromettons l'honneur, l'intérêt et l'influence de la France.

Depuis notre retraite, le Pacha s'est soumis ; il est devenu l'allié de l'Angleterre, la question a été résolue sans nous, malgré nous ; et maintenant si, pour faire cesser l'isolement que vous trouvez inquiétant, vous vous empressez de rentrer dans le concert européen, vous ajoutez à tous les échecs que nous avons reçus le seul et dernier échec que nous puissions recevoir encore.

Sachez donc persister dans la position que les événements vous ont faite ; réparez les lacunes de votre organisation militaire ; et sachez que tant que la France restera dans la force de son isolement, et pouvant dire qu'elle ne connaît rien de tout ce qui s'est fait sans elle, les inconvénients de son absence seront sentis par les puissances de l'Europe.

Quant à la politique intérieure, M. Thiers croit que la majorité doit être recrutée dans le centre de l'assemblée ; que le pouvoir ne peut s'appuyer sur d'autre base ; et qu'en essayant de la former en arrière, comme le propose le rapporteur, on lui donne de fragiles fondements.

Tel fut le sens de la réponse que fit M. Thiers ; et lorsque arriva le moment de voter les fonds secrets demandés par le ministère, il s'abstint d'y prendre part.

Pendant le cours de l'année 1841, M. Thiers prit encore plusieurs fois la parole, et bien qu'il fut très modéré dans ses discours, la presse ministérielle ne continua pas moins ses vives récriminations contre sa politique; et l'un de ses plus importants organes, prenant, disait-on, ses inspirations en *haut lieu*, se faisait surtout remarquer par sa persistance quotidienne à déblatérer contre cet ancien ministre.

Une pareille animosité si différente des sentiments que ce journal avait exprimé sur son compte, dans d'autres temps, s'adressait peut-être moins à sa personne qu'au système parlementaire dont il avait rigoureusement revendiqué l'application, toutes les fois qu'il s'était trouvé en désaccord avec le pouvoir personnel sur de grandes questions.

On ne lui pardonnait pas cette inflexibilité de principes à laquelle il avait plusieurs fois sacrifié l'honneur suprême de présider le gouvernement, et pourtant, si l'on juge cette conduite à la clarté des évènements accomplis depuis lors, qui hésiterait à donner raison à M. Thiers contre ceux qui le signalaient comme un ennemi de la royauté, parcequ'il préférait se séparer d'elle que de céder à ses prétentions.

Nul ne doute aujourd'hui que l'influence prépondérante attribuée au Roi dans le gouvernement lui fut fatale; que le refus obstiné de réaliser les réformes réclamées par l'opinion publique fit peser sur lui une bonne part de l'impopularité dont ne tenait aucun compte l'orgueil de M. Guizot son premier ministre; et voilà pourquoi le jour où survint un commencement d'émeute facile à dissiper, il surgit, au grand étonnement de ceux qui l'avaient faite, une insurrection dans laquelle disparurent, piteusement non seulement le ministre, mais aussi la dynastie que M. Thiers, plus que d'autres, avait contribué à fonder.

Mais au moment où nous sommes encore de sa vie, cet évènement était caché dans les secrets de l'avenir.

Pour lui, il se tenait dans l'opposition, laissant aux journaux de son parti le soin de répondre à d'injustes attaques, ne paraissant à la tribune que pour y défendre ses actes et sa politique, quand il y était forcé, et ne pensant pas alors qu'il arriverait bientôt une occasion remarquable de faire connaître à la dynastie la sincérité de son dévouement.

L'année 1841 touchait alors à sa fin, la chambre était de nouveau convoquée pour le 27 décembre ; et comme de coutume, le discours du trône inaugura l'ouverture de la session.

Le même jour on nomma la commission appelée à rédiger le projet d'adresse ; et dans la séance du 14 janvier, il fut communiqué à l'assemblée.

Après la discussion générale, le premier paragraphe fut mis en délibération.

Il félicitait le Roi sur sa participation au nouveau traité conclu avec les puissances, et qui, en nous faisant rentrer dans le concert européen, mettait un terme à la question d'Orient, et garantissait la paix générale.

M. Guizot ministre des affaires étrangères prend le premier, la parole et fait connaître les instructions adressées, dès le début, à ses agents d'Alexandrie et de Londres, les conseils de soumission donnés au Pacha ; il rend compte des premières conférences avec Lord Palmerston, de son bon accueil à nos dispositions conciliatrices, et de ses démarches auprès du Sultan pour faire relever le Pacha de la déchéance dont le traité du 15 juillet l'avait frappé.

Mais pendant ces négociations, dit M. Guizot, survinrent les graves événements de Syrie : ce fut le soulèvement des populations contre le Pacha, le *Taurus* évacué, la dispersion de son armée découragée, et la ruine de sa puissance dans ces contrées.

Non seulement, il perdait alors la Syrie, mais sa réintégration en Égypte en devenait beaucoup plus difficile, car il était entré dans l'esprit du Sultan de le déposséder tout-à-fait.

M. Guizot donne ensuite lecture d'une longue lettre de notre ambassadeur, indiquant que, depuis lors, l'Angleterre était devenue très réservée sur ses intentions.

Après cela, il raconte les entretiens de M. de St-Aulaire avec M. de Metternich, leurs recherches des moyens à trouver pour amener un rapprochement entre le Pacha et le Sultan, leurs sollicitations auprès de Lord Palmerston qui accepta de les seconder, le tout appuyé d'une longue correspondance révélant les difficultés qu'il fallut vaincre pour obtenir la concession de l'Égypte au Pacha, et terminer par cette solution, cette grande question d'Orient dont les incidents pouvaient avoir des conséquences redoutables.

C'est là, dit M. Guizot, ce que nous a valu notre politique sage et modérée, substituée à la politique belliqueuse de mou prédécesseurs.

Nous sommes rentrés dans le concert européen ; et par considération pour la France, le Pacha a été réintégré ; or, en faisant cesser la politique d'isolement nous croyons avoir rendu un grand service à notre pays.

Voilà le résumé du long discours que prononça M. Guizot ; il nécessitait évidemmmet une réponse de M. Thiers qui fut obligé de la différer jusques au lendemain.

Cette réponse de M. Thiers n'eut rien de personnel; les développements qu'il lui donna devinrent un cours de science politique qui mit l'homme d'État dans son plus grand jour.

Cette fois, notre situation en face de l'Europe est l'objet de son examen ; et des considérations aux quelles il se livre ressort la conduite que nous prescrivait alors l'honneur et l'intérêt de la nation.

Ne pouvant reproduire cette belle improvisation, nous sommes réduits à n'en donner qu'une courte analyse.

Je prends, dit M. Thiers, la parole sans aucun document ; je ne veux me livrer à aucune récrimination ; je ne traiterai la question que pour elle même.

Je me bornerai seulement à constater que toutes les assertions que j'ai portées l'année dernière à cette tribune se sont complétement vérifiées.

J'ai dit alors ce que ferait le nouveau cabinet ; (il en rappelle tous les détails), et prouve que la convention conclue les contient de point en point.

A cette époque, ajoute-t-il, le ministre me refusa le débat ; il était dans son droit, mais il n'aurait pas dû m'opposer des dénégations qui ne devaient pas se justifier, quand les évènements seraient accomplis.

Mon honneur m'oblige à rapporter ces faits comme souvenir de ce qui s'est passé.

Entrant ensuite dans le fonds de la question, il s'abstient de comparer la conduite des divers cabinets, mais il veut chercher s'il n'y a pas à tirer, de toutes les amertumes que nous a fait subir cette question d'Orient mal vidée, dont personne n'est content, des enseignements qui puissent nous profiter.

M. Thiers admet comme vrai le concours bienveillant des puissances allemandes pour nous faire obtenir les satisfactions que nous désirions, et le bon vouloir qu'on a cru devoir leur montrer, c'est donc le fait qu'il va commenter.

Il y a, dit-il, sur le continent, trois puissances presque toujours unies non pas précisement contre nous, mais contre notre influence.

Il y en a une quatrième, l'Angleterre qui, alternativement, est pour nous ou contre nous suivant le cabinet qui la gouverne, et les questions d'intérêt qui peuvent nous diviser.

Néanmoins, il est toujours partisan de cette alliance ; et il la regrette, parceque c'est la seule que nos principes nous permettent d'avoir.

Quand à la Russie, elle était notre alliée sous la restauration, mais depuis 1850, elle a cessé de l'être, notre sympathie pour la Pologne et nos principes expliquent ce changement.

Les puissances allemandes sentent que leurs peuples nous envient nos libertés ; il n'y a pas un esprit éclairé qui, chez eux, ne trouve plus naturel de gouverner son pays, en demandant son avis, que d'avoir une cour qui décide de tout, d'une manière occulte.

Mais si la question du gouvernement représentatif a fait en Allemagne de grands progrès, les populations se souviennent aussi de notre invasion, et ce souvenir vit dans le cœur de l'Allemagne toute entière.

Quand aux princes qui les gouvernent, que ce soit, dit M. Thiers, M. Guizot ou moi qui soyons au pouvoir, ce qu'ils détestent le plus, c'est la contagion de nos idées et le contrecoup de tous les mouvements qu'elles produisent parmi nous.

Ils savent que notre exemple pousse leurs peuples à secouer le joug qui pèse sur eux, et puis il y a une question de territoire qu'ils redoutent.

Il en résulte que les trois puissances du continent, sont réunies contre nous, non qu'elles prennent jamais l'initiative : le passé nous protège contre cet acte ; mais nous les trouverons toujours disposées à diminuer notre influence, à nous amoindrir, à nous faire jouer un rôle inférieur à celui que nous avons joué autrefois ; parcequ'il réduit le prestige que la forme de notre gouvernement exerce sur leurs peuples.

La vrai question c'est donc la perte de notre influence.

Les faits dont il rappelle le souvenir semblent en effet démontrer qu'on vise à ce but, et lorsque j'ai vu, dit-il, à l'égard de l'orient qu'on saisissait l'occasion de se mettre tous contre nous, je me suis dit que si, une fois, pour une question dans laquelle on avait pris le parti de nous braver, la France ne montrait pas une grande résolution dont elle acceptait toutes les conséquences, pour bien prouver quelle ne laisserait pas accomplir le projet de nous annuler, son influence serait sérieusement compromise.

Maintenant, continue M. Thiers, apportez des dépêches, apportez toutes les subtilités que vous voudrez, vous ne direz pas que nous avons été traités comme une grande nation.

Je suis dans l'opposition depuis plusieurs années ; et pourtant mes opinions ne m'y portent pas ; mais je suis convaincu que si vous n'avez pas un jour la force d'une grande résolution, ce gouvernement auquel je suis dévoué aura la honte ineffaçable d'être venu au monde pour amoindrir la France.

Oui, c'est là la question, si dès le premier jour, vous aviez montré une résolution bien ferme, vous auriez peut-être prévenu de grands périls.

Suivant M. Thiers, la question d'orient n'est pas finie, l'empire Ottoman sort des mains de ses protecteurs plus malade qu'il ne l'était ; sa faiblesse est dans sa désorganisation intérieure, et dans la division des deux races qui peuplent ces contrées, dont une est en décadence, et l'autre en progrès.

Quoi qu'il arrive, Constantinople occupe toujours l'arrière pensée des russes ; ils ne se presseront pas d'y aller ; mais ils veilleront à ce que cette ville reste toujours dans les mains débiles d'un Sultan.

Sébastopol est l'épée de *Damoclès* qui domine cette capitale.

Votre clôture des détroits est une concession dérisoire ; elle est faite pour les russes ; un acte agressif de leur part ne pourrait être empêché que par une flotte Anglo-Française pouvant circuler dans la mer noire ; et tant que vous n'aurez pas l'ouverture libre des détroits, la situation de l'empire Ottoman ne sera pas changée.

M. Thiers, en terminant, exprime la confiance que lui inspire la force de la France, il désire qu'elle sache être résolue, et qu'elle se souvienne de sa grandeur d'autrefois, parcequ'avec ou sans alliance, un grand acte d'usurpation ne se commettra jamais, si l'on croit qu'elle est résolue de l'empêcher.

Après cette séance, M. Thiers pendant le cours de cette session reparut encore deux ou trois fois à la tribune pour y dire son opinion sur le droit de visite et d'autres sujets, à la discussion des quels il ne prit qu'une faible part, et lorsque le 11 juillet, la chambre fut dissoute, les élections générales furent fixées au 9 juillet suivant.

Effectuées à cette date, la chambre se renouvela, composée à peuprès des mêmes éléments.

Les résultats n'en étaient pas encore connus qu'une bien malheureuse nouvelle se répandit dans toute la France.

Le 13 du même mois de juillet, le Duc d'Orléans, à la veille de faire un absence de quelques jours, se rendait à Neuilly, pour prendre congé de son père, suivant le récit qu'on en fit à cette époque.

Son départ des tuileries avait probablement excité ses chevaux; et lorsque il fut arrivé à la hauteur de la porte *Maillot*, celui des deux que montait lepostillon s'effraya et prit le mord aux dents : le prince, voyant qu'il ne pouvait les maîtriser, sauta aussitôt, du marche-pied sur la route, et la commotion que lui donna le mouvement accéléré de la voiture fut si terrible qu'elle détermina une perturbation cérébrale dont les suites devaient être mortelles.

Les habitants du voisinage accoururent, et le trouvèrent, sans mouvement, en travers de la route.

On le releva ainsi évanoui ; mais tous les secours furent inutiles ; il ne reprit point ses sens.

De toute la famille arrivée sur les lieux, il ne reconnut personne, et quelques heures après il était mort.

Le Roi fut accablé par cet affreux malheur, encore, si c'était moi, disait-il, dans son désespoir.

La perte, en effet, eut été moins grande pour sa dynastie et pour le pays.

Il reçut de toutes les villes de France les plus vives marques de sympathies.

Ce douloureux évènement hâta la réunion des chambres; elles furent convoquées pour le 26 juillet.

Le Roi voulut les ouvrir en personne, mais il prononça son discours, en sanglotant.

Il finit par ces mots : assurons le repos et la sécurité de la France.

Cette fin fit supposer qu'un projet de loi sur la régence serait présenté par le gouvernement c'est ce qui eut lieu ; le 9 août, le président du conseil donna lecture de ce projet.

La chambre s'organisa en bureaux pour nommer la commission d'examen ; et dans celui dont il faisait partie, M. Thiers s'empressa de donner un avis favorable.

Le gouvernement n'avait jamais soumis aux chambres de plus importante question.

Aussi, lorsque dans la séance du 20 août la discussion fut ouverte, elle s'éleva à une grande hauteur, les hommes les plus éminents, y déployèrent toutes leurs ressources oratoires, chacun dans le sens de ses principes.

MM. Berryer, Odilon-Barrot, Lamartine, Guizot et Ledru-Rollin alors nouveau venu, s'exprimèrent très éloquemment.

Quant à M. Thiers, il n'aborda la tribune que dans la dernière séance, mais son discours devint l'évènement de cette grande lutte.

Bien qu'il fut dans l'opposition depuis plusieurs années, il fit courageusement volte-face dans cette occasion ; jamais aucun orateur ne tint un langage plus loyal, plus énergique, ni plus franc que le sien ; jamais, aussi, ce qu'on appelait une évolution de sa part, ne fut plus noblement justifiée.

C'est ce que vont démontrer les fragments que nous reproduisons de ce beau discours.

Messieurs,

Depuis dix ans vous n'avez pas traité une question aussi grave, elle me place, moi même, dans une situation pénible et délicate, mais je me suis dit que la véritable boussole de l'homme public c'était le devoir, quelque difficile qu'il fut à remplir.

Je suis l'adversaire du cabinet ; des souvenir pénibles, et des intérêts du pays, que je considère au moins comme tels, m'en séparent ; et malgré cela, je viens appuyer le gouvernement, et combattre l'opposition où je siège depuis plusieurs années.

Je n'ai jamais rempli de devoir plus difficile ; mais aussi, je suis profondement monarchique, et quand je vois cet intérêt de la monarchie clair et distinct, j'y marche droit, quoi qu'il arrive, fusse-je seul.

Dans cette question, je n'ai donc pas hésité un seul instant, je ne me suis nullement concerté avec mes amis ; mais je sais qu'il voteront la loi, pourvu qu'elle soit conforme à la charte.

Ici, il n'y a pas de ministère devant nous, il n'y a que la monarchie ; et nous devons nous dire , quelle que soit la loi, si elle est conforme à la charte il faut la voter.

C'est cet intérêt qui m'a décidé , et qui, dans une position aussi difficile que la mienne, me laisse une conscience tranquille, et me fait porter un front haut.

La plus douce jouissance que j'aie recueillie dans ma vie, à travers les douloureuses tribulations du pouvoir, ou les déboires de l'opposition, celle à la quelle j'ai toujours aspiré comme au plus grand des plaisirs humains, c'est de satisfaire ma pensée, de ne rougir devant personne, et de pouvoir expliquer tous mes actes.

La possession du pouvoir est bien peu de choses après cette jouissance, les hommes éclairés me comprendront.

Puis, M. Thiers ajoute : mes forces physiques ne me permettent pas aujourd'hui de traiter toute la question, mais je vais briévement résumer mes idées sur ce sujet pour arriver à la situation actuelle ; je serai bref, je ne veux pas faire un discours, je veux faire un acte.

Ne nous mettons pas, dit-il, dans l'impossible, entrons dans la réalité des choses.

Ici, il commente la charte, il discute ce qu'elle veut, ce qu'elle autorise à faire, et ce que le bon sens conseille d'en tirer ; il examine le pouvoir constituant évoqué par quelques adversaires, il rappelle l'usage qui en a été fait, les divers rôles qu'on lui a fait jouer depuis cinquante ans, et ce qu'il a produit ; il rend hommage à la manière convenable dont M. Ledru-Rollin en a parlé ; mais le recours au pouvoir constituant impliquerait nécessairement la destruction immédiate de la charte, tandis que, sans rien changer à ce qui existe, il demeure évident que les pouvoirs organisés ont parfaitement le droit de faire la loi dont il s'agit.

C'est une grande loi, ajoute M. Thiers, mais elle est révocable comme toutes celles que fait la chambre ; et puisque son pouvoir souverain lui permet de modifier les lois les plus importantes, il ne voit pas pourquoi elle serait impuissante à suppléer au silence de la charte, dans le cas d'une éclipse éventuelle et momentanée, de l'hérédité royale, pourvu que cette loi n'ait rien de contraire à la charte elle même à laquelle il ne peut être fait ni addition, ni changement sur aucun point.

Il rappelle ensuite les actes de l'assemblée constituante et l'intention de leurs auteurs sur la question ; après cela, il examine le mécanisme constitutionnel de cette charte, il s'attache à l'expliquer, en l'admirant, comme le chef d'œuvre, non pas d'un homme, mais du génie humain éclairé par le temps et l'expérience.

Et puis, dit-il, cette inviolabilité dont je viens de parler accordée au Roi n'est nullement un présent que la charte ait voulu lui faire, c'est uniquement, pour donner à ses ministres le droit de lui résister en toute occasion ; en effet, celui qui n'est pas en péril ne peut imposer ses volontés à celui qui joue sa tête par un mauvais acte.

Écoutez, vous allez peut-être me trouver hardi, mais voici la vérité, je me sens forcé de la dire.

Ce n'est pas pour elle-même que la royauté est inviolable, c'est uniquement pour la sécurité du pays.

Le droit de commander les armées, de déclarer la guerre et tant d'autres droits dont j'omets de parler ne lui ont été remis que pour être concentrés dans les mains de quelques élus portés au pouvoir par votre confiance et par celle de la nation.

Il n'y a rien là pour la royauté, rien que la majesté, l'amour du peuple et ses hommages quand elle les a mérités.

En présence de ces considérations, M. Thiers ne croit pas qu'un pouvoir de cette sorte éventuellement donné à un régent doive effrayer.

Il invoque à cet égard l'expérience des Anglais et s'appuie sur elle pour vouloir qu'on accorde au régent éventuel tous les droits de la royauté, moins l'hérédité de cette investiture dont l'attribution restera réglée par la loi.

Il étudie ensuite le cas d'éligibilité qu'on propose d'accorder aux femmes, et montre tous les inconvenients d'une pareille élection ; il ne se dissimule pas néanmoins tous ceux qui peuvent résulter d'un choix légalement fixé d'avance ; mais la faculté de modification, dans un cas de suprême nécessité, empêche que les représentants puissent se trouver enfermés dans une situation sans issue, s'il arrivait que la régence dût nécessairement être confiée à d'autres mains.

Pour M. Thiers, toute la question consiste donc, dans ce moment, à venir au secours du pouvoir royal récemment affaibli par une déplorable perte.

Dans les circonstances ordinaires, je comprends, dit-il, les divisions de parti ; mais dans une occasion solennelle où il s'agit, conformément au vœu national, d'affermir la monarchie existante, tous les partis dynastiques doivent y contribuer par l'unanimité de leur adhésion.

Il fait donc un appel à tous ceux de l'opposition qui, sur ce point important, partagent les opinions qu'il exprime ; il fait voir à quel point l'institution de la royauté serait compromise, même par un amendement de la loi ; il formule nettement les devoirs que cette opposition doit accomplir, et conjure ses amis de venir faire un travail d'hommes qui savent édifier, et non un travail d'hommes qui ne savent que démolir.

Et puis, il termine ainsi :

Toutes les paroles que je viens de dire m'ont coûté et me coûteront encore, en descendant de cette tribune ; mais je me suis promis, à toutes les époques de ma vie, (et j'espère que je tiendrai parole) de ne jamais humilier ma raison devant aucun pouvoir, quel qu'il fut, quelle que fut sa nature, et quelle que fut son origine, de marcher toujours le front haut, comme un homme qui a eu le courage, jusques au bout, de dire à tout le monde sa pensée, quelque désagréable qu'elle pût être.

Ce discours qui dura plusieurs heures produisit une impression inexprimable.

Personne n'eut la témérité de vouloir en atténuer l'effet ; et la majorité imposante qu'obtint le projet de loi attesta l'esprit monarchique qui animait l'assemblée.

Peu de jours après cette séance, la chambre fut prorogée ; et pendant que la presse ministerielle célébrait perfidement la récente attitude de M. Thiers, dans le but secret de ruiner son influence sur le groupe important dont il était le chef, il partait pour la Suisse, insouciant et dédaigneux du bruit continué autour de son nom, et ne songeant probablement qu'aux doux loisirs promis à ses travaux, dans les séjours ravissants que ces contrées allaient offrir à son choix.

CHAPITRE IX.

Rentré en France à l'ouverture de la session 1843, M. Thiers reprit sa place dans les rangs de l'opposition, et s'abstint de prendre part aux débats de la chambre pendant tout le cours de cette session.

Mais lorsque arriva celle de 1844, la discussion relative au projet d'adresse, en réponse au discours du trône lui parut être un moment opportun de se présenter de nouveau à la tribune, et de dire, sans retard, à la chambre le motif qui lui faisait interrompre le silence qu'il avait gardé jusques à ce jour.

Voici quelque chose de ce discours.

Depuis deux ans, je n'ai pris la parole qu'une fois, et tout le monde sait en quelle occasion douloureuse ; toujours dévoué à la monarchie, je n'hésitai pas à lui porter le tribut de mes efforts ; mais le lendemain, je revins à la place où je siégeais auparavant, parceque, malgré cet acte d'adhésion formelle donné à son gouvernement, je n'entendais point m'associer à sa politique.

Je ne l'a trouvais alors ni assez élevée, ni assez prévoyante ; et comme mon opinion à ce sujet était assez connue, il me parut convenable d'attendre du temps, seul, le soin de me dire si j'avais eu raison ou tort en ce point.

Aujourd'hui, le moment est venu de renouveler mes motifs ; il faut que j'entre dans le fonds des choses ; et pour prix de ma discrétion, je demande à la chambre toute son attention et l'indulgence dont j'ai besoin.

Après ce préambule, M. Thiers s'exprime à peu près ainsi :
Messieurs,

Je ne suis point de ceux qui méconnaissent l'état de notre prospérité matérielle, et le calme qui règne actuellement dans les esprits ; mais je me rappelle que le ministère du 15 avril se félicitait, à juste titre, d'une situation analogue, et cependant, nous nous réunîmes, un très grand nombre, pour l'attaquer ; il succomba ; et le chef du ministère actuel pourrait se souvenir que je ne fus ni le plus amer, ni le plus vif dans la lutte.

Que demandions nous alors ? nous demandions une administration ferme, indépendante qui, au milieu des opinions qui nous divisent, sût bien choisir son point d'appui, à l'aide d'habiles concessions aux opinions contraires, et pût ainsi s'assurer une majorité capable de réaliser la vérité du gouvernement représentatif à l'intérieur, et de lui donner à l'extérieur la liberté d'esprit et la liberté d'action, sans lesquelles il est absolument impossible de bien gouverner les grands intérêts d'une nation.

Maintenant, si je considère cette chambre, deux tendances bien distinctes s'y manifestent, malgré la variété des nuances dans les opinions de ses membres.

Les uns ne se préoccupent que d'idées d'ordre et de stabilité, ne voyant dans le progrès qu'une voie semées d'écueils, et dans l'esprit de changement un manie déplorable : les autres, au contraire, sont d'avis que le progrès est une condition vitale, essentielle du gouvernement représentatif, qu'il est inhérent à cette forme ; que ce gouvernement ne fonctionne bien qu'en accédant aux améliorations signalées et voulues, par l'opinion publique d'où il tire sa force et sa puissance ; et qu'à tout prendre, il n'y a de compromettant pour lui qu'une résistance obstinée aux vœux qu'elle exprime.

Après avoir ainsi mis en regard des opinions si diverses, sur lesquelles M. Thiers donne la sienne, il ajoute : je n'entends point tracer ici un plan de gouvernement ; mais je considère, comme un grand problème indispensable à résoudre, la possibilité de concilier le principe de l'élection consacré par la charte, et le principe de centralisation consistant dans le dangereux privilège de nommer à tous les emploi.

En Angleterre, dit M. Thiers, les élections donnent le spectacle de scènes dégoutante, hideuses, mais le lendemain, le parlement qui en sort est toujours indépendant et libre.

En France, les élections se passent avec une décence dont nous sommes fiers, mais la dépendance se produit avec l'obligation de récompenser les services qui ont été rendus.

Ces faits que M. Thiers n'entend pas qualifier tendent cependant à substituer les intérêts à l'opinion par la distribution des faveurs ; et sous cette influence, on arrive insensiblement à dénaturer le gouvernement représentatif, en lui substituant la forme de gouvernement la plus honteuse.

M. Thiers semble attribuer un peu à la pratique de ce système l'impuissance où s'est trouvé le cabinet de réaliser la plus part des projets qu'il avait en vue ; il rappelle, l'un après l'autre, tous ceux dont il a fallu faire l'abandon, faute d'une majorité sur laquelle on put compter.

Jadis, ajoute-t-il, les ministres se montraient un peu plus susceptibles ; il ne se contentaient pas d'une majorité qui leur permit uniquement d'exister, tandis qu'aujourd'hui on se résigne à ce régime, voila pourquoi l'action à laquelle sont réduits les hommes qui sont au pouvoir ne tient nullement à leurs insuffisance personnelle, puisqu'ils sont doués d'un talent incontestable, mais à la faiblesse de la situation qu'ils ont prise vis-à-vis de l'assemblée : j'en conclus donc, dit M. Thiers, en finissant, que la politique qui a eu leur appui comme le mien en 1839 était la bonne ; et pour mon compte, j'y persiste parceque mon opinion n'a pas changée.

La discussion de l'adresse continua le lendemain, et M. Thiers, comme il le dit lui même, ne songeait nullement à reprendre la parole, lorsque trois jours après, il fut incidemment ramené à la tribune pour rectifier une fausse interprétation donnée à son langage dans un des bureaux.

Il s'agissait alors du paragraphe concernant le rétablissement de l'alliance anglaise, et comme M. Thiers en avait été le partisan dévoué, il avait à dire ce qu'il en pensait dans ce moment.

Le discours qu'il improvisa devint un cours d'histoire diplomatique dont les faits et les vérités ne pouvaient guères rencontrer de contradicteurs.

J'éviterai, dit-il, tout ce qui pourrait amener entre M. Guizot et moi un débat personnel, je viens rechercher ce que nous avons

gagné, à l'alliance anglaise, comment elle s'est rompue, quel dé-
gré de sérieux et d'efficacité elle peut avoir aujourd'hui, quelles
compensations nous offrent les sacrifices que nous pouvons être
amenés à lui faire ; et si, dans l'impatience de nos efforts pour la
renouer nous n'irions pas contre le but que nous voulons atteindre.

Voila les sujets divers sur lesquels M. Thiers demande à faire
connaître son opinion au pays.

Il dit que la grande question des alliances, en général, le mènerait trop loin, mais il citera celles qui démontrent à quel point,
en fait d'alliances, les influences du moment sont décisives.

La lutte séculaire de la France avec l'Angleterre d'un coté,
avec l'Autriche de l'autre, lui fournit des exemples frappants qui
font voir à quelles circonstances imprévues tiennent les revire-
ments dans les alliances.

Puis, il parle de celle qui s'établit en 1830 entre l'Angleterre
et nous, au moment où la conformité de nos principes avec les
siens nous valut de sa part les premières sympathies.

Il fait remarquer à quel point cette alliance devint cordiale à
l'avénement des Whigs au pouvoir, et avec quelle entente nous
avons agi au sujet des questions européennes qui ont successivement surgi jusques en 1836.

Aux yeux de M. Thiers, la grande époque de l'alliance anglaise
fut celle qui répandit un véritable éclat sur la politique des deux
nations, appuyant, l'une et l'autre, la révolution belge, réclamant
pour les villes libres d'Allemagne, protestant en faveur de la Pologne, soutenant les réformes en Italie, les révolutions en Portugal et en Espagne, et couvrant Constantinople contre les russes.

Voila, répète M. Thiers, la grande époque de l'alliance anglaise.

Mais comment s'est elle rompue ? il ne veut pas le rechercher,
il rappellera seulement que le jour où nous refusâmes au cabinet
Whig d'appuyer la révolution espagnole, l'alliance en question
fut considérée comme rompue et que peu de temps après, l'Angleterre répondit par un silence significatif à l'expression *d'union*
intime que les deux cabinets avaient annuellement échangée jusques
alors à l'ouverture de leurs assemblées.

A partir de ce moment, la politique française a subi la série
d'échecs que rappelle M. Thiers et dans lesquels la main de l'Angleterre s'est toujours montrée.

Depuis lors, elle s'est prononcée pour ou contre nous, alternant ainsi suivant l'unique influence de ses intérêts, de sorte que pour tenir compte de cette situation nouvelle, il aurait fallu, non pas préférer une politique d'isolement armé, mais cette politique appelée par M. Guizot lui même, *l'indépendance complète*, au sein de la bonne intelligence avec tous les cabinets.

Le nôtre n'a pas voulu de cette situation, il a tenté de refaire le concert européen en mettant sa signature au bas d'un traité fait sans lui; et quand le retrait significatif de l'ambassadeur Russe résidant à Paris lui a révélé qu'il poursuivait une chimère, il s'est aussitôt replié sur l'alliance anglaise; mais il s'agit maintenant de savoir si notre impatience à la rétablir ne produira pas des résultats nuisibles à nos vues : ici M. Thiers va dire ce qu'il en pense.

Suivant lui, l'alliance anglaise n'est plus une garantie de la paix dont nous avons besoin, il en fut autrement lorsque notre révolution de 1830 excitait, dès le début, tant d'ombrages et mettait tant de questions en jeu.

A cette époque, en effet, l'union intime des deux nations contribua puissamment au maintien de cette paix dont on parle; et nous serions ingrats de l'oublier; mais la situation n'est plus la même; et c'est à tort qu'on cherche aujourd'hui à troubler la sécurité publique dans un intérêt que M. Thiers ne veut pas qualifier : la guerre, dit-il, est plus éloignée de nous que jamais, à moins d'agressions de notre part : aujourd'hui, en Europe, les esprits fatigués des grandes et dernières luttes sont tournés vers les entreprises des chemins de fer, et les spéculations du commerce et de l'industrie; les questions qui nous divisaient sont résolues, assoupies, ou transformées, et font que toute appréhension de guerre est sans fondement.

D'un autre coté, il s'est produit dans le gouvernement anglais un changement considérable.

Les Torys ont remplacé les Whigs dont les principes avaient plus d'affinités avec les nôtres sur les plus graves questions; non que ce fut une raison de repousser une alliance en cas d'utilité; néanmoins, il faut bien reconnaître que le changement survenu diminue le sérieux et l'efficacité de l'alliance dont il s'agit.

Deplus, M. Thiers, dans une série de considérations sur les évènements accomplis signale la guerre d'influence que l'Angleterre nous a faite, notammeut au sein des populations chrétiennes d'orient, où le nom de la France a si longtemps exercé un prestige sans partage ; et de tous les faits récents cités par lui, il résulte que dans l'état où se trouvent les puissances, les unes à l'égard des autres, on ne peut engager sa liberté dans les liens d'une *entente cordiale* dont serait peut-être embarrassée notre politique dans l'avenir.

Des questions graves, dit M. Thiers, peuvent surgir, on ne sait où, ni comment c'est probablement en orient qu'elles se réveilleront un jour.

Le géant des mers se trouvera en présence du géant des continents se disputant sur les plus belles, et les plus décisives questions du globe ; il y aurait imprudence à le dire prochain, il y aurait imprudence à le dire éloigné, mais alors la France libre, tenant suspendue cette épée si puissante qui, je l'espere bien, n'aura pas perdu de sa trempe dans nos mains, la jettera dans un des bassins de la balance, et deviendra l'arbitre des deux rivaux.

Toute notre force morale est dans la perspective de ce fait ; nous sommes donc intéressés à garder la liberté de notre choix ; voilà pourquoi, l'alliance anglaise va directement aujourd'hui contre le but que nous voulons atteindre. A la suite de ce discours, l'amendement *Billaut* soutenu par M. Thiers fut rejeté.

La discussion de l'adresse continua encore, et quelques jours après sa clôture, M. de Rémusat renouvela la proposition ayant pour objet de limiter le nombre des fonctionnaires éligibles et la fixation des incompatibilités à prononcer par la loi.

L'indépendance, la dignité et la considération de la chambre lui semblaient réclamer cette réforme, sauf à tenir compte de l'utilité des fonctionnaires dans son sein.

Lorsque la discussion fut ouverte sur ce rapport, un député demanda des explications sur un fait qui, dans la chambre, et dans le public avait produit une impression considérable.

Il s'agissait de savoir si un fonctionnaire, si haut placé qu'il fut, ne devait pas complétement oublier ce qu'il était, pour ne se souvenir que du mandat dont il avait été revêtu par ses électeurs, et si le pouvoir n'admettait pas, lui même, la nécessité de cette abstraction, en reconnaissant la complète indépendence de ses agents, dans l'exercice de ce mandat.

Voici à quelle occasion cette question fut posée.

A la suite d'une proposition destinée à prononcer un blâme contre la démarche que les députés légitimistes avaient faite à Londres auprès de *Henri V*, un député, *haut fonctionnaire*, émit un vote à la suite duquel la désaprobation qu'il reçut d'un auguste personnage le détermina à donner sa démission.

Cependant, après avoir réfléchi que la couronne pouvait être engagée, il retira cette démission, et ne la remit de nouveau entre les mains du ministre, qu'après avoir refusé de se rendre à Turin où ses fonctions d'ambassadeur fixaient sa résidence.

On voulut savoir à quelles causes devait être attribué l'ordre de départ signifié à ce fonctionnaire : le ministre auquel fut adressée cette demande ayant refusé de répondre, M. Thiers prit la parole pour donner ce qu'il appelait sa version.

Le fait qui s'est passé, dit-il, doit paraître trop grave à tous ceux qui ont quelque souci du gouvernement représentatif parmi nous pour ne pas admettre que je donne mon avis sur cet étrange incident.

En l'absence à cette tribune du témoin le mieux informé, je suis obligé de faire une hypothèse ; si chacun de vous la trouve conforme à ce qu'il pense, ce sera la vérité.

Posons d'abord quelques principes :

Quand il se produit une infraction à la rigueur des règles constitutionnelles, il faut qu'il y ait une réparation au dépens du pouvoir responsable, et que cette infraction soit discutée en pleine assemblée.

Un ambassadeur député, M. de Salvandy, était ministre à Turin, il a cessé de l'être.

A-t-il commis une faute politique qui ait compromis la France ? je ne le crois pas.

C'est le vote qu'ils a émis dans une question qui nous divisait presque en deux parties.

Il s'agissait d'actes qui s'étaient passés à Londres et que nous avons tous réprouvés, mais auxquels le ministère proposait d'infliger une expression qui, dans l'opinion de M. de Salvandy, pouvait indirectement porter atteinte à la représentation nationale, il a donc voté comme nous.

Que s'est-il passé depuis ? un ministre lui a-t-il di: un ambassadeur est un fonctionnaire qui doit intimement adhérer au cabinet qu'il représente, y adhérer à ce point que le dissentiment n'est pas tolérable ?

Nous vous demandons votre démission ou nous prononçons votre révocation.

Un ministre a-t-il dit cela à cet ambassadeur, dans ces termes ou dans d'autres ? si un ministre s'est ainsi exprimé constitutionnellement, il n'y a rien à répliquer.

Mais ce n'est pas un ministre qui a dit ces paroles, en manifestant à M. de Salvandy l'improbation qu'il a encourue, toute la question est là......

Je veux donc en conclure que sous l'administration actuelle il se passe des actes qui ne sont pas rigoureusement conformes à ce que nous appelons les règles constitutionnelles, et si l'on nous demande à nous, faisant partie de l'opposition modérée, pourquoi nous nous mêlons à la discussion d'un tel incident, je vais répondre, en mon nom, comme au nom de mes amis, par cette déclaration :

Nous sommes résolus, comme des gens honnêtes, conséquents, et courageux, à maintenir le gouvernement contre ces adversaires de toute espèce, parceque nous sommes les partisans sincères et décidés de la monarchie.

Satisfaits ou non de la marche de son gouvernement, toutes les fois qu'il s'agira d'elle et de son existence, nous lui apporterons le tribut de nos efforts, et l'on sait que ce ne sont pas de vaines paroles : nous avons mérité qu'on nous crût.

Mais une seconde résolution qui, chez nous, est aussi invariable, c'est, en continuant à la maintenir, de la contenir aussi dans les rigueurs des règles prescrites par la charte.

Il n'y a pas un esprit élevé parmi nous qui voulût se prêter à une représentation vaine qui ne cacherait, en réalité, que la domination du pouvoir d'un seul.

Nous avons eu le gouvernement du génie, le gouvernement des traditions, l'un et l'autre ont fini dans les abymes.

Un gouvernement représentatif fondé sur le vœu national les a remplacés ; nous le poursuivons depuis cinquante ans, il faut que sa réalisation soit sincère.

M. Guizot essaya de justifier son silence ; après son discours, la proposition de M. de Rémusat fut rejetée par la majorité ; mais M. Thiers n'avait pas moins signalé l'immixtion compromettante du pouvoir irresponsable, et le tort que lui faisaient servilement ses ministres, dans l'imprévoyance où ils vivaient de ce qu'il adviendrait un jour.

A la suite des discussions dont nous venons de parler, les organes de l'opposition renouvelèrent avec plus d'amertume que jamais l'expression de leur mécontentement sur le rejet de la proposition Rémusat ; et la question constitutionnelle traitée par M. Thiers souleva, contre lui et sa doctrine, toute la presse ministérielle.

Il lui fut reproché d'avoir, lui même, inconstitutionnellement attaqué la personne du Roi, et de saper l'édifice de la monarchie en protestant de son dévouement pour elle ; mais il n'est pas moins vrai que le fait signalé par M. Thiers n'attaquait que le ministre responsable qui n'avait pas immédiatement revendiqué comme sien l'acte que son silence laissait à la charge de la royauté.

Quoiqu'il en soit, on voit qu'à cette époque M. Thiers et M. Guizot personnifiaient déjà toutes les passions des luttes parlementaires, et que, de la disposition des esprits à subir les influences de ces deux hommes d'état, résultaient les impressions les plus vives sur des questions qui auraient peut-être parus moins graves dans d'autres temps.

Un jours, le gouvernement apprit que le contre-amiral du *Petit Thouars* et le capitaine Bruat envoyés dans l'Océanie, pour y protéger les établissements français avaient pris possession de l'île de *Taïti*, et que, ne tenant aucun compte des droits de souveraineté appartenania la Reine *Pomaré*, en vertu d'une stipulation précédemment ratifiée par le gouvernement français, nos officiers l'avaient dépouillée de sa royauté.

A la nouvelle de cet acte, le gouvernement n'hésita pas à leur infliger sa désapprobation ; et lorsqu'elle fut annoncée à la chambre, il se produisit aussitôt un ordre du jour motivé impliquant un blâme sévère contre la décision précipitée prise à cette occasion.

Cette décision fut considérée comme une lâche concession faite à l'Angleterre ; et ce fait passé dans une petite île, aux extrémités du monde, provoqua une sérieuse interpellation à l'assemblée.

L'ordre du jour proposé fut développé par son auteur, et lorsque plusieurs orateurs eurent parlé, les documents que M. Thiers avait en main lui firent une nécessité de se mêler à la discussion engagée sur la question de savoir si la conduite du contre-amiral méritait le blâme dont il avait été frappé.

Ses premières paroles eurent pour objet de présenter plusieurs faits destinés à fixer l'opinion sur ce sujet, et il dit en suite :

C'est quelque chose de très grave que la désobéissance d'un chef d'armée, sur quelque point du globe qu'elle soit commise; et je comprends la sollicitude qu'elle peut donner.

Mais c'est une chose très grave aussi que de désavouer un général agissant au loin comme représentant de la France.

Avant de se décider, il faudrait parfaitement connaître les faits, et si le ministère ne possédait que ceux dont il a donné communication, je les trouve bien insuffisants pour désavouer nos officiers, dit M. Thiers.

Pour lui, sa conviction bien acquise est qu'ils ne pouvaient agir autrement qu'ils n'ont fait, les lettres écrites par des personnes dignes de foi et bien informées, dont il donne communication à l'assemblée, le constatent.

Les journaux d'Angleterre peuvent bien dire le contraire ; mais le fait est qu'après l'arrivée des bâtiments de cette nation dans l'île, la Reine *Pomaré* n'a plus reçu que leur pavillon à l'exclusion du nôtre; qu'un de leurs missionnaires M. *Pritchard*, protégé par la Reine, se livrait à des prédications outrageantes contre la France; et qu'en présence d'informations contradictoires, le gouvernement devait regretter la précipitation avec laquelle la conduite du contre-amiral du Petithouard avait été jugée.

M. Thiers cite plusieurs exemples mémorables de l'énergie que les gouvernements ont toujours mise à soutenir les officiers ayant agi dans l'intérêt de leur pavillon, et de l'honneur national dont ils étaient les représentants; et trouve ces exemples dans l'histoire contemporaine de l'Angleterre et de la France.

Nonobstant ces explications, la majorité refusa d'agréer l'ordre du jour proposé; et ce résultat produisit une grande animation dans l'opinion publique; on disait généralement qu'à l'intérieur le ministère altérait dans son principe le gouvernement représentatif, et qu'au dehors, il compromettait la dignité nationale; au reste, cette opinion sur la faiblesse du gouvernement devait se justifier bien mieux encore, lorsque seraient connus les actes de défaillances dont s'étaient rendus coupables nos agents sur les rives de la *Plata*, où ils devaient protéger la vie et la fortune des français établis dans ces contrées ; ce fut donc à propos de crédits supplémentaires demandés à cette occasion que, dans la séance du 29 mai, M. Thiers reparut à la tribune pour exposer ce qu'il savait encore des faits extérieurs auxquels le gouvernement avait encore à répondre devant le pays.

Renouvelant d'abord en quelques mots ce qui s'était passé à Taïti, il rappelle la conduite du gouvernement anglais, dans des circonstances analogues, et prouve une fois de plus que toutes les fautes, commises se résument dans le désaveu infligé à l'amiral du Petithouard.

Mais suivant lui, il s'agissait d'une chose bien plus grave dans l'affaire de *Montévidéo* dont il va parler.

Ce c'est plus un blâme qu'il demande contre le gouvernement, mais il vient le supplier d'arracher à la situation la plus malheureuse des milliers de français souffrant toutes les horreurs de la misère et de la faim d'un blocus que nous fesions nous mêmes.

Voila comment débute M. Thiers : il offre ensuite à la chambre de produire des documents authentiques, et les témoignages les plus considérables sur lesquels seront établies ses assertions, mais avant de pouvoir entrer en matière, il faut, dit-il, qu'il rende compte de la situation où se trouvent, en face l'une de l'autre, les deux républiques dont *Buénos-Ayrès* et *Montévidéo* sont les capitales.

Sous tous les rapports, Montévidéo présente en perspective des avantages que n'offre pas au même degré sa rivale : un port excellent, un sol fertile, et des progrès déjà réalisés en tout sens, lui assurent une prospérité bien supérieure dans l'avenir.

Buénos-Ayrès, située à 50 lieues au delà, dans les terres, n'a qu'une simple plage, et devant elle de vastes plaines difficiles à cultiver ; mais il existe, depuis longtemps entre ces deux villes, des rivalités d'influence qui entretiennent entre elles un esprit d'hostilité d'où naissent de fréquentes querelles.

Depuis quatorze ans, Buénos-Ayrès a pour chef de gouvernement un N°. *Rosas,* exerçant un pouvoir absolu, avec la plus horrible cruauté, la population de cette ville s'est réduite presque de moitié depuis qu'elle subit le joug de ce despote.

Tout ce qu'elle a perdu, Montévidéo, l'a gagné par un gouvernement plus humain ; la plus part des français y ont transporté leurs familles, et par leurs correspondances, comme par les avantages dont M. Thiers donne l'explication ils y attirent tous nos émigrants.

En 1839, Rosas prétendait enroler les français de Buenos-Aires dans sa milice, et leur fit subir, à cette occasion, le mauvais traitement qui nécessitait de notre part une répression ; on le bloqua dans sa capitale à l'aide d'un corps de troupes dont le gouvernement montévidéen ne permit le recrutement chez lui qu'avec une grande répugnance, redoutant les conséquences d'une pareille intervention ; et lorsque M. Thiers arriva au pouvoir en 1840, le blocus continuant encore, il proposa une expédition contre Rosas, et brava même une crise ministérielle pour l'obtenir.

L'amiral *Mackau* en fut chargé ; et l'expédition bien conduite aboutit à faire accepter par Rosas un traité conforme aux instructions que l'amiral avait reçues.

Ce n'est donc point du traité, mais de son exécution que M. Thiers va demander compte.

Il en rappelle les conditions : elles consistaient, en premier lieu, à *sauvegarder* tous les français, sans exception, ainsi que leurs propriétés, quelle que fut leur résidence ; et malgré ces stipulations formelles, M. de Mackau avait à peine quitté ces parages que Rosas commettait sur nos alliés de nombreuses spoliations et des actes d'atrocité inouïs.

Quant à Montévidéo dont le traité garantissait l'indépendance, il recevait une déclaration de blocus un mois après notre départ.

Nos agents intervinrent aussitôt pour sommer *Oribe*, lieutenant de Rosas, d'avoir à repasser la frontière, en vertu de notre traité, ce général n'en fit rien ; et dès lors il s'en suivit une lutte entre lui et le général montévidéen *Ribéra* qui fut battu.

Presque en même temps parût une proclamation d'Oribe qui menaçait tous les étrangers, ayant pris les armes, d'être fusillés sans jugement ; nos français effrayés de ces menaces s'adressèrent à notre consul qui, après les avoir poussés à lui servir d'auxiliaires dans la première guerre, leur déclara que, dans ce moment, il n'avait pas à se mêler de celle qui venait d'avoir lieu, les livrant ainsi à leur malheureux sort.

Cependant, du milieu de ces français délaissés, surgit un ancien militaire, un teneur de livres, le colonel *Thiébault* qui se mit bravement à leur tête, et fit si bien, que la troupe organisée par ses soins repoussa, toutes les fois qu'elle sortit, le général

Oribe, et que ce dernier lui fit offrir des sommes énormes, s'il voulait quitter le commandement de ses compatriotes. ce qu'il refusa avec la plus généreuse indignation.

Mais voulez-vous savoir, dit M. Thiers, ce qui m'a soulevé le cœur, c'est d'apprendre qu'après l'infâme proclamation d'Oribe, notre agent n'ait pas exigé de ce général des explications, comme l'avait fait le commodore anglais auquel il s'empressa de répondre que ses compatriotes étaient à l'abri de toute attaque.

Montrez-moi donc un seul acte qui parle ainsi à l'égard des français ; il en est un, répondra-t-on, mais savez-vous les conditions auxquelles on offrait aux français la vie sauve, c'était de livrer Montévidéo, en cessant de le défendre, malgré les garanties d'indépendance stipulées dans le traité.

M. Thiers mit une chaleureuse vivacité de paroles dans son langage, et finit par poser neuf questions catégoriques sur les faits dont il venait d'entretenir l'assemblée.

Si tous ces faits sont vrais, dit-il, et je ne puis en douter, j'en conclus qu'après avoir été les alliés de Montévidéo nous sommes en rupture avec cette ville, mais en alliance avec Rosas, au mépris du système de neutralité allégué par notre gouvernement dans cette question.

De plus, il conclut aussi qu'à l'égard des français, nous tolérons un blocus qui les réduit à la misère, et les expose à périr.

Il demande donc une médiation, sans délai, avec l'Angleterre, ou sans elle, si elle refuse ; et que la continuation du blocus soit interdit à Rosas, comme violateur des engagements pris avec nous.

J'attends une réponse catégorique, ajoute-t-il encore, car je ne me suis appuyé que sur des faits dont je puis toujours fournir la preuve.

Une longue et vive émotion succéda à ce discours ; M. de Mackau essaya d'y répondre, mais sans pouvoir rien infirmer de tout ce qu'avait dit M. Thiers ; deux jours après, M. Guizot ne fut pas plus heureux dans sa longue réponse, et M. Thiers, pour toute réplique, n'eut qu'à reproduire les faits énoncés dans son premier discours appuyés des preuves qu'il avait dans ses mains.

Néanmoins, la majorité refusa de donner suite à sa proposition ; et le crédit demandé par le ministère fut accordé.

Quinze jours après cette séance, la chambre des députés recevait, sur la liberté de l'enseignement que revendiquaient les congrégations religieuses et leurs partisans un projet de loi auquel la chambre des pairs avait consacré de grands et longs débats.

Les prétentions du clergé avaient pour soutiens des défenseurs éloquents et passionnés, puissamment combattus par d'éminents adversaires; et la discussion continuant dans la presse, retentisssait dans l'opinion publique, et faisait prévoir avec quelle ardeur elle se renouvellerait, lorsque cette question, la plus importante de toutes celles dont une chambre puisse s'occuper, serait présentée devant la seconde assemblée.

L'organisation des bureaux appelés à nommer la commission servit de prélude à la lutte.

Dans celui dont il faisait partie, M. Thiers prit, un des premiers, la parole pour déclarer qu'il désirait être élu commissaire, et qu'au risque de perdre quelques voix, il allait exprimer toute sa pensée sur cette question.

Un membre de son bureau avait dit que les hommes chargés de l'enseignement ont ordinairement une telle influence sur l'esprit des jeunes gens, et leur inculquent tellement leurs idées, jusques à leurs opinions politiques, qu'il était impossible de laisser la jeunesse dans les mains aux quelles elle se trouvait confiée.

J'accepte cet argument, dit aussitôt M. Thiers à son collègue; et si vous vous honorez d'appartenir à un parti différent du mien, j'appartiens, moi, à celui de la révolution française, de la révolution sans ses excès et ses erreurs; et je veux pour cela que l'enseignement reste aux mains de l'université.

Vous dites tous les jours, il faut que la jeunesse soit élevée religieusement; et je reconnais avec vous que c'est un immense intérêt de la famille et de la société.

Mais il faut aussi qu'elle soit élevée dans l'esprit du temps, des institutions et des sentiments patriotiques qu'elles inspirent.

Oui, je veux qu'on fasse des hommes pieux; mais je voudrais qu'on s'inquiétât aussi de aire de bons citoyens; et je ne vois pas qu'on y songe bien, quand on veut ôter la jeunesse des mains de l'université pour la donner à MM. les Jésuites.

Je vais droit au but, et je nomme les choses par leur nom: tous vos efforts tendent à détruire l'éducation laïque, et à donner l'enseignement de la jeunesse au clergé; pour moi, je m'y oppose et je m'y opposerai toujours de toutes mes forces.

Ce mot de liberté d'enseignement a été imaginé pour faire passer la jeunesse des mains laïques dans les mains cléricales.

C'est une véritable contre-révolution; la révolution française a tout sécularisé, la société, le gouvernement, l'éducation, elle a sécularisé la France et l'Europe, et c'est revenir bien audacieusement en arrrière que de tenter la destruction de cette grande œuvre.

Je sais bien qu'on dira que nous sommes des impies qui ne voulons pas de religion en France; ce sont là de sottes calomnies audessus des quelles il faut savoir se mettre, quand l'intérêt public l'exige.

Au reste, il n'y a pas de mérite aujourd'hui à se dire porté aux idées religieuses, ce merite eut existé, il y a cinquante ans.

C'est devenu une sorte de mode, c'est obéir au gout du jour, cependant, sans vouloir le flatter, je dirai, pour ma part, que j'aime mieux une nation croyante qu'une nation incrédule, et si j'avais dans mes mains les bienfaits de la foi, je l'ouvrirais avec empressement sur mon pays, mais à une condition, d'unir à la foi la tolérance et la li erté d'esprit, sans les quelles aucun homme éclairé ne voudrait vivre.

Du reste, ne croyez pas, dit M. Thiers, rendre la jeunesse plus croyante en la donnant au clergé; en voulez-vous un exemple frappant, voyez le 18me siècle si renommé par son incrédulité, il était sorti des corporations ens ignantes, et si la génération actuelle est plus décente, et plus respecteuse de sa religion, c'est pareequ'on ne force pas ses croyances, et que le cœur de l'homme n'étant ni contraint ni offusqué par des prétentions dominatrices, va plutôt aux idées religieuses qu'aux idées contraires.

Donnez moi des professeurs Jésuites dans toute la France, et je vous promets un *Voltaire* plus puissant que le premier.

En confiant la jeunesse au clergé, ajoute M. Thiers, il en résulterait la nécessité de créer autant d'enseignements qu'il y a de religions différentes dans le pays, et que deviendrait alors cette belle unité créée par la révolution française dans l'administration, la justice, les finances à laquelle manquerait l'unité d'enseignement pour maintenir homogène et compacte la puissante organisation d'où nous tirons notre force et notre grandeur.

Le jour où la jeunesse serait livrée à des hommes qui disent à leurs élèves que la révolution fut le caprice sanguinaire d'une nation blasée, que les malheurs de 1815 furent une juste répression de ses crimes, que la révolution de 1830 fut une conspiration de palais, vous ferez une œuvre insensée ; vous perpétuerez les dissensions qui nous divisent encore ; et la force de notre faisceau sera peut-être retardée d'un siècle.

La commission chargée d'examiner le projet de loi sur l'instruction secondaire, après de nombreuses séances consacrées à son travail, élut M. Thiers pour rapporteur.

Nous-avons sous les yeux l'admirable rapport où sont traitées toutes les questions soulevées dans ce travail, mais malheureusement, son étendue permet à peine d'en entreprendre une incomplète analyse ; nous essayerons, néanmoins, d'en tirer tout ce qui met en évidence l'opinion de M. Thiers sur cet important sujet.

Ces extraits nous donneront le vif plaisir de reproduire quelques unes des belles pages que l'amour de son pays lui inspira.

Ce rapport commence en ces termes :

La commission chargée d'examiner la loi proposée sur l'instruction secondaire a siégé tous les jours jusques à ce que sa tache fut accomplie.

L'éducation publique est l'intérêt le plus grand d'une nation civilisée, et par ce motif le plus grand objet de l'ambition des partis.

Il importe donc de ne pas laisser flotter les esprits à ce sujet, et d'exprimer leplus fortement possible la véritable pensée des pouvoirs publics.

L'avis de la commission n'est pas celui de la chambre elle-même ; mais une discussion vive, étendue a précédé son élection, elle contient des représentants de tous les systèmes, des hommes éminents en font partie ; et le travail qui vous est présenté est le résultat de ses méditations approfondies.

Elle le soumet donc avec confiance à vos lumières et à votre patriotisme.

C'est à l'occasion de l'instruction secondaire qu'ont pris naissance les controverses dont la liberté de l'enseignement est devenue l'objet, cela devait être, car on peut dire que l'instruction secondaire est la plus influente sur l'esprit de la nation.

Il y a trois degré d'instruction ; ils sont tous les trois nécessaires.

Le premier tire le peuple de l'état barbare où il végète sur une grande partie de la terre; l'instruction secondaire donnée pendant toute la durée de l'enfance communique l'ensemble des connaissances humaines, et forme ce qu'on appelle les classes éclairées de la nation; or, si les classes éclairées ne sont pas la nation toute entière, elles la caractérisent; leurs vices, leurs qualités, leurs penchants bons au mauvais sont bientôt les siens, elles font le peuple lui-même, par la contagion de leurs sentiments et de leurs idées.

Quant à l'instruction supérieure plus profonde et plus restreinte elle s'adresse à une classe moins nombreuse de la société.

Il est donc naturel que de l'instruction secondaire naissent les grandes questions morales et politiques dont l'éducation peut devenir le sujet, votre commission n'a voulu ni agrandir ni restreindre sa tache, elle l'a remplie simplement, complétement, telle que le projet de loi l'a lui a tracée.

Ici, les prescriptions de la charte sont le premier objet qu'examine M. Thiers.

Elles le conduisent à définir la liberté de l'enseignement.

Elle ne ressemble, dit-il, en rien à celle du commerce et de l'industrie; cette dernière est un emploi utile et respectable des facultés humaines exercés dans un champ illimité, mais la jeunesse n'est pas un objet de commerce livré aux spéculations des enseignants, elle est un objet sacré livré seulement aux hommes dont la prévoyance du législateur a fixée d'avance les qualités et les titres.

M. Thiers distingue ensuite ce qui est industrie et fonction publique, il détermine leur rôles divers, et la grande différence qu'il faut en faire.

Entre tous les emplois connus dans une société civilisée, enseigner est le plus délicat et le plus grave de tous, c'est celui qui ne doit être délégué qu'avec la plus grande et la plus minutieuse attention.

L'enfant qui nait appartient à deux autorités à la fois, le père qui lui a donné le jour, et qui voit en lui sa propre postérité, le continuateur de sa famille, et l'état qui voit en lui le citoyen futur, le continuateur de la nation.

Les droits de ces deux autorités sont divers, mais également sacrés, et ne doivent être éludés ni l'un ni l'autre.

Le père a le droit d'élever cet enfant d'une manière conforme à sa sollicitude paternelle, l'état a le droit de le faire élever d'une manière conforme à la constitution du pays.

M. Thiers énumère les différents systèmes d'éducation publique qu'on est libre de choisir, et la liberté d'enseignement consiste à fournir à tous les pères les moyens de satisfaire leurs penchants divers dans des établissements régulièrement constitués et toujours ouverts.

Mais là s'arrête le droit des pères de famille, et là commence le droit de l'état.

Et quand nous disons l'état, ajoute M. Thiers, il faut, pour comprendre toute la grandeur de ce mot, il faut se figurer l'état, non comme un despote qui commande au nom de ses intérêts égoïstes, mais la société elle-même commandant dans l'intérêt de de tous.

Il faut se figurer l'état, non comme un pouvoir dont on combat, dans ce moment, les tendances politique ou la dynastie à laquelle on refuse ses affections; il faut voir dans l'état l'état lui même, c'est-à-dire l'ensemble de tous les citoyens, non seulement ceux qui sont , mais ceux qui ont été et qui seront, la nation en un mot, avec son passé et son avenir, avec son génie, sa gloire, ses destinées ; et quand l'état représente toutes ces choses; quand il représente, dans l'antiquité Rome, dans les temps modernes la France ou l'Angleterre, l'état a bien le droit de vouloir quelque chose au sujet de l'enfant qui naît dans son sein.

Et si le père a le droit, au nom de sa tendresse, de souhaiter pour lui certains soins physiques et moraux, l'état a le droit de vouloir qu'on en fasse un citoyen plein de l'esprit de la constitution, aimant les lois, aimant le pays, ayant les penchants qui peuvent contribuer à la grandeur et à la prospérité nationale.

Quiconque nierait cela, nierait la patrie et ses droits, et s'il serait impie de nier les droits de la paternité sur ses enfants, serait-il moins impie de nier les droits de la patrie sur les citoyens.

La vérité est donc dans la reconnaissance de ces deux autorités également sacrées, et dans la conciliation de leur action bienfaisante.

Ce but est complètement atteint quand la loi a procuré au père de famille les divers systèmes d'éducation entre lesquels il peut choisir, mais tous conformes au génie de la nation, tous destinés à lui conserver son rang dans l'estime du monde civilisé.

Le pays où ne régnerait pas la liberté serait celui où l'état animé d'une volonté ferme et absolue, voulant jeter la jeunesse dans un même moule la frapperait, comme une monnaie à son effigie, et ne souffrirait d'autre système d'éducation que le sien; il était appliqué dans les républiques anciennes où la patrie était le plus adorée et le mieux servie il fut appliqué sous la convention, au moment de la plus grande exaltation des esprits; il ne faut, dit M. Thiers, ni les imiter ni les flétrir, c'était du délire, mais le délire du patriotisme.

Aujourd'hui, les pères de famille peuvent suivre le penchant de leur cœur, les vues de leur ambition, les scrupules de leur conscience; mais il ne doit être permis à personne de faire de mauvais citoyens, des citoyens d'un autre temps, d'un autre pays, d'une autre constitution, élevés à croire que la révolution fut un long crime, et la souveraineté nationale un principe funeste, devenu dans notre société un instrument de malheur.

Après ces généralités, M. Thiers fait l'histoire de l'enseignement avant 1789, il dit à quel régime était soumis celui que donnaient les corporations religieuses et les universités laïques.

Il arrive ainsi à l'université actuelle dont la création donna lieu à la suppression de toutes les autres, et qui, par l'organisation des lycées et collèges soumis au grand maître de cette université domina l'instruction publique toute entière, comme la cour de cassation domine toute la justice, comme le conseil d'état domine toute l'administration, comme la cour des comptes domine toute la comptabilité du royaume.

Il raconte dans quel triste état se trouvait l'enseignement à l'époque de son organisation, quel affreux chaos y régnait.

Le clergé s'apprêtait à disputer la jeunesse aux spéculateurs.

Placé entre ces deux concurrences, Napoléon ne voulut ni de l'une, ni de l'autre; dans sa pensée, les générations nouvelles devaient être élevées par des hommes semblables à la société dans laquelle elles étaient appelées à vivre, et pour cela, il fonda la grande institution dont nous parlons.

Cette organisation, comme M. Thiers la raconte, porte l'empreinte du génie qui l'a créée.

Il examine ensuite quel était l'état de l'enseignement au moment où la chambre allait s'en occuper; il donne sur les établissement de toute sorte consacrés à l'instruction publique les plus intéressants détails.

D'après lui, l'autorisation préalable de les créer doit disparaitre, mais les garanties de moralité et de capacité lui semblent indispensables, dès lors il se demande à quelles conditions doivent être soumis les postulants; de cette question il en déduit un grand nombres d'autres dont il soumet la solution à l'assemblée.

Il dit que le droit de l'état, soit pour la direction de l'enseignement public, soit pour la surveillance de l'enseignement privé, n'a été contesté par personne; il donne ensuite l'avis de la commission sur la nature des garanties; il entre à ce sujet dans quelques développements pour bien faire comprendre les conditions qu'elle impose.

A ses yeux, elles constituent la vraie liberté, car on est, de plein droit, ce qu'on veut être à certaines conditions exemptes d'arbitraire.

C'est ainsi qu'on devient avocat, médecin, pharmacien; et pour être instituteur on aura des formalités analogues à remplir.

M. Thiers aborde ensuite la question de savoir à quelle surveillance, à quelle juridiction doivent être soumis les établissements particuliers d'instructions publique?

La réponse ne lui parait pas douteuse, et les considérations aux quelles il se livre redoublent l'attention de l'assemblée.

Tous les hommes spéciaux, dont la commission a pris conseil, ont été unanimes pour reconnaître qu'il ne pouvait y avoir d'autre juridiction que celle de l'université accessible à tous les citoyens, et dont la composition se recrute dans tous les rangs.

Il ne dissimule pas à quel point il trouve singulières les prétentions du clergé.

Il semble, dit-il, à les entendre, qu'ils forment une classe d'hommes pour lesquels il faut d'autres lois, d'autres autorités que pour les autres citoyens.

Tous ceux qui veulent devenir bacheliers, licenciés, docteurs, acceptent le jugement des fonctionnaires universitaires, et le clergé ne vaudrait pas pour juge de sa science, de son aptitude ceux que tout le monde accepte.

L'ancienne monarchie ne l'aurait pas toléré, les documents judiciaires font foi que le clergé voulut disputer aux universités le droit de conférer les grades, et que jamais, les parlements ni l'autorité royale n'y consentirent.

Ajoutez qu'à cette époque, pour arriver aux bénéfices ecclésiastiques, aux plus grandes charges cléricales, ces mêmes grades étaient nécessaires, et que le clergé se soumettait à prendre cette route pour arriver aux dignités de son ordre.

Il serait donc étrange qu'on ne sût pas aujourd'hui maintenir aux lettres laïques réunies dans une seule et grande institution nationale, le droit que l'ancienne monarchie avait maintenu quand elles étaient divisées en une foule d'universités locales représentant bien moins qu'aujourd'hui les vœux et l'esprit général de la France.

On ne comprend un tel désir d'être à part des autres citoyens qu'en se reportant à des temps qui ne sont plus, et qui ne sauraient plus être.

Poussant encore plus loin les auteurs de cette prétention, M. Thiers prouve, par toutes les raisons qu'il donne, qu'on ne peut y faire droit sans renverser les plus simples notions de la justice et du bon sens.

Il communique ensuite à l'assemblée le résultat du travail de la commission sur la constitution actuelle de l'université, relativement à l'enseignement secondaire, à l'obligation d'assister à ses cours, au certificat d'études, et il résume ses observations sur cette grande institution en constatant la supériorité intellectuelle de ses professeurs, ses règles de discipline ferme, sévère et franche, si utile à la moralité des enfants qu'elle régit.

Enfin, l'existence et le régime des petits séminaires est la dernière question que la commission a traitée. M. Thiers fait l'histoire de leur existence, à quels besoins répondent ces établissements l'extension abusive qu'on leur a donnée, en égard aux privilèges dont ils jouissent, et il termine par une conclusion où toutes les questions résolues dans ce volumineux rapport sont récapitulées avec une puissance de raison et d'éloquence qui obtient des marques unanimes et répétées de la plus vive approbation.

CHAPITRE X.

La chambre fut close le cinq août 1844, et la discussion sur
le rapport de M. Thiers renvoyée à la nouvelle session.

La chambre se rouvrit le 26 décembre suivant, et M. Thiers
avait eu cinq mois de loisir à donner à ses grands travaux.

A cette époque, il se disposait à publier la continuation de son
histoire sur la révolution française, au point où l'épopée napo-
léonienne allait dérouler dans ses phases si diverses tant d'événements mémorables ; et pendant la discussion générale de
l'adresse nous retrouvons M. Thiers à la tribune, dans la séance
du 21 janvier, pour répondre à un orateur qui, à propos des affaires
de Taïti l'avait, plusieurs fois, très inexactement cité.

Son intention, dit-il lui-même, n'était pas de prendre la parole
dans ce moment, mais le soin de sa dignité et l'opinion qu'il représentait lui faisait un devoir de rétablir ce qu'il avait dit.

Résumons ici cette improvisation dans laquelle il reproche au
pouvoir toutes les fautes qu'il attribue aux faiblesses de sa politique.

L'opinion publique s'entretenait alors de la brillante campagne
faite contre le *Maroc*, dont le maréchal Bugeaud et le prince de
Joinville avaient recueilli quelque gloire.

M. Thiers débute par leur rendre cet hommage, et par reconnaître qu'on avait de bonnes raisons d'aller châtier le voisin qui nous avait injustement attaqués, mais c'est contre le traité fait avec lui qu'il élève ses critiques.

Elles consistent à n'avoir pas exigé des garanties qui fussent de nature à prévenir de nouvelles agressions.

Quoique partisan d'une occupation illimitée dans l'Algérie, il n'admettait nullement une prise de possession sur le territoire marocain, mais il aurait voulu qu'on eut employé des moyens de répression dont le Maroc pût garder le souvenir.

En n'exigeant presque rien de ce gouvernement dans le traité, on lui donnait à supposer qu'un protecteur plus ou moins réel ferait qu'une nouvelle guerre contre lui serait toujours sans conséquence, il aurait donc fallu détruire cette idée dans son esprit, suivant M. Thiers, et il explique les raisons qui, dans sa pensée, rendaient inefficace le châtiment que leur avait infligé la victoire d'Isly, et le bombardement de Mogador et de Tanger.

Du reste, ajoute-t-il, sa conviction est, que si l'on n'a pas stipulé des conditions pécuniaires, c'est parcequ'on redoutait les difficultés de cette exigence, et que pour en finir promptement, par crainte de l'Angleterre à laquelle notre expédition et nos succès pouvaient faire ombrage, à cause de ses intérêts dans ces contrées, il fallait éviter, de sa part, une intervention qui aurait compliqué le dénouement.

Je dirai même, continue M. Thiers, que cette crainte n'était pas la raison décisive de votre empressement à signer le traité; une autre affaire vous préoccupait bien plus, dans ce moment.

Un jeune diplomate M. de Jarnac en résidence à Londres vous avait informé que l'incarceration à Taïti du missionaires anglais Pritchard par notre consul M. d'Aubigny, à la suite des excitations populaires fomentées contre nous, produisait en Angleterre une émotion dont il vous faisait connaître toute la gravité; il vous pressait donc vivement de répondre aux satisfactions déjà demandées depuis un mois, et que rendrait plus exigeantes votre retard.

Effrayés, plus que de raison, par de telles instances, vous avez alors consenti à désavouer votre consul, à donner une indemnité à Pritchard coupable des plus mauvais agissements contre nous; et pour obtenir que cette double satisfaction fut acceptée, vous vous êtes résignés à ne rien demander au Maroc, bien que le gouvernement anglais auquel vous aviez fait part de vos griefs eut reconnu que vos réclamations étaient irrésistibles.

M. Thiers signale donc comme autant de faiblesses politiques successivement commises par notre gouvernement, en premier lieu, le désaveu de l'amiral du Petit Thouars, le désaveu plus récent de notre consul d'Aubigy, l'indemnité payée à Pritchard, et celle donc le Maroc a été dispensée envers nous.

Voilà où nous a conduit cette malheureuse expédition aux *Iles Marquises* où l'on ne sait comment y rester, ni comment en sortir, et qui n'a été entreprise que pour se faire pardonner toutes les fautes que M. Thiers énumère de nouveau devant l'assemblée; puis, il raconte, en le déplorant, tout ce qui s'est passé au sujet de l'indigne conduite de Pritchard, après laquelle l'humiliante concession faite à cet étrange personnage a été considérée par le ministère anglais comme une manifestation matérielle, évidente du désaveu de la France à l'égard d'un de ses agents; ajoutez encore, dit M. Thiers, que dans cette affaire, on a mis en présence les deux pays et les deux marines dans un état de susceptibilité extrême, au point que si elles s'étaient trouvées d'égale force dans ces contrées, le sang aurait coulé; et c'est pour une station stérile dans l'Océanie que le ministère de la paix, après l'avoir compromise plus que tous ses devanciers, l'a conservée par une conduite inqualifiable.

Maintenant, continue M. Thiers, permettez-moi de vous dire quelques mots sur la valeur des Marquises.

Il décrit ces tristes contrées; il fait voir à quels rêves, à quelles illusions ridicules on s'est livré pendant quelque temps, à propos de cette conquête, et il constate qu'un long rire de l'Europe s'ajoute aux humiliations que nous avons subies.

Pour lui, ne voulant pas tromper son pays, il n'hésite pas à signaler le danger qu'il y aurait à nous faire ambitionner une grande marine; il en démontre l'impossibilité, et son opinion développée sur les forces anglaises et françaises l'oblige à conclure que la sotte occupation des îles Marquises a constitué notre politique dépendante de la politique anglaise dans l'affaire du Maroc.

Dans cet état de choses le ministère a cru devoir se rapprocher plus intimement de l'Angleterre par la concession du droit de visite au cabinet Tory comme un témoignage de la différence qu'il établit entre ce cabinet et le cabinet Wighs qui l'a précédé; et ce fait me ramène à la partie la plus grave de ces débats.

Aux yeux des uns, je suis un partisan de l'alliance anglaise; d'autres me font son adversaire, selon l'intérêt qu'ils ont tous à le dire ainsi, mais cela est inexact, je vais entièrement exprimer ma pensée à cet égard.

En fait d'alliances politiques, il n'y en a réellement que sur des objets déterminés, et pour un but décisif; mais il y a ce qui constitue les bons rapports impliquant naturellement les sacrifices mutuels qu'ils exigent.

Il rappelle à ce sujet tous ceux qui, à partir de 1830, résultèrent d'une communauté d'intérêts entre l'Angleterre et nous; il montre ensuite ce qu'il y aurait de chimérique à faire alliance avec une puissance du continent, à quel point la différence des principes la rendrait éphémère; et dans son opinion, les questions que réserve l'avenir ont plus de chances d'être bien résolues en y concourant avec l'Angleterre, à cause de l'analogie que les deux gouvernements ont entr'eux.

Grace à cela, vous êtes surs de vous entendre sur les plus grandes questions; j'ajouterai même que notre établissement d'Alger sera constamment à l'abri de toute contestation, tant que nous serons en bons rapports avec elle.

Mais si l'on veut savoir en quoi je diffère avec le cabinet sur l'alliance anglaise, c'est dans la question de conduite, si importante dans cette occasion.

Je le disais l'année dernière, et je le répète: la situation est profondément modifiée en Angleterre, depuis l'arrivée des Torys au pouvoir, non, qu'on ne puisse marcher avec eux, mais parcequ'on a affaire à un parti plein de réserve, dont le concours n'est jamais sur, comme nous l'avons éprouvé en Servie, et avec lequel, par conséquent, il est nécessaire de montrer dans les bons rapports la même réserve que lui.

C'est ce qui n'a pas été fait en signant le droit de visite; aussi, ce droit qu'on pratiquait discrètement, et dont on ne parlait presque plus, est devenu une concession dangereuse par les susceptibilités nouvelles qu'elle peut faire naître entre les deux pays.

Arrivé à la fin de son discours, M. Thiers le termine ainsi.

En 1840, j'ai été bien coupable, je le reconnais, je prends tous les torts sur moi; je n'avais pas d'ambassadeur à Londres, et j'ai légué à mon successeur une France très irritée contre l'Angleterre, et en Angleterre un sentiment vif des torts que son gouvernement s'était donné envers nous.

Dans cet état de choses, la France étant très irritée, l'Angleterre ne l'étant pas, il me semble que l'initiative des concessions ne devait pas venir de nous, et qu'il était tout-à-fait inopportun de parler d'alliance, quand l'irritation causée par le traité du 15 juillet existait encore dans toute son intensité.

C'est là ce qu'indiquait le bon sens, on aurait donc tenu une conduite plus digne, plus sensée, en ne parlant pas d'alliance mais en la pratiquant simplement, sans rien dire, ainsi que le facilitait si bien la multiplicité des rapports, et l'analogie des deux politiques sur une foule de questions comme celles que cite à ce propos M. Thiers.

Et si, en agissant de la sorte, vous aviez, ajoute-t-il, apporté des résultats utiles, au lieu de cette alliance cordiale dont la concession du droit de visite vous permet si ridiculement de parler, tout le monde vous aurait applaudi.

Nous venons de donner la substance de ce discours :

Il produisit une agitation excessive ; M. Guizot y répondit par d'éloquentes généralités sur l'ensemble des faits qui venaient d'être discutés.

Il se félicita de l'entente cordiale dont les sentiments s'étaient si chaleureusement manifestés à la réception faite au Roi, dans son long voyage à Londres ; et puis, il demanda avec assurance à l'assemblée si cette solution ne valait pas mieux que les discussions confuses à travers lesquelles on se traînait depuis un mois.

Cette séance eut au dehors un immense retentissement.

Des hommes importants comme MM. Dupin, St-Marc-Girardin, de Carné se détachèrent de la majorité, et le premier de ces trois orateurs, dans l'entraînement de son esprit et de sa verve, dépassa, dit-on, toute mesure.

Cette scission fut un symptôme menaçant, elle répondait au sentiment public blessé que le ministère, après avoir constaté la conduite mauvaise d'un intrigant, eut consenti à l'indemniser par condescendance pour l'Angleterre.

Et lorsque arriva le moment de voter le paragraphe proposé contre cette transaction, la majorité ministérielle n'a guère si compacte se réduisit presque au nombre de voix que nécessitait rigoureusement le maintien du gouvernement dans ses mains.

De toutes les fautes qui lui furent reprochées, l'indemnité *Pritchard* fut celle dont se montra le plus irritée l'opinion publique.

Cette discussion laissa derière elle une impression tout-à-fait défavorable à l'autorité morale de la chambre.

On appela *Pritchardistes* les députés qui avaient voté contre l'amendement ; une partie de la presse publia leurs noms ; les journaux ministériels et ceux de l'opposition échangèrent à ce sujet une vive polémique, la chambre, de son coté, continua ses travaux, mais M. Thiers s'abstint pendant un bon nombre de jours de prendre la parole sur les affaires diverses dont elle eut à s'occuper.

Le 12 mars toute la presse de Paris annonça comme un événement que l'éditeur Paulin publiait les deux premiers volumes de l'histoire du consulat et de l'empire.

Les *Débats* et le *Constitutionnel* eurent le privilège d'en donner d'abord de longs extraits ; et le souvenir qu'avaient laissé dans les esprits les mémorables récits de la révolution française passionnèrent au plus haut degré la curiosité de connaître comment le talent agrandi de M. Thiers continuerait l'histoire des grandes choses qu'il allait encore raconter.

Les premiers chapitres avaient pour titre, constitution de l'an VIII, administration intérieure, Ulm, Gènes, Maringo, Héliopolis.

Ils étaient écrit dans un style dont l'imposante simplicité faisait la grandeur.

Ces deux volumes furent aussitôt enlevés et bientôt traduit dans plusieurs langues.

Depuis ce jour, jusques à celui où se termina cette publication, les plus éminents critiques de l'Europe lui consacrèrent une série d'articles qui justifiaient éloquemment l'admiration profonde que produisait cette œuvre incomparable.

On la considère, a dit, depuis, un grand écrivain, comme le plus vaste et le plus beau monument historique qui ait été élevé à la gloire d'une nation.

Il a fallu, ajoute-t-il, pour concevoir ce livre et le mener à bonne fin, l'intelligence la plus lumineuse, la plus précise, et la plus universelle dont un historien ait jamais été doué.

Son exécution a donc placé M. Thiers parmi lesplus grands esprits de tous les temps; et nous qui explorons pieusement sa vie parlementaire, après l'étude de ses œuvres, nous osons dire que le présent, ni le passé ne nous rappellent aucun homme supérieur à lui.

Dans la séance du deux mai, M. Thiers aborda de nouveau la tribune pour interpeller le gouvernement sur l'exécution des lois à l'égard des congrégations religieuses.

Cette interpellation fut motivée par la discussion qui avait eu lieu à la chambre des pairs sur les jésuites et leur existence illégale parmi nous.

En commençant, l'orateur déclara qu'il ne s'agissait nullement d'une lutte contre le cabinet, et que se trouvant d'accord avec lui sur cette question, il venait lui apporter le secours et la force que donne une discussion sérieuse, et s'acquiter envers ses amis d'un devoir pour lui difficile à remplir.

La chambre, dit-il, me rendra justice de croire que je n'ajouterai pas à la difficulté par mes paroles : j'ai pour l'auguste religion de mon pays un respect sincère et profond; et sachez qu'il n'y a pas de puissance au monde, si haute et si respectable qu'elle soit, à laquelle je fisse l'honneur de mentir pour la ménager ou lui complaire.

Ce sentiment que j'exprime je l'éprouve : mais à côté de ce sentiment, il y en a un dans mon cœur tout aussi puissant, c'est un amour jaloux des droits de l'état, et dans notre forme de gouvernement, l'état c'est tout le monde, c'est la société, c'est la nation, c'est la patrie.

Ainsi, respect de notre auguste religion, respect des droits sacrés de l'état, telle est la double inspiration sous laquelle nous devons penser et parler dans cette question.

Il expose d'abord les faits qui ont donné lieu aux interpellations; il cherche ensuite quelles sont les lois non abrogées applicables à ces faits, et puis, il examinera si la saine politique conseille ce qu'autorise et commande la loi.

Sans vouloir entrer dans le récit des nombreuses vicissitudes que les jésuites ont subies, il rappelle qu'ils ont été expulsés dans le dernier siècle par des arrêts du parlement, confirmés par des édits royaux; et suivant M. Thiers, l'esprit du temps qui les poursuivait, était alors si puissant, si universel, que la cour de Rome, elle même, prononça leur dissolution.

Ils furent rétablis en 1814 par un vénérable Pontife, mais seulement pour les états qui les souhaiteraient.

Sous la restauration, ils s'introduisirent d'abord comme individus, puis comme communauté, et ils cherchèrent à s'emparer de l'éducation de la jeunesse dans huit maisons où ils établirent des collèges.

L'opinion se manifesta avec une grande force contre eux ; M. de Montlosier demanda leur dissolution à la cour royale et à la chambres des pairs ; le gouvernement, cédant à la presque unanimité de l'opinion, leur retira l'éducation par une ordonnance royale de 1828.

En 1830, ils existaient en très petit nombre, comme communauté, le gouvernement les connaissait, mais il les tolérait par égard pour l'église, et parcequ'il eut été difficile de constater ce qu'ils n'avouaient pas.

A l'ombre de cette tolérance leur rapide extension leur a permis de fonder 27 maisons qu'ils ont divisées en deux provinces ; ils ont probablement acquis beaucoup d'immeubles sous des noms supposés, mais les valeurs mobilières que la loi leur permettait d'avoir ont donné lieu à des infidélités dont la justice nous a révélé les scandales ; et la nécessité de produire leurs livres destinés à faire connaître à Rome leur comptabilité a, dès lors, fourni la preuve juridique de leur existence comme, corporation religieuse défendue par nos lois.

C'est donc en présence de cette situation nouvelle que M. Thiers demande à la chambre la permission de lui exposer, l'une après l'autre, les lois dont il invoque l'application pour démontrer qu'elles sont positives, et reconnues par la jurisprudence en vigueur.

Il commence par bien définir, en cette matière, les droits de l'église et ceux de l'état.

Il fixe leurs limites, telles qu'elles subsistent, suivant les lois de notre temps, il entre sur chacune d'elles dans des développements étendus, il cite notamment les édits royaux et les arrêts les plus solennels des parlements ou des cours qui les ont remplacés.

Il prouve ensuite que la charte, en promettant la liberté de l'enseignement, n'a pas entendu créer la liberté absolue, comme le soutiennent, en la réclamant, ceux qui, durant leur séjour au pouvoir, n'en voulaient d'aucune espéce, et tout en leur exprimant l'étonnement que ce contraste produit dans son esprit, il leur déclare qu'en fait de liberté, ils n'auront que celle dont les chambres détermineront la mesure, voila, dit M. Thiers, la vraie liberté, il n'en connait pas d'autre qui mérite ce nom.

Viennent ensuite, après les nombreuses citations, les commentaires auxquels il se livre sur les lois de l'assemblée constituante, du consulat, de l'empire et de la restauration dont une seule suffirait pour justifier sa demande.

Dans cette revue il donne un éclatant démenti à ceux qui disent que les articles organiques faisant suite au concordat n'ont pas été acceptés par le souverain pontife, il montre le contraire par des documents historiques, irréfragables ; aprés cela il ajoute :

Je sais bien qu'on nous traitera de révolutionnaire, ayant l'instinct de la destruction, et de Voltairien qui n'a aucune foi, peu m'importe, je ne me tiens qualifié que par mes actes et ma conduite ; si par révolutionaire on entend que je partage les principes de cette révolution qui n'a pas voulu que le clergé fut un pouvoir dans l'état, mais seulement fonctionnaire ; qui a voulu que la religion fut protégée par la loi, mais aussi, que la loi fut reconnue et respectée par ses ministres, je mérite la qualification qu'on me donne.

Et si par Voltairien, on entend que je veux m'associer au défaut de respect qu'on se permettait il y a un siècle, à l'égard de la religion, non, je ne suis pas Voltairien, mais si l'on entend que je reconnais les services rendus par un grand esprit à l'humanité, à la civilisation, oui, je suis Voltairien, et j'aime à le dire.

Voltaire a commis des fautes, mais s'il n'a pas assez respecté la religion de son pays, n'oubliez pas qu'au moment où il lui manquait de respect, cette religion mal comprise et mal servie, faisait monter sur l'échafaud *Labarre* et *Calas*.

Poursuivant encore un moment cette digression il dit et motive sa préférence pour la société croyante, héroïque et pleine de génie du siècle de Louis XIV, sur la société agitée et disputeuse du 18ᵐᵉ siècle, mais, il ne montre point cette préférence, sans y joindre ses réserves.

Au reste, ajoute-t-il, qu'importent des sentiments personnels qu'on ne me demande pas, il ne s'agit ici que de nos principes politiques à l'égard qe l'église.

Il y a des obligations indispensables à remplir envers elle, le gouvernement ne doit pas les méconnaitre ; il signale les plus essentielles ; et rien ne lui paraît plus nécessaire qu'une conduite sage, éclairée, respectueuse envers cette vénérable puissance.

Mais ses ministres sont des hommes ; elle a institué, elle même, des canons pour les diriger, et comme tels, ils doivent aussi être soumis aux mêmes lois que les autres citoyens.

Or s'il faut que l'état protège l'église et ses ministres, il faut que l'église sache qu'il y a des lois, pour elle, et que ces lois sont inflexibles.

Parcequ'il s'était produit depuis quelque temps un mouvement religieux qui pouvait être fécond, s'il n'avait pas été interrompu par des imprudences, on a cru que le siècle appartenait à ceux qui voulaient s'en saisir, et l'on a conçu l'incroyable pensée d'obtenir pour le clergé l'éducation de la jeunesse, ce vœu était par lui même admissible, exprimé dans cette limite, mais pour le soutenir, on a violemment attaqué l'université, et déversé l'injure à pleines mains sur cette institution nationale.

Des évêques ont pris une grande part à ces diffamations, au point que le conseil d'état n'a pu s'empêcher d'intervenir et de leur infliger la désaprobation légale qu'ils méritaient.

Mais à peine avait-il déclaré qu'il y avait eu abus de leur part, qu'ils l'ont aggravé par des protestations collectives contraires à la loi.

M. Thiers cite encore d'autres faits aussi blamables et il se demande si les lois ne doivent pas être égales pour tous.

A ses yeux, ces actes émanent d'esprits exagérés en religion comme d'autres le sont en politique, et l'impulsion première vient évidemment de la congrégation contre laquelle il réclame l'application des lois.

La société de Jesus est un asile où les âmes ardentes et inquiètes trouvent les forces de l'association et tous les moyens d'influence et de domination qui est dans l'esprit de cet ordre.

C'est de là qu'ils cherchent à s'emparer du clergé français, au nom d'un souverain étranger auquel ils se sont voués sans réserve, ne recevant des ordres que de lui, ou de leurs statuts.

cette société est devenue aujourd'hui parmi nous une faction qui récèle les provocateurs des troubles dont nous sommes les témoins, et M. Thiers les dénonce à l'assemblée, parcequ'avant tout il veut que les lois du pays s'exécutent, et que l'esprit sage et modéré de la révolution française triomphe de ses ennemis.

M. Dupin, montant à la tribune après M. Thiers, s'écria aussitôt, malheur, malheur à la France, si l'on entend les libertés comme les entendent les Jésuites.

Ce n'est pas une question religieuse, c'est une question politique dont il s'agit.

C'est défendre la cause du clergé que de chercher à le séparer d'hommes imprudents qui s'attachent à l'église, en la compromettant.

La question politique, c'est l'existence légale ou illégale des corporations religieuses.

M. Dupin distingue celles qui ne présentent aucun danger, et qui ne sont pas un état dans l'état.

Mais la société des Jésuites est toute autre chose à ses yeux.

Le Jésuite n'est pas un individu, c'est un être complexe; il n'existe qu'à l'état de membre de sa corporation, les dangers d'une pareille association sont écrits dans l'histoire; elle a son chef étranger; elle reçoit sa direction de lui, pour elle, la France n'est qu'une province.

Le Jésuite n'est pas français, il prête serment d'une obéissance *absolue* à un supérieur étranger, il lui sacrifie son *individualité*; il est entre ses mains comme un cadavre, *perindé ac cadaver*.

La société de Jésus porte dans ses prétentions temporelles cet esprit dominateur et turbulent qui l'a fait redouter de tous les souverains et même des papes.

La discussion continua encore le lendemain, et dans la même séance, elle fut terminée par un ordre du jour que proposa M. Thiers, dans les termes suivants.

La chambre se reposant sur le gouvernement du soin de faire exécuter les lois du royaume, passe à l'ordre du jour.

Tout le parti libéral se félicita de ce résultat.

C'était une manifestation presque unanime de la chambre en faveur des principes de la révolution française audacieusement bravés par une congrégation dont l'esprit envahissant a toujours porté le trouble et la division dans les états où elle a exercé son influence funeste.

Vingt voix seulement appartenant aux légitimistes s'opposèrent à l'ordre du jour de M. Thiers, et l'assemblée presque entière reconnut que les lois faites par les gouvernements précédents contre la société des Jésuites étaient en pleine vigueur, et devaient être appliquées.

Plusieurs jours après, l'armement des fortifications de Paris était mis en délibération à la chambre, et lorsqu'il fut question de voter le premier article de cette loi, M. Thiers demanda la permission de motiver son vote de sa place, en réponse au discours qu'il avait entendu dans la dernière séance.

On a parlé contre les fortifications de Paris, quant à moi , je suis profondément convaincu que si, depuis quinze ans, j'ai pu rendre quelque service, c'est le jour où ma responsabilité fut engagée dans cette grande entreprise.

Il n'est rien dans ma vie dont je m'applaudisse autant que de cette résolution, mais je m'en applaudirais moins , si je ne la regardais comme un acte de courage, et si elle ne m'avait pas exposé aux calomnies que je méprise dans l'expression qu'elles ont reçue hier à cette tribune.

M. le président ayant invité M. Thiers à retirer cette parole, ou à l'expliquer, il réplique, les libertés qu'on donne à ses adversaires sont toujours égales à celles qu'on prend avec eux.

Si ce qu'on a dit était vrai, la majorité aurait été traître ou dupe, tandis qu'elle s'est inspirée de son patriotisme.

Il termina ensuite par ces mots :

Napoléon s'adressant un jour au général Bertrand, lui dit, quand vous retournerez en France, faites bien comprendre à notre pays que le plus grand service à lui rendre c'est de fortifier la capitale.

L'empire n'aurait pas succombé, la France n'aurait pas été vaincue si cette grande fortification avait été élevée.

Quant à l'armement, ajoute M. Thiers, je serais infidèle à mes convictions les plus profondes, comme à mes plus généreux sentiments si je repoussais par mon vote cette loi.

M. de Lamartine s'étant approprié les paroles que venait de prononcer M. Thiers reparut à la tribune pour renouveler ses protestations de la veille contre les fortifications, et termina ainsi.

Quand l'honorable M. Thiers aura dit à qui il adresse un mot que je n'ai jamais subi, je sais la réponse que j'aurai à lui faire.

Sur l'invitation du président, M. Thiers et M. de Lamartine se rencontrèrent chez lui, le lendemain, avec leurs témoins, et cette entrevue n'eut pas de suite.

La session fut close le 21 juillet, le cabinet dont l'autorité s'était amoindrie par plusieurs échecs sur d'importantes questions avait, en dernier lieu, recouvré sa majorité, grace à la solution satisfaisante de ce fameux droit de visite que la chambre lui avait enjoint de régler.

Néanmoins les discussions orageuses de cette session reproduites par la presse, dans un langage plus vif encore, avaient répandu sur cette chambre un sentiment de défaveur qui faisait croire qu'elle n'arriverait pas au terme légal de son mandat.

L'opposition l'espérait si bien qu'elle agit comme si la dissolution était déjà prononcé.

On forma des comités électoraux, on fit circuler des publications auxquelles répondirent par des d'autres manifestes les partisans du ministère, et comme il était principalement accusé de vénalité et de corruption, M. Guizot lui même saisit l'occasion d'un banquet qui lui fut offert pour essayer d'en faire bonne justice, mais il eut le malheur de prononcer des paroles dont le retentissement dans les journaux dut lui paraître regrettable.

Il avait dit à ses électeurs : parceque je vous ai quelques fois aidé à réparer vos églises, à construire vos presbytères et vos écoles, à assurer une carrière à vos enfants, avez-vous cessé de voter librement et consciencieusement, vous sentez-vous corrompus ?

Cette question parut si maladroite qu'elle donna prise aux plus cruelles épigrammes contre le ministre, et ne fit qu'ajouter à l'impopularité qui pesait sur lui.

Naturellement, les chefs de l'opposition s'efforcèrent d'entretenir ce mouvement de l'opinion qui durait encore lorsque les chambres furent convoquées pour la fin de décembre 1845.

CHAPITRE XI.

An jour indiqué par les convocations le Roi, suivant l'usage, vint prononcer le discours qui devait précéder l'ouverture de la session de 1846, et la chambre eut à lui répondre par une adresse.

Dans la séance du 20 janvier, un des membres de l'extrême gauche, M. Ledru-Rollin, parlant des évolutions parlementaires qui s'étaient produites dans les partis de l'assemblée, finit son discours par une attaque violente directement formulée contre M. Thiers, comme s'il avait été sur le banc des ministres.

Le lendemain ce dernier demanda la parole, non, dit-il, pour répondre à des diatribes auxquelles il n'entendait point faire cet honneur, ni pour se plaindre que sa personne fut discutée sans mesure et sans justice, mais pour renouveler une déclaration que rendait nécessaire l'amère critique de ses opinions et de son rôle dans le pays.

Il protesta donc de nouveau de son dévouement à la monarchie constitutionnelle, bien que, dans son opinion, elle ne fut entendue ni pratiquée comme il le souhaiterait, mais si cette conviction le tenait à distance du pouvoir, il n'était pas moins resté fermement monarchique ; et le jour où la gauche avait notoirement rompu avec tout ce que représentait M. Ledru-Rollin, son alliance avec elle lui avait parue bienfaisante, et favorable à l'avenir du pays.

Abordant ensuite la question laplusgrave de toutes celles dont la discussion générale de l'adresse permettait de parler, il appelle l'attention sur nos relations avec l'Amérique.

En premier lieu, il fait observer à ce sujet que les Etats-Unis se sont annexé le Texas en dépit de l'Angleterre et même de la France.

Que ces contrées avaient une grande importance pour eux puisqu'elles augmentaient le territoire des États de presque toutes les côtes baignées par le golfe du mexique, et que la bonne volonté des habitants donnait la forme la plus régulière à cette annexion.

Le président des États-Unis, dit M. Thiers, s'est donc plaint avec raison devant le congrès des efforts inattendus de son ancienne alliée pour l'empêcher, d'où il résulte qu'en nous rapprochant plus intimement de l'Angleterre, nos relations avec l'Amérique sont devenues beaucoup moins amicales, ce qu'il trouve très facheux.

D'après lui, nous n'avons aucun intérêt avouable à suivre une politique différente de celle que tous les régimes précédents ont successivement pratiquée, depuis trois-quarts de siècle, à l'égard de l'Amérique.

Elle consistait à croire que les progrès de cette puissance auxquels nous avons si généreusement contribué sous plusieurs régnes était avantageuse pour la France.

L'opinion de M. Thiers est donc que l'Angleterre, seule, pouvait concevoir des inquiétudes à ce sujet; je dirai plus, ajoute-t-il, ensuite, je suis très susceptible de jalousies nationales; ce qui ne m'empêche pas de vouloir du bien à tous les peuples, mais après la France, l'Amérique est la seule puissance à laquelle je souhaite de la grandeur.

On a parlé à cette tribune d'équilibre américain, et quoique j'étudie, depuis longtemps, sur la carte du monde les intérêts divers qui s'y déploient, j'avoue, à ma honte, que ce mot m'était inconnu, et je ne sache pas qu'un homme d'état l'ait jamais prononcé.

Cependant, si par équilibre américain on a voulu parler des invasions dont peuvent réciproquement se menacer la race anglaise et la race espagnole, c'est le fait d'une haute prévoyance que j'admire, dit ironiquement M. Thiers, et qui me force à rétracter mes critiques sur les défauts de portée dans les vues de notre gouvernement.

Néanmoins, je demande la permission de me livrer à l'examen de quelques faits qui me permettront d'en conclure que la domination des mers, par une de ces races est une éventualité lointaine d'où naîtrait la nécessité d'un équilibre dont l'Angleterre, bien plus que nous, aurait à se préoccuper.

Mais il n'en est pas de même de l'équilibre relatif à l'indépendence des nations européennes.

Toutes les fois qu'elles se sont crues menacés par l'une d'elles, elles ont formé les coalitions dont il rappelle le souvenir.

Et s'il n'est pas possible d'admettre que l'Amérique, à quelque degré qu'elle arrive, puisse être pour nous un sujet d'ombrage, je puis prouver, continue M. Thiers, que son agrandissement vient en aide à l'indépendence de notre politique.

Il demande à entrer dans quelques explications à cet égard.

Ces explications le conduisent jusques à la révolution de 1830 qui nous isola des autres nations pour avoir adopté, de nouvau, les principes de 89 représentant parmi nous la souveraineté nationale, et la liberté des peuples, sur notre continent.

A cette époque, dit M. Thiers, le gouvernement anglais fut le seul qui se montra disposé à s'allier au nôtre, il en donne les raisons politiques; seulement en nous rapprochant de ce gouvernement dont nous ne devons pas oublier le bon accueil, nous trouvions un rival jaloux de notre marine; et cette jalousie que nous ressentions, nous mêmes, était dans cette alliance une gêne qui nous a fait essuyer plus d'un échec (c'est ce que M. Thiers appelle la *contrainte forcé* de notre politique).

Quoiqu'il en soit, aujourd'hui, d'après lui, il y a deux faits qui améliorent notre situation ; c'est le progrès pacifique de la révolution dont nous avons été les missionnaires, et le souci que donne à l'Angleterre l'accroissement rapide de l'Amérique.

Depuis quelque temps, nous lui sommes redevables de plus grands ménagements de la part de notre alliée ; elle prévoit qu'elle pourrait avoir besoin de nous, comme nous avons eu besoin d'elle.

J'avoue donc franchement que cette grandeur américaine, je l'accélère de tous mes vœux ; et si vous n'éprouvez pas les mêmes sentiments, vous vous trompez sur l'avenir de notre destinée ;

mais si, comme je n'en doute pas, vous pensez comme moi, pourquoi vous êtes-vous opposé à l'annexion du Texas ?

Je vais vous dire mon opinion là dessus : j'en trouve la cause dans le rachat des fautes commises par le cabinet depuis 5 ans.

Pour le prouver, il retrace de nouveau ce qui s'est passé depuis 1840, et cette récapitulation devient le résumé de tous les actes de faiblesse auxquels il a fallu se résigner, d'après lui, pour conserver la paix ; mais comme les affaires ont été ainsi conduites que les deux gouvernements ont cru s'être imposés des sacrifices sans compensations, la vieille question de droit de visite soulevée en dernier lieu a de nouveau rendu les rapports difficiles entr'eux, et le rachat de ce droit n'a été obtenu qu'à la condition de nous unir à l'Angleterre contre l'annexion du Texas.

Maintenant, ajoute M. Thiers, il existe entre cette dernière puissance et les États-Unis de graves démêlés sur lesquels il donne des détails à l'assemblée.

Ces démêlés, dit-il, peuvent troubler la paix du monde, et la situation que nous avons prise dans une affaire où nous devions rester neutres nous fait perdre le rôle d'arbitre utile et bienveillant que nous auraient confié les deux nations.

Une vive agitation se produit au moment où M. Thiers descendait de la tribune qu'il avait occupée pendant presque toute la séance ; et pour lui répondre, M. Guizot demande que la discussion générale soit continuée le lendemain.

Le lendemain, en effet, eut lieu la réponse de M. Guizot dont la majorité se montra satisfaite.

A cette époque le gouvernement s'engageait de plus en plus dans une voie fatale.

M. Villemain, ministre de l'instruction publique, s'était retiré du pouvoir sous le coup d'une maladie mentale dont la courte durée ne fut heureusement qu'un éclipse de raison momentanée, après laquelle il recouvra complètement les facultés éminentes qu'on admirait en lui.

Il avait été remplacé par un homme doué d'un remarquable talent, M. de Salvandy, mais qui, n'ayant ni l'expérience, ni la supériorité d'esprit de son prédécesseur, eut la témérité de vouloir supprimer dans l'organisation de l'université les améliorations que les idées libérales y avaient introduites depuis sa création, sans songer qu'en la rétablissant comme elle était sortie des mains de son fondateur, elle ne recouvrerait pas la force qu'elle avait reçue de lui.

Aussi le nouveau ministre fut accusé d'avoir, involontairement, cédé à des inspirations dangereuses, surtout, lorsque pour réviser les lois et règlemens universitaires, il forma d'abord une commission dont certains membres étaient animés d'intentions au moins suspectes ; de même que plus tard, quand, par une ordonnance du 7 décembre, il renouvela le conseil royal, conformément au décret de 1808, après avoir frappé de nullité tout ce qui s'était fait depuis lors, il provoqua par ces actes les protestations les plus nombreuses.

M. Cousin, un des enfants les plus illustres de cette institution, fit retentir le Luxembourg de ses plaintes éloquentes, le ministre fut accusé de tout bouleverser, sous prétexte de vouloir tout raffermir ; et lorsque la chambre des députés vint à s'occuper de cette importante question, M. Thiers sentant le mal déplorable que ferait le décret remis en vigueur, demanda la parole dans la séance du 20 janvier, et nous allons essayer de rendre compte de la belle défense dont l'université fut, de sa part, l'objet, dans cette occasion.

Messieurs, dit-il à l'assemblée, lorsque je me suis permis d'interrompre le ministre de l'instruction publique pour lui dire que la cause de l'ancien conseil royal n'était pas aussi abandonnée qu'il le croyait, je pensais à l'opposition chaleureuse que j'avais faite à ses idées sur la nouvelle organisation de ce conseil dans les réunions où nous étions, l'un et l'autre, membres de la commission de l'enseignement.

Et tout en lui rappelant ce souvenir, je tiens aussi à constater que ses prédécesseurs, par leurs paroles, ou par leur conduite, ont désapprouvé d'avance les changements réalisés par lui, et dont il demande la sanction à l'assemblée.

Entrant, ensuite, comme il le dit lui même, dans le fond des choses, M. Thiers déclare être un partisan aussi décidé que M. de Salvandy des institutions de la révolution et de l'empire, mais adaptées aux principes du gouvernement représentatif, et aux besoins du temps.

Ces institutions ont trois époques, la révolution qui les a imaginées, Napoléon qui les a organisées au point du vue de l'unité trop absolue, puis la restauration, et la révolution de 1830 qui les ont appropriées à leur régime.

J'admire Napoléon comme législateur, dit M. Thiers; mais, à ce titre, le temps a mieux fait que lui.

Je crois l'avoir déjà dit, nous devons à la révolution l'unité législative représentée par la cour de cassation, l'unité administrative par le conseil d'état, l'unité d'enseignement par l'université, et si vous touchez à l'une de ces belles institutions, vous altérez le caractère de la nation, son unité, sa force et sa grandeur.

J'ai donc voué ma vie à les défendre toutes les fois qu'elles me paraîtraient en péril, et comme aucune d'elles ne contribue plus que l'université à maintenir intacts les éléments de notre puissance, je n'ai jamais été plus ému qu'au moment de venir défendre l'université devant vous.

Dans ma conviction sincère, M. de Salvandy lui a porté le coup le plus fâcheux par ses ordonnances; je n'accuse point ses intentions, mais à force d'admirer Napoléon, il a fini par méconnaître le sens de l'institution qu'il a fondée.

M. Thiers s'engage à montrer jusques à l'évidence ce que ce génie, dans sa conception admirable et profonde, avait en vue.

Ce qu'il avait fait, c'était la formation d'un corps résistant et fort au quel M. le ministre d'aujourd'hui a substitué l'arbitraire ministériel des bureaux.

La pensée de M. Thiers ayant besoin d'être bien expliquée, il entreprend l'histoire de l'université sous l'empire et sous la restauration.

Le premier acte de Napoléon fut de se saisir de tous les établissements d'instruction publique, et de rendre un décret dont les dispositions se bornaient aux articles suivants :

Il sera formé sous le nom d'université impériale un corps chargé *exclusivement* de l'enseignement et de l'éducation publique dans tout l'empire.

Les membres du corps enseignant contracteront des obligations civiles, spéciales et temporaires.

Ces deux principes, une fois déposés dans la loi, l'organisation des écoles diverses et de l'administration dans son ensemble et dans tous ses détails fut effectuée par décrets.

En même temps, Napoléon nomma un grand maître dont il fit un petit empereur, en lui déléguant un pouvoir immense.

Il disposait de tout le personnel, il avait les bourses, la police, l'application des peines disciplinaires, et la présidence d'un conseil placé au dessous de lui.

Ce conseil avait les règlements, les finances, le contentieux et les peines extraordinaires : c'est ce conseil qu'on voudrait faire revivre aujourd'hui ; réduit à ces mêmes attributions, Napoléon l'avait formé en deux catégories, à l'instar du conseil d'état dont il obtenait de grands services.

Mais un jour, dans une conversation dont l'authenticité est bien établie, il dit au grand maître M. de Fontanes :

Ce conseil là est trop nombreux ; il faut, dit-il, des hommes spéciaux, mais il n'en faut pas trop, ne nommez que dix conseillers à vie, pour les autres mettez y le temps, M. de Fontanes fit ce que voulait l'empereur.

En effet, les vingt conseillers extraordinaires ne furent nommés que cinq ans après.

Telle fut l'institution de l'empire :

Un grand maître tout puissant, partageant le pouvoir avec quelque amis intimes de son choix, et le grand conseil ne faisant que des règlements, et qui les fit bien.

Lorsque arriva la restauration, son premier sentiment fut la haine de l'unité ; mais comme œuvre de la révolution, l'unité lui fut odieuse.

Quel torrent de railleries versaient sur elle les écrits royalistes de ce temps, dit M. Thiers, on ne voulait alors que la diversité, au lieu de départements on aurait voulu des provinces ; les journaux en prenaient déjà les noms, et savez-vous quel fut le projet de la restauration après son avènement ? ce fut de briser par l'ordonnance du 27 février 1815 l'université nationale, et de lui substituer dix-sept universités provinciales dont la complète organisation ne fut arrêtée que par les cent jours ; et lorsque la restauration revint, la terreur de ce souvenir sauva l'université de sa ruine.

Ne sachant que faire d'un grand maître omnipotent et de son grand conseil, on imagina de confondre tous les pouvoirs, et de les confier cumulativement à une commission de cinq membres dont M. Thiers donne les noms.

Ces personnages étant de grands esprits, comprirent leur mis_

sion, et se partagèrent le domaine de l'enseignement qui, a proprement parler, est le domaine de l'esprit humain.

Ils avaient amélioré l'œuvre impériale : la restauration ne tarda pas à s'apercevoir que l'unité faisait la force, et voulant l'exploiter à son profit, le roi demandait souvent, et familièrement, à ses ministres : *l'autre*, comment faisait-il ?

Aussi, à cette époque, dit M. Thiers, on rétablit le grand maître ; un peu plus tard un évêque fut mis à la tête de l'instruction publique, et la commission maintenue à côté du chef de l'université, lui donnant des avis, a fonctionné, depuis lors, sous tous les ministres responsables, sans que jamais aucun d'eux ne se soit plaint d'être trop dominé par ce conseil.

Quoiqu'il en soit, si M. de Salvandy, ne pouvant supporter cette sujétion, qui réforme l'institution par ordonnance, il aurait agi comme les gouvernements antérieurs ; mais il a voulu ressusciter l'université impériale ; et son ordonnance, telle qu'il la formulée, soulève deux questions qui le placent dans un véritable chaos.

C'est ce que M. Thiers se charge de démontrer : vous avez, lui dit-il, déclaré illégal et nul tous ce qui a été créé par ordonnance depuis le décret de 1808, et puis vous procédez, vous-même, arbitrairement, puisque dans vos annulations pour cause d'illégalité ne sont pas comprises des dispositions réglementaires ayant la même origine que le conseil supprimé pour ce motif.

Que ferez-vous des ordonnances de 1828 qui sont au nombre des dispositions que je vous signale, dit M. Thiers au ministre, et dans votre projet de restaurer le décret de 1808, aurez vous tout le courage de votre entreprise ?

Je vous mets au défi d'aller jusques là.

Vous choisissez donc ce qui vous plaît et ce qui ne vous plaît pas ; vous déclarez légal ce qui vous convient, de sorte qu'ayant déjà infirmé tout ce qui était fait par ordonnance, vous invalidez votre œuvre même.

D'un pareil état de choses surgit la rigoureuse nécessité d'une loi ; c'est donc à propos d'un conseil irréprochable qui dure depuis trente ans qu'on soulève (quand on pouvait s'en dispenser) une difficulté de plus, au milieu de toutes celles que les passions déchaînées font surgir au sujet de l'organisation de l'enseignement dont est déjà saisie l'assemblée.

Abordant ensuite les attributions du nouveau conseil composé de trente membres, renouvelable, tous les ans, au choix du ministre, il doit faire observer qu'à la place d'un corps qui résistait prudemment, silencieusement, parcequ'il était peu nombreux, on a maintenant un corps nombreux dans lequel l'exercice de la plupart de ses attributions deviendra impossible ; et dans les divers exemples qu'il cite, cette impossibilité se produit sous le jour le plus éclatant.

Voici donc, ajoute M. Thiers, ma conclusion : au lieu d'une institution forte, prudente, concentrée, silencieuse, vous avez une institution nombreuse, qui ne peut pas faire les choses importantes, qui fera mal les autres, et qui fera injustement les dernières ; et si ce corps résiste parfois au ministre, comme les nomination; lui appartiennent, l'arbitraire ministériel succèdera nécessairement au corps résistant qu'il aura détruit.

En parlant ainsi, ce n'est pas de M. de Salvandy que je me défie, je connais sa sympathie pour l'université, et toutes les libéralités qu'elle reçoit de lui ; mais je me défie d'un conseil de trente membres dépendant toujours d'un ministre ou de ses bureaux, et dont la création a pour approbateurs empressés les ennemis de l'institution que je défends devant vous.

Savez vous ce que j'y vois, dit-il en finissant, une grande malice cachée sous une imprudence plus grande encore.

Le discours de M. Thiers fut très-applaudi ; la presse libérale, toute entière, admira ce grand esprit dont le bon sens et la clarté de parole savait si bien élucider les questions les plus confuses, et démêler ce que pouvait avoir de malfaisant les changements effectués par le ministre avec les meilleures intentions.

Le lendemain, M. Guizot monta, l'un des premiers, à la tribune pour défendre l'œuvre de son collègue.

Il commença par refaire l'histoire de l'université à peu près conforme à celle de M. Thiers, et dans un langage aussi élevé, aussi éloquent que le sien, de plus, il fit également l'apologie du conseil royal qu'avait destitué le ministre.

Il exprima une opinion conforme à celle qu'il venait d'entendre sur la parfaite légalité de ce conseil, il loua, dans les meilleurs termes, son caractère moral et religieux, sa haute intelligence dans l'exercice de toutes ses attributions ; mais il existait contre lui un grief irrémissible, le grief d'avoir pris une vive part dans la lutte qui était survenue entre l'université et le clergé.

Suivant M. Guizot, ce souvenir lui avait créé une situation que ne pouvaient lui faire pardonner les antécédents les plus respectables, or, comme la liberté de l'enseignement promise par la charte, et à laquelle le gouvernement était forcé de satisfaire à bref délai, ferait inévitablement surgir de la discussion une foule de questions très compliquées, très embarrassantes, la solution en deviendrait impossible, si, pour défendre les prérogatives de l'université, les organes du clergé retrouvaient en leur présence des hommes contre les quels s'étaient élevée tant de défiances et de préventions, bien que ces sentiments fussent mal fondés.

Il avait donc fallu sacrifier ce conseil à la regrettable nécessité de faire prévaloir l'esprit de conciliation et de paix entre les deux corps, représentant l'un, la liberté religieuse, et l'autre, l'indépendance de la pensée, dont la co-existence, disait M. Guizot, faisait l'honneur de notre siècle.

Après avoir vu, ajoutait-il, les pouvoirs administratifs et judiciaires s'agiter, et près d'entrer en lutte contre une influence redoutée, dans le seul but de poursuivre quelques maisons et quelques hommes dont il était possible de se débarasser par des moyens moins irritants, le gouvernement, ayant la force et le droit pour lui, avait décidé d'élever la question au dessus des partis, bien convaincu qu'avec beaucoup de sagesse et de patience on arriverait à réussir dans la tentative des négociations entreprises à Rome pour obtenir la dissolution de la société dont l'expulsion, dit M. Guizot, aurait pu s'effectuer, en usant contre elle des lois en vigueur.

M. Guizot avait à peine terminé ce discours où se trouvaient retracés les caractères généraux de la politique prudente et sage, sans laquelle, disait-il, ne pouvaient être fondées la paix religieuse et la liberté, que M. Thiers courut précipitamment à la tribune pour déclarer que, sans vouloir prolonger ce débat, le discours de M. Guizot rendait indispensables les paroles qu'il avait à dire après lui.

Je veux, dit-il, préciser les points sur lesquels M. Guizot et moi pensons de même, et les points sur lesquels nous différons.

Nous sommes d'accord sur l'histoire de l'université et sur cette institution admirable de son fondateur, nos sentiments sont identiques sur la parfaite légalité de l'ancien conseil, sur le caractère moral et religieux de tous ses actes ; et pour mon compte, je tiens de l'aveu du ministre que la véritable cause de la destitution de ce conseil doit être attribuée à la défiance qu'il inspirait, depuis le grand débat entre l'université et le clergé.

Voila, dit M. Thiers, voila le point important : mais si le gouvernement avait pratiqué la politique de neutralité dont il se vante, il n'aurait pas frappé, par la destitution de son conseil, celui des deux corps qui, d'après le jugement du conseil d'état avait été l'objet des plus violentes agressions.

C'est donc par défiance qu'on a cru devoir le dissoudre, or cet acte paraît profondément regrettable à M. Thiers, et son vif désir est de ne pas voir se réaliser les conséquences qu'il redoute.

Le lendemain, l'opinion libérale partagea, toute entière, dans ses journaux les sentiments de M. Thiers; la presse la plus dévouée au ministère n'hésita par à déclarer que M. Guizot se trompait dans ses prévisions, et qu'il n'obtiendrait aucune concessions par ses ménagements envers le clergé.

La chambre, elle même, après ce grand débat de quatre jours, ne voulut pas approuver les ordonnances du 7 décembre, n'osant pas se prononcer sur la lutte engagée depuis deux aus entre la puissance laïque et la puissance cléricale.

La question devait se reproduire dans la discussion du rapport sur l'instruction secondaire, cette circonstance motiva peut-être l'ajournement de sa décision, et les autres paragraphes de l'adresse furent mis à l'ordre du jour de la séance suivante.

Le premier paragraphe à discuter concernait nos rélations d'amitié avec l'Angleterre.

M. de Rémusat proposa d'y ajouter que pour consolider ces relations, il fallait que les deux gouvernements agissent de concert, quand leurs intérêts seraient communs, mais que dans les deux mondes, ils devaient garder soigneusement leur indépendance d'action politique.

M. Guizot proposa aussitôt de rejeter cet amendement, il niait que nous eussions jamais complètement adhéré aux désirs ou aux volontés de l'Angleterre, en ajoutant qu'il suffisait de jeter les yeux sur ce qui se passait en Europe pour voir que notre politique différait de la sienne sur bien des points.

M. Thiers demande alors vivement la parole.

Messieurs, dit-il, je suis monté presque involontairement à la tribune, après avoir entendu M. le Ministre dire des choses contraires à la clarté du jour ; et quand j'ai eu le tort de l'interrompre, je n'ai pas été maître de moi.

Je ne serai pas long, et je poserai les termes de façon à ce que celui de nous qui se trompe ne puisse échapper à son contradicteur.

Ces termes les voici :

Nous sommes indépendants à l'égard de toutes les nations, et par conséquent de l'Amérique.

Nous avions un intérêt au Texas, et malgré notre amitié pour cette ancienne alliée, cet intérêt devait dominer.

S'il en est ainsi, M. Guizot a eu cent fois raison ; mais avions nous cet intérêt ? je le défie, je défie tous les hommes impartiaux de venir sérieusement le déclarer à cette tribune, et malgré les interruptions dont ma question est l'objet, je la renouvelle à M. le ministre.

Qu'il vienne nous parler encore de nos intérêts commerciaux et de l'équilibre américain s'il ne fait pas cela, la question est perdue pour lui.

Continuant ensuite son discours par les explications les plus précises, il termine en disant de nouveau :

Vous n'aviez pas au Texas d'intérêt qu'un homme de bon sens puisse alléguer, nous ne pouvons voir dans votre conduite qu'un acte de condescendance envers l'Angleterre, et vous avez ainsi compromis nos rapports avec l'Amérique, je demande donc qu'ils soient rétablis, en reprenant la situation d'indépendance et d'impartialité que votre conduite nous a fait perdre.

M. Guizot lui répliqua immédiatement, mais les ressources de son grand talent ne lui suffirent pas pour se dégager du dilemme qui lui avait été posé, néanmoins, sur ses pressantes instances, l'amendement de M. de Rémusat fut rejeté à une forte majorité.

L'ascendant du ministère sur l'assemblée était devenu presque inébranlable.

Tel était l'état des choses, quand, dans la séance de 24 février, M. Thiers vivement préoccupé des changements introduits dans

L'organisation de l'université demande la remise à l'ordre du jour du projet de loi sur l'enseignement secondaire.

M. Odilon-Barrot ayant servi d'organe à cette demande, le

ministre de l'instruction publique objecte que le rapporteur ayant
gardé le silence pendant deux années, le gouvernement refusait
d'accepter pour une discussion si importante le moment que le
rapporteur avait choisi.

M. Thiers paraît alors à la tribune, afin d'expliquer la conduite
de la commission au sujet de ce retard.

Pour ma part, dit-il, j'ai tenu à placer cette question si grave
de l'enseignement national au-dessus de toutes les discussions de
partis, j'en ai donné la preuve dans mon rapport, et si nous nous
sommes tus l'année dernière nous avons eu pour raison le changement de ministre.

La convenance qu'il y avait à lui donner le temps d'étudier la
question, et l'avantage de pouvoir faire succéder un peu de calme
aux agitations qu'avait produite cette grande controverse, la situation était donc bonne pour tous.

Mais, ajoute M. Thiers, je le dis en toute franchise, lorsqu'il
n'a plus été possible de douter que les grandes perturbations
portées dans le régime de l'université, par l'ordonnance du 7 décembre, étaient motivées sur des considérations politiques, elles
nous ont révélé l'urgence de faire résoudre, sans retard, cette
question de la liberté de l'enseignement.

On a parlé des droit de l'état et des droits de la famille, mais
en restant dans le vague de ces généralités, on a rendu indispensable la nécessité d'exiger qu'on vienne expliquer à la tribune ce
que l'on entend par ces droits.

Tous ceux dont l'intention est d'agir franchement dans l'esprit
de nos institutions doivent désirer une prompte solution.

La chambre, dans ce moment, est presque oisive, on ne peut
vouloir ajourner la discussion demandée que pour l'éviter.

M. Guizot se présente alors à la tribune, et, comme le ministre
de l'instruction publique, il refuse le débat, en déclarant que le
moment ne lui paraissait pas opportun, que la discussion étant
devenue politique, l'état actuel des partis ne permettait pas de
l'aborder.

Cette discussion, réplique M. Thiers, de sa place, a eu lieu à
la chambre des pairs, et la chambre des députés ne peut pas la
la rendre plus dangereuse que la première chambre.

Pour moi, dit-il, l'argument du ministre équivaut au refus non
motivé de satisfaire à notre demande.

D'autres orateurs prennent encore la parole, et quand on en vient au vote, la proposition de mettre le rapport de M. Thiers à l'ordre du jour est rejeté.

Il devenait dès lors manifeste que depuis la retraite de M. Villemain les dispositions du gouvernement sur la question de l'enseignement étaient changées, qu'une arrière pensée déguisée sous des prétextes, plus ou moins plausibles, avait empêché la discussion réclamée par M. Thiers, et que de secretes influences y avaient mis obstacle.

Les journaux libéraux attachés au pouvoir, ne pouvant exprimer leur mécontentement furent réduits à donner pour raison de ce rejet l'impossibilité où se trouvait une assemblée presque expirante d'entreprendre une œuvre qu'elle n'aurait pu mener à bonne fin.

A la suite de ce résultat, la presse de l'opposition se plaignit avec amertume du gouvernement qui, après avoir promis d'arriver par une politique de conciliation et d'appaisement, à la dissolution d'une société illégale, en favorisait lui-même, les développements, par ses complaisances pour le clergé, dont les prédications et les écrits continuaient à décrier l'université, et son instruction laïque et nationale.

La majorité de la chambre eut une grande part dans ces récriminations ; elle était accusée d'être corrompue et servile ; et sur une demande renouvelée par M. de Rémusat, la séance du 16 mars fut consacrée à la lecture d'un projet de loi ayant pour objet de déclarer incompatibles le mandat de député et l'exercice de certaines fonctions publiques.

La chambre, disait-on, avait dans son sein un trop grand nombre de fonctionnaires dont la subordination donnait sur eux trop de prises, et l'opposition exprimait l'avis qu'en présence d'une dissolution imminente, le moment était venu pour l'assemblée de se rehausser dans l'opinion par un acte destiné à léguer aux successeurs de ses membres les garanties d'indépendance que nécessitaient, à la fois, les faits récents de pression cités à la tribune, et la dignité des élus du pays.

Ce jour là l'organe de la commission donna lecture de son rapport, plusieurs orateurs prirent la parole, et le lendemain, M. Thiers monta à la tribune pour parler en faveur du projet, et commença ainsi :

Messieurs,

J'ai besoin aujourd'hui de toute l'attention et de toute la patience de la chambre.

Cette question doit être traitée toute entière, et dans toute sa profondeur ; l'indulgence de la chambre m'est surtout nécessaire, car il s'agit des personnes, et j'ai toujours éprouvé la plus vive répugnance à les blesser, j'espère donc ne manquer à aucun des égards qui leur sont dûs, mais elles me permettront de dire ce que je crois être la vérité.

Il oppose d'abord à des assertions contraires le souvenir de ses adhésions réitérées à la mesure proposée.

Cependant, dit-il, je ne me donne pas pour un novateur.

J'aurais eu le goût des réformes sous la vieille monarchie civilisée par les mœurs, et barbare par les lois, mais dans une société bouleversée par cinquante ans de révolutions, et dont toutes les lois ont été changées, ce n'est point à faire des institutions nouvelles qu'il faut nous appliquer, mais à nous bien servir de celles qui existent.

Je ne me décide donc pour une réforme que sous l'empire d'une indispensable nécessité.

On nous dit que nous venons attaquer les fonctionnaires, il est possible que nous attaquions quelques fonctionnaires de cette chambre, mais nous venons en défendre 40 mille qui, tous les jours, sont sacrifiés au régime du passe droit.

Je serai donc obligé de parler de corruption, mais je n'emploierai ce mot qu'en le généralisant comme l'ont employé tous les publicistes.

Du reste, qui ne sait que tous les gouvernements ont leurs misères.

Sous la monarchie absolue, Louis XIV, jeune, aimant la gloire et la magnificence, était flatté dans ses goûts pour la guerre, pour les constructions somptueuses, et Louis XIV vieilli, tombé sous l'empire d'une femme spirituelle et dévote, c'était cette femme qu'il fallait flatter.

Il y a quelques jours, j'ai trouvé dans Bossuet, cet esprit sublime, une lettre incroyable, j'y ai vu ce grand homme obligé de se recommander à madame de Maintenon pour obtenir la publication de ses œuvres à laquelle les censeurs royaux, animés de l'esprit de *Letellier*, s'opposaient obstinément.

Plus tard, quand la royauté fut descendue de Louis XIV à Louis XV, un grand ministre, M. de Choiseul était, à son tour, obligé de flatter une femme, c'est à ce prix qu'il obtint la permission de relever notre marine, et de reconstituer notre armée; mais quand les goûts du monarque s'abaissèrent d'une femme élégante à une courtisane cynique, M. de Choiseul, s'arrêtant dans cette voie de bassesse, dit alors : *c'est trop*, et donna sa démission.

Il se retira à *Chante-Loup*, emportant avec lui le génie de la France, et dès lors, cette malheureuse Pologne qui, un siècle après, se débat encore sous le fer de ses oppresseurs, fut partagée.

Louis XV, dans son imbécile repentir, et le grand Frédéric, dans sa joie perverse, s'écriaient, l'un et l'autre, si Choiseul avait été ministre, la Pologne vivrait encore.

Voilà les mystères des gouvernements absolus; et si les gouvernements libres en ont aussi, ils ne descendent jamais jusques là.

Dans ces gouvernements, le maître n'est pas au sommet de la nation, mais il est dans les électeurs et les élus, il faut flatter leur vanité, leurs intérêts, et descendre quelquefois dans un travail de brigues déplorable, il arrive alors que la liberté qui a pour but d'étendre la participation aux affaires publiques, n'étend souvent que la corruption, comme les poisons qui, communiqués à la masse du sang, portent la mort partout où ce liquide bienfaisant est destiné à porter la vie.

Mais ce qui place, néanmoins, ce gouvernement bien au dessus de tous les autres, c'est qu'il reste le sentiment public, et quand il éclate, il brise les chaînes de la corruption, et fait triompher l'intérêt général quelque temps méconnu.

Quand cette corruption se produit chez nous, il y a des hommes qui, ne voyant que leur temps, deviennent ses calomniateurs, et disent que la France est aujourd'hui le plus corrompu de tous les pays.

C'est une erreur, notre temps a plus d'honnêteté privée que ceux qui l'ont précédé.

Nos habitudes sont plus régulières, et moi qui étudie l'histoire des dernières années, remontant à cinquante ans, je vois qu'on se permettait alors des choses dont nous rougirions aujourd'hui; nos cœurs sont moins élevés, mais nos mains sont plus pures.

D'autre part, il y a aussi des complaisants beaucoup trop satisfaits d'eux-mêmes, et donc je ne saurais, non plus, partager l'opinion ; ils croient qu'on ne peut gouverner que par la satisfaction des intérêts privés ; il disent que la corruption est un mal inévitable, que c'est même un bien, si l'on peut le faire servir à sa cause, que tout le monde en ferait autant, et que ceux qui blament voudraient être corrupteurs ou corrompus eux-mêmes ; que dès lors, c'est un mal dont on n'a pas à s'inquiéter ; et ces hommes, je les vois, après avoir ainsi souri au mal, se sourire à eux-mêmes, tant ils se trouvent profonds de penser de la sorte

Je suis aussi loin de leur avis que de l'avis de ceux qui dénigrent leur temps.

Pour moi, dit M. Thiers, j'ai vu bien des choses, depuis mon entrée aux affaires ; j'ai vu le flot des intéressés venir à moi, se retirer, revenir et s'éloigner encore, cela m'a rendu patient, et même indulgent ; néanmoins, malgré cette indulgence que l'expérience amène, il y a des faits qui m'indignent toujours, c'est de voir des hommes livrer leur opinion bien connue pour une place, et d'autres la recevoir, sachant bien que nous n'ignorons pas le sens du marché, je trouve cela dégoutant.

Et puis, quand je vois de vieux employés, ayant travaillé toute leur vie, sacrifiés à l'ambition d'un député défectionnaire, de telles choses me révoltent, et la proposition dont il s'agit n'empêcherait-elle qu'un passe-droit, que notre devoir serait de la voter.

Maintenant, Messieurs, permettez, dit M. Thiers que j'entre dans la question, et qu'en cette matière j'aie recours à l'autorité des exemples : je vais vous parler des institutions politiques d'un pays voisin et des moyens auxquels ont eu recours les hommes les plus honnêtes et les plus illustres, pour faire cesser la corruption dans le parlement de leur pays.

C'est une digression historique, indispensable à l'appréciation des faits.

Comme vous le savez, l'Angleterre a eu les mêmes révolutions que nous :

Un roi immolé par une assemblée, cette assemblée dominée ensuite par un homme puissant, puis une restauration, et plus tard, c'est-à-dire, en 1688, s'accomplit une révolution comme celle de 1830.

12

Guillaume de Hollande qui avait épousé la fille de *Jacques II* vint alors prendre le trône d'Angleterre, où il inaugura le vrai gouvernement représentatif.

Cependant, il ne tarda pas à vouloir être maître, lui aussi, est-ce bien étonnant ? dit M. Thiers, il voulait ce que veulent tous les princes ; bien sot qui s'en étonne, et bien faible qui s'y soumet.

Il employa donc tous les moyens d'action sur les fonctionnaires des communes, et quand elles s'en aperçurent, elles prononcèrent l'exclusion presque entière des agents du pouvoir siégeant dans le parlement.

Le roi refusa d'abord son adhésion, le peuple en fut ému, Guillaume, alors, en prince avisé, céda, le principe fut maintenu et cette satisfaction calma l'opinion publique.

M. Thiers, poursuivant ainsi son histoire, raconte encore à quels efforts il fallut, plus tard, recourir pour limiter dans le parlement de cette nation de nouvelles influences illégitimes, et quel caractère de violence prit la lutte, surtout sous le cabinet de *Robert Walpole*, le plus astucieux et le plus corrupteur des ministres.

D'après M. Thiers, cette lutte dura cent cinquante ans.

Son récit auquel s'intéresse vivement l'assemblée lui sert de transition pour arriver à l'administration française où la centralisation a créé, comme il le dit lui-même, beaucoup plus d'employés que dans le pays dont il vient de parler.

Cette différence lui fait admettre un plus grand nombre de fonctionnaires dans notre assemblée ; mais il s'agit d'en discuter la limite, et c'est la question qu'il va traiter.

Il la développe toute entière, il ne recule devant aucun détail ; et des raisonnements divers sur lesquels il s'appuie, il en induit que la chambre doit être une image abrégée, aussi fidèle que possible de la nation, que toutes les professions doivent y avoir leurs représentants dans une proportion convenable, de façon à ce que l'esprit de l'une d'elles ne puisse pas y dominer.

Naturellement, dans son opinion, cette condition doit être applicable aux fonctionnaires dont le nombre, dans la chambre, s'élevait alors à cent quatre-vingt quatre.

Ce n'est pas, ajoute-t-il, qu'il suffise à ses yeux d'être fonctionnaire pour être à la discrétion du pouvoir, l'esprit de justice qui l'anime rejette cette pensée loin de lui, d'ailleurs, il connaît, parmi les ministériels les plus constants, des hommes dont l'indépendance n'a jamais été suspectée, mais il n'est pas moins vrai que dans les votes importants, les urnes permettent de constater qu'il n'y a jamais plus de quarante opposants dans les cent quatre-vingt-quatre fonctionnaires d'où il conclut que si le pouvoir n'exerçait sur eux aucune influence, l'inégalité dont il vient de parler serait plus variable.

Sur 400 députés, si l'on compte 175 opposants, il s'y trouve 225 ministériels, parmi lesquels il faut compter 150 fonctionnaires.

Ce nombre était bien plus restreint aux époques de désordre durant lesquelles le pouvoir avait tant besoin d'appui.

Les almanachs royaux de 1832 et 1853 sont là pour l'attester.

Mais à mesure que le pouvoir s'est raffermi, le nombre des fonctionnaires ministériels est allé toujours croissant, et M. Thiers fait connaître par quelle progression il est arrivé au chiffre qu'il a donné.

Ce résultat démontre évidemment le penchant des électeurs pour les fonctionnaires, et des fonctionnaires pour les électeurs.

On répond à cela que ces derniers sont libres, et qu'ils ont bien le droit de choisir pour les représenter les hommes dans lesquels ils trouvent l'expression la plus vraie de leur adhésion au gouvernement ; oui, réplique M. Thiers, si ce motif était sincère, mais le vrai motif le voici :

Tous les jours, on entend dire : nous avons été bien enthousiastes en 1830, heureusement, nous nous sommes éclairés depuis ; les opinions sont une duperie, il faut songer à ses intérêts, et pour cela, nommons un député qui, par sa position personnelle et par son crédit, puisse les faire valoir.

Cette théorie est également adoptée par les fonctionnaires, eux-mêmes, ils recherchent la députation parcequ'elle est pour eux une garantie contre une destitution, un passe-droit, ou une rivalité qui leur fait ombrage, et pour d'autres, parcequ'ils sont surs de faire dans leur carrière un plus rapide chemin.

Ces choses sont évidentes, bien que personne n'ose en convenir.

Et maintenant, si je parlais des députés qui veulent devenir fonctionnaires, ce serait bien pire encore.

Cependant, je n'aurais rien à dire de ceux qui, après avoir été quinze ans de la majorité, reçoivent une récompense du ministère qu'ils ont soutenu avec sincérité, et souvent avec un talent incontestable.

J'en connais que je m'honorerais d'avoir nommés, mais quand je vois arriver ici, par la voie de l'opposition et de l'arrogance, souvent avec l'incapacité pour cortège, des hommes animés d'une ardeur extraordinaire, se poser d'abord comme les ennemis irréconciliables du budget, et puis s'adoucir, tout-à-coup, pour devenir fonctionnaires, n'est-ce pas un vrai scandale ?

Aussi, qu'arrive-t-il, allez à la cour des comptes, au conseil d'état, à la cour de cassation, écoutez leurs divers membres, ils vous diront quelle est leur anxiété, quand ils savent qu'une ambition parlementaire vise à la place qui leur est due.

En vérité, si cela continue, dit M. Thiers, les administrations finiront par prendre en haine les chambres auxquelles elles se sentent constamment sacrifiées.

Suivant lui, la déification des intérêts substitués au triomphe de l'opinion domine dans l'assemblée, elle fait la force et la confiance du ministère, mais il demande la permission de dire des vérités qui, chez nous, ont soixante ans d'existence.

Il évoque, à cet égard, les souvenirs si divers de la révolution, de l'empire et de la restauration, et démontre, dans un rapide résumé de leur histoire, que les trois gouvernements, après avoir bien commencé, ont successivement péri par l'abus ou l'altération de leurs principes.

Il conjure le pouvoir de prendre conseil de ces enseignements.

S'adressant ensuite aux oppositions, il déplore que l'ardeur et la vivacité de leurs sentiments les excite à de trop violentes critiques contre les gouvernements, avant qu'ils aient commencé à les mériter, et c'est toujours parcequ'elles ont parlé trop tôt que leurs critiques ne sont pas écoutées, quand elles devraient l'être.

Mais les gouvernements qui continuent à ne pas les croire s'exposent alors à se perdre; le nôtre en est là dans ce moment.

Dans l'opinion de M. Thiers, il ne se sauvera que par l'opposition, et par la suppression des abus qu'elle lui signale, c'est une vérité dont il est convaincu, et qu'il doit à son pays.

Le jour où la chambre serait remplie de fonctionnaires, les les changements ministériels n'auraient plus aucune signification politique, et rien n'empêcherait que la contre-révolution dont il pourrait déjà révéler les progrès ne finît par s'accomplir.

Venant, enfin, à parler de la mesure proposée, M. Thiers dit qu'on a ajouté au principe nouveau inscrit dans la loi deux autres principes de morale administrative qu'il indique, et dont il serait honteux d'avoir à démontrer la nécessité.

Il sait bien qu'on ne corrigera pas tous les abus, et notamment quelques-uns de ceux dont il va parler, mais il lui paraîtrait bien absurde qu'on ne voulût en corriger aucun, bien qu'ils soient très-nombreux, parcequ'il est impossible de les supprimer tous.

Maintenant, ajoute M. Thiers, j'ai à dire quelques mots d'un amendement dont je ne suis pas l'auteur, mais auquel je donne ouvertement mon adhésion, parcequ'il répond aux opinions de toute ma vie.

Il s'agit d'éliminer de l'assemblée des hommes qu'honore une royale confiance ; et lorsque, à cette occasion, on m'accuse de vouloir offenser à la fois leurs personnes et la royauté, c'est répond-il, comme si l'on disait que l'exclusion demandée des membres du parquet siégeant dans cette chambre signifie, de sa part, de pareilles intentions.

Ces suppositions lui paraissent ridicules, mais il n'hésite pas à déclarer que si des royalistes de fraîche date parvenaient à tromper le roi sur le dévouement dont il rappelle les témoignages encore récents, il répugnerait à la fierté de son âme de chercher à le détromper ; quoiqu'il arrive, il désire, cependant, que sa pensée soit bien connue.

Nous voulons, dit-il, le gouvernement représentatif dans sa vérité toute entière et dans sa vérité rigoureuse, et pour bien l'expliquer, il prend encore son exemple en Angleterre.

Dans ce noble pays, tout le monde veut la dynastie régnante, comme aussi tous les pouvoirs s'astreignent non seulement à la lettre, mais à l'esprit de la constitution, et pendant le dernier séjour qu'il y a fait, il n'a jamais entendu dire que la reine voulût ou ne voulût pas la loi sur les céréales ; mais on s'entretenait beaucoup des vues opposées de *Robert Peel* et de lord Russel dont les opinions personnifiaient celles du pays.

Cette loi doit, en effet, opérer une révolution immense : sa solution touche à toutes les fortunes, et soulève les plus sérieux conflits; au milieu de toutes ces difficultés la reine passe, paisiblement entourée du respect et de l'affection de tous.

Voila le vrai modèle du gouvernement représentatif.

Pour moi, dit M. Thiers, je le poursuis depuis ma jeunesse, je ne voulais pas autre chose sous la restauration.

Il écrivit alors *le roi règne mais ne gouverne pas*; et cette parole devenue célèbre il la proclame encore avec la même sincérité.

Puis il ajoute, il y a des esprits superbes qui me disent: vous méconnaissez la différence existant entre l'Angleterre et la France; cette différence, je ne la discuterai pas dans ce moment, elle me mènerait trop loin, mais si grande qu'on la fasse, on ne prouvera jamais que nous devions n'avoir du gouvernement représentatif que la fiction; et si ce gouvernement était impossible parmi nous, il fallait dire en 1830 que nous poursuivions une illusion, au risque de notre vie, et qu'une révolution dans ce but était inutile.

Je n'ai pourtant aucun regret:

Ce que j'ai fait alors, je le ferais encore, parceque je crois à la possibilité du gouvernement représentatif en France, et parceque je regarde la révolution de juillet comme un progrès.

Il faut donc que la royauté soit hors de ces débats, non seulement qu'elle ne soit pas visible, mais qu'elle n'y soit jamais à aucun degré.

C'est à ce principe que se rattache l'amendement en question.

Or, dès qu'il y a dans cette enceinte des représentants dont les attaches peuvent faire voir en eux autre chose qu'eux-mêmes, et dans leurs opinions une autre opinion qu'on ne doit pas connaître, l'honorabilité de leur caractère ne peut les dérober à des suppositions nuisibles à la royauté; et pour n'avoir pas à demander leur destitution comme cela se pratique en Angleterre, il vaut mieux, suivant M. Thiers, sacrifier les aides de camp que le roi lui-même.

Puis, il termine ainsi:

Nous regardons cela comme un pas fait dans cette carrière où nous sommes engagés, et au bout de la quelle nous voyons la vérité du gouvernement représentatif.

On nous dit que cela viendra, mais que cela viendra tard.

Eh bien, soit, je me rappelle ici le noble langage d'un écrivain allemand qui, faisant allusion aux opinions qui triomphent tard,

a dit les belles paroles que je vous demande la permission de
citer :

« Je placerai mon vaisseau sur le promontoire le plus élevé du
rivage, et j'attendrai que la mer soit assez haute pour le faire
flotter.

«Il est vrai qu'en soutenant cette opinion, je place mon vaisseau bien haut, mais je ne crois pas l'avoir placé dans une position inaccessible. »

Hélas ! M. Thiers se trompait : la mer ne devait soulever son
vaisseau que dans une tempête où ferait naufrage la dynastie
dont il avait été l'un des fondateurs ; mais aurait-il eu l'intuition
des événements que préparait la politique ministérielle, qu'il
n'aurait été ni plus pressant, ni plus vif, pour en conjurer le dénouement.

L'avenir le cachait alors sous d'impénétrables voiles, et la
proposition *Rémusat*, atteignant la majorité de la chambre dans
un trop grand nombre de ses membres, ne devait pas recevoir un
bon accueil.

Toutefois, M. Thiers avait déployé dans cette occasion tant
d'esprit, d'éloquence et d'habileté que ses contradicteurs, eux-
mêmes, en étaient à se demander si dans son passé l'on trouverait un discours où son talent oratoire serait comparable à celui
dont il venait de faire preuve dans cette séance qu'il avait remplie
presque toute entière.

Quoiqu'il en soit, le ministre de l'intérieur prit la parole après
lui, et lorsqu'il aborda la tribune, il savait d'avance que le vote
suppléerait à l'insuffisance de sa réponse.

Après avoir discuté l'exactitude des chiffres donnés sur les
fonctionnaires de l'assemblée, il dit qu'en s'appuyant sur la majorité des mandataires du pays, le gouvernement représentatif fonctionnait suivant les conditions les plus rigoureuses ; et dans la
séance du lendemain, cette majorité décida qu'on ne passerait
pas à la discussion des articles dans les quels la proposition sur
les incompatibilités avait été formulée.

CHAPITRE XII.

La proposition Rémusat repoussée par une majorité considérable raffermit la confiance du ministère.

Il reçut des journaux dévoués à sa politique les félicitations les plus empressées : et M. Thiers fut ironiquement loué pour son succès d'esprit et de talent dans une cause qu'ils disaient insoutenable.

Quant à l'opposition, elle dut renoncer à la poursuite des réformes sur les quelles elle avait subi plusieurs échecs, mais en ajournant ses espérances, elle en continua vigoureusement la discussion dans la presse, pour en démontrer la nécessité devant l'opinion publique.

On avait alors en perspective la dissolution de la chambre qui, n'ayant plus qu'une autre session à tenir pour arriver à l'expiration de son mandat, donnait lieu de faire supposer que le pouvoir inspiré par ses derniers succès parlementaires, ne voudrait pas renoncer aux chances d'un bon renouvellement de l'assemblée, en différant une mesure, à la quelle, plus tard, il se verrait forcé, malgré les éventualités défavorables qui pourraient surgir.

Au milieu de cette animation des esprits, la chambre poursuivait ses travaux, lorsque dans la séance du 15 avril M. Thiers se presenta de nouveau à la tribune pour se mêler à la discussion de ce jour sur les crédits à affecter au service de la marine.

Messieurs, dit M. Thiers, au milieu d'un profond silence.

S'il ne s'agissait pas d'un grand intérêt sur le quel chacun de nous a le devoir de contribuer à fixer les idées de la chambre et du pays, je ne paraîtrais pas à cette tribune que j'aborde toujours avec regret, et seulement, quand j'y suis poussé par l'entrainement de mes opinions ou le vœu de mes amis.

C'est donc pour obéir à ce devoir impérieux que je demande à parler.

Dans la question qui vous est soumise, on doit s'arrêter à quelques idées simples et justes.

Qui dit marine dit suite, temps et volonté; on a pu reprocher des fautes à l'administration, mais les fautes de détail sont partout inévitables; l'essentiel est qu'on les rachète par un bon système, alors on sait ce qu'on veut, on sait où l'on marche, et c'est là l'important.

« Si, dit-il, j'avais trouvé l'indication de ces idées simples et justes dans le rapport du ministre ou dans celui de la commission, je ne viendrais pas fatiguer la chambre d'une discussion qui m'oblige à lui demander deux heures de temps, parcequ'à mon avis, la question doit être traitée avec beaucoup de détails et de précision.

La France, dit M. Thiers, veut avec raison une marine et une armée,

Cette volonté implique un double effort ; il faut donc savoir s'il est justifié par la situation du pays.

Ce sujet étant très compliqué, M. Thiers se propose d'exposer les divers points de vue sous les quels il doit être étudié.

Le premier objet dont il se préoccupe ce sont les populations qui habitent nos côtes, dont l'étendue n'est pas moins de six-cents lieues, et les moyens de protection et de développement commercial d'où ils tirent leurs substances.

Arrivant alors à parler du différent qui menace d'éclater entre les Etats-Unis et l'Angleterre, dont il souhaite, avant tout, le pacifique dénouement, il explique ce que serait de notre commerce maritime une politique de neutralité durant cette lutte, à condition, cependant, que les anglais ne diraient pas, comme il y a quarante ans, que *le pavillon ne couvre pas la marchandise.*

ce qu'ils ne songeraient pas à renouveler si nous avions une marine capable de faire respecter le pavillon français.

A ces considérations commerciales vient ensuite s'ajouter la nécessité d'une circulation assurée entre Toulon et notre belle colonie d'Alger dont l'entretien annuel nous coute cent-mille hommes et cent millions; et bien que l'armée de terre doive être incontestablement notre première force, les deux forces sur les quelles repose notre puissance doivent être développées avec toute l'énergie que nos moyens financiers et les circonstances comportent.

Voulant ensuite répondre à ceux qui trouvent dans notre passé des raisons de découragement, il raconte l'histoire de notre marine sous Louis XIV.

Il rappelle sa puissance sous les *deux Colbert*, il explique de quelle façon elle reçut la forte organisation à la quelle ils s'apliquèrent pendant trente ans, il cite les brillants faits d'armes de cette époque, et les malheurs qui survinrent après la mort de ces deux grands hommes, au moment où Louis XIV voulut abuser de sa puissance contre toute l'Europe, il poursuit ainsi le cours de son récit en signalant les succès et les revers maritimes dont les alternatives diverses doivent être attribuées à la volonté ou à l'inertie, des gouvernements, d'où il tire la conséquence qu'il n'y a pas d'œuvre plus artificielle que la marine, mais que nous serons toujours capables d'avoir une forte puissance navale quand nous voudrons bien sérieusement la créer.

Ici M. Thiers entre dans tous les détails de la question, il passe en revue les marines de l'Europe, et prouve que nous ne pouvons avoir de guerre navale qu'avec l'Angleterre, ce qui serait pour le monde civilisé un irréparable malheur, mais ce malheur se trouvant dans l'ordre des choses possibles, puisque nous en avons été menacés, à la suite des faites politiques dont il rappelle le souvenir, il a essayé de se fixer sur les forces navales anglaises qu'on peut approximativement évaluer de quatre-vingt-dix à cent vaisseaux, et cette force numérique comparée à la notre le condamne à dire que, sans vouloir faire des reproches à la commission dont il honore tous les membres, il ne peut s'empêcher de regretter que trente ou trente-six vaisseaux lui paraissent suffisants pour constituer une marine comme elle convient à la France.

Son dissentiment avec la commission l'oblige donc à discuter l'effectif des vaisseaux que nous devons avoir.

Il ne demande pas que nous soyons les maîtres sur mer plus qu'aucune autre nation; il sait que nous trouverions un peuple qui, sous ce rapport, sacrifierait jusques à sa dernière goutte de sang et sa dernière livre d'or pour ne pas souffrir un dominateur sur cet élément; mais comme l'Angleterre a d'imenses étendues de rivages à protéger le nombre de soixante vaisseaux pourrait être le *maximum* auquel les efforts de notre gouvernement devraient viser pour avoir une marine respectable.

Telle était à cet égard l'opinion de M. Thiers : ayant ensuite à répondre aux objections relatives à la guerre des escadres considérée maintenant comme une tactique vieillie, il refuse d'aborder la question technique appartenant aux hommes spéciaux, néanmoins ses connaissances d'administrateur lui permettent de critiquer sous certains rapports l'opinion qu'il trouve légèrement émise sur ce point.

Il tire, en effet, des exemples empruntés par lui aux anglais, une opinion qui l'autorise à considérer comme peu fondées les objections faites au nombre de vaisseaux et de frégates que nous devons avoir.

Vient ensuite la question de l'inscription maritime, il déclare avoir bien étudié cette base de notre établissement naval et l'avoir décomposée dans toutes ses parties, de façon à fournir, au besoin, la preuve matérielle que, dans quelques années, nous pourrions armer soixante vaisseaux et soixante frégates dont le personnel naval exigerait environ soixante-quinze mille hommes; il discute à fond cet important sujet, il fait connaître les progrès réalisés depuis vingt ans dans notre armement et ceux qu'il est possible d'obtenir encore.

C'est à cette question que se lie, d'après lui, le système du libre commerce des échanges, celui des traités assurant les transports que le frêt nécessite, et la possibilité d'avoir une population de matelots où l'on puisse recruter, en cas de besoin, n'admettant pas qu'on recule devant le moyen si simple de l'inscription dont l'expérience a constaté les résultats qu'il a signalés.

Maintenant, dit M. Thiers, j'aborde la partie la plus essentielle de la question, c'est la manière dont les vaisseaux doivent être armés.

Il y avait, autrefois, l'armement complet et le demi-armement; il explique en détail cet ancien système; fait remarquer les défectuosités du système actuel, et comment il devroit être amélioré.

Il se livre à des hypothèses indiquant pour chacune d'elles les dépenses dont notre budget serait grevé; il dit comment on auroit à procéder, afin d'augmenter l'inscription maritime qui est la véritable pépinière de nos marins; mais comme la question du matériel exige qu'on tienne compte de l'état transitoire où nous place le double moyen de la voile et de la vapeur, il comprend qu'on réduise, pour le moment, le chiffre des vaisseaux à flots où sur le chantier, tant que durera l'incertitude sur la transformation à prévoir, bien qu'il soit possible de substituer l'hélice à la voile, comme l'expérience l'a déjà démontré en Angleterre.

Quoiqu'il en soit, il blâme dans des termes accentués l'insuffisance de nos approvisionnements en bois de construction, le mauvais état dans lequel ils se trouvent, et l'imprévoyance fâcheuse qu'il y a de ne pas songer aux difficultés toujours plus grandes de s'en procurer.

Il n'en serait pas ainsi, ajoute M. Thiers, si le gouvernement avait sur notre marine un plan arrêté, et une volonté d'exécution vraiment sérieuse.

Cependant, le pays la veut, les chambres offrent plus d'argent qu'on ne veut en accepter; et M. Thiers ignore quelle signification il faut donner à ce refus; mais, à ses yeux, le ministre de la marine assume sur se tête une responsabilité immense que pour son compte, il ne voudrait jamais avoir.

Ce discours reproduit ici par fragments et en substance fut l'occasion d'un hommage unanime rendu par l'assemblée aux sentiments patriotiques qui avaient inspiré le savant exposé que M. Thiers venait de faire dans cette séance.

A celle du lendemain, il prit encore la parole pour répondre à la principale objection qui lui était faite sur les difficultés de l'inscription maritime, et par sa réponse il fit adopter le crédit de 10 millions dont la moitié avait été retranchée par la commission dans son rapport.

La séance où venait encore de parler M. Thiers était à peine levée, lorsqu'on apprit la douloureuse nouvelle d'une horrible tentative.

Vers les cinq heures du soir, un misérable, N° Lecomte, tira deux coups de fusil sur le char à bancs où se trouvaient le Roi, la Reine, leur fille et d'autres personnages, au moment où, venant de la promenade, ils traversaient le parc de Fontainebleau.

Bien que l'assassin fut un habile tireur, il ne coupa que les franges du char et personne ne fut atteint.

A la nouvelle de ce miraculeux bonheur la joie éclata dans Paris, aussi vive que l'indignation publique ; ce fut une double manifestation qui se renouvela de proche en proche sur tous les points de la France, les félicitations les plus chaleureuses arrivèrent aux pieds du trône, et M. Thiers n'avait pas été un des moins empressés à se rendre au Palais pour exprimer au Roi la sincère émotion de son cœur.

Mais les journaux ministériels ne manquèrent pas de se faire une arme de l'attentat contre les partis hostiles ; il leur servit de commentaires pendant un bon nombre de jours pour déplorer les excitations malheureuses auxquelles on s'exposait en révélant l'intervention personnelle du Roi dans la direction des affaires publiques.

L'un d'eux disait : avec notre constitution libérale qui impose à tous le mouvement et l'action, un Roi fainéant ne serait qu'un rouage inutile, le fantôme avili d'une Royauté impuissante qui ne mériterait pas les sollicitudes, les vœux les hommages qu'inspire le nôtre dans cette malheureuse occasion.

Espérons, disait-il encore que les hommes politiques profiteront de la leçon qui leur est donnée par l'attentat de Fontainebleau ; et pendant qu'il rappelait un discours de M. Thiers où se trouvaient des paroles qu'à son avis leur auteur devait maintenant regretter, les journaux de l'opposition, à leur tour, s'indignaient de ces allusions odieuses, et soutenaient, ce nous semble, avec bien plus de raison, que la presse ministérielle suscitait, elle-même les régicides, en donnant à supposer, par son langage de tous les jours, que les ministres du Roi n'étaient que les agents complaisants de sa politique.

Il résultait donc de ces divers langages une grande agitation, et de plus, il se produisait presque dans le même temps des événements que nous nous bornerons à citer.

C'étaient l'insurrection polonaise et les massacres de la gallicie qui avaient réveillé de vives sympathies pour ces peuples malheureux.

Dans les derniers jours de mai, le prince Louis-Napoléon s'évadait du chateau de Ham, ou, depuis six ans, il était retenu prisonnier, ajoutons encore que le Duc de Bordeaux, en se mariant avec la sœur du Duc regnant de Modène, réveillait les espérances ou les illusions de son parti.

Il existait, par conséquent, dans les esprits une effervescence qui ne pouvait que redoubler, lorsque l'assemblée arriverait à la fin des ses travaux.

Elle poursuivait la discussion sur les crédits supplémentaires, lorsque, le 15 mai, après un long débat sur des objets de politique extérieure, le président proposa de délibérer sur les 57.000 francs applicables à la mission de M. Déffaudis, dans la Plata.

M. Thiers demandant alors à parler quelques instants de sa place, fut invité à monter à la tribune pour être mieux entendu.

Voici en substance ce qu'il dit :

Depuis le jour où le gouvernement, sur mes instances, est intervenu dans la Plata pour aller au secours des français de ce pays, j'ai pensé qu'il fallait lui donner tout le temps d'agir, et depuis lors, j'ai constamment refusé d'insister de nouveau pour ne pas gêner les moyens d'action qu'il avait à déployer dans cette entreprise.

Mais après une trop longue attente, il vient se plaindre de l'inefficacité de cette intervention, et pour réveiller le zèle des promesses qui lui ont été faites, il croit devoir mettre sous les yeux de l'assemblée tous les faits relatifs à cette grande et malheureuse affaire.

Il décrit de nouveaux les misères et les souffrances de nos compatriotes assiégés dans Montévidéo, et demande au gouvernement ce qui a été fait pour mettre un terme à l'état de choses dont il a reconnu, lui-même, l'exactitude, en promettant de le faire cesser, mais qui dure encore.

Ici, M. Thiers declare avoir en main un grand nombre de lettres que lui ont adressées des négociants de Paris, du Havre, de Cette, engagés dans la Plata pour plus de 50 millions.

Beaucoup d'entr'eux sont ruinés, dit-il, parcequ'ils ne peuvent plus envoyer un seul des 80 ou 100 vaisseaux qui entretenaient nos relations commerciales dans ces contrées où, cependant, il suffirait d'une force supplémentaire de deux mille hommes pour y rétablir l'ordre et la sécurité nécessaires à nos intérêts.

Il y a deux mois, dit M. Thiers, on songeait à envoyer 6000 hommes à Madagascar dans je ne sais quel but, avec le danger de faire périr misérablement tous ceux qu'on y enverrait, et l'on hésite à faire l'envoi d'une force suffisante pour en finir d'une affaire devant laquelle ne permet plus de reculer l'honneur national.

J'ai toujours procédé par supplications dans mes instances, ajoute M. Thiers, je les renouvelle aujourd'hui, en supliant M. le ministre de tirer de la misère les 20 mille français qui forment une des meilleures colonies que nous ayons.

M. Guizot répond, qu'en se décidant à intervenir de nouveau dans les affaires de la Plata, le gouvernement avait uniquement pour objet de protéger nos nationaux ; que les moyens employés au moment où il parle atteindraient ce but, et rétabliraient la paix entre les deux républiques ; qu'on ne voulait pas recommencer la situation antérieure au traité de 1840, pendant la quelle nous avions pris parti entre les factions qui désolent ce pays.

M. Thiers n'étant pas satisfait de cette réponse lui réplique : il ne s'agit point maintenant du traité du 1840, dont j'ai approuvé les conditions, mais vous êtes intervenu sur nos instances, parce qu'après notre départ, Rosas a fait égorger un grand nombre de français ; qu'il a mis le siège devant Montévidéo, au mépris du traité, que depuis lors, 20 mille français établis dans cette ville souffrent toutes les horreurs de ce siège et que nos relations commerciales dans ce pays sont anéanties, tous ces faits dont vous avez acquis la certitude ont déterminé votre nouvelle intervention.

Il vous a fallu recourir à la force, vous avez livré un combat où le sang a coulé, et que vous avez justement appellé héroïque.

Comment en finirez vous maintenant ? il n'y a pas deux avis là dessus, la force actuelle est insuffisante, et pour éviter qu'on en envoie d'autre, Rosas vous berce de fallacieuses promesses, vous avez affaire à l'astuce d'un barbare qui élude l'obligation de se retirer en vous trompant par l'intermédiaire de gens qui lui sont dévoués, mais je vous le répéterai éternellement, il n'y a pas moyen de reculer aujourd'hui ; le sang français a coulé, et pendant que vous hésitez à poursuivre une lutte si facile à finir par l'envoi de deux mille hommes, nos malheureux français continuent à souffrir horriblement des trois années de siège qu'ils subissent.

N'est-ce pas là un intérêt qui doive vous émouvoir ? en vérité, si cela n'est pas clair, il n'y a rien de clair au monde, et si l'humanité n'est pas là, elle n'est nulle part.

Je vous le déclare, ajoute M. Thiers, je ne suis pas ici un homme d'opposition, et mon âme se soulève quand j'entends ce que l'on répond à des allégations si vraies, et qui partent du cœur.

De vives paroles s'échangent encore entre M. Thiers et M. Guizot; le ministre de la marine intervient pour dire que les français ne sont pas aussi nombreux qu'on l'imagine dans Montévidéo, qu'ils ne courent aucun danger, mais sans infirmer clairement aucune des assertions de M. Thiers.

Aussitôt, ce dernier ne voulant pas prolonger un débat trop fatigant pour lui, et sans tenir compte de l'échec qu'il est presque sûr d'éprouver, propose, à titre de blâme contre la conduite du gouvernement, une augmentation de mille francs dont l'adoption signifiera qu'il n'a pas assez fait dans l'affaire dont il s'agit.

Comme on devait s'y attendre, la majorité se prononça contre l'amendement, et ce vote termina la séance.

Deux jours après, M. Thiers publia dans les journaux une lettre où il protestait contre le dernier vote de l'assemblée, et lorsque dans la séance du 27 mai, l'ordre du jour fixé par elle fit passer à la discussion du budget concernant le ministère de l'intérieur, l'apparition inopinée de M. Thiers à la tribune produisit une vive sensation.

Voici ce qu'il dit dans son discours :

Messieurs, j'aurais dû pour la régularité des formes ne prendre la parole que sur le chapitre des fonds secrets, et quoique j'aie l'intention d'appuyer l'amendement déposé par M. Barrot, ce n'est point un vote que je viens solliciter de vous.

Je ne viens même pas, à la veille des élections générales, chercher à exciter les esprits par le tableau vivement retracé de tous nos griefs; mais, préoccupé d'un soin plus élevé, je veux chercher à exposer les motifs sérieux de notre opposition.

Suivant moi, nous assistons à une réaction, telle qu'on les voit le lendemain des grandes révolutions, et malgré notre modération en 1830, la réaction aujourd'hui est réelle, j'espère néanmoins qu'elle aura son terme.

Sera-t-il prochain ? sera-t-il éloigné ? je l'ignore, je ne forme ni conjecture ni vœu à cet égard.

Je suis depuis longtemps dans la vie publique, et quelque place qu'on y occupe, la destinée est la même, c'est une lutte incessante et toujours pénible.

Dans cette lutte, il n'y a qu'une seule récompense à la quelle on soit sensible, avec le temps, c'est l'honneur d'avoir bien servi une cause qu'on croit bonne, et cet honneur n'étant décerné que par les hommes éclairés et impartiaux, je leur adresse la question que je vais poser.

J'ai contribué pour ma faible part à fonder et consolider le gouvernement que j'attaque aujourd'hui, non dans son existence (Dieu m'en préserve), mais dans ceux des actes qui peuvent compromettre la royauté, et dans ceux des serviteurs qui, en la servant selon son cœur, ne la servent pas suivant ses vrais intérêts.

En agissant ainsi, suis je inconséquent? ou bien n'avons nous pas, mes amis et moi, la conséquence de la vraie modération qui consiste à soutenir le pouvoir quand il est faible pour oser le contredire lorsque, fort et victorieux, il s'aveugle, il s'entête, il s'égare, voila ce que je crois, et ce qui est dans mes intentions.

Comme je le disais il n'y a pas longtemps, tous les gouvernements commencent par avoir raison, et finissent malheureusement par se donner tort, et pour le prouver de nouveau, M. Thiers cite, de la révolution, de l'empire, et de la restauration, les faits historiques qui lui fournissent cet enseignement.

Notre gouvernement, dit-il, échapera-t-il à cette loi commune, c'est ce que nous allons savoir par l'examen de ce qu'il a été au début, de ce qu'il est devenu, peu à peu, et de ce qu'il est aujourd'hui, sous le rapport de la politique étrangère, de la politique intérieure et de la haute administration de l'état.

Je me bornerai à un simple exposé des faits, tels que je les conçois, sans avoir l'espoir de convaincre mes adversaires, mais pour les soumettre à un juge qui est la raison publique, éclairée par nos discussions.

Ce que je dois à ceux dont j'attaque la politique, c'est de n'ajouter aucune qualification blessante à mon exposé, ce à quoi je m'appliquerai avec le plus grand soin.

Après ce préambule M. Thiers commence ainsi:

Le gouvernement de juillet, à son début, pouvait être guerrier ou politique, et l'on comprend qu'un gouvernement jeune, hardi, entreprenant , profitant alors de la stupeur de l'Europe et de l'enthousiasme de la France prit une éclatante revanche de nos malheurs de 1815 , mais ce succès était douteux ; or, cela devait nous suffire ; on ne livre pas au hasard l'existence d'un grand pays ; un gouvernement politique était donc préférable, et je vous demande la permission de définir ce que j'entends par ce mot :

Le gouvernement dont je parle, naissant d'une révolution éloignait de lui les puissances de l'Europe effrayées de la chute d'un trône, il éloignait aussi les hautes classes de la société, et cette puissance morale qu'on appelle l'église avec laquelle, quelque modéré que l'on soit, les rapports sont toujours si difficiles.

Se jeter sur elles, c'était renouveler les fautes de notre première révolution, sans avoir les mêmes passions pour excuse, mais en restant pacifique et modéré, il fallait y joindre une politique ferme qui, en acceptant les traités de 1815, comme en renonçant à révolutionner l'Europe, ne parût une faiblesse à personne ; et pour bien expliquer sa pensée, M. Thiers fait connaître l'attitude qu'il y avait alors à prendre en face des puissances, en face de l'église et des hautes classes, tout en organisant une administration forte habile et prévoyante qui, sans alarmer personne, sut constituer notre armée nos finances sur des bases solides et durables.

C'est, en effet, ce que commença de faire notre gouvernement, mais est-ce bien ce qu'il a continué depuis lors ?

A cette époque, on protégeait la révolution partout où se manifestaient naturellement ses tendances, on maintenait l'ordre, sans effusion de sang à l'intérieur, et l'on s'efforçait de détourner le peuple des idées de guerre, par l'attrait des travaux utiles que favorise la paix.

Mais pour que cette politique, appellée modeste par M. Thiers, devint honorable, et peut-être glorieuse, il aurait fallu qu'elle persévérat, et d'après lui, elle n'a pas persévéré.

Il entre donc dans de longs détails pour démontrer comment elle a dégénéré ; il divise son histoire en trois époques.

Dans la première, d'accord avec l'Angleterre libérale, on a protégé la révolution partout où elle s'est légitimement développée.

Dans la seconde, on n'a pas eu la force de persister, et l'on a ainsi perdu la question d'Espagne, la question de Belgique, la question d'Ancône, et la question d'Orient.

Et enfin, dans la troisième, au lieu de rester isolé avec quelque dignité, avec quelque patience, on a cherché péniblement à refaire l'alliance anglaise, en se fondant, non sur de grands principes, mais sur les maladresses de notre politique, et sans avoir, en Orient, ce que devaient nous faire obtenir les sacrifices faits dans l'Atlantique.

On a dit ensuite la paix est conservée; c'est, en effet, un grand bien, mais la question reste toujours celle-ci:

Vous vous êtes engagé dans une voie mauvaise à propos de l'Espagne, de l'Italie, de l'Orient, pour arriver enfin, après une expédition sur les roches stériles des îles Marquises, à l'affaire *Pritchard* où vous n'avez évité la guerre que par une concession déplorable.

M. Thiers ayant ainsi constaté la dégradation successive de notre politique étrangère continue son exposé par une revue rétrospective sur la politique intérieure dont les fautes, d'après lui, ont découlé de celles qu'il vient de raconter avec une rigoureuse impartialité.

Abordant alors la politique de l'intérieur, il rappelle que la question du maintien de l'ordre avait long-temps contenu les divergences qui se produisaient dans le gouvernement sur d'importants objets, mais lorsque ces divergences ont été permises, une portion des hommes qui soutenaient le pouvoir se sont séparés de lui.

Je suis de ce nombre, ajoute M. Thiers, et les amis qui m'ont suivi se sont réunis comme moi à cette partie de l'opposition qui s'était défiée avant nous, et plus que nous des instincts du gouvernement; et pendant que les hommes qui avaient contribué à le soutenir se séparaient de lui, d'autres ayant appartenu à l'opposition la plus vive, s'y ralliaient, venant ainsi remplir le vide que notre retraite avait produit.

Je ne dirai rien de cette évolution, mais pour des esprits malicieux, disposés à chercher le mauvais côté des choses, l'attrait d'un pouvoir victorieux a pu paraître une raison décisive pour beaucoup de ceux qui nous ont remplacés.

Le pouvoir alors a eu son parti comme l'opposition a eu le sien.

Au reste, le véritable caractère du gouvernement représentatif c'est la lutte de deux partis bien formés, dont les ministres ont le plus fort pour appui.

Il y a pourtant cette différence que ces derniers ayant une mission élevée, et sentant le besoin d'être graves dans leur conduite, ne devraient pas se servir des moyens de gouvernement comme un parti peut s'en servir, ils sont tenus d'avoir des allures qui les rendent dignes de la situation qu'ils occupent.

M. Thiers explique sa pensée en rappelant que, dans ses débuts, le gouvernement alors très réservé n'osait pas soutenir la candidature d'un homme ayant une parfaite identité avec lui, tandis que, dans ce moment l'administration est devenue, au de là de toute mesure, un moyen d'influer sur la politique, et cela est si vrai que la continuation dans cette voie fera de l'administration un objet politique, exclusivement politique à tous les degrés ; et ce sera la ruine du gouvernement représentatif dans notre pays.

Vous nous répondez que cela sera toujours, et que nous en ferions autant, mais j'ai l'orgueilleuse conviction du contraire, et si, après avoir signalé le mal que nous croyons réel, nous venions à tenir la même conduite, notre situation deviendrait impossible, en nous rendant odieux et ridicules.

Quant à l'usage de la presse dont se servent les deux partis M. Thiers fait remarquer par la citation de faits divers, et notamment de ceux qui le concernent, que les violences de langage dont la presse opposante donnait autrefois l'exemple, ont passé du coté de la presse ministérielle, et de ce changement de rôle ressort pour lui la mesure de la raison des partis.

Pour sa part, il souhaite que ce mouvement se développe, et que la presse de l'opposition soit toujours d'autant plus modérée que les journaux du gouvernement le sont moins.

Pour ce qui est des théories constitutionnelles sur la balance des pouvoirs et sur l'autorité que doit exercer la royauté, c'est une question brulante sur laquelle M. Thiers se borne à rappeler comment, au début de la révolution de juillet, on s'exprimait sur ce point, pour faire remarquer qu'à cette époque aucun journal ministériel n'eut osé dire ce qu'ils disent aujourd'hui : *que le roi doit gouverner sous la responsabité des ministres.*

Remontant alors le cours de notre histoire sous les gouvernements successifs de Casimir Périer, du maréchal Soult, du duc de Broglie, et du comte Molé, M. Thiers fait voir comment a dégénéré la théorie constitutionnelle ; et pendant que la presse du ministère proclame tous les jours que la maxime de M. Thiers *le roi règne et ne gouverne pas* est un non sens, son auteur constate qu'en méconnaissant ce principe, le gouvernement tend sans cesse à se rapprocher du parti qui, après avoir combattu la révolution, lui conserve les sentiments les plus hostiles: et lorsqu'il a signalé les graves dangers de cette tendance, il déplore ceux que nous préparent les transactions déjà faites sur l'enseignement national.

Il répète donc ce qu'il a déjà dit si souvent : je ne suis point un ennemi de la religion, mais je suis convaincu que livrer l'éducation de la jeunesse à des mains ecclésiastiques, ce n'est pas la rapprocher de la religion : le plus souvent, son esprit de défiance l'éloigne du but que l'on veut trop visiblement atteindre.

D'ailleurs, je ne veux pas seulement qu'on fasse des hommes religieux, je veux aussi qu'on fasse de bons citoyens ; je veux que la jeunesse soit élevée par des laïques, citoyens comme nous, aimant nos institutions, nos lois, ayant le même esprit que nous.

C'est pour cela que je souhaite qu'il y ait un grand enseignement national confié à des laïques ; je résisterai donc toujours à ce qu'on fasse au clergé des concessions quant à l'éducation publique, et je suis bien étonné que le gouvernement ne soit pas de mon avis sur cette question.

Le clergé ne pouvant plus avoir d'ambition politique, a conçu une ambition sociale, en voulant obtenir l'éducation de la jeunesse, et la querelle qu'il fait à l'université n'aurait pas de sens, s'il n'avait pas cette ambition.

Il a attaqué l'université, l'université s'est défendue par l'intermédiaire des hommes illustres qu'elle avait à sa tête, et bien que le clergé ait été l'agresseur, on a donné tort à l'enseignement national.

L'esprit du siècle a été humilié devant quelques prélats turbulents.

Entre le parti représentant la révolution, et le parti représentant le contraire, vous avez opté pour ce dernier, dit M. Thiers aux ministres.

Voilà les motifs sérieux de mon opposition sur les questions de politique étrangère et de politique intérieure que je viens de traiter.

Et malgré le regret d'avoir parlé si longtemps, il se livre encore à des considérations détaillées sur la marine, l'armée, les finances les travaux publics, la colonie d'Alger, tenant ainsi la chambre attentive à toutes les critiques dont lui paraissent susceptibles les actes de nos administrations dans l'ensemble des vues sous les quelles il les en visage, l'une après l'autre, dans ce grand discours.

En un mot, c'est un résumé rapide mais exact de toutes les opinions exprimées par M. Thiers dans les discussions diverses aux quelles il avait pris une si grande part sur les questions de politique étrangère, intérieure et administrative depuis 1830 jusques à ce jour.

CHAPITRE XIII.

Le lendemain de la séance dans la quelle M. Thiers avait fait son grand discours, M. Guizot prit la parole, et sans essayer de réfuter son adversaire, il se livra, comme de coutume, à des généralités très éloquemment exprimées, où respirait une confiance dédaigneuse et tranquille sur les effets du discours de M. Thiers auprès d'une majorité dont il connaissait le dévouement.

Mais il avait eu le tort d'ajouter à son langage des personnalités inconvenantes qui ne pouvaient être silencieusement acceptées par son adversaire, la réplique devenait donc indispensables, et ne put avoir lieu que le lendemain, voici comment la commença M. Thiers.

Messieurs,

Ce n'est pas en qualité de prétendant au pouvoir que je me présente à cette tribune, c'est une question de dignité personnelle et de droit constitutionnel qui me fait un devoir d'y remonter.

Hier M. Guizot a employé des expressions qu'on a bien rarement entendues dans cette enceinte, et peut-être jamais.

Dans sa pieuse susceptibilité, M. de Lafayette, les prenait pour lui, et M. Guizot ayant répondu qu'elles ne concernaient pas l'illustre général, je reste, seul, dans le débat.

En second lieu, la question constitutionnelle que j'avais pris la liberté de discuter, il y a déjà quelque temps, m'a exposé à une solidarité assez étrange pour faire croire qu'après l'avoir écrit on n'oserait pas le dire à cette tribune, mais puisqu'on l'a essayée quoique d'une manière détournée, la chambre comprendra qu'il m'est impossible de ne pas répondre.

Sans rentrer, dit M. Thiers, dans des discussions de questions non vidées, comme on le prétend, mais trop longuement débattues pour être si tôt reprises, il exposera le sommaire de ses convictions sur les fautes de notre politique extérieure, et sur les dangers financiers que peuvent faire naître de grands travaux publics dont on a fait, d'après lui, non un moyen de corruption mais un moyen d'influence politique, à ce point, que le bienfait de ces grands travaux n'ayant pas été dispensé avec les ménagements convenables, on a compromis les ressources que nous avait procurées une longue paix.

Ce que dit ensuite M. Thiers de notre état financier vient à l'appui de cette opinion que le temps de paix devrait toujours être consacré à payer les dettes contractées pendant la guerre, non à les accroître ; et lorsqu'il a fait quelques réfléxions là dessus, il ajoute qu'en rappelant ce qu'il avait raconté du grand Frédéric on lui avait faire dire une chose absurde ; je sais dit-il parfaitement, qu'enfouir dans les caves les millions qu'il faut faire circuler dans le corps social est une économie politique fort décriée aujourd'hui, aussi, n'est-ce pas de cela que j'ai félicité le grand Frédéric, j'ai dit qu'il avait rendu ses finances tellement disponibles qu'il pouvait faire la guerre pendant quatre ans, sans recourir aux emprunts, ni aux subsides d'aucune puissance.

Je n'oublierai jamais, ajoute M. Thiers, cette grande parole du Baron Louis nous disant, peu de temps avant sa mort : oui j'ai gouverné l'adversité en finances, mais il me manque une gloire, c'est d'avoir gouverné l'abondance, car c'est bien plus difficile, parole admirable, et parfaitement applicable à l'abondance dont on dispose en ce moment, puisque, d'après lui, elle a été mal gouvernée.

Quelles sont, dit-il au ministre, les trois grandes ressources d'un gouvernement en France ? ce sont les contributions directes, la dette flottante et la dette fondée.

Les contributions directes sont l'impôt des temps difficiles, parceque le resserrement des affaires ne les fait pas fléchir.

C'est l'*incometax* en Angleterre ;

La dette flottante fournit les facilités courantes, la dette fondée doit faire face aux grands besoins, et les détails qu'il donne sur chacune d'elles font voir qu'on s'est imprudemment engagé dans l'entreprise de grands travaux.

Si je parle ainsi, continue M. Thiers, ce n'est point pour

alarmer le pays , j'espère que les folies de la paix n'auront pas toutes les conséquences funestes qu'elles pourraient avoir, mais il faut que la bienveillance de la providence sur laquelle on se plaît à compter nous soit toujours propice, et qu'il ne surgisse aucun évènement en Europe qui vienne nous apprendre combien est insensée la situation qu'on nous a créée.

Arrivant ensuite à l'objet principal qui l'a mené à la tribune, M. Thiers dit avec quel chagrin il va parler des attributions du pouvoir exécutif, et de la responsabilité des ministres dépositaires des pouvoirs exercés par eux, au nom de la royauté.

Il n'a traité cette question que trois fois en quinze années devant l'assemblée, il faut en effet, l'y porter très rarement, dit-il, et seulement, quand le grand intérêt de la balance des pouvoirs l'exige.

Du reste , vous allez voir si c'est par caprice que j'ai traité pour la troisième fois une pareille question, ou si c'était bien alors le cas de la traiter.

Il s'agissait d'une proposition sur les incompatibilités à laquelle j'ai toujours donné mon adhésion.

De toutes ces incompatibilités , la plus naturelle, selon moi, c'était celle qui s'appliquait à nos collègues appartenant à la maison du roi ou des princes ; et ce n'était certainement pas à leurs personnes que s'appliquait cette exclusion ; mais elle était proposée au nom de la sincérité du gouvernement représentatif qui exige que la royauté paraisse le moins possible ; je ne fis donc qu'exposer la théorie anglaise, dit M. Thiers, et la seule objection qui s'offrit à mon esprit, parceque je l'avais entendue plusieurs fois, c'est que la France ne pouvait admettre un gouvernement représentatif comme celui de l'Angleterre ; et ce fut en présence de cette objection que, dans un moment de vivacité dont je ne fus pas le maître, je m'écriai: il fallait nous le dire en 1830.

J'éprouvai en effet, l'état d'esprit d'un homme qui, ayant cru obtenir le gouvernement représentatif, se trouvait trompé, et l'on me prête à cette occasion l'impertinente sottise d'avoir dit ou fait entendre qu'à moi seul, j'avais couronné le roi Louis-Philippe, et que je le regrettais infiniment.

En vérité, dit M. Thiers, je ne sents pas le besoin de nier un langage si ridicule, et si je le rappelle c'est uniquement pour prouver que l'expression de fatuité, d'orgueil frivole, appliquée à des prétentions que je n'ai jamais montrées était parfaitement imméritée, et que de telles inconvenances entre gens bien élevés devraient être repoussées plus vivement que je ne le fais.

Je comprendrais à la rigueur ces expressions, si j'avais blessé celui à qui je les reproche, mais quand il n'en est pas ainsi, elles ne se conçoivent pas; et j'ajouterai qu'elles sont inexcusables, lorsqu'elles n'ont qu'une intention, celle de devenir ailleurs une flatterie.

Abordant ensuite la question elle même, M. Thiers affirme que, dans aucun cas, il n'a voulu ébranler le contrat de 1830.

Il reconnaît tous les avantages qu'en ont retiré les deux contractants, le prince et la nation; c'est un bonheur qu'il a, lui-même, célébré dans des termes dont il n'a rien à retrancher, mais il demande à dire quelques mots sur la théorie anglaise, et sur l'incroyable solidarité qu'elle lui a value.

Ceux, dit-il, qui savent quelque chose de ma vie, de mes écrits, de mes discours n'apprendront rien de moi quand je leur dirai que je suis profondément monarchique.

Je crois que lorsqu'un état, un grand état n'a pas de roi, il s'en fait un; les exemples qu'il cite en sont la preuve; mais comme les nations éclairées ne peuvent être gouvernées comme les peuples qui ne le sont pas, il va définir la forme de gouvernement qui leur paraît préférable, et la manière dont il doit fonctionner, si l'on veut qu'il soit sincère.

Pour moi, dit-il, l'hérédité, principe si sacré, serait quelque chose d'asiatique si, à côté de la royauté ne se trouvaient pas des ministres responsables, et possédant, à ce titre, la réalité du pouvoir, il a été élevé à penser ainsi dans sa première jeunesse, les événements de la restauration ont encore plus profondément imprimé ces idées dans son esprit, et les quelques mots qu'il demande la permission de dire sur le règne de Charles X sont un souvenir dont il va parler, mais qui seront empreints du profond respect qu'il aura toujours pour le malheur.

Il raconte alors rapidement les fautes commises à cette époque, et lors qu'il eut, dit-il, assisté à ce spectacle, il en sortit convaincu qu'il n'y avait de véritable gouvernement représentatif qu'avec l'irresponsabilité royale, et la responsabilité des ministres exerçant réellement le pouvoir déposé dans leurs mains.

Voila mon opinion, dit M. Thiers; j'ai été porté à me la faire par le penchant de mon esprit, j'ai vécu et je vivrai toujours avec elle.

Maintenant, ce qu'il regrette le plus, c'est que, pour avoir soulevé cette question au sujet des incompatibilités, M. Guizot lui ait fait l'inqualifiable injure d'imaginer une solidarité, si éloignée qu'elle soit, entre le discours qu'il avait fait alors, et l'indigne attentat dont il a déjà parlé.

Hier encore, cette solidarité a fait une certaine apparition à la tribune, et M. Thiers ne comprend pas qu'on indique une pensée calomnieuse sans avoir le courage de l'achever, c'est une déloyauté qu'il livre à l'appréciation de ceux qui l'ont entendue.

Comment, dit-il, une opinion constitutionnelle qu'on a le droit de discuter ici pourrait établir une solidarité quelconque avec un affreux attentat? mais il me serait facile d'exercer, si je le voulais, une vengeance que je tirerais de mes souvenirs : à une autre époque, M. Guizot a tenu le même langage que moi, et dans des termes moins ménagés que les miens ; je me rappelle ses discours, je les ai ici, mais je ne les citerai pas ; je me bornerai à quelques mots d'analyse après les quels on aurait pu dire alors ce qu'on dit aujourd'hui : *la royauté est découverte, la conséquence est toute simple, les fontaines sont ouvertes....... elles coulent........*

Enfin, avant de descendre M. Thiers termine ainsi : quoi qu'on fasse et quoi qu'on dise, malgré la désertion de mes anciens alliés, je resterai le défenseur de la même théorie, et s'il arrivait que le ministère ne fut pas éternel, et qu'on n'eut d'autre ressource que des ministres impossibles, je dirais à la royauté, le jour où elle s'adresserait encore à mon respecteux dévouement : je suis prêt à vous servir, si mes efforts peuvent vous être utiles, mais en gouvernant d'après ma propre pensée; si elle est d'accord avec la votre, j'en serai heureux, mais si elle en diffère, je persisterai à gouverner suivant mes idées, et si cela paraît être un grand orgueil, un orgueil frivole, il est au moins désintéressé, en cela, il me semble encore préférable à l'ambition qui s'abaisse pour avoir non le pouvoir, mais ce qui en est l'apparence : ainsi finit M. Thiers.

Voulant profiter des bruyants et nombreux applaudissements qui l'accueillirent, M. Odillon-Barrot posa aussitôt la question de confiance par une réduction de dix mille francs sur le crédit demandé pour dépenses secrètes, mais cet amendement fut rejeté à une grande majorité.

A la suite de cet échec, M. Thiers ne reparut plus à la tribune pendant le cours de cette session.

Au reste, l'époque de la dissolution était proche ; à mesure qu'elle arrivait, il se produisait une grande animation dans les esprits.

On s'entretenait alors beaucoup d'événements dont nous aurons occasion de parler.

Les insurrections polonaises dans la Gallicie, et les massacres commis à cette occasion avaient réveillé les sympathies pour ces peuples.

Dans les derniers jours de mai, le prince Louis-Napoléon s'évadait du chateau de Ham où il était prisonnier depuis six ans, on parlait du mariage du duc de Bordeaux qui, en épousant la sœur du duc de Modène, ravivait les espérances et les illusions de son parti, et puis, la prise de Cracovie par les autrichiens, et les mariages effectués en Espagne étaient des faits qui devaient plus tard soulever de grandes discussions dans la nouvelle assemblée.

Les chambres furent dissoutes le 6 juillet, et convoquées pour le 7 août.

Aussitôt se formèrent les comités électoraux, et commencèrent à paraître les professions de foi dont l'active circulation remuait en tout sens l'opinion publique.

Suivant les journaux de ce temps, le centre gauche et la gauche constitutionnelle réunis dans un sentiment commun d'opposition disaient dans leur manifeste du 30 juin que le moment était venu pour la France de s'affranchir, par les voies légales, de la déplorable politique qui, chaque jour, tendait davantage à l'abaisser au dehors, à l'énerver et à la corrompre au dedans, que la question, pour chaque électeur n'était pas de choisir celui que l'on préférait, mais de nommer un homme indépendant, et d'empêcher le candidat ministériel d'être élu.

M. Thiers se mêla très activement à la lutte, il avait rédigé une lettre à ses électeurs d'Aix pour expliquer ses opinions et ses actes.

Des historiens l'ont reproduite, bien qu'elle n'ait pas été publiée, nous nous abstiendrons de la commenter, et ce qu'on en rapporte montre à quel point il paraissait désolé de voir la monarchie constitutionnelle s'engager de plus en plus dans une voie fatale, et combien il sentait la nécessité de relever l'esprit public tendant à se perdre dans le culte des intérêts matériels auxquels le gouvernement s'efforçait de donner satisfaction par tous les moyens.

Suivant le ministère, la prospérité du moment était bien préférable aux réformes dont la poursuite devenait une cause de troubles et d'agitations nuisibles à la tranquillité réelle du pays.

Dans son discours aux électeurs de Lisieux M. Guizot leur disait : *enrichissez vous.*

Toutes les poliques vous promettront le progrès, la politique conservatrice, seule, vous le donnera.

Durant le court intervalle des jours qui s'écoulèrent entre la dissolution et les élections nouvelles, M. Thiers et M. Guizot devinrent dans les journaux des deux partis l'objet d'une polémique dont la violence fut encore surexcitée par le nouvel attentat commis sur la personne du roi, au moment où il se présentait au balcon des tuileries, dans la soirée du 29 juillet, pour entendre le concert donné devant le chateau, en l'honneur de la fête nationale.

Il était six heures du soir quand on tira sur lui deux coups de feu dont il ne fut heureusement pas atteint.

Cependant, malgré ce bonheur au quel toutes la presse parisienne parut prendre part, celle qui était dévoué au ministère n'y trouva pas moins l'occasion de redoubler de malveillance contre M. Thiers, au point d'insinuer, comme on l'avait déjà fait, que son langage d'opposant pouvait bien être pour quelque chose dans les excitations qui avaient armé l'assassin.

Cette supposition était d'autant plus odieuse qu'on l'exprimait sans y croire le moins du monde ; néanmoins, il arriva que la nouvelle de la tentative en question bientôt répandue dans toute la France y produisit un effet qui, en inspirant le besoin de fortifier le gouvernement, dût contribuer, dans une certaine mesure, au résultat des élections effectuées, pendant qu'on était encore sous l'influence de l'indignation qu'avait excitée l'horrible attentat dont nous venons de parler.

Ces élections faites le 1ᵉʳ août furent donc un triomphe éclatant pour le ministère.

La majorité des députés qualifiés de conservateurs lui revint plus nombreuse qu'auparavant, mais, seulement, toute la presse fut unanime à remarquer que du sein de cette majorité nouvelle avaient surgi les mots de réformes à réaliser comme une condition de l'appui qu'on lui donnerait.

En effet, dans leurs professions de foi, les députés les plus dévoués au gouvernement avaient presque tous promis des améliorations qui les engageaient à faire prévaloir une politique plus en rapport avec les exigences du pays.

Cette assemblée se réunit le 19 août, et tint une session très courte pendant laquelle M. Thiers n'eut pas à parler.

Plus tard encore, lorsque la session de 1847 fut ouverte, à la date du 11 janvier, et qu'on s'occupa de l'adresse en réponse au discours du trône, il laissa passer le vote relatif aux mariages espagnols négociés par le ministère, sans prendre la parole, mais le lendemain, il la demanda sur l'ordre de la discussion, au moment où la chambre allait aborder le 6me paragraphe concernant la suppression violente de l'état libre de Cracovie par les autrichiens, c'était pour motiver son silence de la veille sur le paragraphe qui avait été voté, à propos des mariages en question.

Je demande, dit-il à l'assemblée, dans un moment où elle va passer, de l'affaire des mariages espagnols à l'affaire de Cracovie, de m'unir de cœur à la protestation que tous les esprits politiques et prévoyants font faire, d'un bout de l'Europe à l'autre, contre l'acte sur lequel vous êtes appelés à délibérer.

La suppression de cette république n'a pu s'effectuer qu'en violant le traité de Vienne qui la consacrait : englobée entre trois grandes puissances, elle pouvait exister sans aucun danger pour aucune d'elles.

M. Thiers signale à ce sujet le tressaillement que cet acte a produit chez tous les peuples qui, ayant un voisin redoutable à côté d'eux, se sont senti menacés par le coup qui a frappé Cracovie, il demande donc que la chambre se prononce énergiquement sur cette suppression, pour le maintien du droit des gens, bien que la protestation ne vienne qu'après coup.

Arrivant ensuite au vote de la veille relatif aux mariages espagnols, il déclare s'être tu avec chagrin sur l'appel que M. le ministre des affaires étrangères a fait au patriotisme de l'opposition en disant qu'il y avait un grave inconvénient à continuer ce débat, il demande donc que son silence soit bien compris, puisqu'il ne s'est abstenu de parler que pour adhérer à cet appel.

Aussitôt M. Guizot lui répond qu'il n'a entendu faire appel à personne, qu'il était prêt à soutenir sur tous les points la conduite du gouvernement, s'il était attaqué, et qu'il n'avait parlé de l'inconvénient d'un plus long débat que pour lui, s'il ne se trouvait pas obligé de le prolonger dans l'intérêt de sa défense ; que son rôle comme représentant du gouvernement n'était pas de reprendre la discussion, parcequ'elle nécessitait, de sa part, l'obligation de dire des choses délicates et difficiles ; mais qu'il était prêt à la continuer au besoin.

Enfin, après un nouvel échange de vives paroles entre les deux orateurs, M. Thiers voulant mettre un termes à ce mal entendu ne demanda plus à M. le ministre qu'une chose : croit-il qu'il vaille mieux, pour la bonne intelligence des deux nations, à laquelle, pour son compte, il attache le plus grand prix, que le débat ne se prolonge pas, car c'est devant cette responsabilité qu'il s'est arrêté ? mais si M. le ministre regarde comme indifférent à cette bonne intelligence que le débat continue ou s'arrête, il demandera, oui ou non, à le reprendre tout entier sur le paragraphe qui a été ajourné.

M. Guizot réplique pour dire que l'opposition et le gouvernement ont, chacun, leur responsabilité, qu'il ne décline pas la sienne, qu'il est toujours là pour reprendre la discussion, et que sans vouloir la rengager, lui-même, il était disposé à l'accepter et à la conduire jusqu'au bout.

Après ces dernières explications de M. le ministre, M. Thiers dit alors : je sais maintenant la conduite que j'ai à tenir, et dès que la chambre me le permettra, je la tiendrai.

Le lendemain quatre février, au milieu d'un profond silence, il rouvrit la discussion sur les mariages espagnols, dans les termes suivants :

Messieurs,

Si la chambre daigne prendre garde à mes actes, elle a dû s'appercevoir, d'après ce qui s'est passé ces jours derniers, que je me mêlais avec une extrême répugnance à cette discussion, et pourtant je n'éprouve aucune espèce d'embarras à aborder le sujet qui vous occupe.

Comment, en effet, nous autres, membres de l'opposition, qui ne sommes, à aucun degré, les auteurs de la situation actuelle, pourrions nous être embarrassés ?

Cette situation vous la connaissez : la france, par l'évènement déplorable de Cracovie est séparée des puissances du continent, et par les mariages espagnols, elle est séparée de l'Angleterre.

L'isolement que nous avions conseillé, il y a quelques années, comme une attitude momentanée qui devait nous faire rentrer plus dignement dans le concert européen, et que le gouvernement disait alors si funeste, cet isolement est aujourd'hui la politique obligée de la France, et pour combien de temps, je l'ignore.

Ce n'est donc pas l'embarras, c'est la répugnance à étaler devant vous des faits accomplis, irrémédiables, et paraître en triompher qui m'a fait hésiter à monter a cette tribune, mais dans un gouvernement libre, se taire est impossible, le silence, comme la parole, est une action aussi grave aussi interprété par l'opinion.

Il faut donc parler, je viens aborder un sujet que d'autres ont traité avant moi, non que je prétende mieux dire qu'eux, mais uniquement parceque j'ai l'honneur de mes opinions à soutenir, et parceque je cède, malgré moi, aux impérieux mouvements de mon patriotisme.

Messieurs, continue l'orateur, j'ai l'habitude de penser et de parler tout haut.

Dès que les évènements qui vous occupent se sont produits, j'ai dit ce que j'en pensais ; et si, au grand jour de la discussion, je reculais devant mon opinion, je commettrais une faiblesse doublement facheuse pour moi et pour mes amis.

Voilà les motifs qui me font monter à la tribune ; après ce début M. Thiers, avant d'entrer en matière, annonce qu'il a des choses à dire qui déplairont à la puissante majorité qui est devant lui, mais qu'ayant acquis quelque expérience dans la science difficile de les exprimer, il s'emploira à ménager sa susceptibilité, et si l'on veut bien l'entendre patiemment jusqu'au bout, il témoignera sa reconnaissance par la modération de son langage, peut-être aussi, par son utilité, en admettant qu'on veuille bien lui pardonner cet espoir.

Il va, dit-il, embrasser la situation toute entière que deux faits caractérisent : les mariages espagnols et l'évènement de Cracovie.

D'après lui, le mariage de la reine Isabelle avec son cousin Don François d'Assise a été bon, utile même ; quant à celui du duc de Montpensier avec l'Infante Dona Louisa Fernanda, il l'a cru désirable, mais politiquement de peu d'effet, et surtout prématuré, puisqu'il est la cause essentielle de la situation où la France se trouve placée.

Prenant cette assertion pour point de départ, M. Thiers va prouver ce qu'il avance par la discussion complète de tous les faits, au risque des calomnies aux quelles il s'expose, en les appréciant avec une rigoureuse impartialité.

Remontant alors au traité de la quadruple alliance dont il est un des auteurs, il rappelle le double but dans le quel ce traité fut fait, et la rupture du bon accord qu'il avait établi entre la France et l'Angleterre, quand nous ne voulûmes pas exécuter en Espagne l'intervention armée que *le casus federis* nous imposait.

De là surgit entre les deux nations une guerre d'influence mauvaise, et pleine de déceptions.

En effet, une pareille guerre, dit-il, agite de ses rivalités le pays où elle se produit, on attente à son indépendance, et l'on protège ordinairement des intrigants ou des ingrats.

Il fait ensuite connaître les prétentions des trois puissances, et les causes de leurs préférences dans le choix du prince qu'aurait voulu chacune d'elles pour l'infante.

Dans la relation des intrigues suscitées par ce choix, M. Thiers constate la vivacité extraordinaire avec la quelle la France avait repoussé le prince de Cobourg pour la jeune reine Isabelle, et la concession que lui avait faite l'Angleterre sur ce point, en échange de notre renonciation au même mariage pour le duc de Montpensier dont les visées, par suite de cet accord, ne devaient même pas s'adresser à la sœur de la reine, avant la naissance d'un ou plusieurs héritiers du trône qu'elle occupait.

M. Thiers rappelle encore que dans le but de satisfaire aux desirs de la France qui voulait un Bourbon, l'Angleterre avait proposé le prince Henri cousin de la reine auquel la France opposait son frère Don François d'Assise, pendant que, de son côté la reine-mère Marie Christine agissait pour le prince allemand dont il avait été question tout d'abord.

Tel était l'état des choses, quand un changement de cabinet survenu en Angleterre fit naître, à tort, suivant M. Thiers, dans l'esprit du ministre français des motifs de défiance tirés des démarches de la reine-mère et des réponses diplomatiques qui lui furent faites par le gouvernement anglais, sur les préférences dans lesquelles cette reine persistait.

14

Le cabinet français se croyant alors délié de ses premiers engagements ne se fit aucun scrupule de faire réussir à la fois les mariages de Don François d'Assise et du Duc de Montpensier, dont les actes simultanés firent éprouver à l'Angleterre un double échec; ce que M. Thiers ne songerait nullement à regretter s'il n'avait pas eu pour résultat l'isolement qu'on a jadis tant reproché à sa politique, bien que cet isolement fût loin d'avoir alors la même gravité. Or toute la question est là, dit l'orateur, dans la conviction de M. Thiers on a fait, politiquement parlant, une chose nulle ou dangereuse, comme il espère le démontrer à l'assemblée.

Dès lors, il y aura lieu d'examiner si, pour une chose nulle ou dangereuse, on ne devait pas tenir un plus grand compte de nos relations avec la puissance dont nous sommes séparés à cette occasion.

Après avoir ainsi jugé l'œuvre ministérielle, M. Thiers, aborde la politique de la France à l'égard de l'Espagne, et prouve, l'histoire en main, qu'il nous faut à Madrid une politique amie, à la condition, toutefois, qu'on y joindra un esprit de conduite sachant contenir toute prétention indiscrète de vouloir influencer le gouvernement de ce pays, et rien, dit M. Thiers ne pouvait afficher cette prétention avec plus d'éclat que les mariages récemment conclus.

D'après lui, ils nous engagent dans une solidarité fâcheuse, en ce sens qu'elle relie, dans une certaine mesure nos intérêts à ceux de l'Espagne, et peut, un jour, réveiller contre nous dans le cœur des espagnols cette horreur de l'étranger si profondément empreinte dans la fierté du caractère national.

A ce propos, M. Thiers raconte les diverses évolutions de leur politique aux époques de leur grandeur, et durant le cours des vicissitudes qu'éprouva cette nation dans ses longs démêlés avec les puissances de l'Europe; il déroule quelques magnifiques pages d'histoire sur la politique de Louis XIV quand il accepta le testament de Charles II en faveur de son petit fils le duc d'Anjou, il fait voir quelles ont été, depuis lors, les effets de nos alliances dynastiques dans ce pays; et de tous les enseignements du passé qu'il rappelle, sous la forme la plus attachante, ressort la démonstration que le vrai lien de la France avec l'espagne n'est plus dans la parenté des familles royales, mais dans la communauté des principes qui ont servi de base aux révolutions des deux peuples.

C'est surtout à ce point de vue que M. Thiers a toujours été le partisan de l'alliance anglaise, et maintenant il va dire comment, à son avis, elle doit être pratiquée.

Son grand et noble but est la liberté et l'indépendance de tous les états.

Développant ensuite cette généreuse pensée, il ajoute : voulez vous savoir quelle est la vraie politique ? cherchez là dans votre esprit et dans votre cœur, vous y trouverez des sympathies pour les italiens, pour les suisses, pour les derniers restes de la Pologne, et vous comprendrez que le rôle de la France dans ce siècle, c'est de patronner la liberté des peuples, et de se mettre à la tête de tous ceux qui voudront défendre leur indépendance.

Quant à la politique de propagande, M. Thiers la répudie hautement, on n'a, dit-il, aucun droit de la faire, elle n'est excitée par aucune coalition contre nous, mais nous ne pouvons avoir d'intimité politique avec les puissances qui veulent ce que nous repoussons; les véritables alliances sont donc là où naissent les mêmes sentiments que les notres, et nous trouvons en Angleterre les sympathies que nous inspire Cracovie. Ce n'est pas que M. Thiers se dissimule les intérêts sur les quels nous différons avec cette puissance, mais il est convaincu que l'alliance anglaise est possible sans qu'elle nous impose des sacrifices contraires à notre dignité, à notre industrie; et pour cela, il cite des faits mémorables attestant la possibilité d'une union sincère, quand elle sera fondée sur les sentiments généreux et éclairés des deux peuples.

Poursuivant ainsi ses réflexions sur cette alliance, il critique amèrement le système consistant à faire croire qu'on doit se confier à la politique anglaise ou s'en défier suivant les partis qui la dirigent.

D'après lui, cette alliance doit être recherchée sous les Torys comme sous les Wighs, bien qu'elle lui paraisss préférable avec ces derniers; et comme sur ce point on lui reproche d'avoir oublié l'offense que les Wighs ont fait à la France en 1840, il se permettra de rappeler au gouvernement qu'elle s'était plus promptement encore effacée de sa mémoire lorsqu'il a signé avec eux, six mois après, la convention des détroits.

Vous n'avez donc pas le droit de me rappeler cette offense au bout de six mois, dit M. Thiers, et d'en faire une objection contre l'alliance anglaise dans un moment où l'état actuel du monde réclame plus jamais cette union.

Je vous demande, ajoute-t-il, quel moment avez-vous choisi pour rompre avec l'Angleterre ? celui où Cracovie allait périr: vous ne l'aviez pas prévu, dites-vous, je le crois, mais il fallait que votre préoccupation fut bien grande pour ne pas voir le danger que tout le monde savait lorsque les Wighs vous ont dit qu'ils ne poursuivaient pas à Madrid le mariage d'un prince de Cobourg, vous ne les avez pas cru, votre sagacité soupçonneuse a contesté ce qu'on affirmait ; et quand les trois puissances co-partageantes de la Pologne vous ont assuré qu'elles ne voulaient pas s'adjoindre Cracovie, vous n'en avez pas douté.

Ceci me rappelle que l'année dernière, vous nous disiez, à propos des égorgements de la Gallicie, il n'y a que les révolutionnaires qui font ces choses.

Voyez aujourd'hui ce que c'est que de céder à certaines préoccupations, nous en recueillons le fruit amer avec vous.

Mais si Cracovie était un point dans l'espace qui échappait à vos regards, ce qui se passe ailleurs devait au moins attirer votre attention.

Et M. Thiers signale le mouvement électrique qui, d'un bout de l'Italie à l'autre, réveille les espérances d'affranchissement données par le St-Père ; il dénonce à l'assemblée, les querelles que l'Autriche fait à la Suisse, les troubles intérieurs que fomente sa politique ombrageuse parmi les peuples de cette république, et montre quelle puissance pourrait avoir l'union de l'Angleterre et de la France, au moment où s'agitent des questions dont la solution a tant d'importance.

Des considérations si graves, dit M. Thiers, auraient dû vous faire ajourner le second mariage que vous méditiez à Madrid.

Vous-avez commis une faute insigne que je vous reproche parcequ'elle vous met dans une position difficile que je vais brièvement retracer devant vous.

Examinant alors celle que les puissances ont prise dans ces mariages espagnols, il explique les raisons qui les ont empêchées de s'unir à la protestation du gouvernement anglais ; mais en faisant connaître les causes de cette abstention, il met en évidence les conséquences redoutables de leur réserve.

Cette perspective lui paraît si redoutable qu'il croit devoir exprimer le vif désir que la reine d'Espagne ait des héritiers.

Je fais ce vœu, dit M. Thiers, de toute la puissance de mon âme, parcequ'alors la question sera résolue ; il ne restera plus que le mécontentement produit entre l'Angleterre et nous à cette occasion.

Ce discours tendant à prouver que l'alliance anglaise avait été sacrifiée à un intérêt mesquin de dynastie provoqua une vive agitation dans l'assemblée, et l'heure avancée à laquelle il fut terminé, fit que M. Guizot demanda la permission de différer sa réponse à la séance du lendemain.

Le lendemain, en effet, il monte le premier à la tribune et s'empresse de rendre justice à la modération du langage qu'a tenu M. Thiers, et il tachera, lui aussi, de mettre la même modération dans la réponse aux attaques dirigées contre sa politique, ayant, dit-il, le désir que ce débat fasse la lumière et que le feu ne s'allume nulle part.

Tel fut le début de M. Guizot : nous n'avons pas à rendre compte de son discours, il tint la séance toute entière, il donna lecture d'une volumineuse correspondance établissant à ses yeux la justification de tous ses actes, et son discours se résume ainsi:

Messieurs, avec l'Espagne votre situation est meilleure, l'affaire des mariages espagnols est la première grande chose que nous ayons faite, complétement seuls depuis 1830, l'Europe impartiale en a porté ce jugement.

Aujourd'hui, les puissances secondaires, ne craignent plus la France comme révolutionnaire et conquérante.

Quant à la situation actuelle vis-à-vis de l'Angleterre et des trois puissances continentales, soyez surs que le temps et une bonne conduite raccomoderont les difficultés soulevées entre nous, pourvu que vous persévériez dans la politique d'ordre et de conservation suivis jusque à ce jour.

Après cette réponse, M. Guizot obtint tout le succès qu'il désirait, la majorité incorporée à sa politique se prononça de nouveau en sa faveur le jour où fut voté l'ensembl de l'adresse ; et son ministère lui parut aussi solide que jamais.

Toutefois, ces mariages espagnols occupèrent quelque temps encore la presse de France et d'Angleterre, surexcitée par les vifs reproches qui furent échangés entre les deux plus hauts représentants des deux nations.

Ajoutons que, dans ce moment, on souffrait en France d'une disette qui causa des troubles sérieux dans plusieurs contrées.

D'autre part, surgirent de grandes difficultés provenant de quelques changements à effectuer dans le cabinet; il fallut chercher des ministres en dehors des chambres : et l'on fut obligé de confier les porte-feuilles à des hommes qui passaient pour incapables.

Vers le même temps, un procès des plus scandaleux révéla au public des actes de corruption, dans les quels se trouvaient impliqués un général ancien ministre, et l'un des présidents de la plus haute magistrature judiciaire du royaume.

A peine ce procès était-il fini par la condamnation de ces grands coupables qu'un crime horrible commis par un pair de France, portant un grand nom produisait une émotion profonde dans tout le pays, et de ces événements si divers était né une sorte de malaise général qui aigrissait le mécontentement déjà provoqué par les résistances obstinées du pouvoir aux réformes depuis si long-temps réclamées.

Dans les principales villes, il s'organisait des banquets où se prononçaient des discours véhéments sur la nécessité de ces réformes.

Elles consistaient dans l'élargissement des bases de la loi électorale et dans l'élimination de la chambre d'un certain nombre de fonctionnaires sur les quels le pouvoir était accusé d'exercer une influence corruptrice qui réduisait le gouvernement représentatif à la plus déplorable fiction.

Un député publia une brochure où il dénonçait avec une éloquente énergie tous les dangers d'un pareil état de choses.

On parla beaucoup à cette époque d'une longue lettre du prince de Joinville, datée d'Italie à son frère le duc de Nemours, et disant à ce dernier :

Les événements que je vois accumulés de tout côté m'alarment sérieusement; le roi est inflexible; il ne veut écouter aucun avis, il faut que sa volonté l'emporte sur tous, la fiction constitutionnelle n'existe plus; elle a mis le roi en cause sur toutes les questions, il n'a plus de ministres, leur responsabilité est nulle; tout remonte au roi : il n'accepte aucune observation; habitué à gouverner, il aime qu'on le sache, et son courage lui fait affronter audacieusement ce danger.

La situation est mauvaise; au dedans, nos finances paraissent délabrées, au dehors les défiances passionnées du roi contre lord Palmerston nous ont fait faire la campagne espagnole, elle nous a revêtu d'une déplorable mauvaise foi.

Séparés de l'Angleterre au moment où les affaires d'Italie arrivaient, nous n'avons pas pu y prendre une part active qui était d'accord avec nos principes que nous ne pouvons pas abandonner, car c'est par eux que nous sommes.

Nous n'avons pas osé nous tourner contre l'Autriche de peur de voir l'Angleterre reconstituer contre nous une nouvelle sainte alliance.

Tout cela est le résultat de la vieillesse d'un roi qui veut toujours gouverner, mais à qui manquent les forces pour prendre une résolution virile.

Ces malheureux mariages espagnols, nous n'avons pas encore épuisé le réservoir d'amertumes qu'ils contiennent.

Voilà le langage que tenait alors un prince de la famille royale, nous en donnons cet extrait parcequ'il rappelle les difficultés qu'avait si souvent rencontrées M. Thiers au pouvoir, et qu'en même-temps il s'accorde en tout point avec l'opinion développée par lui dans son dernier discours.

Depuis lors, il n'avait pas reparu à la tribune ; comme aussi, il s'était abstenu de se montrer dans aucun des nombreux banquets signalés par les journaux ; et ce fut le 28 décembre 1847 que s'ouvrit la troisième session pendant la quelle devaient si pitoyablement sombrer sur les écueils d'une révolution nouvelle trois pouvoirs à la fois, pour avoir méconnu les conditions vitales du gouvernement qu'ils avaient en mains.

CHAPITRE XIV.

Dans la séance du 25 janvier 1848, les débats de l'adresse provoquèrent une grande discussion sur l'état de nos finances; le ministre de ce département venait de répondre à une interpellation, lorsque M. Thiers demande la parole pour présenter un tableau complet de la situation du trésor.

C'était un désir qu'il éprouvait, dit-il, depuis quelque temps, tout en hésitant à le satisfaire, mais par son discours de la veille, M. le ministre des finances l'a décidé à parler.

Il n'exagèrera rien, ne voulant pas ajouter à une situation pleine d'anxiétés des anxiétés nouvelles, mais si l'exagération, en pareil cas, est à craindre, la confiance dans laquelle on se complaît offre encore plus de dangers.

En premier lieu M. Thiers se montre très étonné du repos d'esprit dans lequel l'état de nos finances laisse le ministre.

A l'entendre, le *déficit* de notre budget ordinaire provient d'accidents malheureux, mais passagers.

Quand on lui parle des réserves de l'amortissement absorbées d'avance pour plusieurs années, il dit tranquillement que la dette flottante y pourvoira; et si l'on ajoute que ce fardeau ainsi prolongé menace l'avenir, il répond que la politique de la paix fait, à cet égard, sa sécurité, tandisque M. Thiers trouve les plus grandes raisons de s'effrayer de la situation actuelle.

A ses yeux, le ministre peut-être de très bonne foi, mais comme il se berce d'illusions dont la durée pourrait nous mener à des catastrophes, il veut que la vérité soit connue, et c'est dans ce but, et non dans un but d'opposition qu'il aborde la tribune.

Il commence d'abord par l'exposé des faits sur les quels s'appuieront ses observations.

Les deux budgets seront, l'un et l'autre, l'objet de son examen.

Les années 1840 et 1841, époque à la quelle M. Humann proposa son système de liquidation lui servent de point de départ, et par les développements aux quels il se livre, il arrive à démontrer qu'on s'est élevé successivement à une dépense d'un milliard six cent millions.

Il faut, dit M. Thiers, vouloir marcher vers les abîmes, pour oser, sans aucun embarras, présenter une dépense pareille dans laquelle il est sur qu'on ne s'arrêtera pas, comme va le prouver la suite de cet examen.

Vous verrez, ajoute-t-il que le mouvement est donné, qu'il se résout en emprunts de tout genre venant tous les ans surcharger votre budget, et vous aurez beau vous courber sur les rênes de ces chevaux emportés, vous ne les arrêterez pas.

Ah ! si vous aviez le même chiffre de recettes assuré ; il n'y aurait rien à dire, une dépense ne se juge que par les moyens de la nation qui se la permet.

Examinons les faits actuels :

Prenant alors le budget ordinaire des dernières année, il trouve une augmentation constante dans les recettes, mais il la trouve aussi plus grande encore dans les dépenses, de sorte que l'équilibre du budget ordinaire n'existe plus.

Il a fallu successivement absorber les réserves de l'amortissement, afin de couvrir le déficit, et bien que les promesses de M. le ministre lui assurent que les réserves de 1848 seront libres, M. Thiers ne le croit guère, ni peut-être M. le ministre lui-même, mais quoiqu'il arrive, là n'est pas le plus grand danger, c'est le budget extraordinaire qui préoccupe M. Thiers, et c'est sur ce budget qu'il appelle l'attention de l'assemblée.

M. le ministre des finances trouve déraisonnable qu'on ait la prétention d'effectuer des travaux considérables comme ceux qui s'éxécutent sur les recettes ordinaires, tandisque des moyens extraordinaires peuvent, seuls, y pourvoir.

Je vous accorde cela, répond M. Thiers ; et si en pareil cas, votre budget ordinaire se soldait avec des emprunts, cela serait déjà grave, car je rappellerai les leçon que j'ai reçues dans ma jeunesse de l'illustre Baron Louis qui, en nous traitant M. Duchatel et moi, avec une familiarité toute paternelle, nous disait souvent : mes amis, il faut toujours amortir pendant la paix, pour pouvoir emprunter pendant la guerre ; mais nous sommes déjà loin de ce temps là.

Cependant, ce langage parait être celui du simple bon sens, on le regardait alors comme un axiome.

Il est vrai que depuis, les esprits se sont agrandis, c'est devenu une vulgaire chose que de raisonner de la sorte ; nous avons aujourd'hui de plus grandes vues ; il faut donc emprunter pendant la paix.

Eh bien soit, dit M. Thiers, empruntez, et si l'emprunt ne devient votre ressource que pour le budget extraordinaire, je serai un peu plus rassuré, et voici pourquoi :

C'est que le crédit auquel vous vous adressez sera juge de votre conduite, et vous avertira utilement, en suscitant des difficultés à vos demandes, s'il en est besoin.

Mais vous n'avez pas voulu recourir à ce conseiller sévère, vous avez imaginé d'engager les réserves futures de l'amortissement jusques à 1858, et en attendant, c'est la dette flottante qui porte le fardeau.

M. Thiers est ainsi amené à définir ces réserves, leur objet spécial, les nécessités provisoires de leur accumulation, et puis, voulant montrer dans quelle voie facheuse s'est engagé le gouvernement quand la disposition anticipée des réserves futures l'a forcé de recourir à la dette flottante, dans un moment où son chiffre trop élevé nécessitait sa diminution au moyen d'un emprunt, ce que le gouvernement a déjà fait, il demande à bien fixer l'assemblée sur la masse de cette dette flottante, afin de lui faire voir les dangers qu'il se propose de lui signaler.

Il y a, dit-il, mille manières de présenter la dette flottante, on est dans le vrai ou dans le faux, selon la manière de l'entendre.

Il compare alors le trésor public à une maison de banque dont les opérations bien ou mal conduites lui servent à montrer comment elles peuvent faire la fortune du chef ou sa ruine.

La dette flottante est le réservoir de tous les capitaux dont la loi veut que l'état soit le caissier; le chiffre annuellement versé forme à peu-près un total de trois cent millions.

Quand cette dette est plus forte, l'état émet des effets à courte échéance appelés *bons royaux*, au moyen desquels les ressources de la dette flottante sont élevées de cinq à six cent millions.

C'est avec ces ressources que le gouvernement doit faire face à toutes les obligations que lui créent les sommes déposées dans sa caisse.

Les choses ainsi établies, M. Thiers entre avec détail dans l'examen des conditions financières où se trouve maintenant le trésor.

Or, d'après cet examen, la dette flottante s'élevera à la fin de 1848 de 750 à 800 millions, et il défie qu'on lui conteste ce chiffre.

La caisse ne reçoit environ que 300 millions de versements annuels dont les dépositaires peuvent demander le remboursement à de courts délais; et comme les besoins actuels de l'état exigent qu'on emprunte à la dette flottante une somme bien supérieure à celle qu'il reçoit, on y a pourvu en émettant 500 millions de *bons royaux* qui, ajoutés aux 300 millions, élèveraient déjà la dette flottante à près de 800 millions, si l'on n'avait pas eu recours à un emprunt pour empêcher qu'elle montât à ce chiffre.

Mais quelle est alors la position du ministre des finances? elle ressemble à celle du banquier imprudent dont M. Thiers a montré les embarras, quand il ne sait comment il fera face aux échéances de chaque jour, faute d'argent disponible.

Et de plus, ajoute M. Thiers, la double absorption des capitaux appliqués dans ce moment par l'état ou par les compagnies aux travaux publics est si grande que, se trouvant détournés de leur cours naturel, ils manquent au commerce, aux fabricants, aux banquiers, et dans son opinion, contribuent à la douloureuse stagnation d'affaires dont on se plaint, ainsi qu'à la dépréciation existant sur toutes les valeurs depuis 18 mois.

Quiconque connaît la marche des finances ne dira jamais qu'on peut, sans danger, enlever 500 millions à la circulation, et depuis plus de 20 ans, dit M. Thiers, que je discute ces questions avec les hommes les plus renommés de l'Europe en ces matières, je n'ai jamais entendu dire que la France pût emprunter tous les ans 300, et même 100 millions, quelle que soit la sécurité qu'inspire l'avenir ; et cette sécurité, selon moi, dit-il est loin de nous: voila, pourtant, ce que vous serez forcés de faire pendant huit ans, et s'il survenait une guerre, ou des évènements imprévus dans cet long intervalle, vous auriez placé le pays dans des embarras infinis.

Vous avez pu vous appeler le ministère de la paix, mais depuis les mariages espagnols vous ne l'êtes plus ; et si vous y regardez de près, vous reconnaitrez que la crise financière a commencée depuis une année, c'est-à-dire depuis le jour où vous avez abandonné la vieille politique qui vous rapprochait de la puissance avec laquelle on pouvait agir sur le monde, choisissant le moment où le monde devait le plus desirer qu'elle se maintint.

Et quand vous vous appelez le ministère de la prospérité publique, l'état de nos finances vous répond.

Pour moi dit en terminant, M. Thiers, je quitte la tribune profondément alarmé.

Nous n'avons donné qu'une analyse très incomplète de ce grand discours où l'orateur avait traité cette question du budget en financier consommé ; les investigations de M. Thiers avaient pénétré dans toutes les parties de ce vaste ensemble, et suivant les journaux du temps, il produisit une impression extraordinaire.

La presse dévouée au pouvoir convint, elle-même, que pendant trois heures la chambre était demeurée silencieuse, attentive et comme absorbée par le langage lumineux et saisissant qu'elle avait entendu.

Deux ministres y répondirent en opposant aux inconvénients des entreprises trop considérables qu'on leur reprochait les inconvénients peut-être plus fâcheux de se trouver en retard dans la création des voies rapides dont le commerce des nations voisines était déjà pourvu, mais ils ne parvinrent pas à détruire l'émotion qu'avait excitée l'exposé de M. Thiers qui, par sa réplique, montra dans quelle dépréciation étaient tombées les valeurs qu'on avait créées, et compléta ainsi les preuves décisives de la situation présentée par lui à l'assemblée.

Cette discussion eut pour résultat d'éclaircir un état de choses dont on n'avait d'avance qu'une idée confuse, et qui, mise en évidence d'une façon si lucide, révélait ce qu'il y avait de menaçant pour l'avenir.

La politique ministérielle fut accusée de compromettre à la fois les intérêts matériels aussi bien que les intérêts moraux; et dans Paris l'agitation des esprits paraissait plus grave que jamais.

Trois jours après cette remarquable séance, la discussion continuée sur l'adresse amena la chambre à s'occuper d'un paragraphe relatif aux affaires d'Italie, et aux sentiments qu'il importait d'exprimer sur les évènements dont elle avait été le théâtre.

Deux orateurs ayant parlé sur ce paragraphe, M. Thiers monte à la tribune pour dire à son tour ce qu'il en pensait.

Voici ces premières paroles :

Messieurs,

Je ne puis me défendre d'une vive émotion en songeant aux souffrances de cette noble contrée qui, en ce moment se débat sous la main de maîtres impitoyables.

Je sais le retentissement que nos discours doivent avoir au delà des alpes, et je ne voudrais pas ajouter de nouveaux ferments à l'incendie qui menace la péninsule italienne; mais ce qui serait plus fâcheux que des paroles imprudentes, ce serait l'indifférence dont notre silence serait accusé.

Malheureusement l'Italie doute aujourd'hui de nos sentiments, ce n'est plus vers nous que se tournent ses regards; il importe donc que ses souffrances et ses espérances rencontrent ici d'ardentes sympathies.

Je voudrais que ma voix pût être entendue de l'Italie toute entière, pour lui dire : la France vous aime comme on aime une contrée longtemps associée à ses destinées, non pour vous posséder comme il y a quarante ans, mais pour vous rendre indépendante, libre, heureuse.

Heureuse, répète M. Thiers, et ce mot, d'après lui, fait un grand contraste avec sa situation actuelle.

Il raconte alors le bombardement qu'a fait subir à Palerme, pendant quarante-huit heures, le gouvernement napolitain auquel les habitants de cette ville réclamaient, non des droits imaginés par des anarchistes, mais des droits écrits dans le cœur de tous les hommes, des droits garantis par la constitution donnée à ce pays.

Permettez-moi, dit M. Thiers, d'en appeler à l'humanité et à la justice : c'est un devoir de venir, du haut de la tribune française, faire retentir les paroles qu'inspirent de pareils actes.

Il rappelle le cri d'indignation que firent éclater en Europe les bombardements de Copenhague, de Barcelonne, et celui que les autrichiens, il y a 56 ans, voulurent entreprendre contre la trop longue résistance de Lille, il flétrit énergiquement les massacres horribles récemment commis par eux dans Milan, il condamne aussi les excès, si légers qu'ils soient, imputés à la population suisse. n'entendant pas moins réprouver les actes des gouvernements libres que ceux des gouvernements absolus, quand ils violent les droits de la justice et de l'humanité.

Aux yeux de M. Thiers, ces sentiments n'ont pas de frontières.

Imitons, ajoute-t-il, cette noble tribune d'Angleterre qui dit la vérité à son gouvernement comme aux étrangers, avec indépendance, et servons nous de la nôtre pour ceux qui n'en ont pas; flétrissons toujours les meurtriers, et plaignons leurs victimes.

Grace à la publicité, il y a aujourd'hui un tribunal de l'opinion devant le quel sont obligés de comparaître les plus puissants potentats.

Il y a deux ans, une religieuse polonaise, traversant l'Europe, est allée se jeter aux pieds du St-Père pour lui conter ses douleurs, et devant cette plainte d'un être faible, un grand souverain a cru devoir se justifier devant l'opinion par des publications que vous connaissez tous.

Reprenant ensuite la question politique, M. Thiers s'empresse de dire qu'il n'y a pour lui dans le monde aucune contrée qui ait plus de droit à notre intérêt que l'Italie.

Sommes nous chrétiens, chrétiens fervents, elle est la métropole de la foi, sommes nous des esprits éclairés, aimant tout ce qu'il y a de beau, elle est la patrie des arts et des lettres, elle est pour nous ce qu'était la Grèce antique pour les romains ses oppresseurs et ses élèves.

Sommes nous français et bon citoyens, elle est une sœur ayant long-temps combattu avec nous, et qui a généreusement versé des torrents de sang pour couvrir notre retraite, dans cette immortelle journée de Maloroya-Wets où, poursuivis par les frimats, nos alliés nous délaissaient.

L'Italie, dit M. Thiers, doit donc nous intéresser à tous les titres.

Qui ne sait, d'ailleurs, avec quelle vigilance ombrageuse nos anciens gouvernants portaient leurs regards sur la Bavière, le Piémont, et la Lombardie, quand les autrichiens nos ennemis invétérés qu'on appelait alors les impériaux, paraissaient dans ces contrées où le Danube et le Po sont leur route vers notre pays.

L'histoire nous dit quelle gravité y attachait la politique traditionnelle de la France.

Une question d'intérêt matériel préoccupait alors nos grands ministres, mais indépendamment de cet équilibre que je trouve écrit sur la carte de l'Europe, il y en a un autre aujourd'hui plus élevé, plus moral, c'est celui auquel la révolution française nous a donné mission de veiller.

L'Europe est partagée entre deux grands partis : une notable portion du continent vit sous des gouvernements absolus, une autre vit sous des gouvernements libres, ou qui aspirent à le devenir, le grand équilibre est entre ces deux portions du monde.

Toutes les fois qu'un gouvernement absolu devient un gouvernement libre, la France y gagne un ami.

Ce n'est certainement pas une raison pour aller, clandestinement, ou par violence, porter la liberté dans les pays qui ne l'ont pas, mais quand elle s'y développera naturellement, légitimement, sans autre complicité de notre part que d'avoir produit Montesquieu, Voltaire, Pascal, Descartes, ces sublimes agitateurs de la pensée humaine d'où notre grande révolution a surgi, en un mot, quand la liberté se développe ainsi quelque part, d'elle même, elle est alors sacrée comme l'enfant qui vient de naître, et la France ne doit pas souffrir qu'on y touche.

C'est là le vrai principe, dit M. Thiers, il doit être la source de nos inspirations, et dans ces inspirations se trouve la règle de notre conduite.

Et maintenant, ajoute-t-il, je m'adresse à vous tous : vous connaissez les derniers événements de l'Italie, ce n'est pas nous qui les avons fait, nous n'avons pas inspiré les révolutions que Léopold de Toscane et Charles Albert de Savoye ont prises, on peut y voir le génie de la France mais sa main n'est nulle part.

On nous accuse, cependant, de remuer le monde depuis trois siècles, en effet, nous sommes ces grands criminels qui ont proclamé, avec Descartes, la liberté de pensée, avec Bossuet, l'indépendance de l'église, et qui, avec Montesquieu et Voltaire, ont restitué ses droits au genre humain.

Nous sommes donc ces grands criminels, et j'en conviens avec orgueil pour mon pays.

L'Allemagne aussi, en donnant Leibnitz, et l'Angleterre en donnant Bacon ont pris rang parmi nous, mais quand nous n'aurons d'autres torts que d'avoirs allumé le flambeau de l'esprit humain, nous pouvons nous dire innocents comme il faut l'être dé la liberté italienne.

Entrant alors dans son sujet, M. Thiers raconte ce qui s'est passé à Rome, à Naples, en Toscane, à Turin, de quelle façon le le nouveau pape Pie IX a été nommé, quel enthousiasme ont produit ses premiers actes; et il persiste à dire que nous ne sommes pour rien dans le mouvement simultané de tout un peuple, qu'il est naturel, qu'il est l'œuvre du temps, et qu'il doit par conséquent être respecté.

Puis, il ajoute : le gouvernement nous objecte les traités de 1815, il en parle même avec le sang froid qu'il pourrait montrer s'il parlait de ceux d'Utrecht et de Wesphalie.

Eh bien, je viens, ces traités à la main qu'il faut respecter, mais en les détestant, vous prouver que vous n'avez pas fait pour l'Italie ce que vous deviez faire.

Ne disent-ils pas que hors des limites du pays qui revient à l'Autriche, elle sera composée d'états souverains et indépendants.

Ne s'ensuit-il pas que le Piémont, Parme, Modène, Florence, Rome, Naples peuvent se donner la constitution qui leur plaît, quand il leur plaît, et que personne n'a le droit d'intervenir pour les en empêcher?

Pourquoi donc avons-nous permis aux autrichiens d'entrer à Parme, à Modène?

Pourquoi souffrons nous qu'ils menacent Rome, Florence et Turin, et qu'on redoute tant leur intervention?

C'est, nous dit-on, parcequ'un de leurs dangers est d'avoir pour voisins des peuples libre.

Mais puisque la France supporte le voisinage du pouvoir absolu, ne faut-il pas que le pouvoir absolu supporte le voisinage de la liberté? dit vivement M. Thiers, il reproche donc à notre gouvernement la faiblesse de sa politique, et à cette occasion, il renouvelle l'expression de ses regrets sur cette alliance anglaise qui nous aurait rendu si facile de marcher à deux dans cette question d'Italie, ainsi que le prouve le document dont il va parler.

Il signale, en effet, comme inéxactement interprétée, une

dépêche du gouvernement anglais, donnant à croire, suivant M. Guizot, qu'il prenait parti pour l'Autriche contre l'Italie, tandisqu'en réalité ce gouvernement disait que les frontières de tous les états italiens, grands ou petits devaient être respectées ; et qu'il ne pourrait voir avec indifférence l'intervention d'une force étrangère dans ces contrées.

M. Thiers cite les passages de la dépêche qui le constatent, en ajoutant : les italiens savent donc que ce gouvernement conseille des réformes à leurs princes comme le seul moyen de calmer ces peuples les plus intelligents de la terre, dit-il, et qui, plus que d'autres, doivent trouver intolérable une législation barbare dont la justice est souvent exercée par le bourreau.

L'Angleterre, d'après lui, a pris la position que la France devrait avoir, et voici comment la question serait bien résolue.

Il voudrait qu'on fit cesser les craintes inspirées par l'Autriche aux italiens et à leurs princes, et que l'on conseillât à ces derniers toutes les concessions compatibles avec l'ordre, de manière à ce que princes et peuples pussent marcher le plus long-temps possible de bon accord.

C'est ce que notre gouvernement n'a pas osé faire par condescendance pour l'Autriche, au lieu d'encourager les souverains il les a plutôt découragés.

Eh bien ! dit M. Thiers, la politique que vous abandonnez, je voudrais que l'opposition fut assez puissante pour la recueillir ; et si ma voix pouvait aller jusques aux italiens, je leur dirais : peuples, princes, soyez unis ; aujourd'hui l'autel de la patrie, c'est l'autel de la concorde, que les uns y déposent une partie de leur pouvoir, les autres, leurs exigences intempestives, et que toutes les populations qui s'étendent de Turin à Florence, à Naples, à Palerme forment un seul tout ; qu'elles se présentent à l'ennemi commun ayant à leur tête Pie IX et Charles Albert, et dans cette attitude vous serez respectés.

Mais s'il en était autrement, si l'on voulait attenter à vos droits, à votre indépendance, croyez le bien, le cœur de la France n'est pas glacé ; la France est vieille de gloire, mais elle est jeune de cœur, et si elle reconnaissait quelque part la liberté et l'indépendance de l'Europe menacées, vous ne la trouveriez pas dégénérée, car elle n'est dégénérée que dans l'opinion de ceux qui la croient faite à leur image, et ce jour là, italiens, vous seriez sauvés.

15

Ce discours, où respiraient les sentiments généreux et libéraux de M. Thiers, trouva le plus vif accueil dans l'assemblée; les ministres eux mêmes parurent l'approuver, et M. Guizot lui fit une réponse résumée dans ces mots : tout ce que vous avez dit, nous l'avons fait, ou voulons le faire; la majorité applaudit alors M. Guizot, et le 5me paragraphe relatif aux affaires d'Italie ne fut modifié sur aucun point.

Dans la séance suivante, l'ordre du jour ayant appelé la suite de la délibération sur le paragraphe 6 de l'adresse relatif aux événements de la Suisse, M. Thiers monte aussitôt à la tribune et dit à l'assemblée :

Messieurs,

La question que je vais traiter est très vaste et très compliquée; ne voulant perdre ni mon temps ni le votre, je me borne pour tout préambule, à vous promettre une grande modération de langage, et j'y aurai quelques mérite, car, depuis long-temps, aucun acte de gouvernement ne m'a causé autant d'irritation que celui-là.

Mes adversaires, dit-il, ne voient dans l'affaire suisse que le triomphe du radicalisme, et les efforts malheureux du gouvernement pour l'arrêter, et moi, dit M. Thiers, j'y vois notre gouvernement épousant la cause de la contre révolution avec une hardiesse qui m'a confondu, lui sacrifiant le droit des gens et l'intérêt de nos principes ; et j'espère que la chambre comprendra tout ce que j'éprouve si j'arrive à lui montrer sur quels motifs la vivacité de mes sentiments est fondée.

Pour bien s'entendre, il est nécessaire de s'expliquer sur les faits :

Depuis cinquante ans, la Suisse a eu à traverser les mêmes vicissitudes que nous; l'ancien régime et le nouveau ont longtemps lutté ; en 1798 la main puissante de Napoléon y mit fin, en leur imposant sa dictature, sous le nom pacifique de médiateur; ils subirent deux invasions comme nous en 1815; et comme nous, une contre-révolution dont la durée fut un temps d'oppression étouffante; puis survint une véritable révolution de juillet, à partir de la quelle un essai de gouvernement modéré a fini par échouer entre la contre-révolution qui voulait reprendre ses avantages, et la révolution qui n'a voulu abandonner aucun des siens.

La Suisse, dit M. Thiers, quoique en république, n'a pas toujours été le séjour du bonheur et de la liberté.

Dans les petits cantons que l'on peint comme un pays de mœurs
patriarcales, on y trouverait un peuple plus fanatique que celui
de la Vendée et de la Bretagne, et dominé par des prêtres et des
familles militaires levant des régiments loués à tous les souverains
de l'Europe, disposant dans ces régiments des grades et des pensions, et jouissant dans le pays d'une puissance absolue.

Dans les grandes villes, comme Zurich et Berne, régnait une
aristocratie despotique, comme celle de Venise, sur des classes
assujetties et vassales.

Chez eux, comme chez nous, la révolution vint mettre un
terme à ce régime oppressif, mais de même que les intérêts de
l'ancien ordre de chose se réfugièrent chez nous dans la Vendée
et dans la Bretagne, de même en Suisse, les partisans des vieilles
idées se retirèrent dans les retraites inaccessibles des alpes, où,
sous le couvert de la doctrine cantonale, ils disaient : nous sommes une réunion d'états souverains chez eux, pouvant, chacun
chez nous, choisir l'état social qu'il nous plaît.

Oui, leur répondait le parti de la révolution ; vous avez parfaitement ce droit : mais il y a une Suisse au nom de la quelle
nous voulons faire cesser les abus qui déshonorent l'humanité
dans notre pays.

Il arriva, dès lors, ce qui arrive toujours dans une longue
lutte : les deux partis exagérèrent leurs doctrines.

Celui de l'ancien régime conduit par des officiers du 10 août et
de l'Autriche détruisit le gouvernement libéral qu'il allait, disait-
il, jeter dans le lac de Genève, quand survint en 1798, le premier consul, qui, malgré sa répugnance à intervenir, en comprit,
à son point de vue, la nécessité politique, et se fit médiateur entre les deux partis.

Il maintint le pacte fédéral, et par l'équité de son arbitrage
appliquée aux prétentions opposées, il parvint à rétablir la paix ;
c'était alors l'époque des sages et grandes pensée qui l'animaient,
dit M. Thiers, le code civil et le concordat sont de ce temps.

Après avoir ainsi rapidement parcouru l'histoire de la Suisse
depuis le consulat jusques à nos jours, il exprime, en définitive,
l'avis que le pacte fédéral tel qu'il est, ne suffit plus à l'état des
mœurs et des esprits ; et sans desirer le moins du monde que

la Suisse soit unifiée , ni que l'acte qui la constitue subisse des changements pouvant lui faire perdre l'état de neutralité convenu entre elle et les puissances de l'Europe, il voudrait, néanmoins, voir centraliser l'autorité fédérale, de manière à rendreplus facile l'action de la force partout où il serait nécessaire de l'exercer.

M. Thiers, expliquant sa pensée , dit encore à quel point il trouve facheux les inconvénients de l'alternat dont les conditions font que le gouvernement a des tendances rétrogrades ou révolutionnaires, selon que sa direction passe de Lucerne à Berne ou Genève, d'où il suit que tous les deux ans, le changement de couleur et de direction y perpétue les dangers d'une guerre civile.

Rappelant alors ce qui s'est passé à propos des jésuites, il manifeste le regret qu'il a ressenti en voyant le pouvoir tomber, des mains trop débiles du parti modéré, dans celles du parti avancé (car je suis conservateur, quoi qu'on en dise), dit M. Thiers; et ce regret est bien sincère, mais le parti de la contre-révolution avait imaginé de soulever cette question des jésuites pour refaire ses affaires, en revendiquant la liberté religieuse, au nom de laquelle il entendait installer en Suisse cette société.

Ici M. Thiers fait l'histoire de la grande lutte qui s'en est suivie, il raconte les principaux faits relatifs aux divisions, aux troubles, et à la guerre civile faisant explosion, lorsque la question a passée de la diète aux cantons.

Il déplore ces sanglants conflits, mais en constatant que l'humanité a moins souffert que dans bien d'autres.

En définitive, il s'applaudit de la grande force et de l'habileté déployées par la diète dans cette malheureuse occasion.

Après son long exposé, M. Thiers ajoute : notre gouvernement s'est trouvé placé entre le parti de la contre-révolution voulant obstinément le retour de l'ancien ordre de choses, le poursuivant par l'insurrection, le massacre, l'appel à l'invasion étrangère, et le parti avancé en possession du pouvoir, et déterminé à faire usage de la force contre de pareilles prétentions.

Vous avez dit : notre gouvernement a fait son choix; mais, répond M. Thiers, quelle raison aviez-vous de vous mêler à cette querelle ? pourquoi ne pas vous en tenir à cette maxime du *chacun pour soi et chacun chez soi* , que vous nous avez si souvent opposée ? pourquoi tant de zèle; croyez vous qu'il n'y ait pas lieu de s'en étonner et de s'en plaindre ?

Quand la révolution espagnole est en péril, vous êtes alors plein de prudence et de froideur ; quand on foule aux pieds tous les sentiments humains dans telle contrée de l'Italie, vous dites : il faut respecter les grandes puissances , et lorsqu'en Suisse, le parti de la contre-révolution est aux prises avec celui de la révolution avancé (j'en conviens), mais qui se conduit honnêtement au pouvoir, vous provoquez une intervention des puissances contre lui par votre vote du 4 novembre, sur quoi fondez-vous un pareil acte ? le pacte fédéral , dites vous, a été garanti par elles : c'est une chose que je conteste, répond M. Thiers.

Cette tutelle sur les institutions d'un pays voisin serait si exorbitante qu'elle ne se suppose pas, il faudrait qu'elle fut clairement spécifiée par les traités, et les traités n'en parlent pas.

Au contraire, les puissances ont mis le plus grand soin à montrer qu'elles ne se mélaient pas du pacte; et de l'explication comme de la déclaration écrite dont M. Thiers donne lecture, il résulte en effet, que leur intervention avait uniquement pour objet, de pacifier la Suisse , en proposant des moyens de transaction conformes au bien de tous.

D'ailleurs, ajoute-t-il, mettons les choses au pire , admettons que la Suisse veuille s'unifier, (ce qui n'est nullement dans son intention) j'en suis sur, est-ce que cela vous donne le droit d'intervenir ? pas le moins du monde ; le seul droit que vous auriez serait de considérer le contrat comme rompu ; la Suisse ne serait plus neutre ; voilà toute la question.

Peut-être la chose ne serait pas très regrettable pour elle, car en perdant la neutralité, elle recouvrerait son indépendance; mais vous, vous méconnaissez le droit des gens , en soutenant qu'on peut lui imposer une volonté, et agir dans ce but.

Au reste, si le droit des gens est bien quelque chose, l'intérêt de la France me touche encore plus, dit M. Thiers , et il se demande comment l'entend notre gouvernement quand il adopte la doctrine autrichienne qu'on peut se mêler des affaires de la Suisse.

D'après lui, notre premier soin devrait être d'éloigner de cette nation non seulement les armées de l'Europe, mais aussi sa diplomatie et ses idées.

C'est un principe, dit-il, que je tiens pour incontestable ; et la conduite du gouvernement à cet égard suppose l'oubli de la politique la plus naturelle et la plus constante de la France.

Savez-vous bien, ajoute-t-il encore, toute l'importance de la frontière Suisse et quel malheur énorme ce serait pour nous de l'affaiblir ?

Ignorez-vous que dans une guerre avec le continent, nous avons de Nice à Bâle 500 lieues à garder, si nous ne sommes pas garantis au milieu de cette ligne par une neutralité puissante de la Suisse.

C'est une question de vie ou de mort pour nous, et pendant que la force de la Suisse vous fait peur, moi, je l'invoque, dit M. Thiers.

Ouvrez l'histoire que vous savez aussi bien que moi, elle vous dira que si la Suisse a 100 mille hommes pour empêcher qu'on viole son territoire, ces 100 mille hommes sont à nous ; et si jamais elle se fait une bonne armée, c'est à notre profit, vous tournez donc le dos à la fortune quand vous soutenez une politique contraire.

Maintenant, s'il faut souhaiter un gouvernement fort à la Suisse, il s'agit de savoir dans quelles mains il faut le souhaiter.

C'est ici que j'ai à vous demander compte de vos sympathies pour le *Sonderbund*.

Quand vous étiez en présence du parti contre-révolutionnaire, du parti du juste milieu, et du parti radical, comme vous l'appelez, que vous eussiez préféré le partie modéré, rien de plus simple, mais il n'existe plus, vous êtes donc placé entre la révolution et la contre-révolution, et vous préférez hardiment ce dernier parti, c'est celui auquel vous consacrez tous les efforts de votre politique, en oubliant qu'il a deux fois livré le pont de Bâle aux autrichiens.

Messieurs, c'est là tout l'intérêt de la question pour la France.

Vous ne pouvez pas en douter, si l'Autriche était encore aux portes de Bâle, ce parti livrerait encore le pont pour la troisième fois, et c'est pour ces hommes que vous compromettez la France dans une affaire difficile à traiter.

Je ne suis certainement pas radical, tout le monde le sait, mais entendez bien mon sentiment ; je suis du parti de la révolution tant en France qu'en Europe, je souhaite que son gouvernement reste dans les mains des modérés, mais quand il passerait dans les mains d'hommes ardents, fussent-ils radicaux, je n'abandonnerai jamais ma cause, je serai toujours du parti de la révolution.

Après cette profession de foi suivie de quelques considérations sur les principes de la politique, M. Thiers abordant la conduite du gouvernement, fait voir à quel point il s'est fourvoyé dans les affaires dont on s'occupe.

Il poursuit dans les termes d'une cruelle ironie toutes ses méprises diplomatiques, et lorsque, engagé dans la voie où, pour éviter un ridicule, il a peut-être, songé à déclarer la guerre à la Suisse, il est alors devenu bien coupable, dit-il, mais je le défie de demander dans ce but un seul homme et un seul écu à la France.

C'est là l'alternative où vous a placé votre imprévoyance, ajoute M. Thiers, et maintenant je ne dirai plus qu'un mot.

Voyez l'état du monde, ces deux portions, dont je vous parlais avant hier, qui cherchent à se mettre en équilibre, qui se regardent, qui se menacent presque, et voyez notre situation.

Vous vous êtes créé avec l'Angleterre une querelle qui s'envenime tous les jours, vous avez suscité en Espagne une question de succession, vous avez, en Italie, des états menacés des plus grands dangers, vous êtes allé vous faire avec la Suisse une affaire des plus difficiles, que vous ne terminerez pas quand vous voudrez.

Je vous demande la permission de vous le dire : si un fâcheux sentiment ne vous a pas animé, vous avez été d'une imprévoyance impardonable, et peut-être avez vous les deux torts à la fois.

De vifs applaudissements accueillirent M. Thiers quand il descendit de la tribune.

M. Guizot, président du conseil y monte aussitôt pour demander que la discussion soit remise à la prochaine séance.

Le lendemain, 3 février, voici comment il commença :

Messieurs,

En entendant le discours de M. Thiers j'ai ressenti une souffrance au moins égale à l'irritation que causait à cet adversaire la politique du cabinet.

Le sentiment qui s'élevait en moi, dit-il, était celui-ci :

Voilà donc où peut en être encore un esprit si éminent, voilà quelles passions peuvent encore le dominer.

Entrant ensuite en matière, il remonte à l'origine du pacte fédéral, il en discute les dispositions ; il conteste les assertions de son contradicteur, et soutient le droit qu'a notre gouvernement de signifier des injonctions à la diète.

Dans son opinion, la question des jésuites a servi de prétexte aux passions des radicaux ; cette société était de droit commun en Suisse, tandis qu'en France le droit est contre elle.

Néanmoins, il regrette, comme M. Thiers, les luttes qui en ont surgi, mais il impute au gouvernement, vainqueur du Sonderbund, toutes les violations de la liberté, ainsi que le constate une longue série d'articles de journaux qu'il communique à l'assemblée.

Il dénonce donc l'état révolutionnaire que traverse la Suisse ; d'après lui les mœurs publiques s'altèrent profondément dans ce pays, et il déplore qu'à la vieille Suisse survive une Suisse indigne de la remplacer.

Après cela, M. Guizot nie que la lutte soit entre la révolution et la contre-révolution, comme le prétend M. Thiers ; la contre-révolution est un fantôme ; il ne s'agit, en réalité, que de contenir l'influence funeste des radicaux, et cette nécessité ressort, elle même, de l'opinion qu'exprimait M. Thiers contre ce parti, dans ses dépêches de 1836 dont il donne lecture à l'assemblée.

M. Thiers reprenant alors la parole, rétablit, en les complétant, le vrai sens de ses dépêches.

Il s'agissait alors de 1500 polonais ou Italiens réfugiés, sortis armés de la Suisse pour aller attaquer la Savoie : ce n'était pas la Suisse agissant sur elle-même, c'était la Suisse agissant sur des territoires voisins, et comptant que la France ne permettrait aucun moyen de répression contre elle.

Voici ce que M. Thiers écrivait à son gouvernement.

Ce qui donne du feu à vos exaltés de la Suisse, c'est la confiance qu'une fois compromis, la France sera forcée de les épauler, ne leur laissez aucune illusion là dessus : la France ne fera pas comme les chefs de parti qui se laissent mener par lui ; je ne sais rien de plus déplorable que ce rôle, et je ne consentirai jamais à le faire jouer par un cabinet français.

S'il plaît à Messieurs de Berne de faire des folies, ils les feront tout seuls ; ils voudraient profiter de nos dispositions à ne tolérer de la part des autrichiens aucune intervention sur leur territoire, mais on pourrait user contr'eux d'un blocus auquel nous donnerions notre adhésion au besoin, en un mot, nous laisserions la Suisse exposée à tout châtiment qui ne sera pas une invasion armée.

Aprés cette réplique, M. Guizot remonte à la tribune pour affirmer que les radicaux sont aujourd'hui plus exaltés qu'alors; qu'ils continuent à menacer toute l'Europe, et qu'en essayant, de concert avec les autres puissances, de réprimer l'esprit qui les anime, on rendrait le plus grand service à cette nation.

Il assure, cependant, qu'on ne songe nullement à recourir à la force pour arriver à ce but.

Mais quand M. Guizot eut cessé de parler, M. Thiers fit remarquer que, par une dernière note adressé à la Suisse nous nous étions exposés à recevoir une réponse où l'on pourrait nous dire que leurs dissensions intérieures ne nous regardent pas; il en résulterait donc qu'en nous répondant ainsi, nous nous trouverions réduits, comme il l'avait déjà fait observer, à l'alternative d'une démarche ridicule, ou d'une intervention très facheuse; et maintenant, il prie l'assemblée de juger, elle-même, où risque de nous mener la conduit du ministère.

Ainsi se termina ce débat.

Immédiatement après, le paragraphe de la commission auquel s'était rallié le gouvernement fut voté à une grande majorité.

Ce chiffre fut même plus considérable que de coutume ; néanmoins, malgré ce nouveau gage de confiance, il continuait de se produire en dehors de la chambre un mouvement accentué d'opinion dont les progrès devaient paraître très inquiétants; et bien que, par son talent et son éloquence, M. Guizot parut toujours exercer sur la majorité l'ascendant dont il s'efforçait, par tous les moyens, de faire usage pour la rendre plus nombreuse et plus compacte, le succès de ses efforts sur certains esprits ne pouvait lui dissimuler que son autorité perdait de son prestige, en voyant se détacher de lui des hommes importants qui, depuis leur défection, s'étaient rangés parmi les adversaires les plus ardents de sa politique.

Ce fut un de ces hommes, M. Duvergier de Hauranne qui, dans cette discussion du projet d'adresse, demanda, le premier, la parole pour parler sur le 10ᵐᵉ paragraphe dont la chambre devait s'occuper.

Le discours du trône avait mis dans la bouche du roi une vive expression de blame contre une partie de l'assemblée, à l'occasion des nombreux banquets auxquels les députés de l'opposition avaient assisté dans un but d'agitation légale, en faveur de la réforme constitutionnelle qu'ils réclamaient.

La commission, dans son projet, reproduisait ce blâme, et par la véhémence de son discours, M. Duvergier passionna le débat.

Il s'en suivit un amendement qui fut aussitôt dénoncé par M. Guizot comme l'œuvre d'un transfuge ; la lutte devint alors très animée entre les divers orateurs, le droit de réunion fut mis en question, et le gouvernement, par l'organe du ministre de l'intérieur, menaça de recourir aux lois de police pour mettre obstacle à l'exercice de ce droit ; cette menace suscita aussitôt de vives récriminations.

M. Thiers prit la parole, un des derniers, et dit de sa place, n'ayant assisté à aucun banquet, je ne suis point de ceux auxquels s'adressent les expressions du discours de la couronne, mais, par honneur, et par devoir, je suis obligé de les combattre parcequ'elles me paraissent une violation flagrante des droits de la minorité.

Se retournant alors vers le président de conseil : vous avez dit que la majorité pourrait, à la rigueur, nous interdire la parole, je lui refuse ce droit, elle ne peut me faire taire, le droit de nous tous est écrit dans la charte, il est aussi sacré que celui de la royauté.

Comme vous, je reconnais que nous pouvons nous juger les uns les autres, quand nous nous jugeons comme individus ; nous pouvons même être injustes, la liberté le veut ainsi ; mais qu'on me cite un seul cas où les pouvoirs publics se retournant contre eux-même, ont osé juger telle ou telle partie de l'assemblée.

Suivant M. Thiers, quand les discours de la couronne jugent la politique de l'opposition, en se livrant à des généralités qui expriment un blâme, l'opposition n'est pas fondée à s'en plaindre, elle a le droit de formuler le même blâme dans un autre sens, c'est ce qui se passe depuis 17 ans.

Mais votre langage d'aujourd'hui diffère de celui que vous teniez les années précédentes : il devient une personnalité blessante pour ceux de vos collègues, dont vous dites qu'ils cèdent à des *entraînements aveugles ou à des passions ennemies*, dans un discours solennel où chaque expression doit être réfléchie, mesurée, et dont la convenance rend, à un certain degré, responsable l'orateur auguste qui l'a prononcé, c'est contre cela, dit M. Thiers que nous réclamons.

Il défie qu'on trouve, aux époques des plus violentes passions un seul discours d'ouverture, qui ait fait dire au roi que, dans une chambre dont les membres lui avaient prêté serment, il se trouvait des ennemis de la monarchie, c'est, ajoute M. Thiers, une violation du droit, une imprudence extravagante que la chambre aggraverait en la répétant.

La séance fut levée au milieu d'une extrême agitation.

Le lendemain, des amis dévoués à la royauté invitèrent le gouvernement à prendre l'initiative d'une réforme qui pût satisfaire l'opinion; MM. de Rémusat et Dufaure pressèrent la majorité de réfléchir aux périls de la situation que l'effervescence des esprits faisait prévoir.

Ils disaient que les passions haineuses n'avaient jamais si vivement mis en cause la personne du roi, et les institutions que sont la dernière garantie de la paix publique.

Nonobstant ces instances, les diverses propositions faites, en vue d'une transaction, furent successivement repoussées.

Ce nouveau résultat corrobora le ministère dans la pensée qu'en transigeant, il paraîtrait faiblir, et M. Guizot précisa, lui même, en quelques mots décisifs qu'on n'accepterait pas de réformes cette année, qu'il n'y aurait ni engagements ni promesses pour l'avenir, et conformément à cette déclaration, le gouvernement se montra résolu à sévir contre les manifestations qui lui paraîtraient de nature à compromettre la paix publique.

Le 14 février eut lieu une réunion de plus de cent députés pour décider quelle ligne de conduite il convenait de suivre, après le vote du dernier paragraphe de l'adresse.

On rédigea une protestation contre le vote qui constituait, disait-on, une violation flagrante des droits de la minorité, l'on arrêta qu'il se ferait un nouveau banquet, en réponse aux menaces dont ces réunions leur paraissaient arbitrairement frappées, et que ceux d'entre les signataires qui seraient désignés par le sort pour faire partie de la députation ne participeraient pas à la présentation de l'adresse.

Le 18 février suivant, la presse de l'opposition, ayant annoncé d'avance le jour du banquet et le lieu où il serait dressé, les députés qui devaient y prendre part publièrent que ce banquet était un grand acte de résistance contre une mesure que désavouaient les principes de la constitution, et ils proclamaient que, dans un pays libre, l'attitude calme et résolue des citoyens, respectant la loi et défendant leurs droits, était la plus irrésistibles des forces nationales.

C'était une réponse à la proclamation du préfet de police interdisant le banquet, attendu, disait-il, que les termes de la convocation et les mesures prises par les commissaires tendaient à faire croire qu'il existait un gouvernement en face du véritable gouvernement du pays.

Le 22 février, de graves désordres éclatèrent dans la soirée; et comme la veille, ils avaient été pressentis par la commission du banquet, son président s'était empressé de prevenir le ministre de l'intérieur que le banquet projété n'aurait pas lieu, mais en même temps 52 députés signèrent une proposition de mettre en accusation le ministère.

Le président de l'assemblée en fut saisi dans la séance du lendemain, et l'a renvoya immédiatement à l'examen des bureaux.

Le même jour, 23 février, un député demande à interpeller le ministère, aussitôt M. Guizot intervient pour informer l'assemblée que le roi venait de faire appeler M. le comte Molé pour la formation d'un nouveau cabinet.

A cette nouvelle, le président annonça que ceux des membres qui avaient déposé des propositions contre le ministère demandaient à les retirer.

Un des ministres réclame qu'on les maintienne; M. Dupin propose l'ajournement, et le motive sur le besoin de rétablir la paix publique.

L'ajournement n'est par adopté : dans la soirée qui suivit cette séance, M. Molé ayant annoncé au roi qu'il ne pouvait réussir à former un cabinet capable de répondre aux exigences de la situation, il fallait avoir recours à M. Thiers.

Mandé au chateau dans la nuit, il s'y rendit sans délai, il accepta la présidence du conseil, mais il mit à son acceptation la condition que M. Odilon-Barrot ferait partie du cabinet, comme ministre de l'intérieur.

La prompte adhésion du roi permit qu'à 8 heures du matin la proclamation suivante fut publiée :

Nous venons d'être chargés par le roi de composer un ministère, la chambre va être dissoute ; le général Lamoricière est nommé commandant en chef de la garde nationale de Paris.

MM. Odilon-Barrot, Thiers, Lamoricière, Duvergier de Hauranne sont ministres.

(Liberté, ordre, union, réforme).

Mais ces ministres arrivaient trop tard ; le mouvement insurrectionnel avait pris des proportions contre lequel vinrent se briser tous les efforts de leur dévouement.

Le roi désespérant alors de voir le calme se retablir signa son abdication en faveur de son petit-fils, le comte de Paris, avec la régence de sa mère.

La publication de cet acte n'eut pas de résultat, dans ce moment, la population et la troupe fraternisaient ; le soir même parûrent les premiers noms des membres du gouvernement provisoire, et le 24 février, des proflamations nouvelles annonçant la formation de ce gouvernement publièrent que ses membres établissaient le gouvernement républicain, en attendant que la nation fut appelée à ratifier par son vote la résolution du pouvoir qui venait de surgir.

Il s'en suivit la nomination du nouveau personnel ministériel et de tous ceux dont le concours devenait indispensable au fonctionnement des divers rouages administratifs de la république, comme gouvernement provisoire de la France.

CHAPITRE XV.

En voyant tomber la dynastie qu'il avait contribué à fonder, M. Thiers, dut être bien plus affligé que surpris de sa chute.

Il avait assez souvent averti son chef des écueils sur les quels le navire dont il entendait obstinément garder la direction risquait de sombrer, et dans le profond chagrin que lui donna ce naufrage, M. Thiers put se rendre le témoignage d'avoir tout fait pour conjurer la tempête qu'il redoutait.

Nous qui le suivons pas à pas dans l'accomplissement glorieux de ses actes politiques, nous n'en connaissons aucun dont le souvenir ait pu mêler le moindre remords à ses regrets.

De tous les hommes qui s'étaient voués au service du gouvernement personnifié dans la dynastie d'Orléans il n'y en a pas un, selon nous, qui se soit montré lpus véritablement son ami que celui qui refusa constamment de sacrifier ce qu'il croyait être la vérité aux calculs qu'un intérêt personnel aurait pu retirer d'un dévouement plus complaisant, mais moins sincère.

M. Thiers fut réellement cet ami, et voici quelques extraits d'une lettre qu'il écrivit, plus tard, aux électeurs des Bouches-du-Rhone, à l'occasion de la candidature qu'on lui offrait.

« Je vous remercie, Messieurs, du souvenir que vous avez bien voulu conserver de moi, et des services que j'ai pu rendre à la France, pendant 18 ans de ma vie publique.

« Je crois, en effet, avoir quelque droit au choix du département dans lequel je suis né, ayant servi avec un ardent patriotisme, la cause de l'ordre, de la liberté et de la grandeur nationale.

« Mais je n'ai désiré, ni voulu la république : dans mon opinion, la monarchie constitutionnelle que je regrette me paraissait suffisante pour nous assurer une large liberté.

« La providence en a décidé autrement ; je m'incline devant ses décrets, et si je suis prêt à résister à toute tyrannie, je ne résisterai jamais à la force des choses manifestée par des signes éclatants.

« J'accepte donc la république, sans arrière pensée, mais je n'entends désavouer aucune partie de ma vie.

« Dans les premières années qui ont suivi 1850, j'ai défendu la cause de l'ordre, et l'ordre à peine rétabli, j'ai défendu la cause de la liberté et de la grandeur nationale qui, à leur tour, me semblaient en péril par la faute d'une royauté que je me garderai bien d'outrager, surtout aujourd'hui qu'elle est proscrite.

« Certes j'aurais pu obtenir les prédilections de cette royauté ; je ne les ai point recherchées parceque mes convictions ne pouvaient s'accorder avec celles du roi régnant.

« Sur 18 années j'en ai passé 12 dans l'opposition la plus ferme et la plus désintéressée, et si je consens à être porté à la députation, c'est par devoir, par dévouement, par honneur, non pour travailler dans la future assemblée à une restauration déguisée, mais pour contribuer franchement à la constitution de la nouvelle république sur des bases solides et durables, et pour y défendre les conditions essentielles de l'ordre, de la famille et de la propriété.

« Je prie mes amis de ne prendre d'autre engagement pour mon compte que celui de travailler loyalement à bien constituer le nouvel ordre de choses dans l'exercice d'une mission désirable pour moi, à la seule condition de l'obtenir de la confiance des électeurs.

« Dans le cas contraire, je rentrerai avec bonheur dans la retraite pour y méditer en repos sur les lois éternelles des sociétés humaines, et pour y faire des vœux ardents en faveur de cette France que j'ai tant aimée, et que j'aime encore en proportion des dangers qu'elle peut courir.

« Les élections eurent lieu le 27 avril, et M. Thiers ne parut pas sur la liste des premiers élus du suffrage universel qui venait d'être inauguré sous le nouveau régime, n'ayant pas posé sa candidature à ces élections.

Retiré dans ce moment à la campagne, il employait ses loisirs à faire sur le principe de la propriété et ses droits sociaux un livre qui obtint autant de succès que ses autres œuvre ; et lorsque s'effectuèrent les élections complémentaires du 8 juin suivant, cédant alors aux appels pressants faits à son patriotisme, il obtint à la fois quatre nominations, une à Paris, trois dans les départements, et le département de la Seine inférieure fut celui pour lequel il opta.

Dans les premières réunions de la nouvelle assemblée, on s'occupa du projet de constitution et des lois organiques destinées à la compléter.

M. Thiers prit la parole dans le bureau dont il avait été nommé président, et parla sur la déclaration *des droits de l'homme, et du droit au travail.*

En principe, dit-il, j'aime ce qui est simple et positif.

J'ai peu de gout pour les déclarations générales toujours un peu déclamatoires mises en tête de la plupart de nos constitutions ; l'exemple de la première république me touche peu, la notre dont je souhaite le paisible établissement ne doit pas, si elle veut reussir s'attacher à imiter sa devancière, elle doit au contraire se distinguer d'elle, par la simplicité du langage, la sagesse de conduite et le bon sens.

Mais puisque cette déclaration se trouve en tête de notre constitution, il y aurait peut-être plus d'inconvénients que d'avantages à la retrancher, bornons nos efforts à supprimer ce qu'elle a de défectueux ; et les idées subversives qu'on s'attache à répandre me font reconnaître la haute utilité de proclamer le double principe de la famille et de la propriété ; quand au droit au travail, il implique aux yeux de M. Thiers une promesse irréalisable.

Il ne faut, dit-il, promettre au peuple que ce qu'on peut lui donner, car si on le trompe, il s'en venge le fusil à la main.

Y a-t-il quelqu'un qui ose affirmer qu'on pourra tenir ce que promet le droit au travail ? je déplore donc l'imprudence avec laquelle on soulève des questions insolubles.

Le droit d'assistance paraît, à la rigueur, praticable aux yeux de M. Thiers.

Du reste, il demande une discussion solennelle avec les chefs de secte, et qu'elle soit approfondie, sans réticences.

Il faut qu'on sache si quelqu'un possède le secret de supprimer les misères du peuple, et si personne ne le possède, ce secret, qu'on cesse de le promettre, si l'on veut éviter l'effusion du sang humain.

M. Thiers rappelle à ce sujet les horribles scènes aux quelles il vient d'assister; c'était la sanglante insurrection de juin, provoquée par la dissolution des ateliers nationaux; il entre ensuite dans certains détails sur les moyens d'améliorer la situation actuelle; mais les combinaisons qu'il imagine dans ce but lui paraissent toutes d'un succès très douteux; d'après lui, proclamer le droit au travail, et prendre un engagement au nom de l'état, ce serait à la fois une imprudence, un faux principe, un mensonge dit à la face du peuple, et dans l'exposé de son opinion, l'esprit railleur de M. Thiers et son bon sens voltairien firent, à cette occasion, bonne justice des creuses théories de ce temps.

Cette révolution de 1848 avait été si subite et si imprévue qu'elle excitait une fièvre d'innovation d'où surgissaient les extravagances les plus insensées; on rêvait la destruction de la société, de fond en comble, pour la reconstruire sur d'autres fondements; tous les principes sur les quels elle repose étaient mis en question.

Le vertige s'était emparé de quelques esprits réputés supérieurs, au point que le succès menaçant de leurs doctrines qui tendaient à tout bouleverser nous aurait replongés dans le chaos.

La famille, le travail, la propriété, la religion, trouvaient leurs destructeurs comme leurs soutiens dans une polémique incroyable.

A la perturbation de l'ordre matériel succédait une perturbation morale plus dangereuse encore.

Le rétablissement de l'ordre sur sa double base paraissait le plus pressant des besoins.

Après son élection, M. Thiers ayant été aussitôt nommé membre du comité des finances, il fut chargé par lui de faire le rapport relatif à la réoganisation de l'impôt et du crédit que le citoyen Proudhon proposait à l'assemblée.

Ce projet était, lui même, un bien triste témoignage du désordre qui régnait alors dans les idées.

Ce fut dans la séance du 26 juillet que M. Thiers lut son rap-

16

port, en débutant par dire qu'après un mur examen de la proposition Proudhon, le comité demandait unanimement son rejet.

Voici quelles en étaient les principales dispositions :

Tous les fermiers, tous les locataires, tous les débiteurs de créances hypothécaires et chirographaires, seraient dispensés de payer un tiers de ce qu'ils peuvent devoir par leurs obligations.

L'état, aussi, obtiendrait la même dispense pour un tiers des rentes inscrites au grand livre, et n'acquitterait qu'une partie des pensions et salaires dus par lui, en suivant, dans cette réduction, une progression de cinq à cinquante pour cent également applicable au dividende des actions industrielles, au profit de ceux qui les doivent.

L'auteur évaluant à trois milliards ce tiers des sommes retenues, les divisait en deux sixièmes dont un serait abandonné aux locataires, fermiers et débiteurs de tout genre, à titre de crédit que s'accorderaient entre elles les diverses classes de citoyens, et l'autre serait versé dans les caisses de l'état, à titre d'impôt sur le revenu.

Celle qu'on abandonnerait à tous les débiteurs deviendrait alors entre leurs mains un capital vivifiant qui, en ranimant le commerce et l'industrie, ferait renaître partout le travail, pendant que l'autre moitié revenant à l'état faciliterait la suppression des impôts les plus onéreux, et lui permettrait, en même temps, de créer des établissements de crédits destinés à donner le signal d'une reprise générale de l'industrie par la garantie du placement de ses produits.

Il résulterait donc du sacrifice demandé à tous les propriétaires une réciprocité de bons offices qui, suivant l'auteur, serait profitable à tous.

Après l'exposé des dispositions que nous venons sommairement d'indiquer, M. Thiers les apprécie sous leurs divers rapports financiers, moraux et politiques ; les détails dans les quels il a la patience d'entrer font voir les calculs erronés de l'auteur pour établir les avantages de sa proposition ; il met en évidence les iniquités de toutes sortes que produiraient ses doctrines ; il prouve que malgré ses dénégations, elles attaquent audacieusement la propriété, sous le prétexte mensonger de lui venir en aide ; d'après lui, tout ce qu'il y a de puéril dans cette conception financière la rendrait indigne du moindre examen, si l'habilité sous la quelle elle était présentée, et sa divulgation dans des journaux ne mettait pas en péril les grands principes sur les quels repose la société.

Or, comme ces principes ne sont point de vieux privilèges, n'ayant d'autre force que le temps, ou le silence dont on les entoure, mais des principes sacrés qu'aucune logique humaine, si hardie qu'elle soit, ne saurait renverser.

Il importe, dit M. Thiers, d'appeler à les discuter ici, ceux qui, hors de cette enceinte, sont si hardis à les nier, afin de savoir s'ils conserveront une partie de cette hardiesse qu'ils réservent pour une multitude si facile à tromper.

Il ne faut pas, ajoute-t-il, que les *Érostrate* de ce temps puissent se croire des *Galilée*, en disant qu'on les a condamnés sans les comprendre ; il faut qu'ils parlent devant vous, et qu'en face, de ce souverain tribunal, toute assertion effrontée, toute allégation fausse, tout calcul inexact, toute calomnie trouvent une rectification immédiate et péremptoire.

L'assemblée ne refusera pas cette solennelle épreuve aux vérités morales sur les quelles est fondée la sécurité de l'avenir.

C'est ce que demande votre comité :

Que certains philosophes inspirés par la misanthropie qui, souvent, se rencontre chez des esprits mécontents d'eux mêmes ou de la société, mettent en doute Dieu, la famille, la propriété, et substituent à ces idées profondes, éternelles, des idées fausses et funestes, cela s'est vu et ne mérite que compassion et respect, uniquement pour la liberté de l'esprit humain.

Mais que, sortant de leurs méditations chagrines et solitaires, ces mêmes esprits, dans des temps de guerre civile comme les nôtres, où les idées fausses font mouvoir les bras criminels, osent se servir de leurs erreurs pour soulever la multitude égarée, c'est un devoir, tout en respectant la liberté dont on use si mal, d'en blâmer le déplorable usage avec tout l'éclat d'un jugement national.

Tel a été l'intention de votre comité, et il espère que dans l'intérêt de la société si profondément ébranlée, vous vous associerez à lui.

Ainsi finit M. Thiers, et lorsque dans la séance du 31 juillet le citoyen Proudhon développa sa proposition, la chambre, encore sous l'impression de l'insurrection sanglante de juin, décida qu'elle ne serait point discutée, et la repoussa à l'unanimité, moins deux voix, par un ordre du jour ainsi conçu :

Considérant que la proposition du citoyen Proudhon est une atteinte odieuse aux principes de la morale publique, qu'elle viole la propriété, qu'elle encourage la délation, qu'elle fait appel aux passions les plus mauvaises.

Considérant, en outre, que l'auteur a calomnié la révolution de 1848, en prétendant la rendre complice des théories qu'il a développées, passe à l'ordre du jour.

A l'époque où nous sommes arrivé, le gouvernement provisoire de 1848 avait rendu un décret établissant une contribution de 1 franc pour cent sur le capital de toutes les créances hypothécaires quelle que fut leur cause, leur origine, et leur nature; ce capital était évalué à raison de 20 fois le revenu pour les rentes perpétuelles, et 10 fois, pour les rentes viagères.

Des mesures furent prises pour arriver à déterminer l'assiette de cet impôt, et pour obtenir qu'elles fussent exécutées par tous les propriétaires de ces créances; mais elles soulevèrent des objections vives et bien motivées.

En présence des difficultés qu'il rencontra M. Goudchaux, le ministre des finances, présenta le projet d'un autre décret modifiant les premiers sur un grand nombre de points; le comité des finances à l'examen duquel il fut renvoyé conclut non seulement à son rejet, mais aussi à l'abrogation des décrets précédents, après avoir établi que le faible produit résultant de cet impôt serait loin de compenser tout le mal dont il serait cause.

Le ministre des finances combattit ces conclusions à la tribune; et M. Thiers prit après lui la parole pour justifier le comité.

Son intention dit-il n'était pas de parler, ayant déjà fait le sacrifice de son opinion personnelle pour maintenir le bon accord entre le comité des finances et le ministre, mais après les dernières paroles de ce dernier il monte à la tribune, non pour rompre cet accord, mais pour essayer de le faire renaître par quelques explications franches et amicales.

En premier lieu, M. Thiers soutient que l'impôt dont il s'agit est dur, injuste, et contraire aux vrais principes des finances.

Que des quatre classes de capitalistes dont il donne la définition il frappe la plus pauvre, la plus intéressante et la seule qu'on puisse atteindre ; cet impôt est donc injuste, et causera beaucoup de mal au crédit, sans une suffisante compensation.

En aucun temps, dit M. Thiers, et dans aucun pays, on n'a songé à frapper le capital mobilier, il en donne les explications les plus saisissantes ; et puis il demande pour quel motif il n'est venu dans l'esprit de personne de proposer un impôt sur les rentes ; c'est dit-il, parceque tout le monde a compris qu'en essayant de les atteindre on n'arriverait qu'à élever le taux de l'intérêt, qu'on nuirait au développement du travail dont les capitaux sont les instruments indispensables, et qu'au lieu de frapper le capitaliste, ce serait l'emprunteur qu'on frapperait.

Mais on a pensé à un impôt sur le revenu, ce qui est toute autre chose ; dans mon opinion, c'est celui qui mériterait d'être leplus sérieusement examiné.

Cet impôt est parfaitement connu, il a existé en France avant 1789, il existe en Angleterre sous le nom d'*incometax*, mais son caractère est d'être un impôt pour les circonstances urgentes et difficiles :

Est-ce le cas de l'appliquer?

M. Thiers rappelle l'histoire de son origine, et à quelle époque il fut établi chez nous, il cite divers exemple de son application ; il s'adresse à tous les genres de revenus, sans exception, et par la manière dont il est établi il devient équitable.

Mais d'après M. Thiers, cet impôt a néanmoins un grave inconvenient, c'est qu'il est arbitraire de sa nature, ainsi qu'il le démontre, voila le grand reproche qu'on lui a toujours adressé ; et l'on n'a pu pourvoir à cet inconvenient en Angleterre que par la modicité extrême de l'impôt, afin que les erreurs inévitables fussent de peu de conséquence.

Revenant ensuite à l'impôt en question, il soutient que les 20 millions qu'il produirait au bout de 6 mois ne seraient qu'un expédient au quel il conseille fortement de renoncer.

S'occupant ensuite du trésor, et de l'impossibilité où l'on se trouve de prévoir l'état dans le quel peut le mettre la mobilité de la situation actuelle et sa gravité, il dit que, dans l'opinion du comité des finances et du ministre, le déficit pour le budget de 1848 peut, tout au plus, varier de 250 à 300 millions, si l'administration des finances est conduite avec sagesse et fermeté ; et le seul moyen de pourvoir à ce déficit consiste à recourir au crédit qu'il croit très facile à trouver, si le gouvernement se maintient dans les théories capable d'inspirer de la sécurité aux prêteurs de capitaux.

C'est donc du rétablissement du crédit que dépendent vos finances, dit M. Thiers, et non des 20 millions qu'on veut demander aux hypothèques ; cela ne lui paraît pas sérieux.

Après cette affirmation, il entretient l'assemblée des relations du ministre des finances avec le comité au quel on adresse des reproches sans fondement.

Il convient que ses théories financières peuvent blesser l'esprit novateur qui en finances, dit il, n'a jamais été le mien, tout en l'admettant dans une certaine mesure.

Mais ces théories sont-elles bien différentes de celles du ministre ; j'ai eu le bonheur de me trouver avec lui pendant près d'un mois ; et nous avons été d'accord sur la plus-part des points essentiels : par exemple, malgré l'impopularité que je puis en courir avec lui, j'ai été le premier à soutenir que pour inspirer quelque confiance à ceux dont vous demandez les capitaux, il est indispensable que les impôts des boissons et du sel, sur les quels on a réussi à condenser tant de haines, soient au moins provisoirement maintenus.

J'ajoute même, au risque d'être encore plus impopulaire, que je me suis montré l'ennemi déclaré du papier monnaie, et que je le combattrai sous toutes ses formes ; là dessus, nous avons encore été d'accord avec M. le ministre sur une bien mauvaise tendance.

Voyons les autres, M. Thiers aborde la question des chemins de fer.

D'après lui, on ne pouvait porter au crédit de la France un plus rude coup qu'en rompant les contrats solennellement conclus.

M. le ministre des finances, tout en réservant le principe, a, lui même, reconnu que l'état de nos finances s'opposait à ce rachat.

Enfin, M. Thiers signale encore plusieurs autres questions sur lesquelles l'accord s'est rencontré avec le ministre ; et leur dissentiment ne s'est produit que sur le taux des remboursements des bons du trésor ; et pour ce dissentiment il n'y avait nullement opportunité d'exprimer à cet égard de si vifs regrets, puisqu'on s'entendait si bien sur les autres points, dans un moment, où de cet accord entre le ministre et le comité, résultait une forte résistance aux théories folles et dangereuses du moment.

Vous avez donc besoin, dit M. Thiers en finissant, que le comité conserve dans l'assemblée tout son renom.

Et que, s'il est permis à un comité de finances d'avoir quelque popularité il la conserve, car ce comité empêche le char dont vous parliez hier de verser sur cette pente du papier-monnaie, des mauvaises théories financières, et des impôts mal établis.

Eh bien ! quand le comité s'attelle à l'arrière de ce char, savez vous ce qu'il fait ? votre propre besogne ; il ne faut donc pas la lui rendre difficile ; je n'ai pris la parole que pour faire cette réclamation ; nous voulons vous donner notre appui ; tachez qu'il soit efficace et ne l'affaiblissez pas vous-mêmes.

Le discours de M. Thiers venait d'établir les injustices de l'impôt en question, sous plusieurs rapports, et sans être une ressource sérieuse pour nos finances.

Cependant, la réplique du ministre le fit adopter ; mais un amendement destiné à réduire la contribution du cinquième au huitième ayant été introduit dans le projet, le ministre prit alors le parti de le retirer, et l'assemblée annula les deux décrets du 19 et 26 avril, relatifs à cet impôt.

Dans la séance du 15 septembre, cette assemblée, continuant le cours de ses travaux sur la constitution était arrivée à l'article 8, ainsi conçu :

La république doit protéger le citoyen dans sa personne , sa religion, sa propriété, son travail et mettre à la portée de chacun l'instruction indispensable à tous les hommes.

Cette proposition parut insuffisante à un membre de l'assemblée, il demanda qu'elle fut remplacée par celle-ci :

La république doit protéger tous les citoyens dans leurs familles, leurs propriétés, leur religion, et reconnait le droit de tous les citoyens à l'instruction, au travail, à l'assistance, et le discours que prononça cet orateur, M. Mathieu de la Drôme, fut le développement de son opinion sur ces divers sujets.

M. Thiers n'ayant encore discuté la question du droit au travail que dans son bureau, réclama la parole sur l'amendement qu'on venait de proposer, et commença en ces termes :

Messieurs ,

Je viens à mon tour user du droit dont vous usez tous de con_ tribuer à la constitution qui doit régler les destinées de notre pays; et bien que nous n'ayons pas désiré la république, ni mes amis, ni moi, nous l'acceptons avec la plus loyale sincérité, car pour tout honnête homme le gouvernement légal est un gouvernement contre le quel on ne doit jamais conspirer.

N'ayant ni flatté, ni trahi la royauté, nous ne flatterons ni ne trahirons la république.

La forme sous la quelle nous cherchions à faire le bien étant brisée, ce bien nous le poursuivrons sous la forme actuelle, avec le même courage et le même dévouement.

De tout temps nous avons désiré la liberté, non celle des factions, mais celle qui consiste à mettre les affaires du pays à l'abri de la double influence des cours et des rues, nous demanderons donc, comme toujours, une sage administration financière, une puissante organisation de la force publique, et une politique prudente mais nationale.

Vous avez aujourd'hui à délibérer sur l'article le plus important de la constitution et sur un amendement contenant une des plus grandes questions de l'avenir.

Je demande de pouvoir vous dire la vérité, car sur aucun sujet vous n'avez eu autant besoin de l'entendre.

S'il s'agissait d'une question d'économie politique, je ne monterais pas à la tribune, dit M. Thiers, je ne suis ni professeur ni disciple d'aucune école; mais c'est une question sociale de la plus sérieuse gravité que je vais traiter.

Après son entrée en matière il s'adresse à quelques membres de l'assemblée en leur disant :

Vous vous plaignez que le peuple souffre; et qui aurait ici le courage de le méconnaître, mais qu'avez-vous trouvé jusques à présent pour le soulager? la science nouvelle, si fière d'elle même, offre-t-elle autre chose que des généralités dangereuses ou funestes? quels sont vos remèdes? voilà l'interrogation que je vous adresserai sans cesse; il y a cinq mois que nous les attendons; vous seriez coupables de ne pas nous les faire connaître; nous sommes prêts à les recueillir; surtout votre devoir est d'être clair, positif, et d'exposer vos moyens à la tribune; mais si vous n'en avez pas, n'allez pas dire qu'il existe un bien caché, mystérieux, que retiennent méchamment d'égoïstes détenteurs.

En parlant ainsi, dans un moment où le peuple s'est emparé du pouvoir, on devient bien coupable de flatter ses passions en le trompant.

Pour moi, sans être l'adepte ou le professeur d'une école, après vous avoir demandé compte de vos moyens, je viens, à mon tour, vous exposer les principes sur les quels je crois que s'appuient les sociétés de tous les temps et de tous les pays.

Elles ne peuvent avoir pour base que trois principes : la propriété, la liberté, la concurrence ; et dans ses explications il donne les raisons suivantes :

Le principe de la propriété c'est le travail, sans le travail, l'homme grandement doué est le plus misérable des êtres ; il ne devient quelque chose que par l'exercice des facultés dont il peut disposer.

Soumise aux mêmes conditions, la société, sans travail, serait misérable comme lui.

Il s'en suit qu'elle a dû dire à l'homme, travaille, je t'en assurerai le fruit, c'était déjà pour lui un puissant stimulant, mais ce stimulant s'est transformé en une ardeur infatigable, le jour où elle a pu ajouter le fruit de ton travail sera désormais transmissible à tes héritiers, sous ma garantie.

Cette promesse devenue, depuis lors, la promesse faite à tous ses membres a créé le droit de propriété que rendent industructibles l'intérêt et la sécurité de chacun de nous.

Au point de vue social, voilà comment le principe de la propriété est absolument indiscutable.

Le second principe, c'est la liberté, la liberté sociale, celle qui consiste à disposer de soi comme on l'entend, dans le choix d'une profession.

Ce principe existe partout où la société dit à l'homme, tu es libre, travaille à tes risques et périls, tu seras heureux ou malheureux, selon ta conduite, tes capacités et les chances de la vie, je ne me charge nullement de ta destinée; c'est à toi de t'appliquer à la faire sous la protection des lois dont la liberté a besoin.

Quand une société se développe d'après ce principe, elle offre aux regards cette scène animée qu'on appelle le spectacle du monde où, souvent celui qui était pauvre, devient riche, celui qui était riche devient pauvre, sous l'influence de ses qualités ou de ses vices, et selon les fluctuations de cette fortune si mobile et si changeante qui fait que nous voyons les rois, les princes, les hommes de toutes les conditions échouer ou réussir, au gré des vicissitudes aux quelles nous sommes indistinctement tous soumis.

Le troisième principe c'est la concurrence, c'est-à-dire l'émulation.

Après avoir dit à l'homme travaille, la société lui dit encore tâche de faire mieux que ton voisin, et si tu réussis, tu tireras profit de ce succès : c'est, en effet, à cette émulation de bien faire dans les voies du travail humain que nous devons tous les progrès réalisés depuis des siècles.

M. Thiers, entrant alors dans les détails de quelques perfectionnements de machines industrielles, montre les avantages qu'ils ont procurés à la société par l'abondance et le meilleur marché des produits ; et pour répondre à ceux que disent que le peuple paye les frais de ces perfectionnements, il arrive, par ces explications et par ses calculs, à démontrer incontestablement que la condition du peuple s'améliore sous le rapport moral, comme sous le rapport matériel dans la mesure des progrès accomplis, d'où ressort à ses yeux cet admirable phénomène des lois de la providence qui veut que le travailleur tire un double bénéfice des progrès qui sont son œuvre.

Et puis, ajoute M. Thiers, comme homme public, je m'occupe tous les jours de l'état des classes laborieuses, de leurs travaux, de leurs productions et des conditions de leurs salaires.

En qualité de membre d'une commission, j'ai, l'année dernière, poussé mes collègues à convoquer des chefs de toutes les industries et leurs ouvriers, à les entendre contradictoirement ; je n'ai cessé depuis lors de rechercher les faits ; j'ai les mains pleines de documents ; et je défie que l'on conteste mes assertions de façon à m'empêcher de les rétablir sur des preuves irréfragables.

Après cet exposé de son opinion, M. Thiers indique quelques améliorations praticables en faveur des ouvriers ; il en appelle ensuite à ses collègues dont ses amis et lui accueilleront les propositions, en honnêtes gens, et non en factieux.

Aussitôt ce mot de factieux mal compris soulève un violent tumulte ; on réclame de M. Thiers une explication, il les donne en affirmant que dans les 20 ans durant lesquels il est si souvent monté à la tribune, il n'a jamais songé à appliquer cette expression à des membres de l'assemblée.

Lorsque le calme est rétabli, il continue son discours pour bien constater par d'autres preuves que les progrès industriels sont plus avantageux à l'ouvrier qu'à l'entrepreneur dont la concurrence amoindrit les profits, et puis, comme signe positif des améliorations par lui signalées dans la fortune publique, il rappelle ce que valait l'argent dans le passé, et le taux auquel on s'en procure dans ce moment.

Résumant enfin les grands principes qu'il a posés, il demande, après cela, qu'on lui dise ce qu'il est possible de leur substituer.

On a parlé d'association, de réciprocité, de fraternité.

Eh bien, dit-il, examinons ces idées, je vais les énumérer, sans vouloir décrier celles de personne.

Les uns nient la propriété et proposent le communisme; d'autres préconisent l'association, d'autres encore la réciprocité, la suppression du numéraire au moyen d'une banque d'échange, et puis viennent ceux qui apportent le droit au travail.

M. Thiers discute successivement ces questions diverses, il poursuit tous les développements que nécessite chacune d'elle dans un langage clair, précis, avec tout le bon sens spirituel dont il est doué, et captive, jusques au dernier moment, l'attention de la chambre; de plus, il fait voir à quelles conséquences absurdes on arriverait par l'adoption de l'article relatif au droit au travail, quels embarras inextricables susciteraient à tout gouvernement l'obligation d'y satisfaire; et puis pour terminer, il aborde la question des impôts dont on voudrait modifier les bases, en reversant arbitrairement ceux de consommation sur l'impôt foncier; il prouve que ces changements presque impossibles deviendraient ruineux, et seraient contraires à toute justice.

Les plus vives adhésions accueillirent ce discours; il avait duré plus de quatre heures.

M. Considérant, le chef de l'école socialiste lui succéda à la tribune pour déclarer qu'il avait en sa possession le moyen de remédier à toutes les misères humaines; mais il demanda à l'assemblée quatre séances du soir pour l'initier au système dont il ferait volontiers l'exposé devant elle.

Cette proposition excita une grande hilarité; 36 orateurs s'étaient fait inscrire pour parler sur cette question du droit au travail qui, après une longue discussion, fut rejetée à une majorité immense.

Mais telle était alors le besoin d'innovation qui tourmentait les esprits, que le comité d'agriculture, faisant partie de la chambre avait eu la malheureuse pensée d'accueillir la proposition d'émettre 2 milliards de papier-monnaie, sous la forme de bons hypothécaires, ayant cours forcé, afin de faire face à la crise financière dont on souffrait ; la séance du 10 octobre fut consacrée à l'ouverture de cette discussion.

Lorsque plusieurs orateurs eurent parlé en sens divers sur cette question, M. Thiers obtint la parole pour exprimer son avis et dit à l'assemblée :

Citoyens représentants,

Je monte à la tribune parceque je me croirais coupable de ne pas dire ma pensée sur un projet dont l'adoption serait la ruine du pays ; et si vous voulez bien m'accorder votre attention, j'espère pouvoir justifier l'énergique expression que je n'hésite pas à prononcer.

Messieurs ajoute-t-il, je suis de ceux qui n'ont jamais dénigré la révolution française, je me suis toujours appliqué à la relever quand elle était abaissée par des ennemis triomphants ; mais malgré l'immensité du bien qu'elle a fait à la France et au monde, l'histoire dira que l'échafaud et le papier-monnaie sont deux souvenirs qui pèsent sur sa mémoire.

Toutes les fois qu'on les rappelle ici, il y a un élan de cœur que j'honore pour repousser toute assimilation entre ce temps d'alors et notre temps ; cependant quand il s'agit du papier-monnaie il se trouve des hommes sages et bien intentionnés qui le regardent comme une imitation possible de cette révolution.

D'après lui, cela prouve une chose : que les cœurs ont fait plus de progrès que les esprits, et qu'on n'en sait guère plus aujourd'hui sur l'économie sociale qu'on n'en savait il y a un siècle.

Pour moi, dit M. Thiers, j'ai dit ailleurs et je répète que la création des assignats, indispensable alors comme mesure politique, avait été la plus détestable mesure de cette époque, et pourtant je trouve que vous calomniez les assignats quand vous voulez leur comparer le papier-monnaie qu'on propose de créer puisqu'il y a de moins aujourd'hui le gage, la nécessité, et l'utilité publique.

C'est, en effet, ce que prouveront les explications suivantes de M. Thiers.

Tout d'abord, il convient que l'état de détresse où se trouve le pays est incontestable : il s'agit donc d'examiner la nature du mal à guérir et l'efficacité du remède qu'on veut lui appliquer.

D'abord, dit-il, lorsqu'on parle de la détresse de la propriété foncière on est dans le faux ; on se trompe à la fois sur les faits comme sur les causes ; et les doctrines exposées dans le rapport présenté à l'assemblée lui paraissent bien étranges, après 60 ans de discussions sur cette matière :

Comment ce rapport peut-il dire que 12 milliards d'obligations hypothécaires pèsent sur la propriété foncière estimée 40 milliards, d'où l'on conclut qu'elle est endettée pour un tiers de sa valeur.

S'il en était ainsi, la propiété foncière qui, en France, est la plus considérable de toutes serait presque ruinée.

Heureusement, dans ces appréciations, on oublie les évaluations les plus simples, les plus connues.

Et les erreurs de chiffres relevées par M. Thiers, d'après les documents officiels, lui permettent d'établir qu'il n'y a, en réalité, que 4 milliards de dettes hypothécaires en France sur la propriété, et que son revenu évalué, en moyenne à deux milliards 200 millions suppose un capital de 72 milliards, si l'on prend pour base le trois pour cent d'après le quel est généralement déterminée l'évaluation du capital foncier dans notre pays.

Ce capital ne serait donc endetté que d'un dix-septième, néanmoins, ajoute-t-il, on a cherché à vous intéresser en faveur de l'agriculture ; c'est, en effet, notre première industrie, celle dont le sort me touche le plus, celle qui fait la force de la nation; et j'ai toujours réclamé pour elle dans les commissions de finances dont j'ai fait partie.

Je reconnais donc qu'elle souffre ; mais savez vous bien quelle en est la cause ?

C'est le fardeau qu'on lui fait porter : on admire beaucoup le progrès de l'agriculture anglaise, et cette admiration lui est due, mais on est injuste envers la nôtre dont les progrès sont pourtant considérables depuis 50 ans.

Si l'Angleterre nous a dépassé dans cette voie, c'est parceque son agriculture n'est grévée d'aucun impôt, et que l'état perçoit sur l'agriculture française plus de 300 millions.

Voila la véritable cause de ses souffrances, dit M. Thiers.

D'après lui, cependant, la part qu'elle a dans la gène actuelle n'est pas ce qu'on croit, et pour prouver qu'il a bien étudié cette question il fait connaître le système des grands propriétaires dans leurs améliorations agricoles, et comment procède, en général, le petit cultivateur qui vise à faire des acquisitions : tous ces détails lui servent à démontrer que les deux milliards dont on propose de faire l'émission ne seront pas empruntés par les grands propriétaires ni par les fermiers, mais que la facilité d'emprunt offerte au petit cultivateur, en stimulant son amour extrême de la possession qui est excellent en principe, peut avoir pour lui les effets les plus dangereux, si, pour se satisfaire, cette facilité d'emprunt lui fait acheter la terre au-dessus de son prix.

En définitive, savez vous, Messieurs, quels sont ceux qui demandent le projet en question, ce sont les propriétaires désordonnés qui, administrant mal leur fortune, empruntent pour couvrir l'insuffisance de leurs revenus, les constructeurs de maisons surpris par la crise actuelle dans le cours de leurs travaux inachevés, les industriels qui, ayant des fabriques ou des usines, voudraient monnayer leurs établissements pour remplacer le crédit qu'ils n'ont plus ; ceux-là et d'autres encore voudraient se procurer l'argent dont ils ont besoin ; mais il s'agit de savoir si, pour venir au secours d'une partie des membres du commerce, vous voudrez la ruine de ceux au dépens desquels l'émission sera faite, sans qu'ils tirent aucun avantage des ressources agricoles qu'on aura voulu créer.

Et maintenant, continue de dire M. Thiers, sortons de la question pratique, et voyons un peu si les théories diverses amoncelées sur ce sujet ont quelque fondement.

Il commence par l'examen du crédit foncier établi en Russie, en Pologne, en Prusse, et montre que les billets créés par les banques de ce crédit ayant un cours légal et forcé n'ont été mis peu à peu en circulation que pour uppléer à la rareté du numéraire et à l'inactivité commerciale dans des contrées où l'industrie agricole attire, presque sans concurrence, la plupart des capitaux, et leur procure des placements aussi avantageux que les placements faits chez nous dans le commerce et l'industrie.

Il dit ensuite dans quelles conditions s'effectuent ces placements qu'on aime à faire à long terme dans le nord, à courte échéance dans notre pays ; et cette différence conduit M. Thiers à discuter le système que l'on propose, relativement à la création des banques territoriales dont il va parler.

En premier lieu, l'idée de mobiliser la terre lui paraît la chose la plus absurde ; on ne peut pas admettre qu'une créance hypothécaire ait la mobilité d'un effet de 45 jours dans le porte-feuille d'un banquier, et l'analogie existant entre les opérations que feront les banques territoriales et celles de la banque de France fournit à M. Thiers l'occasion de faire connaître l'organisation de cette dernière institution, le mécanisme de son fonctionement, le chiffre approximatif de ses réserves métalliques, celui de ses billets en circulation et le mouvement des milliards qu'ils facilitent.

De toutes ces explications ressort l'évidence qu'une banque territoriale, dont les placements s'effectueraient sur hypothèques, ne pourrait marcher sans être bientôt réduite à présenter son bilan.

Il s'en suit que l'unique moyen de créer des banques territoriales consiste donc à leur permettre de faire circuler du papier-monnaie, comme le propose le comité d'agriculture à l'esprit pratique du quel il rend hommage ; mais c'est alors l'assignat qu'on fait revivre ; et comme après avoir émis deux milliards, il n'y aurait aucune raison de n'en pas émettre quatre, nous allons voir, dit M. Thiers, s'il y aurait lieu de s'en applaudir.

Les illusions perdent tous les gouvernements qui s'y livrent : j'ai pour elles une insurmontable aversion ; et je les combattrai toute ma vie.

L'illusion du papier-monnaie se présente sous trois formes : je vais les discuter devant vous, et vous verrez que celle dont on fait choix mérite toute notre exécration.

La défiance, dit-il, contre un papier qui s'introduit comme billet dans un pays est le premier sentiment qu'il m'inspire.

Lors de la coupure des billets de banque, je ne pus me défendre d'une certaine inquiétude.

Suivant lui, le dangereux effet du papier mis en circulation se produit dans les crises aux quelles les guerres ou les secousses politiques exposent les peuples.

Il rappelle ce qui s'est passé aux diverses époques de révolution, en Angleterre et en France, pour les billets de banque remboursables ; et il se demande ce que deviendrait le papier-monnaie qui, dans un temps difficile, n'offrirait pas les mêmes garanties.

Cependant, ce papier circule en Russie, comme je vous l'ai dit, sans que les banques soient tenues de le convertir, ainsi l'a voulu son gouvernement despotique, mais il n'existe que dans une mesure très restreinte ; et pour expliquer sa nécessité, M. Thiers donne une idée des ressources métalliques que cette puissance tire des mines de l'Oural ; il fait connaître l'emploi de leurs produits, et montre leur insuffisance à diminuer la disette du numéraire auquel le papier d'État est destiné à suppléer.

Mais dans un pays comme le nôtre où circule en abondance l'or et l'argent, vouloir y créer deux milliards d'un seul coup, c'est le comble de l'extravagance : si vous connaissiez le chiffre de notre circulation métallique, vous en seriez effrayés, on a constaté qu'il était à peuprès de deux milliards.

Le numéraire est donc loin de nous manquer ; mais en temps de crise, il se cache ; et si l'on avait recours au papier pour le remplacer, sa fuite le rendrait plus rare encore, c'est ce qui est arrivé en Angleterre comme en France, c'était la disparition des bons devant les méchants, dit M. Thiers.

En Angleterre, il en a coûté des milliards de pertes subies sur les produits industriels, pour faire rentrer le numéraire disparu pendant des crises accidentelles.

Il est aussi nécessaire au commerce que le sang dans le corps humain, mais dans une juste mesure : je suppose, ajoute M. Thiers, que vous ayez un trésor en or ou en argent, et que vous y puisiez deux milliards : le jour où vous les répandriez dans le pays vous y feriez une crise effroyable ; et si, pour guérir la crise actuelle, vous nous offriez du papier, les valeurs métallique disparaîtraient, et la baisse successive de votre papier produirait la ruine des particuliers et la banqueroute de la fortune publique ; M. Thiers le prouve dans les développements qu'il donne à sa pensée sur cette question.

Et puis, il dit en terminant : le mot exécrable dont je me suis servi vous paraît-il maintenant justifié ?

Les félicitations les plus nombreuses et les plus empressées l'accueillirent quand il descendit de la tribune ; et le lendemain le rapporteur, seul, osa venir au secours du projet ; mais plus de 600 voix contre 200 lui infligèrent la condamnation qu'il méritait.

Dans la séance du 21 octobre, au moment où la chambre continuant à s'occuper du projet de constitution, allait discuter l'art. 107 relatif au recrutement de l'armée, un de ses membres proposa d'interdire, d'une manière absolue, le remplacement militaire, comme contraire au principe d'égalité et à la bonne organisation de la force publique.

M. Thiers, opposé à cet amendement, demanda à parler sur cette question, voici la substance de son discours :

Citoyens représentants,

Mes opinions sur ce sujet sont anciennes et réfléchies, je viens les exposer devant vous comme le résultat de longues études et le fruit du patriotisme le plus ardent.

Nous pouvons être divisés sur la forme plus ou moins démocratique du gouvernement, la liberté permet qu'on diffère sur ces sujets fondamentaux, mais il est un point sur le quel nous nous rencontrons tous, c'est la force et la grandeur du pays.

Nous sommes aussi à peu-près d'accord sur les vices du remplacement actuel ; le mode est à changer, mais je viens en défendre le principe.

Avant 89, l'égalité du service militaire n'existait pas plus que l'égalité de l'impôt : la révolution les établit ; depuis lors, cette égalité nous impose à tous l'obligation de fournir un homme à l'armée ; cet homme doit être robuste et capable de porter les armes ; et les citoyens jouissant de cet avantage sont tous soumis à cette charge, mais en ayant la faculté de satisfaire les uns pour les autres à cette obligation sous la réserve expresse des conditions fixées par la loi.

Où sont, dans ce contrat volontaire des citoyens, l'injustice et l'inégalité dont on se plaint ? l'état y gagne autant que les individus eux même :

L'un peut choisir la profession la plus conforme à ses aptitudes, à ses inclinations ; l'autre devient soldat, parcequ'il y trouve un avantage dont sa vocation lui permet de profiter, quand il a payé sa dette ; et cette dette qui serait oppressive si elle imposait inflexiblement les mêmes conditions et le même genre de vie à des individus si différents, permet que les carrières aux quelles ils se destinent ne soient pas interrompues à leur préjudice ni au préjudice de l'état qui a besoin des services de tous.

17

Dans l'opinion de M. Thiers, la carrière de l'homme des champs n'est point troublée par l'obligation de servir, il en revient plus fort, plus moral, plus instruit, tandis que l'homme qui se voue au commerce, au barreau, à la médecine, exigeant une longue éducation une longue pratique, voit sa carrière détruite, si le service militaire retranche 7 années des études que nécessite sa profession.

Le service ne sera plus que de trois ans, objecte-t-on à M. Thiers.

Attendez, répond-il, je vous prouverai que votre système est une tyrannie intolérable si le service est de 7 ans, et s'il n'est pas de 7 ans, je vous démontrerai que vous bouleversez l'armée.

Chez les barbares tout le monde est soldat, et mauvais soldat ; mais c'est une profession spéciale chez les grandes nations militaires, excepté pourtant dans les grands dangers pendant lesquels la défense du pays devient une nécessité malheureuse pour tous.

On nous dit alors, il n'y aura donc que le peuple qui ne pourra pas se faire remplacer, c'est une erreur : la bourgeoisie et les riches sont du peuple, et font partie de l'armée, les écoles militaires se remplissent de ceux que leur vocation y conduit, et ce système est plus libéral que celui qu'on voudrait créer.

Grace à lui, les riches et les pauvres se donnent la main pour mener le pays à la gloire, à la grandeur, nos plus grands généraux sont sortis de ces conditions inégales ; et si les riches ayant des grades y sont nombreux cela résulte d'une hiérarchie naturelle de la société que vous ne pouver pas changer.

Les classes aisées, grace à cette éducation des écoles, forment cet admirable corps d'officiers français qui font notre principale force.

Nos soldats sont braves, sans contredit ; moi qui ai passé ma vie à célébrer leur gloire, je ne puis être soupçonné de vouloir les sacrifier à leurs chefs, mais tous les étrangers vous diront que les officiers constituent la véritable supériorité de notre armée.

En savez-vous la cause ? c'est parceque nos classes moyennes sont plus nombreuses, plus puissantes, et plus éclairées que dans aucune autre nation de l'Europe, elles sont fières, susceptibles, comme celles qui autrefois étaient au dessus d'elles ; leur instruction, leur bravoure leur permettent toutes les ambitions, et si votre égalité de service les envoyait manier le mousquet au lieu d'aller à St-Cyr, ce serait l'abaissement de notre force militaire ; les lumières y seraient supprimées.

Harcelé par de nombreuses interruptions, M. Thiers résume son opinion sur ce point par ces mots :

Il est d'expérience certaine, incontestable, que la vie militaire doit être une profession spéciale chez les nations civilisées, et que tout le monde n'est militaire que chez les peuples barbares ; et puis il ajoute, j'arrive maintenant au vif de la question auquel on m'appelle avec une impatience aussi peu bienveillante que peu polie.

Il s'agit, Messieurs, d'un grand intérêt du pays :

Les militaires les plus renommés, ceux qui ont fait nos grandes guerres seraient unanimes pour allonger, s'il était possible, le service militaire, au lieu de le raccourcir.

Or, je vous défie de faire accepter à la nation que tous les jeunes gens, indistinctement, fassent 7 ans de service.

Vous viendrez donc nous demander qu'on réduise le service à trois ou deux ans comme cela se pratique dans le système prussien, mais y avez vous bien pensé ? à mon avis, ce serait en France l'abolition de la force publique ; et voulant alors citer à ce sujet les grands exemples des nations voisines, M. Thiers se dispose à traiter cette grande question, en examinant en détail toutes celles qu'elle contient.

Il y a, dit-il, de nombreuses expériences faites en Europe : l'armée anglaise est un extrême, l'armée prussienne en est un autre, la notre est au milieu.

Permettez moi de vous montrer le premier et le second système ils vous feront comprendre le danger que vous feriez courir aux pays en vous plaçant dans l'un des deux.

En Angleterre, la conscription n'existe pas, il explique pourquoi on n'a jamais osé l'établir.

L'armée est formée de volontaires qui vieillissent sous les drapeaux.

Il y a un corps d'officiers qui se transmettent leurs charges.

Cette armée ainsi composée, malgré les défauts que signale M. Thiers est très solide, nous l'avons appris dans nos jours de malheur, elle ne laisse rien à désirer sauf les défauts qui tiennent à la nation, mais elle serait très insuffisante, si l'Angleterre n'était pas dans une île ; et quand Napoléon la menaçait de l'expédition de Boulogne, elle en fut effrayée terriblement.

Le système de la Prusse est bien différent, il appelle tout le monde sous les drapeaux ; mais on ne garde les hommes qu'un an, le reste du temps se passe dans la garde nationale.

J'ai fait, dit M. Thiers, de longues études sur toutes les armées de l'Europe, et j'ai vu que le grand Frédéric, dans son livre sur la guerre de sept ans, exprimait une opinion accablante contre le système qu'ont adopté ses successeurs ; mais la grandeur à laquelle il avait élevé la Prusse leur a véritablement fait une nécessité d'un système qui, en leur imposant des efforts extraordinaires, permet à cette nation, n'ayant que dix millions d'habitants, de tenir dignement son rang parmi les cinq grandes puissances de l'Europe.

Seulement, suivant le témoignage d'officiers éminents qu'il a entendus à Berlin, il y a lieu d'élever des doutes très graves sur la solidité du système en question.

Leur armée ne manquerait ni d'ardeur ni d'enthousiasme dans une guerre défensive, mais elle fléchirait peut-être dans une longue guerre où l'enthousiasme ne joue pas le principal rôle, et suivant M. Thiers, ce système aurait en France des résultats déplorables.

On a beau dire qu'en six mois on fait un soldat parcequ'il sait manier une arme, et que le courage est naturel à notre nation, mais il y a quelque chose qu'un soldat n'aura pas au bout de six mois, c'est l'esprit militaire que Napoléon mettait au dessus de tout.

Cet esprit ne consiste pas dans le courage, dans l'instruction, mais dans la vertu guerrière dont M. Thiers fait connaître les caractères, et que six mois de service ne donnent jamais.

Un jour, l'amiral Truguet, dont il vante l'esprit et l'indépendance, discutant marine avec Napoléon, lui disait : il me faut à moi de vieux marins, mais vous, gens de terre, avec des soldats de quelques mois vous pouvez gagner des batailles.

Napoléon l'interrompit alors vivement par ces mots : Monsieur l'amiral, vous ne savez pas ce que vous dites : on ne fait pas des soldats dans quelques mois ; les miens n'ont été réellement bons qu'après 7 ou 8 ans de service ; il faut long-temps pour donner l'esprit militaire à des soldats.

Napoléon ne l'a pas seulement pensé, dit M. Thiers, il en a fait une cruelle expérience, je suis désolé de citer *Baylen*, un nom si funeste dans nos annales ; et racontant alors le malheur du général *Dupont*, il essaye de réhabiliter ce soldat si brave sur tant d'autres champs de bataille ; et sa parole éloquente, indignée dénonce la bassesse du jugement dont ce général fut frappé.

Non seulement la procédure qu'il dit avoir entre les mains, mais la correspondance de Napoléon à ce sujet le constatent ; et par un récit douloureux de cette journée fatale, il montre que nos jeunes soldats abattus par la chaleur et la fatigue, après s'être conduits en enfants héroïques, refusèrent de continuer la lutte, malgré les supplications de leur général, parcequ'ils manquaient encore de ce que donne l'éducation militaire et le temps.

Notre soldat, dit M. Thiers, est le premier soldat du monde par la vivacité, la spontanéité, l'aptitude, mais il faut qu'il y joigne ce que l'éducation seule peut donner, la force de lutter contre la mauvaise fortune.

Après avoir cité l'affaire de Baylen, je pourrais, dit-il, en citer bien d'autres ; et pour répondre aux encouragements de continuer, il va montrer la vérité de ses assertions dans une victoire immortelle, celle de *Wagram*, tant il aurait à cœur de persuader l'assemblée.

Après cette bataille, Napoléon conduisit son armée sur le champ d'Austerlitz, et là ayant, suivant sa coutume, réuni ses principaux officiers pour tirer des lieux et des événements des leçons instructives, il leur dit : je suis victorieux, mais je n'ai plus mon armée d'Austerlitz, si je l'avais eu à Wagram, l'armée autrichienne serait anéantie ; et les raisons qu'il en donne sont reproduites par M. Thiers pour compléter la démonstration qu'on peut mener de jeunes soldats au danger, mais sans parvenir à leur faire supporter une anxiété trop longue, une de ces anxiétés comme il en survient, par fois, dans de tragiques situations ; en un mot, sa conviction est qu'on peut avec eux enlever une position, mais non pousser jusqu'au bout la victoire.

Suivant M. Thiers, cette grande leçon prouve qu'entre les deux systèmes anglais et prussien, il n'y a pas à choisir, et que le nôtre est préférable, étant consacré par l'expérience de nos grandes luttes contre l'Europe pendant 25 ans.

Aujourd'hui, grace au remplacement, il est entré dans nos habitudes et dans nos mœurs, après des résistances dont M. Thiers rappelle le souvenir ; et si dans un moment où les esprits exaltés regardent toutes les éventualités comme possibles on dénaturait cette vieille institution, ce serait pour la république la plus imprudente de toutes les mesures.

Et vous, dit-il à la majorité, qui êtes appelés à la gouverner, si vous veniez appuyer les changements qu'on vous propose, ceux qui peuvent altérer la principale de ses institutions, celle qui lui assure la force militaire, ce serait, de votre part, la conduite de gens qui aiment en aveugles le gouvernement qu'ils ont fondé.

Le général Lamoricière succède à M. Thiers, et tout en se montrant pénétré d'une vive admiration pour son talent, il déclare que ses convictions exprimées la veille n'ont pas été ébranlées.

Ce n'est plus comme ministre, mais comme militaire qu'il va prendre la parole.

Les doctrines de M. Thiers lui paraissent mauvaises, et lui suggèrent quelques observations critiques sur ses brillants récits.

De plus il se plaint qu'il ait argumenté de la loi sur le recrutement, comme s'il savait ce qu'elle sera ; en un mot, il aurait voulu que l'orateur n'eut pas oublié une chose, la nécessité d'organiser l'armée à l'image de la nation.

D'après lui, nos libertés seraient exposées aux plus grands périls, si l'on maintenait l'armée à l'état de corps spécial, de corps à part, conservant ainsi le caractère d'une institution monarchique dont l'ambition d'un homme pourrait faire l'instrument le plus dangereux.

L'histoire lui disait à quel point une république avait à s'en défier.

Tel fut le sens de son discours.

Il semble, en effet, que sous ce régime, l'armée doive être organisée de façon à ce que les soldats dont elle est formée ne cessent d'être unis d'esprit et de cœur à la majorité de leurs concitoyens, tout en payant la dette que leur impose la loi.

Dans ces conditions, l'armée pourrait n'être pas constituée pour devenir conquérante ou agressive, mais elle ne serait pas moins une puissance défensive capable, selon nous, de justifier la pensée du grand Frédéric quand il disait : je connais mille moyens d'entrer en France, mais je n'en connais pas un seul pour en sortir.

A la suite de cette belle discussion sur le recrutement, le remplacement ne fut pas supprimé, mais il en résulta le projet de le modifier, en substituant un mode qu'on croirait meilleur à celui dont la suppression était réclamée.

CHAPITRE XVI.

Après la séance dans la quelle M. Thiers venait de parler sur le remplacement dans l'armée, plus de 6 mois s'écoulèrent, pendant la durée des quels il ne prit aucune part aux débats qui se continuèrent dans l'assemblée.

Voici ce qui se passa de plus mémorable jusques au jour où nous le retrouvons à la tribune :

La constitution fut promulguée : au 10 décembre, le suffrage universel donna plus de 5 millions de voix à Louis-Bonaparte pour la présidence de la république.

Le général Cavagnac lui remit noblement ses pouvoirs, après avoir déposé sur le bureau de la chambre la démission des ministres.

Son successeur prêta le serment solennel de respecter la constitution et de lui rester fidèle.

Le moniteur officiel annonça la nomination du nouveau ministère ; mais la défiance qu'il inspira ne tarda pas à faire naître dans l'assemblée des scènes tumultueuses qui entravaient fréquemment le cours de ses travaux.

Les insurrections de mai et de juin ayant jeté l'épouvante dans beaucoup d'esprits, il se forma un comité nombreux de représentants dans le quel se trouvèrent groupés presque tous les hommes importants des anciens partis, parmi lesquels figurait M. Thiers.

Ils avaient alors oublié leurs vieilles querelles sur les points les plus graves de la politique.

En honnêtes gens, ils s'étaient recherchés pour se concerter dans un intérêt bien supérieur à tout ce qui les divisait, ne voyant, dans ce moment, que la nécessité sociale de résister aux dangers dont leur paraissait menacé l'avenir du pays.

Au reste, les doctrines des nouveaux Montagnards et des Socialistes étaient bien faites pour inspirer quelque effroi.

A cette heure de notre histoire, les gouvernements de l'Europe se ressentaient plus ou moins profondément de la violente secousse que notre révolution avait produite chez presque tous les peuples du continent.

Du soulèvement de l'Italie étaient issus des événements d'une extrême gravité.

C'était à la fois la république romaine, et toscane, la guerre du Piémont et de l'Autriche, la défaite de Charles-Albert à Novarre le 23 mars, son abdication et ses conséquences si difficiles à prévoir.

Les incertitudes résultant d'un état de choses si agité donnèrent lieu à de vives interpellations à la chambre ; et bien que le roi Charles-Albert eut agi contrairement aux conseils de la France, et que le dénoûment de son entreprise n'eut été que trop prévu, le comité des affaires étrangères exprimait l'avis que, si pour garantir l'intégrité du territoire piémontais à la quelle la France paraissait intéressée, le gouvernement croyait devoir prêter à ses négociations l'appui d'une occupation partielle en Italie, il trouverait dans l'assemblée le concours le plus sincère.

M. le ministre des affaires étrangères déclara que le gouvernement accepterait volontiers cette offre de concours, moyennant sa liberté d'appréciation et d'action dans ce but, mais M. Ledru-Rollin ne trouva pas suffisantes les explications du ministre, il voulait, lui, qu'on profitât de l'occasion pour favoriser activement la révolution de l'Italie, et briser ainsi les traités de 1815; il rappela le blâme qu'avait infligé M. Thiers, à M. Molé, pour avoir compromis l'influence de la France dans la péninsule par l'abandon d'Ancône.

Cet homme d'état ne peut avoir oublié les paroles solennelles qu'alors il prononça, dit M. Ledru-Rollin, et j'espère que pour être conséquent avec lui même il viendra soutenir à la tribune l'opinion qu'il exprima à cette occasion.

Provoqué par ce langage, M. Thiers demanda aussitôt la parole, et voici la réponse, dont nous reproduisons, en substance, ce que cette éloquente improvisation nous paraît avoir de plus remarquable.

Citoyens représentants, dit-il à l'assemblée, je voudrais avoir toutes mes forces pour bien traiter la question qui vous est soumise ; je suis faible et souffrant, mais le sujet me paraît si grave que je ferai tous mes efforts pour le discuter avec une grande clarté.

Son premier soin est d'établir que la politique du dernier gouvernement à la quelle il reprocha l'abandon d'Ancône n'avait absolument rien de commun avec celle d'où la guerre générale pourrait, dans ce moment, surgir ; et quelques explications lui suffisent pour démontrer en quoi elles diffèrent.

Laissons donc, ajoute-il, un passé qui n'est pas en cause, le présent est assez triste pour mériter qu'on ne se préoccupe que de lui.

Ce présent quel est-il ?

L'Italie a succombé, j'espère bien que ce ne sera pas pour toujours.

Quoiqu'il en soit, la France s'est-elle engagée envers elle ? non, on n'a jamais cessé de lui répéter, si vous provoquez la guerre, la France ne risquera pas pour vous son existence.

Je n'entends pas dire cependant qu'on doive rester sans pitié pour son malheur, mais allons au fond des choses, quelle politique peut-on proposer dans l'intérêt de cette nation à la quelle nous sommes attachés par tant de liens ? c'est là la question, il faut dire ce que l'on veut, l'occasion n'a jamais été plus solennelle.

Suivant l'opinion de M. Thiers, il y a trois politiques.

Celle qui consisterait à prendre immédiatement les armes pour la cause italienne, celle-la, il la repousse de toutes ses forces ; il y en a une autre qui se borne à négocier sérieusement, c'est la sienne, quant à la troisième qui paraîtrait vouloir faire quelque chose, elle est à ses yeux la plus mauvaise, il la trouve sans dignité.

Pret à les examiner toutes les trois, il prie ses adversaires de lui prêter une patiente attention.

Vous voulez, leur dit-il l'affranchissement de l'Italie, mais comment l'entendez-vous ?

Ce n'est pas, apparemment, celle de Rome, de Florence, de Turin, c'est donc la Lombardie et la Vénitie que vous songez à arracher à l'Autriche, voila ce que vous voulez, ou vous ne voulez rien.

Or, pour cela, connaissez vous un autre moyen que la force ? expliquez vous, venez le dire ici franchement ; mais sachez bien que votre entrée en Italie c'est la guerre.

Etes-vous en mesure de l'entreprendre ? avons-nous à le faire un intérêt suffisant ?

On vous entend chaque jour répéter qu'une coalition est prête à fondre sur la France, pouvez-vous imaginer que, dans l'occasion dont il s'agit, elle se dissoudra ; M. Thiers n'en croit rien ; et quant à l'objection tirée d'un appel à l'alliance des peuples, ce moyen lui paraît puéril, le passé dit suffisamment si l'on doit y compter.

Au reste, la guerre contre l'Autriche toute seule lui paraitrait encore une chose très sérieuse ; à cette occasion, il évoque dans un magnifique langage les grands souvenirs de Marengo et d'Hoenlenden, et puis il ajoute : pesez, Messieurs, pesez dans vos mains l'intérêt que vous avez en Italie, vaut-il la guerre d'un contre tous, pour moi, je dis *non*.

La France a jadis lutté contre l'Europe toute entière ; elle est glorieusement sortie de cette lutte, mais savez-vous dans quel cas ? c'est quand on a violé son territoire, et quand on attentait à son indépendence.

Emportée d'un élan général, elle s'est levée comme un seul homme, elle aurait lutté contre le monde entier.

Mais ce qu'on a fait alors, doit-on le faire pour une question d'influence ? voila ce que je vous demande.

Je m'adresse donc aux hommes raisonnables de tous les partis ; défendons nous de nos passions ; confondons nous tous dans un patriotisme sincére.

Quel est celui de nous qui, pour cette question d'influence voudrait risquer dans les hasards de la guerre le sort de la nation ?

J'en appelle à tous mes adversaires politiques, qu'ils veuillent bien rentrer en eux-mêmes, dans leur cœur de français, et je les défie de me dire qu'on doive faire la guerre, une guerre générale pour une pareille question.

Non, dit M. Thiers, que je méconnaisse sa gravité ; je n'entends pas qu'on reste indifférent à ce qui se passe en Italie ; j'ai prouvé le contraire dans d'autre temps.

Nous lui avons dit, à cette époque, vous formez des états reconnus indépendants par des traités qui lient tout le monde ; aujourd'hui, l'esprit du temps vous pousse à la liberté, elle commence à renaître chez vos peuples : vos gouvernements jadis absolus prennent peu à peu le goût des gouvernements libres ; le besoin d'union et de ligue défensive se forme entre vous ; c'est votre droit ; et si l'Autriche voulait aller empêcher ce travail naturel qui se fait derrière la ligne des traités, la France devrait s'y opposer énergiquement.

Voila, dit M. Thiers, ce que j'ai soutenu dans la dernière discussion qui a eu lieu sous la monarchie, et quand nous parlions ainsi, nous membres de l'opposition, ce n'est pas que nous fussions insensibles au sort de la Lombardie et de la Vénétie, mais il fallait alors, comme il faudrait aujourd'hui briser les traités existants par une guerre qui pouvait embraser l'Europe, c'est ce que nous n'avons pas voulu.

On nous reprochait alors d'avoir une politique indigne, et d'accepter les traités de 1815, et cette politique ainsi qualifiée, pareequ'elle consistait à reconnaître que les états indépendants pouvaient se développer librement, mais que la Lombardie et la Vénétie devaient attendre ce que la destinée déciderait d'elles, cette politique, dit M. Thiers, a été proclamée peu de jours après par nos détracteurs, dans le manifeste de M. Lamartine.

Pour mon compte, ajoute-t-il, j'en ai été aussi heureux qu'étonné ; car lorsque la révolution de 1848 a éclatée, j'ai cru (et j'en ai tremblé pour mon pays) que fidèles à cette vaine et puérile politique soutenue par vous sur ce sujet, vous alliez jeter la France et ses légions sur l'Italie pour l'affranchir, mais j'ai été bientôt rassuré : votre conscience a su s'arrêter devants les faits ; et comme ce n'est pas une vengeance que j'exerce, je vous remercie d'avoir cédé à cette puissance, dans un moment où votre politique pouvait nous perdre.

Vous avez dit alors ce que nous disions nous mêmes, depuis 18 ans ; mais vous avez ajouté : les traités de 1815 sont abolis en droit, ils n'existent plus que dans les faits. et c'était une souveraine imprudence, une dangereuse puérilité.

Ces traités, je le reconnais, se composent de démarcations territoriales faites aux jours de nos désastres par l'épée du vainqueur, mais ils renferment aussi des principes admirables d'humanité qui, en garantissant la liberté des mers, l'abolition de la traite, la liberté des fleuves, et la neutralité de la Suisse consacrent les plus nobles maximes du droit des gens.

Savez vous ce que nous préparait votre manifeste, s'il avait été pris au sérieux, le jour où nous aurions méconnu les démarcations territoriales qui sont notre oppression, la neutralité de la Suisse disparaissait avec elles.

J'entends dire par un de mes adversaires que je fais l'apologie des traités de 1815, eh bien, permettez moi de vous citer mes paroles dans la séance du 1er février 1848, je m'adressais à mes amis de l'opposition, et je leur disais, il faut observer ces traités jusques au jour où l'on fait la guerre, ils sont la règle des relations entre les états, mais il faut les observer en les détestant.

Voila comment je me suis exprimé, et dès le début de la révolution cette politique a été celle de votre manifeste : vous avez dit:

Si les états indépendants de l'Italie étaient envahis, si l'on posait des limites ou des obstacles à leurs dispositions intérieures, si on leur contestait, à main armée, le droit de s'allier entr'eux pour consolider une patrie italienne, la république serait en droit, à son tour, d'armer pour protester.

Que signifiait ce langage s'il ne disait pas qu'il fallait respecter les démarcations admises et les états indépendants de l'Italie?

Vos actes, du reste, ont été conformes à vos paroles ; vous ne vouliez donc pas la guerre ; c'est évident, et je vous en loue ; d'ailleurs comment l'auriez vous faite ? je me rappelle encore que c'était un des plus vifs chagrins de ma vie de voir l'état de notre armée ; il n'est pas un de mes amis qui ne m'ait entendu gémir que dans le temps de paix écoulé depuis 1815, on n'eut pas mieux organisé notre force publique.

J'embrassai l'espoir que sous le nouveau régime on pourrait plus librement y songer.

Le chiffre de toutes nos troupes ne s'élevait qu'à 378 mille hommes ; l'armée des alpes dont on vantait la force n'en avait que 50 mille ; j'ai les documents qui le constatent, et je ne vous crois pas assez insensés pour avoir voulu passer la frontière avec de tels moyens.

La vérité, dit M. Thiers, est qu'aux premiers jours de votre existence, vous avez parlé de paix, et cette intention a été affirmée par vos actes.

Vous n'avez donc pas fait plus que le général Cavagnac sous le gouvernement du quel l'armée a reçu quelques développements, et qui, dans ses actes, s'est borné à des moyens de médiation parcequ'il ne pouvait mieux faire ; et cette politique que vous cherchez aujourd'hui à déshonorer a été la vôtre quand le pouvoir était dans vos mains.

Vous avez parlé de l'histoire, eh bien, je vous y appelle, leur dit M. Thiers.

Au moment où les piémontais sont sur l'Adige, l'Autriche est battue ; la fortune de la révolution vous offre d'ajouter la Lombardie au Piémont, de faire de la Vénétie une autre Toscane, et vous avez refusé de réaliser votre politique en fermant l'oreille à de telles offres.

On me répond que les italiens ont alors refusé (*l'Italia farà da se*), c'est donc à des amis assez imprudents pour vous opposer ce refus que vous voudriez aujourd'hui sacrifier la fortune de la France ; c'est quand l'Italie est vaincue dans son armée, dans ses gouvernements, quand la masse de la population est effrayée ; et qu'à l'enthousiasme de l'année dernière a succédé le sentiment de la déception ; c'est quand les états sont à la merci de quelques perturbateurs ridicules qui n'ont pas su les défendre que vous venez nous demander toute une génération de la France pour la jeter en Italie, qui deviendrait le champ de bataille de toute l'Europe !....

Osez donc le dire à cette tribune ; ne vous cachez pas derrière des rédactions ambigues pour nous demander, quand l'occasion est passée, la plus insensée des résolutions, ou bien, ayez la justice de reconnaître que vos successeurs n'ont fait que ce que vous avez fait vous-mêmes ayant pour eux l'excuse des circonstances que vous n'aviez pas.

Encore une fois, tout cela ne veut pas dire qu'il ne faille rien faire pour l'Italie ; tachons d'empêcher que les circonstances extrêmes ne se réalisent, et qu'à la liberté sans frein ne succède une réaction déplorable : voila ce que doit faire la France, etce qu'elle fera, j'en suis convaincu.

Quant à la politique de ceux qui, pour faire quelque chose proposent d'aller à Nice, à Chambéry, lorsque les autrichiens en ont pour deux mois avant de pouvoir passer les alpes, c'est une entreprise puérile ; et si on réconnaît que le Piémont est la seule portion de l'Italie qui ait défendu jusques à ce moment l'indépendance italienne, l'intégrité des états du Piémont est le principe sur le quel on doit se placer dans les négociatio ns.

Or, comment empêcherez vous les autrichiens d'occuper une partie de ces états, si vous commencez par y entrer?

Pourrez-vous leur dire d'évacuer le Piémont quand vous l'occuperez vous-mêmes, cette politique est absurde.

La seule qu'il y ait à suivre pous des hommes de bon sens consiste à négocier sur les bases de l'intégrité du territoire piémontais ; et si les autrichiens s'arrêtent après la victoire qui leur applanit tous les obstacles, croyez qu'ils s'arrêteront par égard pour la France, parcequ'elle pèse assez dans les balances de l'Europe pour obtenir, quoique éloignée des événements, qu'on tienne compte de ses réclamations: ainsi parla M. Thiers.

Et près de terminer son discours, il déplore, comme un grand malheur, de voir les autrichiens étendre leurinfluence sur l'Italie, mais pour diminuer l'amertume de ces regrets, il cite les divers sujets d'afflictions qui inquiètent les autres états de l'Europe.

Tous, dit-il, excepté peut-être l'Angleterre, se trouvent dans une situation plus ou moins fâcheuse : de cet état de choses résulte, dans sa pensée, la nécessité pressante de rétablir l'équilibre en notre faveur en organisant promptement nos forces, en tirant des événements cette leçon que nous sommes hors de notre situation naturelle, et qu'il faut se hâter d'y rentrer.

Il n'y a plus, dit M. Thiers, de puissance et de force que pour les états qui savent s'organiser et soumettre le désordre ; il n'y a de puissance au dehors que pour ceux qui savent en triompher; et puis, finissant comme il avait commencé; venez donc nous dire ici que pour une question d'influence vous demandez à la France la guerre, une guerre européenne.

En abrégeant ce long discours, nous l'avons bien affaibli, M. Ledru-Rollin essaya d'y répondre, mais il l'essaya vainement.

On ne se souvient pas disait-on, le lendemain, d'avoir jamais vu M. Thiers aussi pleinement en possession de la tribune, jamais il n'a été plus vif dans la réplique, plus spirituel dans la saillie, plus accablant dans l'apostrophe, son succès eut, comme de coutume, un retentissement immense, l'ordre du jour proposé par le comité fut adopté.

Depuis lors, M. Thiers continua, pendent plusieurs mois, à se montrer assidu sur son banc, mais sans prendre part aux discussions violentes que les plus graves évènements suscitaient dans l'assemblée.

Voici ce qui s'était passé : après la défaite des piémontais, à Novarre, et la compression du mouvement révolutionnaire en Toscane, l'Autriche était entrée dans la Romagne avec l'intention de marcher sur Rome pour y rétablir l'autorité du Pape dont la république Romaine avait aboli le pouvoir temporel en s'installant dans sa capitale.

Cette république était devenue un foyer de passions ardentes aux quelles nous ne pouvions donner notre appui sans entrer en conflit avec l'Autriche; mais nous ne devions pas, non plus, laisser intervenir cette puissance en Italie, sans compromettre la légitime influence que nous avions dans ces contrées.

Le gouvernement demanda donc un crédit destiné à l'expédition d'un corps d'armée chargé de maintenir cette influence, et d'obtenir pour les populations romaines des institutions libérales capables de les satisfaire.

Mais lorsque nos troupes se présentèrent sous les murs de Rome, elles furent accueillies bien autrement qu'on ne l'esperait, elles furent reçues à coup de canon, et forcées de se replier n'ayant pas le matériel de siège pour riposter contre cet acte.

Il en resulta en France une vive émotion, le gouvernement fut accusé d'avoir montré des intentions hostiles contre la république romaine, et dans la séance du 7 mai l'assemblée nationale vota un ordre du jour ayant pour objet d'exiger que l'expédition d'Italie ne fut pas détournée du but qui lui avait été assigné.

Cette assemblée arrivait alors à son terme : les élections pour la chambre législative eurent lieu le 13 mai, sa réunion s'effectua le 28 du même mois, et M. Ledru-Rollin profita des premières séances pour demander la mise en accusation des ministres aux quels il reprochait d'avoir violé la constitution, en donnant à l'expédition romaine un but tout différent de celui en vue du quel elle avait été votée.

Et lorsque les pièces relatives à cette expédition furent réclamées, M. Thiers, membre de la commission, à la quelle elles avaient été soumises, prit la parole en son nom dans la séance du 12 juin et dit à l'assemblée.

Messieurs,

Vous pardonnerez à un membre de la commission de vous expliquer pourquoi elle n'a pas exigé plus de pièces qu'on n'en connaissait, c'est parcequ'après l'examen de ces pièces elle a cru se trouver parfaitement éclairée.

De violentes exclamations interrompent alors M. Thiers.

Il attend qu'elles ayent cessé pour répondre qu'à toutes les époques il avait accepté les interruptions mais après avoir eu la liberté de donner à sa pensée les explications dont elle avait besoin.

En premier lieu, il s'étonne de celle que l'on demande sur les faits en question, lorsqu'on s'est montré tout d'abord convaincu que la constitution avait été violée, au point d'en appeler aux armes contre le gouvernement, au risque de provoquer une guerre civile.

Il lui semble qu'avant de se permettre une démonstration si grave, il fallait au moins formuler l'acte d'accusation constatant la violation de la constitution imputée au gouvernement.

Il comprendrait, dit M. Thiers, qu'on veuille savoir si l'expédition a été bien ou mal conduite ; mais dès qu'on insiste à dire que la constitution a été violée parcequ'on a méconnu les intentions de la volonté nationale, tandisque la commission trouve que cette accusation est sans fondement, puisque en consentant l'envoi de douze mille hommes sous les murs de Rome, l'assemblée devait prévoir qu'il faudrait peut-être en enfoncer les portes si on les trouvait fermées, M. Thiers n'admet pas, ni la commission non plus, que le pacte fondamental ait reçu la moindre atteinte; et puis il termine par ces mots : tant que le gouvernement saura faire respecter la loi, il nous aura derrière lui pour l'aider dans sa tache.

M. Thiers avait à peine fini de parler que M. Ledru-Rollin lui répondit en l'accusant d'être du parti des cosaques plutôt que de la république ; il s'attira aussitôt la vive riposte qu'il méritait, et lorsqu'on en vint au vote les conclusions de la commission furent adoptées presque à l'unanimité par l'assemblée.

Lors de la discussion dont nous venons de parler le pouvoir exécutif avait renouvelé son ministère.

M. Thiers y trouvait d'anciens amis ; et dans la séance du 24 juillet, il reparut à la tribune pour faire connaître son opinion sur la loi relative à la liberté de la presse dont la chambre s'occupait dans ce moment.

Voici comment il commença son discours :

Messieurs,

Depuis que je siége dans les assemblées de la république, je me suis imposé pour principe de conduite de n'intervenir dans les discussions que sur des questions tellement étrangères à toute forme de gouvernement que la convenance comme le besoin de s'en mêler fussent absolument les mêmes pour nous tous.

Et depuis que je suis devenu pour un bon nombre de mes collégues un homme du passé, je laisse aux hommes du présent le soin de traiter les questions qui s'y rattachent.

De plus, bien que la loi dont il s'agit ait suscité contre mes actes des provocations qui m'autoriseraient à des représailles, je n'en userai que pour opposer aux vérités que m'ont dites mes adversaires d'autres vérités entre les quelles seront jugés la chambre et le pays.

Si j'atteinds mon but, dit M. Thiers, je prouverai qu'indépendamment de la forme du gouvernement, il y a sous la république comme sous la monarchie des principes de conservation nécessaires aux quels il faut en venir sans cesse, quand on veut exister, quand on veut vivre.

Il pose d'abord comme incontestable qu'il ne peut y avoir de liberté sans limite, cette liberté n'existe que dans la Société barbare où la force domine tout.

Mais dans la société civilisée la liberté des uns a pour limites la liberté des autres ; et pour vouloir la liberté illimitée en matière de presse, il faudrait supposer une société grossière, avilie, dans laquelle il serait possible d'admettre qu'en outrageant un homme on ne lui fait pas autant de mal qu'en le frappant.

Or, si la parole est une arme aussi redoutable que le bras, si par la parole ou par la plume on peut faire autant de mal que par les plus violentes actions, l'usage de toutes ces libertés doit évidemment avoir une limite analogue et proportionnée, dans l'intérêt de la sécurité de tous.

Jusques ici, dit M. Thiers, nous devons être d'acord.

Mais dira-t-on si l'on défend les individus ne défendra-t-on pas l'état, non, répondra-t-on ; les affaires du Gouvernement sont les affaires de tout le monde, et tout le monde a le droit de les discuter sans raison, sans mesure et sans justice; à ce propos M. Thiers rappelle les restrictions qu'on y mettait jadis ; néanmoins il admet cette liberté complète, mais à ses yeux, elle n'implique nullement le droit de faire ce qui peut renverser le gouvernement; c'est ce qu'il se propose de prouver.

Voici un homme, dit-il, qui ne sait rien, qui sort du collège, qui ne sait rien des affaires d'état, ou bien, déjà loin du collège, il a été avocat, médecin, négociant, il a traversé toutes les carrières en échouant dans toutes, cependant, on le voit tous les jours faire la leçon aux hommes les plus consommés dans les affaires publiques, il les régentera, il enseignera à celui-ci à gouverner, à celui-là à administrer, à cet autre à négocier, eh bien cela doit être; si cela n'était pas, il n'y aurait pas de discussion pour les actes.

Maintenant, continue M. Thiers, parlons du malhonnête homme, celui-là est exclu des fonctions publiques, parcequ'il en est indigne ; aujourd'hui, il n'a plus qu'un désir, c'est de contribuer au renversement de l'administration ou du gouvernement pour avoir quelque chose, serait-ce les fonctions les plus viles ; mais il attaquera les hommes les plus élevés, les plus attachés au pays, il les traitera d'ambitieux; il faut qu'il puisse le faire.

Le sot jugera donc l'homme d'esprit, le malhonnête homme jugera l'honnête homme, il faut que cela soit permis, pour que l'homme habile et l'honnête homme puissent user du même moyen dans un but différent, la liberté, sachez le bien, n'existe que dans ces conditions.

Les hommes faibles peuvent s'en plaindre, mais les hommes ayant la puissance de l'esprit et du cœur savent mépriser les attaques quotidiennes et se mettre au dessus d'elles.

En conséquence, M. Thiers veut la discussion des actes politiques jusques à la déraison, jusques à la calomnie, pourvu que le principe sur lequel le gouvernement repose ne soit pas mis en question.

Il est clair, en effet, que ceux qui attaquent ce principe, quelle que soit la forme du gouvernement, provoquent à son renversement par la parole, et la constitution qui est la loi des lois deviendrait une contradiction, un non-sens, si elle permettait que son principe fut contesté.

Il en résulterait tôt ou tard la guerre civile, c'est à-dire la plus abominable de toutes les guerres, et s'il n'y avait pas de peines pour ces provocations, il n'y aurait pas de gouvernement qui put résister à une inconséquence de cette espèce.

Voulant ensuite faire ressortir l'évidence de cette grosse contrediction, il demande où serait la justice qui, en punissant la rébellion, l'émeute dans la personne de ceux aux quels la provocation aurait mis les armes à la main, laisserait impunis les provocateurs de ces actes, ce serait frapper l'effet sans remonter à la cause, on atteindrait des hommes souvent plus égarés que coupables, et l'on consacrerait ainsi la plus injuste et la plus barbare de toutes les lois.

Telle est l'opinion de M. Thiers sur la liberté de la presse, et ses principes se résument ainsi.

Pas de liberté illimitée dans aucun genre, mais liberté complète de discuter les actes du gouvernement, et défense absolue d'attaquer son principe, sa forme et son existence dont l'effet, à ses yeux, devient un cri d'appel à la révolte, à la guerre civile.

Les lois de septembre n'ont par d'autres bases, dit-il, à ses adversaires; et par le récit des faits récents dont il donne les détails à l'assemblée, il montre à quelle nécessité des choses ils ont eux-mêmes cédé en recourant à ces lois de septembre à propos des quelles il a eu, de leur part tant de reproches à subir.

Ces lois, vous les avez appliquées; désormais, vous n'accuserez plus personne ; et si vous accusez encore, il sera bien démontré que vous êtes des inconséquents.

M. Thiers parle ensuite du projet de loi présenté par M. Marie Ministre de la justice, bien connu par ses principes républicains.

Les citations de M. Thiers, constatent l'appui que des républicains de la même trempe ont donné à ce ministre, il fait une analyse rapide de ce projet, il fait voir à quelles exagérations se livrent ceux qui accusent son auteur et ses partisans de vouloir détruire la république ; il leur prouve que le texte de ce projet ne diffère en rien de la loi du 11 août 1848 à la quelle ils ont, pour la plus-part, donné leur adhésion ; et leur rappelant à ce sujet leurs actes de versatilité avec une sureté de mémoire impitoyable il tire de ses souvenirs ces mots accablants.

Vous avez accusé le passé, permettez au passé de vous rappeler les faits.

Je vous montre le miroir, voyez s'il est vrai.

Continuant encore son discours, M. Thiers, fait un examen rétrospectif de la politique républicaine sur nos finances, sur nos relations étrangères et sur l'administration de l'intérieur, et montre qu'on a continué la politique des gouvernements précédents, mais plus maladroitement qu'eux ; et cependant, dit-il, sommes nous venus, armés de 18 ans de diffamations que vous nous aviez jetés à la face pous les rejeter; comme nous aurions pu le faire ? non, nous vous avons donné notre appui dans la mesure de nos convictions, parceque vous étiez devenus le pouvoir légal du pays.

Et quand vous dites que la politique actuelle, après avoir perdu tous les gouvernements, détruira la république, oubliez vous, évocateurs imprudents des plus tristes souvenirs, que la monarchie n'est pas la seule à compter des chutes, que la république a eu les siennes ; et il les leur rappelle avec toute la sévérité d'un historien.

Après cela, ajoute-t-il, je ne veux rien prévoir; vous dites que la compression est fatale ; qu'il faut laisser dire, et laisser agir, que c'est le moyen de tout sauver ; et comme en se tenant dans la généralité des théories, il est difficile de montrer qui a raison et qui a tort, M. Thiers spécifie les développements graduels que nos libertés ont reçues sous la restauration et sous la monarchie de juillet, il leur reproche d'avoir, nonobstant ce progrès, renversé ces deux monarchies en disant qu'une fois en république, le moment serait venu de s'arrêter; et maintenant, leur dit-il, vous avez cette république, vous avez le suffrage universel, où vous arrêterez vous ? si vous ne vous arrêtez pas là.

N'est-ce pas le temps de résister aux esprits désordonnés qui se sont précipités sur le pays ? quel jour voudrez-vous opposer une digue aux idées anarchiques qui menacent de nous envahir; on parle de socialisme ; qu'on nous apporte ici des théories, et qu'on les montre réalisables à quelque degré, nous les discuterons, je vous le demande instamment.

Vous avez entendu M. Pierre Leroux, M. Proudhon, ce dernier, ayant au moins le courage de son système, est venu un jour vous faire des propositions; en voici une :

Je veux prendre le quart du revenu des capitaux, des maisons, des terres, et j'établirai ainsi un nouvel impôt, le quel servira à faire la banque du peuple ; nous avons discuté cela, il n'y a eu que deux membres qui ayent voté la proposition de M. Proudhon, M. Proudhon lui-même et M. Greppo qui ne siège plus dans l'assemblée.

Mais le malheur est que les autres novateurs n'ont pas la même franchise, ils font circuler, dit M. Thiers, de petits écrits pleins de fiel, rédigés sous une forme dont il déplore les séductions, pour assurer qu'il existe un bien suprême qui ferait cesser à l'instant toutes les souffrances ; qu'il dépendrait d'un seul acte des volontés de la chambre, mais qu'elle ne veut pas en faire usage, parce qu'il y a dans son sein des riches, des méchants intéressés à perpétuer la situation actuelle.

Voilà l'assertion abominable dont M. Thiers demande la flétrissure ; et lorsqu'il a dit à quel point les auteurs de ces écrits sont coupables de promettre au peuple le bien qu'il leur est impossible de donner, il leur dit à quels reproches ils s'exposent, euxmêmes, par de telles promesses.

Venant alors à parler des conférences données au Luxembourg où l'on signalait tous les avantages à retirer des associations ouvrières, il rappelle les millions vainement sacrifiés à cette expérience, et si l'on n'a pas réussi, ajoute-t-il, on ne peut certainement pas en accuser l'esprit ni le savoir de ceux qui en promettaient le succès; mais c'est parceque personne n'a dans la main les moyens de faire à l'instant le bien d'une nation, car il est l'œuvre du temps, de l'ordre, de la sécurité et des lumières réunis qui, petit à petit, parviennent à l'accomplir.

Or, quand on ne l'a pas ce bien, il est criminel de venir l'annoncer sans cesse, et ce crime il faut l'arrêter.

Dans ce moment, on interromp M. Thiers pour lui dire qu'il n'est pas dans le vrai : voici ce qu'il repond.

Vous dites que je ne suis pas dans le vrai, eh ! bien soit.

Je vous réitère alors la sommation de l'apporter ici vous mêmes ; la seule manière de me confondre c'est de présenter ce bien suprême dont vous vous dites les possesseurs, mais que vous ne possédez pas plus que nous; et c'est parceque j'en suis convaincu que je vous supplie de nous venir en aide pour n'être point placés un jour, dans la funeste impuissance que je vous annonce, oui, vous répéterai-je, si vous devez être dans l'avenir les maîtres de notre pays, venez préparer avec nous ce bien suprême et n'annoncez pas que vous êtes capables de le donner ; car le jour où vous serez appelés à le réaliser, on vous accusera de n'avoir été que des imposteurs en promettant ce que vous n'aviez pas.

Ainsi finit M. Thiers :

L'orateur qui prit la parole après lui fut M. Crémieux qui ne le remplaça que pour faire, en très peu de mots, quelques objections qui se perdirent dans le bruit confus des conversations suscitées par le grand discours qu'on venait d'entendre.

Lorsque le silence fut rétabli, elle vota la clôture de la discussion générale du projet de loi, et la continuation de la délibération sur les article fut ajournée à la séance du lendemain.

M. Thiers n'intervint pas dans la suite des débats dont les résultats furent à peu-près conformes aux sentiments qu'il avait exprimés sur cette grande question, et nous ne le retrouvons plus à la tribune que dans la séance du 12 octobre où il se présente en qualité de rapporteur de la commission chargée d'examiner le projet de loi relatif à la régularition des dépenses faites dans l'expédition de Rome dont nous avons déjà parlé.

Comme organe de cette commission auprès de l'asssmblée, il l'entretient de l'expédition, de ces motifs, de ses conséquences, et de ce qui reste à faire pour atteindre le but qu'on s'était proposé.

Après ce préambule, son exposé continue en ces termes :

Lorsqu'il y a trois ans, un noble pontife a donné le signal des réformes politiques et sociales aux princes italiens, les hommes éclairés et libéraux ont fait des vœux pour que l'Italie entrat avec mesure dans la voie qui lui était ouverte, et qu'elle ne compromit pas ses destinées par une imprudente précipitation.

M. Thiers dit à ce sujet, ce qu'on aurait du faire ; et d'après lui, cette marche dans la voie du progrès eut fait naître entre les peuples divers de ces belles contrées des habitudes de concorde et d'union dont les liens auraient amené la formation d'états confédérés presque aussi avantageuse que l'unité à laquelle on pouvait alors bien difficilement songer.

On desirait surtout qu'il ne fut intempestivement entrepris

aucune guerre d'indépendance, à moins qu'elle ne surgit de circonstances extraordinaires qui, pour tous les italiens, eussent créé la nécessité de renoncer à leurs misérables discordes intérieures pour accourir sur le Pô et et sur l'Adige.

Tels étaient les vœux des libéraux, lorsqu'une faction désordonnée mettant ses passions au dessus des intérêts de l'Italie s'est emparée d'elle, et l'a précipitée dans un abîme.

Partout, elle a excité ses peuples à vouloir des institutions sans rapport avec l'esprit des états et des mœurs, elle à poussé jusques à la forme républicaine des populations incapables de s'élever au dessus des libertés municipales, et cette faute commise, les italiens se sont trouvés aux prises avec leurs propres gouvernements, lorsqu'il aurait fallu qu'ils fussent coalisés contre l'Autriche qu'on avait provoquée par l'excitation des peuples rangés sous ses lois.

Ce redoutable ennemi, usant du droit incontestable que lui donnait cette provocation, a reconquis la Lombardie, envahi le Piémont, la Toscane, les duchés de Parme, de Modène, une partie des états Romains; et depuis lors, la liberté n'a pas moins rétrogradé que l'indépendance italienne ; ses vrais amis ont été découragés, et les masses qu'on avait déchaînées ont été ramenées, par la force matérielle à la plus dure soumission.

Au milieu de ce vaste naufrage, faut-il désespérer de rétablir en Italie un équilibre sur le quel toutes les puissances ont le droit de veiller, et qui a été rompu au profit de l'une d'elles, par la faute d'une malheureuse agression ?

La France ne l'a point pensé ainsi :

C'est l'origine et la cause de son expédition à Rome ; et pour bien la juger, M. Thiers va remonter aux événements qui l'ont produite.

Ces événements sont la bataille de Novarre, la révolution romaine, la fuite du pape qui s'en est suivie, la réunion à Gaëte des puissances catholiques pour aviser à son rétablissement.

C'était le moment où l'armée autrichienne se disposait à marcher sur Rome.

On s'est alors demandé si la France devait permettre que l'Autriche poussat son invasion jusques à cette capitale, et dominât ainsi l'Italie presque toute entière.

Il n'y avait pour nous que deux moyens de l'empêcher : se décider à faire obstacle à l'Autriche par les armes, ce qu'aucun parti n'a voulu faire quand il était au pouvoir, ou bien aller occuper Rome dans le double intérêt de la liberté italienne et de la France, puisque l'occupation de cette capitale nous permettait de ressaisir, dans une certaine mesure, la part d'influence que nous devons conserver dans ces contrées.

Telle était l'opinion de M. Thiers : il n'admettait pas que la France se jettat comme un torrent dévastateur dans les affaires européènes, ainsi que voudraient le faire ceux dont les fautes ont amené des armées étrangères en Italie ; mais il avait approuvé que la France y parut à son tour pour faire la part du bien, diminuer la part du mal, et sauver quelques unes des belles espérances conçues à l'avènement du St-Père.

C'est ce que le gouvernement a éxecuté sagement, résolument, par une expédition ayant pour objet d'arracher Rome aux factieux qui la dominaient depuis deux ans.

Suivant M. Thiers, l'on a donc bien fait d'intervenir avec une armée pour délivrer le souverain pontife des violences d'une faction, pour lui rendre son trône et sa liberté, et pour acquérir en même temps le droit d'obtenir de lui la réalisation des réformes qui, en le réconciliant avec les habitants de ses états, leur donnât les satisfactions qui leur étaient dues.

En effet, ajoute M. Thiers, si l'on peut contester aux romains le droit de renverser, au nom de leur souveraineté, l'autorité temporelle du pape reconnue nécessaire à l'europe chrétienne, on ne peut leur contester le droit d'avoir un gouvernement équitable, conforme aux mœurs de notre temps.

A ces yeux, le pape, lui-même, parait l'avoir compris par le *moto proprio* qu'il a publié, et si par cet acte constituant il ne fait que des concessions restreintes, c'est parcequ'il juge indispensable de débuter ainsi, pour ne pas jeter prématurement son peuple dans la carrière orageuse de la liberté politique dont il redoute les écueils.

Pour le moment, cet acte suppose une réforme efficace à réaliser dans la législation civile, dans l'organisation des tribunaux, dans une juste répartition des fonctions publiques entre tous les citoyens.

Les résultats déjà obtenus ne doivent donc pas nous faire regretter que notre armée occupe au *Vatican* la place que l'Autriche aurait prise ; en conséquence M. Thiers est d'avis que les crédits demandés soient accordés, parcequ'il est convaincu qu'ils suffiront au gouvernement pour compléter la mission qu'il doit remplir ; après ce discours les crédits furent accordés à une **grande majorité.**

CHAPITRE XVII.

Aux premiers jours de 1850 où nous a conduit la vie parlementaire que nous étudions, l'administration du gouvernement avait passé dans d'autres mains.

Louis-Napoléon avait congédié son ministère, sans qu'on eut pu démêler les motifs de ce changement.

Depuis ce renouvellement effectué le 31 octobre, les républicains ne comptaient plus aucun représentant de leur opinion au pouvoir; et les partis divisés dans l'assemblée en deux moitiés presque égales se livraient autant que jamais à des discussions passionnées sur les affaires du pays.

Telle était alors la situation politique, quand on fit revivre à la chambre la vieille question de notre intervention sur les rives de la Plata.

Il s'agissait dans ce moment, comme jadis de nos intérêts maritimes et de ceux des français établis à Montévidéo, contre lesquels Rosas, chef de la république argentine, après des atrocités restées impunies, continuait ses mauvais actes, au mépris des engagements contractés envers nous par ce barbare.

Cette question soulevée à l'occasion du crédit extraordinaire destiné à payer un subside au gouvernement de Montévidéo se discutait depuis plusieurs jours, lorsque dans la séance du 5 janvier M. Thiers aborda la tribune.

Son apparition excita aussitôt une vive curiosité, il avait plusieurs fois interrompu le président des ministres pendant qu'il parlait; l'on se souvenait de l'opinion énergiquement exprimée par lui sur ce sujet à une autre époque; et voici en substance le long discours qu'il prononça ce jour là devant l'assemblée :

Messieurs,

Je ne viens pas examiner dans quelle forme vous devez exprimer votre résolution.

C'est d'arrêter cette résolution qu'il s'agit, et je viens essayer de fixer vos idées à cet égard.

J'ai abordé la tribune avec quelque répugnance, car il m'en coûte de paraître faire acte d'opposition au ministère que je soutiens depuis deux ans, mais il y a des convictions dont on ne fait le sacrifice à personne.

Celle que je viens exprimer n'a jamais variée, elle a résisté à la révolution; j'étais le principal membre de l'administration, lorsque j'ai cru que nos intérêts maritimes et commerciaux étaient assez grands pour exiger sur les rives de la Plata une action énergique et prompte de la part de la France; ce que j'ai cru, je le crois encore, et je vous demande la permission de l'établir.

Nos ministres redoutent à cette occasion une complication européenne, à leurs yeux, un commerce déplacé de Montévidéo à Buénos-ayres, et le malheur de quelques français égorgés pour s'être imprudemment compromis dans des querelles lointaines, ne motivent pas suffisamment l'entreprise de la guerre difficile où nous pourrions être engagés; on doit donc se borner à négocier; l'honneur de la France veut qu'on obtienne un traité qui n'ait rien d'humiliant, ni d'obscur, et pour cela il faut laisser au gouvernement le soin de se tirer d'une situation devenue fâcheuse, mais sans y attacher trop d'importance : ainsi pensent MM. les ministres.

M. Thiers leur répond que les complications dont il parlent sont imaginaires, il affirme que l'Angleterre et les états unis ont reconnu nos droits de guerre sur les rives de la Plata, et ces faits indéniables défient tout homme politique sérieux de pouvoir tirer des complications européennes de notre action dans ces contrées.

La question est donc purement américaine; la France doit à son commerce, à ses nationaux, à son honneur, à sa loyauté d'agir dans la Plata, et nous examinerons, dit M. Thiers, avec quelle énergie.

S'occupant d'abord de son commerce, il nie formellement que nos intérêts soient déplacés ; il s'étonne qu'on ose le dire, et que des faits éclatants et palpables soient si peu connus des hommes chargés des affaires du pays.

Cependant, dit-il, qui ne sait qu'à notre commerce d'exportation, doublé depuis 20 ans correspond une décroissance constante de notre commerce maritime et de notre navigation, il n'y a personne qui n'ait été frappé de ce double fait.

Dans les commissions dont j'ai fait partie, ajoute-t-il, nous avons recherché tous les moyens d'arrêter cette décadence déplorable.

Des économistes très distingués l'ont attribué à notre régime de protection, en nous disant que ne voulant pas prendre les produits des autres nations, celles-ci ne prenaient pas les notres, je démontrerai jusqu'à l'évidence que c'est une erreur; et dans ses explications, il donne les détails indispensables pour faire apprécier la gravité de cette question.

Ces détails consistent à bien exposer les effets du nouveau régime industriel.

Il établit que ses conséquences ont été de créer au profit de l'Angleterre et de l'Amérique du Nord les deux plus grandes matières de frêt qu'il y ait au monde.

Le jour où l'on a supprimé toute surtaxe de pavillon sur la houille et le coton, ces deux nations se sont emparées de ce transport ; et depuis lors, il n'y a plus eu en prospérité que le cabotage anglais, et la grande navigation américaine.

On aurait voulu revenir sur ces traités ; le gouvernement de la restauration, dans une intention honnête et courageuse, en fit la tentative, mais il provoqua une guerre de tarifs effroyable devant laquelle il fallut reculer.

Il existe donc deux grands faits pour tous les hommes qui connaissent ces matières, et qui s'occupent de la richesse publique, c'est que nous sommes battus par les anglais dans le cabotage, et par les américains dans la navigation de long cours.

Dans cet état de choses, où avons nous vu naître une espérance? nous qui nous occupons avec passion, dit M. Thiers, de cette question, dans l'Amérique du Sud, c'est là seulement qu'il y a de l'avenir pour notre pavillon.

Il dit avoir cherché dans le tableau des douanes les chiffres qui font connaître l'importance de notre commerce dans les deux Amériques, ce chiffre s'élève au moins à 500 millions, nous n'en faisons pas d'aussi grands avec aucune région du globe.

Il donne les proportions dans les quelles ce commerce se partage.

L'Amérique du Nord en a le plus gros lot, et M. Thiers reconnaît que les avantages qu'on en retire méritent de notre part une grande sollicitude, bien que ce commerce ait pour nous des inconvénients capitaux résultant des tarifs dont nous menacent les industriels de ces contrées.

Notre commerce avec l'Amérique du Sud n'est pas encore aussi considérable, mais il prend de rapides développements, son importance égale déjà l'importance de celui que nous avons avec la Martinique, la Guadeloupe et l'île de la Réunion où la navigation est exclusivement réservée; je l'ai prouvé, dit M. Thiers, les états à la main, dans des commissions de douanes.

J'affirme donc que dans ce moment où nos colonies sont plongées dans la misère, il n'y a de ressources sérieuses, illimitées, pour notre marine commerciale que dans l'Amérique du Sud.

De ce côté, nous n'avons à craindre ni rivalité industrielle, ni concurrence de pavillon, (il explique pourquoi) mais comme dans toute situation, il y a aussi les inconvénients dont il va parler.

Nous avons affaire, dit-il, à des peuples orgueilleux, comme l'étaient les espagnols, il y a deux siècles, joignant à cet orgueil de race la sauvagerie du pays qu'ils habitent ; deplus, ils sont armés des débris d'une vieille législation coloniale dont ils se servent pour refuser ce qu'on ne peut plus refuser aujourd'hui à aucune nation civilisée.

Il existe donc, à côté d'immenses avantages commerciaux, les difficultés de se faire respecter de ces peuples; et le contre-poids de ce commerce si avantageux, c'est qu'il n'y en a pas qui ait plus besoin d'une protection efficace : là est la question.

Maintenant, si vous pouvez me prover qu'après l'insigne faiblesse que j'ait fait connaître à mon pays, il y a 10 ans, et que vous exagérez encore aujourd'hui dans les affaires de la Plata, vous pouvez paraître respectés dans les ports de l'Amérique du

Sud, il faut renoncer à parler d'honneur et d'humanité : je vous l'ai dit, j'ai offert l'enquête, j'offre encore aujourd'hui de prouver que des français ont été égorgés, que leurs propriétés ont été pillées, et que depuis lors, le sang qui a coulé crie vengeance.

M. le garde des sceaux m'interrompt, dit M. Thiers ; savez vous ce que cela prouve, c'est qu'il ne connait pas les faits; mais ils ont été mis hors de toute contestation ; il les rappelle à l'assemblée, puis s'adressant au gouvernement, il lui demande s'il a obtenu de justes réparations.

Cependant, vous avez pris l'engagement, engagement d'honneur, de garantir l'indépendance de l'Uruguay; et maintenant, vous déclarez, non, en vertu de la puissance des choses, mais de l'éloignement, que vous ne pouvez pas agir; et si c'est en raison de cette difficulté, la seule que vous fassiez valoir, vous renoncez à protéger une colonie où des français ont été égorgés et pillés et à faire exécuter des traités qu'on a signé avec vous; en un mot, si l'éloignement vous fait lacher prise, passez moi l'expression, je demanderai à tout homme de bon sens s'il vous sera désormais possible de vous présenter dans les mers du Sud, après les raisons inavouables que vous osez donner devant nous.

Mais, nous dit-on, il y a de nombreux négociants français transportés à Buénos-ayres, c'est la preuve que les intérêts sont déplacés.

M. Thiers réduit cet argument à sa juste valeur.

D'après lui, ce sont des déplacements momentanés aux quels il oppose le nombre toujours croissant des français établis à Montévidéo et dans ses environs, au point qu'on n'y parle déjà plus que notre langue.

Pour M. Thiers, les raisons de ce développement résultent de la nature de choses qui ne peuvent changer : cette ville est placée à l'embouchure de la Plata ; son port est très bon, ses environs sont fertiles, et de plus, son gouvernement est honnête, tandisque Buénos-ayres est situé à 46 lieux dans des terres stériles, avec un port d'un difficile accès, pendant que sa population civilisée est sous la domination tyrannique d'un barbare.

Quant aux déplacements voici comment M. Thiers les explique.

Il y avait, dit-il, un blocus qui empêchait l'arrivage de toute marchandise à Buénos-ayres, les étrangers nous disaient avec raison, si voulez faire la guerre faites là, mais cessez ce blocus qui empêche la continuation des affaires.

Le blocus une fois levé sur la demande pressante des négociateurs anglais dont nous avions besoin, il en est résulté que le commerce existant encore à Montévidéo également tourmenté par un siège qui durait depuis 7 ans, s'est momentanément transporté à Buénos-ayres, comme l'ont fait un certain nombre de français qui y sont allés chercher des moyens d'existence, en attendant que la lutte cesse et que le calme soit rétabli, mais ils reviendront à Montévidéo quand ils le pourront, voila la vérité.

Après quelques explications pour démentir le déplacement de commerce au profit de Buénos-ayres.

M. Thiers envisageant la question par rapport à nos relations avec le Brésil, dit qu'elle est sa situation à notre égard; le Brésil n'a d'appui que le nôtre, il a peur de Rosas, et sollicite notre protection.

Nous n'établirons donc notre influence dans la Plata qu'en rendant le Brésil respectable, c'est ce que démontrent les diverses dépêches lues à l'assemblée.

Par conséquent, à tous les points de vue, l'intérêt français est probablement perdu dans ces contrées, si Montévidéo peuplé de nos compatriotes tombe entre les mains de Rosas.

Il y va de notre honneur et de notre loyauté, puisque nous les avons, nous-mêmes, mis en hostilité avec ce général quand nous les avons excités à se mêler de notre querelle.

Passant ensuite au traité récent conclu par l'amiral Leprédour, M. Thiers en critique les principales dispositions, notamment celle qui reconnait Oribe lieutenant de Rosas, comme président de la république de Montévidéo, et livre ainsi à sa discrétion les français qui l'habitent; en qualifiant ainsi Oribe, dit M. Thiers, on l'a fait, la rougeur sur le front, car on n'a pas osé l'écrire dans le traité français, après l'avoir écrit en espagnol dans le premier exemplaire de ce traité.

Mais ce n'est pas tout, vous acceptez maintenant la clôture des fleuves, bien qu'un grand fleuve, n'appartienne à personne; et pour les égorgements, les spoliations commises sur nos nationaux, vous ne demandez rien, rien.

Bien plus, il a été dit qu'on se rendrait les bâtiments pris de part et d'autres, et comme Rosas n'en a pris aucun des nôtres, tandis que nous avons un bon nombre des siens, déjà vendus au profit de l'état, il faudra donc payer une indemnité à Rosas.

Je voudrais bien voir quelqu'un ici, ayant le courage de faire cette demande.

On m'assure que ce traité est abandonné par le ministère ; et s'il en est ainsi, je lui prouverai qu'il doit vouloir la guerre comme nous, à moins qu'il ne veuille l'abandon pur et simple de la colonie.

Ici Messieurs, continue M. Thiers, je dois l'avouer, je suis confus pour mon pays, de voir qu'en présence de faits et d'intérêts si évidents, on ose élever, des montagnes de fables sur les difficultés de l'expédition.

On sait parfaitement que plusieurs milliers de braves suffiraient aisément à débarasser Montévidéo des ennemis qui l'entourent.

Mais après, nous dit-on, après ! réplique M. Thiers ;

Les américains du nord, avec des troupes n'excédant pas 5000 hommes, ont récemment conquis le Mexique ; et les anglais avec le même nombre sont venus à bout de l'Empire de la Chine et l'ont obligée d'accepter l'opium, l'opium dont elle ne voulait pas; et nous trouverions ici quelqu'un qui douterait que les troupes françaises pussent venir à bout de Rosas.

En vérité, le dernier gouvernement, qu'on a si souvent accusé de faiblesse a été héroïque par rapport à vous.

L'expédition du Maroc, la capitulation du Mexique devant quelques frégates françaises, notre entrée dans Véra-Crux avec 800 hommes, nos vaisseau embossés devant Lisbonne aux quels Don Miguel s'est rendu, prouvent qu'une grande nation comme la nôtre réussit toujours dans ses actes de vigueur.

Pourquoi payons-nous une marine plus de 120 millions, si ce n'est pour nous faire respecter à 2 ou 3 mille lieues, quand c'est nécessaire ?

Lorsque le bailli de *Suffren* gagnait ces admirables batailles, si on lui avait dit que le commerce est protégé avec la paix, il en aurait souri de pitié.

Et pourtant, je veux la paix, dit M. Thiers ; dans un temps plus difficile, elle n'a jamais eu de plus chaleureux défenseur que moi ; mais lorsque sous le nom de paix, on cache une politique sans résolution et sans idée, la paix ne doit pas couvrir de telles choses.

En un mot, il est impossible qu'en envoyant un négociateur armé avec des navires et quelques hommes, on puisse aboutir à la guerre ; rendez je vous prie, aux mots leur véritable sens ; ce n'est pas là une guerre ; mais c'est une de celles que nous avons faites à St-Jean d'Ulloa et au Maroc ; c'est une de ces guerres que les nations maritimes doivent savoir faire quand elles veulent se faire respecter.

Une violente agitation succède à ce discours, les députés quittent leurs places pour se livrer aux conversations les plus animées ; M. le garde des sceaux demande que la séance ne soit pas interrompue.

Son devoir, dit-il, est de répondre immédiatement à M. Thiers.

Avant d'aborder la question, il en dégage le traité de l'amiral Leprédour que le gouvernement n'a pas ratifié, et dont la discussion, dit le ministre, pourrait énerver les négociations sérieuses nouvellement entreprises, parcequ'on avait singulièrement exagéré les causes qui doivent déterminer notre action sur les rives de la Plata.

Après ce début, il remonte à l'origine de l'affaire ; son exposé des faits provoque de la part de M. Thiers des rectifications qui produisent un échange de vives paroles à la suite des quelles la discussion est renvoyée à la séance du lendemain.

Lorsqu'elle fut reprise, le rapporteur de la commission, M. Daru, chargé de proposer le crédit à voter, ayant demandé la parole formula ainsi l'état du débat.

Le gouvernement déclare qu'il ne veut pas d'une négociation armée ; qu'il veut un médiateur s'interposant entre les parties, mais sans pouvoir, à aucun degré, dans aucune mesure, engager l'action de la France à 3000 lieues de son pays ; d'un autre côté, l'opinion de la commission est celle-ci, dit le rapporteur.

Nous voulons une négociation armée, c'est-à-dire, que nous voulons donner le droit au négociateur d'engager, dans une certaine limite, l'action de notre pays, non pas d'une manière agressive, mais d'une manière défensive, en opérant non à Buénosayres, mais à Montévidéo.

A la politique ancienne, usée, inefficace doit succéder une politique nouvelle dont l'efficacité ait ses conséquences.

Suivant M. le Rapporteur, la manière la plus simple pour l'assemblée de faire connaître son opinion, c'est de choisir entre celles qu'il vient d'énoncer.

L'ordre du jour sur la proposition du gouvernement ayant eu la priorité, elle rallia 558 voix sur 638 votant.

Tel fut le résultat de ces longs débats ; la faible majorité qu'avait obtenu le ministère fut un échec qui, suivi de plusieurs autres, devint, l'objet d'une note dont la presse, à cette époque commenta beaucoup le contenu.

« Certains journaux, disait cette note, conseillent au ministère de se retirer en arguant de certaines habitudes du passé, suivant les quelles, après de semblables échecs, la retraite du ministère doit s'en suivre.

« Ces journaux feignent apparemment d'ignorer la position du chef responsable du pouvoir, et que, dans le nouvel ordre de choses, les ministres revêtus de la confiance du président n'éprouvent jamais d'échecs en dépit des vieilles routines constitutionnelles, et de jalouses attaques.

« Le chef de l'état garde son ministère, l'instabilité ministérielle a fait son temps. »

Cette note, en effet, donna lieu de reconnaître que tout était changé.

On avait déjà vu un ministère disparaître tout-à-coup au moment où il était en possession d'une grande majorité, ce qui fit dire qu'il avait été enseveli dans son triomphe ; et depuis lors, on ajoutait : un ministère qui perdra la majorité dans la chambre trouvera désormais à se raffermir sur un autre appui.

Grâce au nouveau régime, lorsque les ministres reçoivent des échecs, ils les gardent, voilà tout.

Cet état de choses mit en évidence une politique significative qui permit de voir que le gouvernement républicain devenait monarchique, faisant peu à peu son chemin vers un avenir qui ne se dérobait peut-être pas à toutes les prévisions.

L'effroi des idées anarchiques et socialistes dont se préoccupait l'opinion facilitait singulièrement la réaction qui se produisait dans les esprits.

Cette influence dominait sur un très grand nombre à l'assemblée, lorsque dans la séance du 14 janvier, elle fut saisie du projet de loi relatif à l'organisation de l'enseignement.

Ce projet destiné à former les générations à venir rallia tous les naufragés des partis monarchistes.

Les hommes les plus libéraux parmi eux, n'hésitaient pas à dire : jadis, nous avons défendu les droits de l'état, c'est-à-dire les droits de l'université en matière d'enseignement, mais la révolution, en ouvrant sous nos pas l'abîme de l'anarchie, et du socialisme a créé pour nous une situation et des nécessités nouvelles qui nous condamnent à choisir entre le bouleversement et le salut de la société.

L'union entre les deux grandes fractions du parti de l'ordre nous impose une transaction dont nous acceptons les termes de la part de ceux que nous avons autre fois combattus.

A dieu ne plaise que nous chicanions sur l'étendue des concessions qu'on nous demande au nom de la société menacée jusques dans ses fondements.

Tout plutôt que l'anarchie et le socialisme; ceux qui défendent les droits de l'université d'une manière aussi exclusive, aussi absolue que si rien n'était change depuis deux ans n'ont rien appris, ni rien oublié.

On allait donc applaudir à l'éloquence de M. Thiers et de M. de Montalembert défendant la même cause, servant sous le même drapeau, sur cette grande question de l'enseignement qui rappelait leurs mémorables luttes, sacrifiant ainsi, l'un et l'autre, leurs dissentiments à leurs frayeurs.

La discussion de cette loi occupait la chambre depuis plusieurs jours, lorsque M. Thiers prit la parole pour dire qu'ayant eu l'honneur de présider successivement les deux commissions qui avaient préparé le projet de loi, il était bien placé pour faire connaître l'esprit de transaction dans le quel avait été fait ce travail.

Dans sa pensée, le propre de toute transaction est de ne satisfaire complétement les exigences d'aucun parti, mais quand elle est bien faite, les intérêts sérieux engagés dans la lutte finissent paisiblement par s'en contenter.

Celle que l'on propose, dit M. Thiers, a excité de part et d'autre les plaintes les plus vives.

M. de Montalembert et moi, nous sommes traités d'apostats; c'est une accusation dont mon collègue s'est ému, mais devant la quelle mes actes m'autorisent à rester froid, insensible et plein de dédain.

Si depuis deux ans, ajoute-t-il, j'étais venu ici confesser vos doctrines, bafouer ce que j'avais aimé et servi, applaudir à vos triomphes éphémères, flatter le pouvoir que vous avez élevé, je serais un apostat ; et peut-être m'auriez vous applaudi, mais je suis resté avec mes convictions, et mon indépendance, ne vous donnant que l'obéissance légale due à tout gouvernement établi.

Ici, cependant, M. Thiers déclare s'être modifié sur un point, en présence des périls immenses qui continuent à menacer la société.

Il s'est attaché à grouper ses défenseurs divers, à faire cesser les querelles entre les partisans de l'état et les partisans de l'é-glise, parceque, dans ce périlleux moment, s'ils comprennent bien leurs intérêts, ils ont tous les mêmes devoirs à remplir.

Voilà pourquoi il a pu recevoir dans sa main la main de M. de Montalembert, sans qu'ils eussent, l'un et l'autre, à faire le sa-crifice des doctrines qui les divisent.

D'après lui, la loi soumise à l'assemblée n'a été faite ni pour l'université, ni pour le clergé, mais pour la société toute entière; et si le clergé obtient des avantages très considérables, c'est en vertu du principe que les républicains, eux mêmes ont proclamé.

Dans ces conditions nouvelles, le rôle de M. Thiers s'est borné à la défense de l'université dont il a toujours été le soutien; et pour être bien compris, il fait connaître l'organisation de l'en-seignement due à l'incomparable génie de Napoléon, il dit comment fut formé le personnel de ce gouvernement dépositaire des droits de l'état en matière d'enseignement, il définit ses diverses attributions, les pouvoirs dont il dispose, les écoles soumises di-rectement à sa juridiction, puis il arrive aux institutions libres autorisées par l'université à fonctionner à côté des siennes, elles sont au nombre de plus de 800, ce qui prouve, dit-il, qu'elle a constamment usé du monopole universitaire avec modération.

Ces institutions sont les unes laïques, et les autre ecclésiasti-ques, le père de famille ayant, par ce fait, le droit de choisir.

Mais la catégorie la plus importante pour l'examen de la loi actuelle, aux yeux de M. Thiers, est celle des petits séminaires.

En vertu des lois antérieures, chaque évêque peut avoir auprès de lui une école secondaire ecclésiastique dont il est le seul chef, le surveillant et l'administrateur, sous la condition qu'elle ne pourra élever que des prêtres, et non des jeunes gens pouvant êtres admis au baccalauréat, en sortant de cette école.

Voici maintenant, dit M. Thiers, quel a été, sous le dernier gouvernement, le sujet de la grande querelle: le clergé reprochait à l'université de n'enseigner ni la religion ni la morale; des ennemis d'une autre espèce critiquaient aussi ce qu'on appelait ses vieilles doctrines, ils l'accusaient de faire perdre à la jeunesse ses meilleures années dans l'étude du grec et du latin, et de ne pas former une génération dont la vie pratique, la vie des temps avait besoin.

L'université disait à ces derniers : j'élève la jeunesse dans le sein de l'antiquité, elle ne peut mieux passer ses premières années que dans la science antique ; les langues grecques et latines doivent faire le fond de son enseignement ; la science du temps présent, les jeunes gens l'apprendront assez vite quand ils auront atteint l'âge adulte ; imitons les romains, laissons l'enfance dans le simple asile de l'antiquité, en changeant cet état de choses, on ferait dégénérer l'esprit de la nation.

En effet, quand on connaît l'antiquité, disait Napoléon, on ne se consolerait pas de la négligence qui nous aurait exposé à l'ignorer, le grec et le latin sont de nobles et sublimes choses ; c'est l'histoire de l'humanité sous des images simples, grandes, ineffaçables.

D'autre part, dans sa réponse au clergé, l'université disait encore : mon éducation est aussi morale que celle donnée dans vos établissements religieux ; je n'impose pas la religion à la jeunesse, je l'enseigne avec sincérité et respect, je n'arrive pas à vous la donner fervente et pieuse comme du temps de Louis XIV, mais quand je vous la rends, elle n'est ni impie ni cynique comme celle du dernier siècle ; elle est ce que comporte la société au milieu de la quelle elle est placée.

Au reste, vos visées sont connues, vous voulez vous emparer de l'enseignement ; si encore, vous pouviez l'exercer, mais non, vous le livrerez à une corporation célèbre, professant des doctrines qui ne soit pas les nôtres ; vous ne ferez pas de bons citoyens.

La haine de nos institutions fera que vous les élèverez dans un sentiment hostile au gouvernement.

Voilà comment l'université répondait à ses détracteurs.

La révolution de 48 nous surprit au milieu de ce débat comme un coup de foudre.

Elle me fit, dit M. M. Thiers, une situation que je vous demande pardon de vous exposer.

Je l'avais déjà dit dans les deux commissions dont j'étais le président, que je n'étais pas partisan de la liberté de l'enseignement ; je l'ai toujours redoutée ; l'état dans cette matière sacrée ne saurait jamais être trop fort.

Mais le jour où vous avez écrit dans l'art. 9 de la constitution *la liberté absolue de l'enseignement, sauf la surveillance de l'état*, vous avez résolu la question, ce jour là, je me suis dit si la querelle continue, c'est qu'on le veut bien, l'art. 9 a résolu définitivement la question.

Cet article, je l'avais vivement discuté dans les deux commissions, je croyais même, avoir réussi à convaincre mes collègues ; mais c'était une illusion, le principe a été, malgré moi, proclamé, il a bien fallu s'incliner devant lui.

Il y a donc, dit M. Thiers une bien grande concession, c'est un droit écrit.

Oui, j'en conviens, il a été fait à l'église un avantage qui aura de très grandes conséquences ; mais vous ne l'avez pas compris, passez moi le mot, vous ne savez pas quel avantage cette loi fait au clergé.

Je vais vous le dire ; comme ministre, comme membre de la commission, j'ai pu m'enquérir de ses désirs véritables.

Les voici : ce qui le blessait le plus sous l'ancien gouvernement, c'était le régime des petits séminaires, le clergé disait : je ne puis élever dans mes établissements que 20 mille jeunes gens ; vous les condamnez à porter l'habit ecclésiastique, et vous refusez de les admettre aux examens du baccalauréat pour avoir accès dans les carrières libérales, s'ils ne persistent pas dans leur vocation, à moins qu'ils ne veuillent recommencer une partie de leurs études dans les établissements de l'état.

Ils sont pauvres, la plus part, que deviendront ils, M. Thiers se montrait fort touché de cet argument ; mais comme le clergé ne voulait pas être inspecté ni se soumettre au droit commun en retour de ce qu'il demandait il devenait impossible de s'entendre.

Aujourd'hui, le clergé ayant dit je me soumets à l'inspection comme tous les autres établissements, ce jour là, le contrat a été signe, la paix a été faite, les petits séminaires seront désormais une université, ils pourront enseigner pour toutes les carrières, je vous défie de me montrer dans la loi une concession sérieuse autre que celle-là; et, remarquez bien que ce n'est pas nous, répète M. Thiers, qui avons fait cette grande concession, c'est la constitution où elle est écrite.

Et sur l'observation que la charte de 1830 l'avait faite aussi il réplique alors.

La charte n'était nullement positive à cet égard, elle avait dit: on procédera le plus prochainement possible à la liberté de l'enseignement, tandis que la constitution actuelle stipule que tous les établissements sont libres, et seront tous soumis à l'inspection, ce qui implique, à ces conditions, la liberté pour tous.

Or, quand le clergé profite des avantages de cette liberté, ne venez pas dire que nous livrons la jeunesse au parti clérical; si ces résultats sont fâcheux, ils vous appartiennent, comment ferez vous aujourd'hui pour les empêcher?

Cette concession ne résulte donc pas de mes principes, mais des vôtre, je l'aurait vivement regrettée il y a trois ans; aujourd'hui je ne le regrette plus depuis que les partisans de l'église et les partisans de l'état restent les seuls défenseurs de la société en péril.

Je remercie donc votre constitution de nous avoir fourni les moyens de faire ce que vous appelez la transaction ou la paix.

J'ai tendu la main à M. de Montalembert et je la lui tends encore, malgré la différence de nos points de vue et de nos origines.

Après ces déclarations continuant encore son discours, M. Thiers rappelle les prérogatives universitaires qu'il a fallu supprimer en vertu des nouveaux principes; et comme on accuse la commission dont il est le président d'avoir ainsi détruit l'université, il va prouver qu'en retour des avantages légalement acquis par l'église, on s'est efforcé, dans le projet de loi, de consolider l'organisation de l'enseignement universitaire plus complétement que jamais.

Lorsque je vous ai décrit l'université, dit M. Thiers, en quoi vous ai-je fait voir qu'elle consistait?

Dans un gouvernement sous la forme d'un corps, le quel se juge lui même, examine toute la jeunesse française, lui confère les grades, est chargé de l'inspection et de l'autorité sur toutes les écoles : voilà l'université, voilà les actes essentiels, tels qu'ils ont existés sous Napoléon, et qu'est-ce que nous avons changé ?

La loi nous forçait d'abolir son droit d'autorisation préalable, de réduire ses exigences aux preuves de moralité, au grade de bachelier, conditions aux quelles on a ajouté quelques années de stage dans une maison d'éducation, c'est ainsi qu'a été rétabli ce qui avait été supprimé dans le projet de M. Simon, et c'est de ce rétablissement que l'université détruite par cette loi, ressort consolidée, mais agrandie dans l'intérêt de l'enseignement libre.

On allait même plus loin, on contestait à l'état la faculté d'avoir des écoles : l'état enseignant paraissait une chose ridicule, et si on l'avait emporté sur ce point, l'université n'existait plus.

Le clergé nous disait : est-ce que nous avons besoin des écoles de l'état, d'un corps qui nous juge, nous, membres de l'enseignement libre, et qui juge nos jeunes gens avec partialité ? pas du tout.

Qu'on établisse un corps impartial, mais que ce ne soit pas l'université.

Avons-nous cédé sur ce point ? demande M. Thiers.

Je n'ai jamais, dit-il, été de cet avis.

On citait l'Angleterre où l'état n'a pas cette prétention, mais je vais donner les raisons pour les quelles il faut des écoles de l'état.

Chaque société a sa phisionomie, son caractère, et les comparaisons qu'il en fait expliquent et motivent la différence existante dans l'enseignement des deux pays.

Ici, les considérations développées par M. Thiers attestent qu'il a fait une étude approfondie des deux sociétés, et de cette différence il fait parfaitement ressortir la nécessité qu'il y ait chez nous des écoles de l'état, des professeurs rétribués par l'état, parcequ'étant mieux traités, sous tous les rapports, que dans l'enseignement libre, ils sont les meilleurs, les plus habiles, et les concurrents les plus redoutables que l'enseignement libre puisse avoir.

M. Thiers examine ensuite la question relative à la juridiction universitaire, aux difficultés que soulevait le personnel dont on devait composer le conseil supérieur, on nous disait : ce seront toujours les universitaires qui seront les juges, les gouverneurs des autres, en leur conservant la juridiction, la collation des gra des, et l'on soulevait des soupçon sur leur impartialité ; la question a donc été vivement discuté dans la commission ; mais l'on a reconnu que l'université n'avait jamais été partiale dans la collation des grades.

Néanmoins, pour tenir compte des garanties que l'on exigeait, on a cru devoir composer autrement qu'il ne l'était le corps universitaire, et faire figurer dans cette composition non seulement des représentants des écoles libres laïques ou ecclésiastiques, mais des représentants de tous les grands intérêts moraux de la société.

En faisant connaître l'organisation du conseil supérieur, M. Thiers s'attache à montrer de quels sentiments de justice et d'impartialité s'est animée la commission, lorsqu'à côté du conseil universitaire gouvernant l'enseignement, elle a groupé les représentants des intérêts créés par la nouvelle loi, pouvant, quatre fois l'année, se faire entendre et se défendre devant ce grand conseil.

Enfin, dit M. Thiers, depuis que la délibération est ouverte, je me suis demandé comment pourrait-on faire autrement cette loi ? comment s'y prendre, me suis-je dit, mille et mille fois, pour faire que la constitution ne soit pas applicable à tout le monde, et que les petits séminaires ne puissent pas enseigner ? car c'est là l'important.

Vous me dites, les jésuites rentreront, mais au nom de vos principes, comment ferez vous donc pour leur interdire l'enseignement ?   *

Oh ! si vous vouliez me replacer dans ce que vous appelez la monde détruit que vous méprisez tant, et que vous lui empruntassiez, la liberté limitée que je crois la bonne, je vous comprendrais alors ; mais vous ne le pouvez pas, il n'y a pas moyen de contester que ce soit là le seul avantage, l'avantage sérieux que l'église puisse recueillir de cette loi.

S'adressant ensuite aux députés de la droite, M. Thiers leur rappelle les grandes discussions qui ont eu lieu, l'impossibilité démontrée que l'enseignement de l'état puisse être, supprimé, comme ils le demandent, et d'empêcher que ses principaux membres ne soient à la tête du gouvernement de l'enseignement, car il les défie de leur enlever les avantages du concours ; et comme en définitive, ils n'ont demandé que la libre concurrence, là doivent se borner, d'après lui, leurs prétentions.

Après avoir, ainsi conjuré tous les partis de faire réciproquement des sacrifices à l'esprit de conciliation qui peut, seul, faire cesser des guerres déplorables entre amis communs de la société, il finit par une péroraison dont nous allons reproduire les paroles pleines d'éloquence et d'habileté.

On a quelque fois dit l'université c'est la philosophie ; l'église c'est la religion.

Eh bien, moi, et je vous fais connaître ici tout le secret de mes sentiments, je crois, j'espère qu'on peut faire vivre ensemble la religion et la philosophie.

J'ouvre l'histoire du monde, et je vois ces deux grandes puissances, la religion et la philosophie se combattre souvent, et puis faire la paix après avoir combattu ; je les vois se combattre lorsque quelque grande question s'élève qui remue à lafois le cœur et l'esprit humain ; mais je vois, qu'après ces luttes, elles y ont, en général, plus gagné que perdu : la religion, cette puissance auguste, permettez moi de le dire, y a gagné un peu de savoir humain, et la philosophie y a gagné le respect des choses sacrées, elles se sont rapprochées; et je n'ai jamais vu, en prenant l'histoire vraie, que l'une ou l'autre eut succombée.

Ce sont deux sœurs immortelles qui ne peuvent pas périr.

La religion et la philosophie sont nées le même jour, le jour où dieu a mis la religion dans le cœur de l'homme, et la philosophie dans son esprit, il faut qu'elles vivent ensemble, immortelles, l'une à coté de l'autre, qu'elles ne se séparent pas, et que, dans les temps d'épreuve, elles cherchent à se rapprocher plutôt qu'à se détruire, c'est mon vœu; je crois qu'il est réalisé dans la loi.

Les plus vifs applaudissements partis des bancs de la droite accompagnent M. Thiers jusques à son banc.

Quelques jours après la séance du 18 janvier, pendant laquelle M. Thiers avait prononcé son discours sur l'instruction, il reparut à la tribune, et voici à quelle occasion.

L'assemblée législative avait nommé une commission chargée d'examiner toutes les propositions ayant pour objet de venir en aide aux classes pauvres et laborieuses, dans les diverses phases de leur existence.

Chacun des systèmes présentés ayant été l'objet d'une étude approfondie et d'un travail particulier, de la part de leur auteurs, la commission dont M. Thiers était membre, après de longues séances consacrées à cette grande question, le désigna pour en faire le résumé dans un travail d'ensemble qu'il soumettrait à l'assemblée.

Il fit la lecture de son rapport dans la séance du 26 janvier.

Ce rapport contient près de deux cent pages : l'enfance, l'age mur, la vieillesse servent successivement de sujet à ses recherches pour trouver les moyens durables de secourir les classes pauvres, de leur faciliter le travail, d'alléger leurs souffrances, et de réaliser cette fraternité qu'on avait si souvent promise, sans jamais la pratiquer.

Dans cette longue carrière des misères humaines, dont il parcourt le cercle, il discute toutes les questions que soulève une matière si vaste et si variée, et parvient ainsi à embrasser la vie entière de l'homme, depuis sa naissance jusques à sa mort.

C'est un travail de longue haleine où se montre la supériorité de vue et l'étonnante fécondité de M. Thiers.

Les principes sur les quels reposent la bienfaisance qu'il considère comme la plus charmante des vertus, et la plus difficile, y sont développés avec une éloquence qui révélait son grand cœur.

La commission fit l'accueil le plus empressé à ce travail, cependant il ne fut pas soumis à la discussion de l'assemblée.

Le 15 février, arriva l'ordre du jour relatif à la seconde délibération sur l'instruction publique.

Elle concernait les diverses dispositions du projet dont l'ensemble avait été déjà discuté.

Après plusieurs séances consacrées aux premiers articles qui ne présentaient que peu d'intérêt, on en vint aux attributions dévolues au conseil supérieur où figuraient, à la fois, des philosophes et des membres du haut clergé.

Leur présence dans le même conseil avait soulevé des doutes sérieux sur la possibilité d'aboutir à la conciliation que desirait M. Thiers.

Des partisans absolus de l'autorité religieuse et des partisans non moins absolus de la liberté d'examen allaient, disait-on, rencontrer entr'eux un mur de séparation infranchissable.

Ils étaient les représentants de deux principes opposés, et la grande mission pour eux de surveiller et de contenir l'instruction publique soulèverait inévitablement des questions sur les quelles ne pourraient s'entendre les évêques et les libres penseurs de ce conseil, voulan tque les principes de l'université continuent d'être ceux de la révolution française appliqués à l'éducation d'un grand peuple.

Le choix des livres à mettre entre les mains de la jeunesse serait donc la difficulté qui, dès le début, dissiperait les vaines espérances des défenseurs du projet ; et la conciliation désirée aurait alors pour résultat de rendre les dissidences entre les esprits plus hostiles et plus implacables.

Comment n'en serait-il pas ainsi, disaient les opposants à ce projet de loi, quand on trouve dans ce conseil supérieur le successeur de Luther, le grand Rabbin, à coté de quatre princes de l'église catholique représentant cette corporation de docteurs enseignant la loi de Dieu, continuant la tradition dont les siècles passés ont subi la puissante influence, et qui, mêlée à la politique, a toujours été absolue, violente et sanguinaire, comme le rappellent les guerres suscitées par elle, le million de victimes sacrifiées à son esprit de domination, et les livres brulés par le bourreau, dans le nombre des quels figurent les chefs d'œuvre de l'esprit humain.

Plusieurs orateurs, avaient ainsi exprimé leurs prévisions avec éloquence, et sous les points de vue les plus divers, lorsque dans la séance du 15 février M. Thiers aborda de nouveau la tribune pour essayer de faire voir ce qu'il y avait de faux et de vrai dans les opinions déjà énoncées, voulant ainsi faciliter à chacun un vote de conscience et de satisfaction sur une loi si grande et si décisive pour l'avenir du pays.

En débutant il s'engage à faire connaître l'état de l'enseignement en France, avec toute l'impartialité dont il est capable.

On ne trouvera jamais en lui un de ces esprits chagrins, prenant son temps et son pays en mauvaise part, et tout en renouvelant l'aveu de ses regrets sur l'avènement de la république qu'il ne se pardonnerait jamais, s'il y avait contribué le moins du monde par son opposition sous l'ancien gouvernement, il affirme que son jugement n'en est point troublé.

Seulement, il doit dire, en toute franchise, le changement qu'ont produit, non dans son opinion, mais dans sa conduite, les graves dangers dont la société lui paraît menacée dans ce moment.

Partisan de l'université, comme autrefois, il continue à considérer comme passionnées et injustes les attaques dirigées contre elle.

Néanmoins, il trouve un peu idolâtre l'apologie qu'en a présenté un de ses amis.

Elle a quelques torts à ses yeux, il dira lesquels, et l'assemblée jugera.

Parlant d'abord des pratiques religieuses dans les écoles universitaires, il reconnait qu'elles y tiennent moins de place que dans les institutions ecclésiastiques, mais il n'est pas convaincu que le résultat soit de produire des esprits moins religieux.

Le collège, dit-il, peut quelque chose, mais beaucoup moins que la famille sur ces sentiments, et de quelque façon qu'on s'y prenne, on fera difficilement une génération autre que la société au milieu de la quelle elle est placée.

Sous le rapport de l'enseignement, celui de l'université est incontestablement supérieur à tous les autres, il ne peut en être autrement, le budget de l'état lui permet d'appeler à elle les premiers professeurs du pays, et quand les autres établissements ont des élèves à présenter aux concours, ils les envoient d'avance aux écoles de l'état, pour y recevoir l'enseignement que l'état distribue :

Voila la vérité.

Après cela, il n'en conclut pas que le niveau des études et le niveau des esprits soit plus élevé qu'autre fois, il croit le contraire, et c'est, dit-il, une convictions chez lui très sincère.

Quelle en est la cause ? elle paraît très générale à M. Thiers.

Quand nous disentions, ajoute-t-il, cette grande question, il y quelques années, on nous a présenté des statisques bien faites, d'où il résultait que le nombre d'hommes ayant parcouru toutes leurs classes était bien moindre aujourd'hui qu'en 1789, malgré l'accroissement de notre population ; et c'est un fait qu'il déplore vivement.

Aussi, quoiqu'il ait été frappé de tout ce qu'il y a de lumières dans les deux dernières assemblées, son opinion n'est pas moins qu'en dehors des choses que nous ont apprises 60 années de révolution, on ferait difficilement aujourd'hui en France une assemblée aussi solidement instruite que celle de 1789, cela n'est contesté par personne.

En signalant cet abaissement des esprits dont les causes lui paraissent très diverses, il n'entreprendra pas de les énumérer ; mais il y en a une principale qui prouve, suivant lui, la nécessité d'une meilleure direction morale de l'enseignement ; néanmoins, il hésite beaucoup à la dire ; elle tient, dit-il, enfin à l'état, extraordinairement démocratique des esprits.

Je sais bien, ajoute-il, que la constitution exige la république démocratique, et soyez convaincu que je ne suis plus son ennemi, quoique je ne l'aie pas voulu : aujourd'hui, elle a un titre à mes yeux, elle est de tous les gouvernements celui qui nous divise le moins ; ell a ce titre là, je ne veux pourtant pas dire qu'une institution qui n'avait pas ma confiance l'ait acquise, je me borne à dire, en bon citoyen, qu'à mon avis, ce gouvernement nous divise moins qu'un autre, et qu'il est le gouvernement légal, ce qui n'empêche pas que je trouve fâcheux l'esprit démocratique qui agit d'une manière funeste sur les études des jeunes gens.

Voici, en effet, ce qu'il dit avoir remarqué il y a beaucoup de monde qui savent un peu, mais il y en a bien moins qui savent beaucoup, s'il y en a moins qui ne savent rien.

Le phénomène moral le plus répandu dans la jeunesse et les pères de famille, c'est une ambition extraordinaire de parvenir sans les deux conditions qui légitiment toutes les ambitions, le travail et le temps.

Messieurs, dit-il, ce n'est pas moi, qui suis ce qu'on appelle un parvenu qui trouverais mauvais dans la jeunesse le désir de parvenir, je serais ridicule si j'avais le langage d'un aristocrate, ma seule prétention est d'être un homme sensé, impartial, croyant voir les choses telles qu'elles sont, aimant, à tout risque, à les dire à mon pays.

Eh bien, plus j'observe la jeunesse, plus je suis frappé de cette incroyable impatience de parvenir sans les deux conditions que j'ai indiquées, elle tend à créer un état social impossible pour tous.

Je défierais ceux que la fortune des révolutions peut porter au pouvoir, de gouverner quelque temps avec cette tendance trop encouragée.

Voyez les pères de famille, ils veulent que leurs enfants sachent tout en quelques années, j'en ai souvent entendu qui disaient: nos enfants apprennent le grec et le latin, mais il ne savent aucune des langues vivantes, ils ne connaissent point les sciences exactes, ils ne peuvent pas faire de bons ingénieurs; et l'université entendant ces plaintes a eu peur des défiances élevées contre elle, et s'est alors montrée faible sur ce point.

C'est là ce que lui reproche M. Thiers: on a prétendu qu'il fallait étendre l'enseignement universitaire, et son programme a été étendu.

Non seulement, on a voulu apprendre les lettres latines et grecques, mais on a voulu qu'ils sussent aussi l'allemand, l'anglais, les sciences, l'histoire; et lorsque j'ai questionné quelques uns de ces jeunes prodiges sur ce qui est de ma profession, j'ai été confondu de la manière dont on enseignait l'histoire à des enfants de 15 ans.

A mes yeux, dit M. Thiers, ce n'est pas un progrès d'avoir ainsi étendu l'enseignement, si vous y regardez, ces enfants ne savent rien, et ce sont souvent des esprits épuisés, ayant perdu leur force véritable.

M. Thiers continuant ainsi à signaler l'ambition impatiente des pères de famille qui veulent que leurs enfants deviennent vite avocats, médecins, ingénieurs, en peu de temps, avec peu de travail, y trouve un mal social profond, et se montre effrayé de l'esprit de la jeunesse actuelle.

Moi, dit-il, qui suis parti de rien, et qui ne suis pas grand chose, j'ai été souvent l'objet d'une curiosité qui m'a fait recevoir un grand nombre de lettres que je voudrais pouvoir mettre sous les yeux de l'assemblée.

Il n'y a pas un seul de ces jeunes gens qui, n'ayant pas obtenu son avancement aussi vite que le souhaiterait son impatience naturelle, ne s'en prenne à la société.

S'ils sont dans l'armée, à leurs yeux il n'y a que des passe-droit, dans les lettres, ce ne sont que des réputations usurpées.

Je réponds alors à tous ceux qui s'adressent à moi, travaillez, je suis convaincu qu'entre deux hommes de mérite, l'un très favorisé, l'autre très peu, la différence de temps, quant au succès n'est jamais bien grande ; et pour ceux à qui je parle ainsi je parais un homme un peu âgé, ayant fait sa carrière, s'inquiétant peu de ceux qui ne la font pas.

Voila, dit M. Thiers, les mécontents de la société.

C'est donc pour avoir reconnu ces facheux instincts de la génération actuelle que la commission a jugé nécessaire d'introduire dans l'esprit social de l'université les influences les meilleures, les plus saines.

En s'adressant aux conseils généraux pour la formation des conseils académiques dans les 86 départements, on croit avoir ainsi trouvé des hommes ayant l'indépendance, l'autorité, le désintéressement nécessaire, et qui, par goût de la considération publique attachée aux services rendus, aiment à se mêler des pauvres, des routes, d'hôpitaux, d'écoles, sans avoir en vue une place comme récompense de leur dévouement.

Il raconte, à cet égard, ce qu'inspire l'esprit patriotique dans la société anglaise ; et lorsqu'un interrupteur lui crie d'aller à Londres, il lui répond : Monsieur, je veux rester dans mon pays ;

vous en êtes sorti, lui dit-on, non, réplique-t-il, je n'en sortirai jamais, il n'y a pas de parti en France, aussi violateur qu'il soit des lois de l'humanité qui me fasse abandonner le sol natal.

Et dans ce moment, un de ses collègues, M. Martel l'interromp aussi pour lui dire, nous ne voulons pas perdre une des gloires de notre pays.

Messieurs, ajoute alors M. Thiers, j'ai la prétention d'aimer la France autant que qui que ce soit, et de la servir avec dévouement, dans tous les temps, quelque soit le péril.

Puis reprenant le cours de ses idées sur les conseils académiques à placer dans chaque département, il fait connaître les objections que cette institution soulève, notamment les dépenses nouvelles dont elle grèvera le budget; mais il déclare que cet argument, dans une matière si sainte et si sacrée, n'en est pas un, et qu'il a été repoussé par la commission.

Quand aux questions soumises à ces conseils, elles ne seront nullement pédagogiques; ses membres n'auront jamais à s'occuper que de choses relatives aux finances, à la discipline, à la moralité sur les quelles sont toujours compétents des hommes éclairés et instruits des affaires de leur département.

M. Thiers termine ensuite son discours par quelques considérations qu'il juge nécessaires sur l'ensemble de la loi.

Elles le ramènent aux exigences de la constitution sur la liberté absolue de l'enseignement, et cette liberté si profitable au clergé comment fera-t-on aujourd'hui pour l'en priver?

Voyez l'art. 9 si vous n'en êtes pas contents, dit-il à ses adversaires, ce n'est pas à moi qu'il faut vous en prendre.

Le droit d'enseigner est donné à tout le monde, moyennant les conditions déterminées par les lois, on a même supprimé le certificat d'études servant à constater que les jeunes gens avaient passé plusieurs années dans des établissements d'instruction, ce qu'il trouve très regrettable.

Vous aurez, dit-il, aujourd'hui de malheureux marchands de savoir qui, en trois mois, vous feront des jeunes gens qui, ne sachant rien, seront reçus bacheliers, parcequ'ils répondront aux conditions du programme.

Ce seront des traités à forfait: voilà les inconvenients de la liberté que nous avons été forcés de consacrer dans le projet de loi.

Pour ce qui est de la présence d'hommes appartenant à des religions différentes dans les conseils supérieurs M. Thiers ne croit pas aux dangers qu'on redoute ; si vous connaissiez les travaux du conseil, ajoute-t-il, vous verriez que rien ne peut intéresser la conscience religieuse ; il ne s'agit nullement de la foi, il s'agit de veiller sur la jeunesse, et cela se réduit à ne lui donner ni un livre, ni un professeur contesté.

Cette parole ayant soulevé quelques clameurs, M. Thiers explique sa pensée par des exemples, après lesquels il renouvelle l'expression de sa confiance dans l'accord possible de la religion et de la philosophie.

Comme il l'avait déjà dit si éloquemment dans une autre séance, elles sont, répète-t-il, l'une et l'autre, immortelles ; si elles ont long-temps lutté à diverses époques de notre histoire, l'on s'est proposé, cette fois, de les concilier, et si nous échouions ce serait un malheur ; mais, dit-il aussitôt, permettez que j'ajoute une chose en finissant : nous ne serions pas les seuls qui, depuis deux ans, n'aurions pas réussi.

Ce discours de M. Thiers était une réponse à celui qu'avait déjà prononcé M. St-Hilaire. Et M. St-Hilaire dans sa réplique, lui opposant son rapport de 1844, n'admet pas qu'il puisse établir son changement d'opinion sur les craintes que lui inspirent les périls actuels de la société.

Ces périls, lui dit-il, ne sont pas ce que vous les faites ; ils vous viennent des convictions d'une longue vie, et des regrets à travers lesquels vous croyez voir ce qui n'existe pas.

Nonobstant ces reproches, M. St-Hilaire dit le plaisir que lui a causé l'appel loyal de M. Thiers à la concorde, en reconnaissant que la république pourrait mieux que toute autre gouvernement rapprocher tous les partis.

Cette délibération sur l'enseignement fut suivie de plusieurs autres où M. Thiers n'intervint pas ; mais dans la séance du 18 février, il reprit la parole, au nom de la commission, pour soutenir un amendement qui devait obliger le ministre à choisir les inspecteurs généraux et les inspecteurs d'académie sur une liste de trois candidats présentée par le conseil supérieur : la discussion fut très animée entre le ministre et lui.

La commission dont il était l'organe voulait, par cet amendement, assurer au corps enseignant une garantie contre la fragilité

du pouvoir ministériel ou l'arbitraire des bureaux ; et ses révélations au sujet de ce qui se passait tendaient à faire voir qu'il
fallait trouver un remède à ces abus.

Ce fut une très courte polémique après laquelle l'amendement
soutenu par M. Thiers fut rejeté.

Le 25 février, l'assemblée n'avait pas encore terminé cette loi,
et sur la proposition d'un de ses membres il fut question de retrancher les études philosophique de l'enseignement secondaire,
et de les réserver pour les cours supérieurs.

M. Thiers demanda aussitôt à parler au nom de la commission
sur l'amendement proposé.

Son opinion, comme celle au nom de laquelle il parle sont que
l'enseignement philosophique soit maintenu, mais il va clairement
expliquer dans quelles limites, et pour quels motifs.

D'après lui, l'auteur de la proposition a commis une erreur en
ne distinguant pas la philosophie enseignée dans les écoles secondaires, de la philosophie plus élevée dont on ne s'occupe que dans
les cours supérieurs.

Ce dernier enseignement serait plus exactement défini si on
l'appelait l'enseignement spécial qui n'est pas compris dans le savoir ordinaire de l'homme éclairé.

C'est une science abstraite, difficile et féconde en contestation
redoutables que les écoles secondaires ne donnent pas ; et se livrant ici à des comparaisons qui peuvent bien faire comprendre
sa pensée, il ajoute : croiriez-vous que la jeunesse, en France
aurait appris ce qu'elle doit savoir, si, en sortant du collège, elle
ignorait quelles sont les grandes questions qui ont agité l'esprit
humain ; et si, lorsque vous prononcez les mots de scepticisme et
de dogmatisme, les jeunes gens ne savaient ce que signifient ces
grands mots que par oui-dire, ou parcequ'en lisant tel ou tel livre
ils les auraient rencontrés ? non, il faut que la jeunesse qui a appris les belles lettres sache que l'esprit humain s'est préoccupé
de telle ou telle question, qu'il y a des écoles dans lesquelles on
doute, et d'autres dans lesquelles on affirme : leurs études seraient abaissées si l'enseignement philosophique était supprimé.

Nous avons voulu une loi sévère, une loi rassurante pour la
société, mais sans songer à rétrécir le domaine du savoir.

Le but véritable du programme a été que l'enseignement philosophique serait donné avec prudence et discrétion, et qu'en

réservant les questions les plus compliquées, les plus difficiles,
l'on devait donner à la jeunesse les choses non contestées, les
grandes croyances, celles sans lesquelles l'esprit humain serait
incomplet.

Ces croyances sont contenues dans quelques livres immortels
que le monde admire, et que les esprits les plus sages ne redoutent pas; et si cette science si grande, si belle, car c'est la science
des choses profondes, des choses morales peut s'égarer, c'est au
gouvernement, avec le concours des autorités dont on l'entoure,
à diriger cet enseignement avec sagesse et patriotisme.

Oui, dit encore M. Thiers, nous désirons l'enseignement philosophique mesuré à l'état de l'enfant auquel on le donne, et de
façon à lui servir de sauvegarde contre certains enseignements
impies, immoraux, funestes que le genre humain repousse depuis
des siècles.

Nous respectons la liberté de l'esprit humain, cependant si
Spinoza, ce puissant et déplorable génie existait encore, nous ne
voudrions pas, par respect pour cette liberté, lui interdire le droit
de faire un livre, mais s'il était professeur, nous approuverions
la destitution dont il serait frappé.

M. Thiers avait à peine cessé de parler que plusieurs députés
présentent un amendement qui privent du droit d'enseigner les
congrégations religieuses non reconnues par l'état ; l'un d'eux
développe les motifs de cet amendement principalement dirigé
contre la société des Jésuites ; il rappelle qu'en 1845, le 5 mai
M. Thiers qui, dit-il, ne distinguait pas alors entre sa conduite et
ses opinions, obtint de la chambre un ordre du jour énonçant
qu'elle se reposait sur le gouvernement du soin de faire exécuter
les lois de l'état.

L'amendement ainsi soutenu devait nécessairement ramener
M. Thiers à la tribune, il y remonte, et s'adressant à ses adversaires il leur dit :

Je vous répéterai éternellement, jusques à ce que vous ayez
prouvé le contraire, que notre loi est absolument conforme à la
liberté suivant la constitution actuelle et ses conséquences; il les
défie de lui répondre, et de contester les assertions que voici.

Renouvelant alors sa définition sur la liberté de l'enseignement,
il rappelle quelles étaient ses limites sous la monarchie ; il indique
l'une après l'autre, les exigences qu'on a supprimées dans la loi

nouvelle, à quelles conditions on pourra désormais enseigner tout ce qu'on voudra, et les met au défi de trouver dans le passé de plus larges conditions faites à la liberté.

Et les Jésuites, lui crie-t-on; j'y arriverai répond-il, mais tout à l'heure, on s'est récrié en me disant et les livres; je demanderai donc s'il est possible que la liberté d'enseigner puisse signifier qu'il ne faut, ni surveillance ni répression sur les livres et les professeurs.

C'est absolument comme si l'on disait que la liberté de la presse implique le droit de tout dire et de tout écrire sans mesure contre l'état ; et s'il est évident qu'en matière d'enseignement, on ne peut laisser tout enseigner, comme en matière de presse on ne peut laisser tout dire, reconnaissez, dit M. Thiers, qu'on ne manque pas à la liberté d'enseignement quand on veut établir, avec la constitution, une surveillance de l'état qu'on est obligé d'admettre, à moins d'être insensé.

Suivant lui, cette surveillance doit donc porter sur les livres et sur les individus qui enseignent ; elle consiste dans l'inspection qu'exerceront le conseil supérieur et les conseils académiques, soit au centre de l'état, soit dans les départements.

Et de ce que la liberté d'enseigner sera ainsi gouvernée, on ne peut en induire, d'après M. Thiers, que la liberté n'existe pas.

Il parle ensuite de l'esprit de conciliation, sous l'influence duquel la commission a introduit quatre évêques dans le conseil supérieur sur les 28 membres qui le composent ; on a voulu ainsi rapprocher deux puissances morales qui avaient été malheureusement en lutte pendant plus de quinze ans.

Quant à l'enseignement donné par les congrégations religieuses la commission n'a pas cru devoir en parler.

Sous le dernier régime on avait pour principe la liberté limitée en toute choses, l'état disposait du droit d'enseignement ; certaines congrégations en étaient exclues ; mais dans l'état de choses créé par la constitution de 48, il paraît impossible de priver de ce droit une classe quelconque de citoyens; la commission n'a pas cru pouvoir le faire ; c'est à la chambre à décider cette question.

Au moment où M. Thiers finissait, on entend dire dans la chambre : les jésuites ne sont pas français ; et pendant que M. de Montalembert renvoie l'injure à son auteur, M. Thiers qui était encore à la tribune ajoute, rien ne me surprend de la part des partis ; je connais la sincérité de leur langage ; ils ne veulent de la république qu'à la condition d'en être les maîtres.

De violentes interruptions succèdent à ces paroles, on lui répond qu'on la gouvernera malgré lui.

Soyez convaincus d'une chose, réplique-t-il, si elle existe depuis deux ans, c'est parce que rien de ce que vous avez voulu ne s'est accompli, et si elle doit durer encore, c'est parce que vous ne la gouvernerez pas.

L'orateur retourne à sa place au milieu d'une agitation inexprimable, et la clôture de la discussion est demandée.

Plusieurs députés se présentent pour répondre à M. Thiers ; celui qui le remplace à la tribune se livre contre lui à de vives récriminations ; un autre, en les continuant lui prête sur la république un langage qu'il déclare n'avoir pas tenu ; ce langage leur dit-il serait de ma part une chose sotte et vaine ; mais ce que j'ai dit, je vais le répéter encore :

C'est que la république n'a fait des progrès de stabilité que du jour où elle s'est éloignée de vos principes, pour se rapprocher des nôtres, et j'ajoute un seul mot : ce n'est pas le jour de développer devant vous l'histoire de ces journées *funestes*...... Oui, vous les appellerez comme vous voudrez, pour moi je les appelle *funestes* .

Ces mots suscitent dans l'assemblée une effroyable tempête que les efforts du président ne peuvent appaiser.

M. Thiers demande alors à s'expliquer : il se reprocheraitd'avoir, par son langage, ébranlé le respect dû aux lois ; il proteste de ce respect pour elles sous tous les gouvernements, qu'elle que soit leur forme et leur origine ; toutefois il demande qu'on fasse la part de ses préférences et de ses regrets.

Ces explications ayant un peu appaisé les esprits il finit ainsi :

Croyez bien que ce n'est pas nous qui empêcherons que le bonheur du pays se fasse sous la république.

Ceux qui le feront seront les bien venus ; nous n'en sommes pas à préférer une forme de gouvernement quelconque au bonheur de la nation ; mais la république, plus encore que la monarchie a besoin des principes d'ordre que nous défendons ; et nous croyons être de meilleurs républicains en défendant ces principes que ne le sont ceux qui les attaquent.

Voilà comment se termina cette longue discussion sur cette fameuse loi de l'enseignement.

Elle fut votée par une majorité considérable formée de deux partis qui, nonobstant leurs principes opposés, et les souvenirs de leurs longues luttes, la préparèrent, disaient-ils, dans un esprit de conciliation et de paix, voulant en faire un pacte de rapprochement et de concorde conforme à leurs intentions.

Néanmoins, un bon nombre de votans réservèrent publiquement leurs principes ; M. Thiers, lui-même, le déclara plusieurs fois dans le cours des débats.

Il n'avait pas dissimulé le sacrifice que lui coûtait une transaction en désaccord avec les opinions si énergiquement professées par lui à d'autres époques ; mais dans ce moment, son patriotisme lui faisait croire à la nécessité supérieure de maintenir une majorité, seule capable de le rassurer sur l'avenir du pays.

Selon nous, M. Thiers éprouva dans cette occasion une défaillance de cœur bien regrettable.

Il subit trop l'influence de la peur que le désordre des idées et l'exaltation des esprits entretenaient encore dans l'assemblée.

Cette impression exagérée l'empêcha de voir le danger de faire cause commune avec les ennemis irréconciliables des idées modernes, or, par cette loi dans la confection de laquelle il lui revenait une si grande part, le clergé obtint la facilité d'opposer l'éducation religieuse à l'éducation laïque et nationale.

Les droits de l'état sur l'instruction publique, furent en même temps diminués, et cette réduction des prérogatives universitaires fut un effet de la réaction dont M. Thiers était devenu le soutien, par antipathie pour le régime que la révolution de 48 avait fondé.

A partir de ce jour on vit donc s'établir en face des écoles de l'état un bon nombre d'écoles cléricales, où la jeunesse trouvait des maîtres animés de sentiments hostiles contre les principes constitutionnels de la nation ; et cette concurrence, ayant pour effet de fomenter l'esprit de nos divisions intestines, prit rapidement des proportions considérables, sans jamais, depuis lors, rencontrer aucun obstacle à ses développements sous les gouvernements établis.

C'était un résultat qu'avait prévu M. Thiers, et dont il avait jadis redouté les conséquences ; mais à l'époque dont nous parlons son invincible défiance du régime existant semblait l'avoir entièrement détourné de la voie politique qui devait lui rappeler ses convictions premières, et ses actes parlementaires les plus glorieux.

Quoiqu'il en soit, on ne peut douter de la contrainte que s'imposait alors M. Thiers.

Il en avait fait plus d'une fois l'aveu dans ses discours ; aussi s'abstenait-il d'aborder la tribune autant que pouvaient le lui permettre les luttes passionnées auxquelles, chaque jour, il assistait.

Son silence durait ainsi depuis plusieurs mois, lorsqu'il fut question de mettre à l'ordre du jour de la chambre un projet de loi d'une importance capitale.

Les tendance monarchiques s'accentuaient alors de plus en plus dans le sein de l'assemblée ; mais à ce moment, il s'était produit à Paris une réaction en sens contraire dans deux élections où l'on avait choisi deux hommes que le parti démocratique le plus avancé comptait parmi les siens.

Le gouvernement fut effrayé de ce symptôme, ayant en perspective les élections générales de mai 1852 ; et pour essayer de prévenir les résultats dont le menaçaient celles qu'on venait de faire, il résolut de proposer une modification à la loi électorale alors en vigueur.

Il s'agissait de régulariser le suffrage universel consacré en principe par la constitution, afin de prévenir, disait le gouvernement, les inconvénients dangereux de ce suffrage, si les conditions dans lesquelles il s'exerçait n'étaient pas définies et fixées par une loi.

Dans ce but, le ministre de l'intérieur nomma une commission de 17 membres appartenant à la majorité de la chambre, pour étudier les réformes qui pouvaient être introduites dans le droit de suffrage.

La commission formée le premier mai se mit à l'œuvre, et son rapporteur déposa le projet sur le bureau le 18 du même mois.

Les modifications demandées consistaient à exiger de chaque électeurs une plus longue durée de domicile, et son inscription au rôle de la contribution personnelle.

Ces deux exigences n'étaient point imposées par la loi de 1849 ; elles soulevèrent une vive opposition dans l'assemblée.

Des députés y virent une grave atteinte à la souveraineté du peuple, d'autres crurent y trouver les préludes d'un coup d'état ; et la discussion commencée depuis plusieurs jours durait encore quand, dans la séance du 24 mai, M. Thiers, se présenta pour aborder la vraie question, la question constitutionnelle du projet.

Voici le début de son discours.

Messieurs,

L'honorable orateur qui m'a précédé à cette tribune nous sommait d'apporter ici le plutôt possible les raisons de la loi, et bien qu'on en ait déjà donné de bien fortes, et de bien décisives, je vais, moi-même, essayer de répondre par l'exposé de nos intentions à ce sujet.

Ce projet, dit-il ensuite, n'est pas une œuvre de parti ; il est né du concert des pouvoirs, et nullement de la volonté d'un imposée à l'autre ; le gouvernement revendique courageusement sa part de responsabilité, et nous marchons ensemble avec le même dévouement.

Pour le moment, nous croyons à l'immensité d'un grand danger.

Cette loi nous dit-on est née des élections du 10 mars et du 28 avril, ce n'est pas tout à fait exact ; mais ce qu'il y a de vrai, c'est que mes amis ni moi ne nous étions dissimulé le danger du suffrage universel, tel qu'il est organisé en France.

Seulement, les deux dernières élections ont donné à ce danger une évidence telle, que cette évidence est devenu l'opportunité de la loi.

Au reste, puisqu'on parle de ces deux élections, M. Thiers demande la permission de les discuter avec tous les égards dûs à des candidats devenus ses collègues, afin d'examiner si le danger qu'elles révèlent est une illusion des vieux partis.

S'adressant alors à la bonne foi de ses adversaires, il leur demande si l'honorable M. de Flotte n'a pas été choisi parce qu'il a figuré parmi les insurgés de Juin, et si M. Eugène *Sue* n'a pas obtenu la préférence sur le vénérable républicain *Dupont de l'Eure*, parce qu'il avait professé dans les réunions électorales les doctrines du socialisme ? et dans son examen des raisons alléguées de ce double choix, M. Thiers prouve que l'une signifie l'apologie de l'insurrection, et l'autre l'acceptation publique de doctrines subversives des lois éternelles sur lesquelles repose la société.

A ces mots s'élèvent de violentes clameurs : des interruptions insultantes contre lesquelles les rappels à l'ordre sont sans effet, empêchent alors M. Thiers de continuer, il attend le silence, en suppliant M. le Président de ne pas relever les injures dont il ne se sent pas blessé ; et sans se laisser détourner de son but, il va droit aux arguments de ses adversaires pour leur tenir le langage suivant :

Vous nous dites tous les jours que le socialisme est un fantôme qu'il nous plaît de promener devant les yeux de la France, pour la troubler et l'entraîner dans nos voies.

Mais le socialisme est-il, oui ou non, la question du jour ? n'a-t-elle pas fourni hier une bonne partie des discours prononcés par M. de Lamartine et M. Jules Favre ; permettez moi donc, à mon tour, de le définir.

Il y a, Messieurs, trois socialismes :

Le premier est criminel, insensé, mais impraticable, c'est la loi agraire, le communisme ; il ne pourrait pas être commencé : on trouverait sur la limite de chaque champ un homme ayant un fusil armé dans sa main.

Le second, aussi criminel, aussi impraticable, consisterait dans une association universelle du commerce et de l'industrie : on mettrait le crédit à la portée de tous les ouvriers ; on créerait des banques partout, en ouvrant un crédit à tout le monde avec les capitaux de l'état ; le salaire, dit-on, est une tyrannie, on associerait les ouvriers qui, aulieu d'être esclaves du salaire seraient patrons et spéculateurs à leur tour, et pour cela on s'emparerait des établissements industriels, des chemins de fer, des mines, des forges et des assurances moyennant une indemnité qu'on paierait en papier-monnaie à leurs propriétaires, parce qu'avant tout on est honnête.

Ce papier, en effet, fournirait des ressources illimitées ; il n'a jamais fait défaut aux démocrates, il a la qualité d'être fort docile, mais quelle serait bientôt sa valeur, évidemment elle se réduirait à rien.

Ainsi, ce socialisme que vous pourriez commencer, et que je crains, serait une expropriation générale dont la pratique exigerait les plus détestables moyens, et qui montre tout ce qu'il y a d'abominable et de vain dans vos projets.

Le troisième socialisme, le seul que vous osiez avouer, nous le connaissons, je l'ai questionné devant vous ; il est contraint d'admettre les doctrines dont je viens de parler ; le travail accessible, le crédit partout avec le papier monnaie, et l'expropriation par le même papier qui se réduit à quoi ? à rien .

D'ailleurs, vous avez le rapport sur l'assistance, et je prends l'engagement de vous montrer que votre système n'est rien sans les doctrines que je viens de dire.

C'est donc là le socialisme qu'on pourrait commencer et qui suffirait à perdre la France ; après cela étonnez-vous que nous soyons résolus par tous les moyens légaux d'empêcher son triomphe.

Au reste dit ensuite M. Thiers, je sais que j'ai devant moi des hommes qui, sous prétexte de faire marcher la liberté, plus vite, n'ont jamais hésité à s'insurger, ou à déchirer les constitutions établies ; mais notre parti ne partage point ces principes.

Il accepte toujours les gouvernements existants, tout en essayant de les améliorer dans la mesure du possible, et c'est ce qu'il se propose de faire par la loi dont il s'agit.

Aussi, nous sommes nous incliné devant la constitution. Son texte, en effet, n'interdit que trois choses, le cens, l'élévation de l'age et le suffrage à deux degrés ; quand au domicile, il n'en dit rien, nous pouvons donc exiger cette garantie, si nous croyons devoir y recourir pour le salut du pays.

Ici, M. Thiers donne tous les motifs d'après lesquels cette garantie leur parait absolument indispensable ; il s'attache à mettre en relief toute la valeur morale du vrai citoyen ; et dit que la contribution personnelle leur a paru le meilleur moyen de constater le domicile de l'électeur.

Puis enfin il compare ce vrai citoyen à l'individu n'ayant ni feu ni lieu, perdu dans la vile multitude, sous laquelle toutes les républiques ont succombé, et dont les tyrans s'accomodaient parce qu'ils la nourrissaient et la châtiaient en la méprisant.

Prenant, à ce propos, l'histoire à témoin il rappelle que c'est cette vile multitude qui livra à César sa liberté pour du pain et les cirques, et qui élevait tour à tour et précipitait les meilleurs empereurs, comme les plus mauvais selon ses changeants caprices.

C'est elle, dit-il encore, qui livra la liberté de Florence aux *Médicis*, l'étouffa en Hollande en égorgeant les Wits, applaudit en France au supplice de Bailly, à l'assassinat des girondins, au supplice mérité de Robespierre, acceptant plus tard le despotisme de Napoléon dont elle devait un jour trainer la statue dans la boue.

A ce moment M. Thiers est interrompu par M. Napoléon Bonaparte pour dire que ce dernier acte fut l'œuvre non du peuple, mais des royalistes.

Il s'en suit une vive altercation entre le président et ce député.

Et lorsque la parole est rendue à M. Thiers, il continue encore pour affirmer que le peuple, le vrai peuple sera appelé aux comices.

Qu'il n'y a d'exclusion que pour la multitude dont il vient de parler.

Quand au mot universel dont le suffrage est qualifié, il signifie d'après lui, le plus grand nombre possible, puisqu'en réalité, il n'y a qu'un million de votants sur une population de trente six millions.

Ses explications font donc voir que ce mot *universel* n'implique point la nécessité d'y comprendre ceux qui ne peuvent faire de leur vote qu'un instrument de désordre et de destruction.

Et sur l'observation que cette loi ne pourrait pas être exécutée, M. Thiers répond que le gouvernement a pris ses précautions ; et que l'armée, dont les chefs sont pleins d'énergie, comme de patriotisme, sauront, au besoin, montrer leur dévouement.

Après cette longue et tumultueuse discussion, la loi fut votée par les deux tiers de l'assemblée.

Nous avons à dire ici que M. Thiers rencontra parmi ses contradicteurs M. Grévy, l'éminent juriste qui qualifia d'exorbitantes les dispositions du projet de loi, et déclara que la souveraineté du peuple était gravement atteinte dans ce projet.

Toutefois, il n'arriva pas à détruire l'effet qu'avait produit le discours de M. Thiers.

Après l'avoir entendu, la majorité se prononça comme lui au nom de la nécessité démontrée qu'il fallait introduire des éléments d'ordre et de sécurité dans le fonctionnement d'une machine immense d'où pouvait sortir l'anarchie.

Mais si, jusqu'à ce moment, M. Thiers s'était fait le soutien désintéressé du pouvoir, les actes étranges dont il était le témoin finirent par lui inspirer de telles défiances, que la séance où il venait de s'associer à son œuvre fut celle où, pour la dernière fois, il prêta le secours de sa voix puissante à ce pouvoir dont il commençait à pénétrer les secrets desseins, bien qu'il mit, à les cacher toute la dissimulation italienne de sa politique.

CHAPITRE XIX.

Depuis la séance du 24 mai 1850, jusqu'au 17 janvier 1851, nous ne retrouvons plus M. Thiers à la tribune ; et dans cet intervalle, il s'était produit d'autres faits plus significatifs encore dont nous dispense de rendre compte notre travail, mais que fera connaître le discours suivant, où M. Thiers résume admirablement tout ce que recueillera l'histoire, voulant ainsi motiver sa nouvelle attitude devant le pays.

Il s'agissait dans ce moment de discuter un projet de résolution que proposait une commission législative nommée à l'effet de désapprouver la destitution dont le général Changarnier avait été récemment frappé.

Dans cette séance du 17 janvier, ce général auquel avait été confié, depuis quelques temps, la force publique, demanda à faire connaître les causes de sa destitution ; et lorsqu'il eut donné ces explications dans un langage ému et patriotique, M. Thiers obtint la parole, et dit à l'assemblée.

Messieurs,

C'est avec un profond regret que je monte à cette tribune pour exprimer tout celui que j'éprouve à me séparer de la majorité qui a, jusqu'à ce jour, soutenu le pouvoir, quelle que fut sa forme quels que fussent ses dépositaires ; mais après les provocations directes dont nous avons été l'objet, mes amis et moi, le

silence serait la désertion d'un devoir sacré que je me crois obligé de remplir ; et sans autre préambule, il rappelle leurs efforts
pour essayer de fonder une majorité, non, dit-il, sur l'oubli des
souvenirs, car il faudrait abolir le cœur humain pour les effacer,
mais sur l'oubli de leurs préférences individuelles, afin de pouvoir.
tous, incliner la tête devant une constitution devenue la loi du
pays.

C'est donc au moment où cette majorité s'était formée que le
gouvernement est intervenu, accusant séparément les partis
qui la composaient de l'avoir brisée, tandis qu'en réalité ce fais-
ceaux a été rompu par ceux qui, les premiers, ont montré les
préférences personnelles dont on s'était réciproquement promis
de faire le sacrifice.

La question dit M. Thiers est là toute entière ; et dès lors, il
se demande quel est celui qui, le premier, a fait voir qu'il ne savait pas sacrifier ses instincts ou ses désirs secrets à l'intérêt incontestable du pays.

Voilà cequ'il propose d'examiner.

O spectacle inouï, s'écrie-t-il, je commence à être vieux dans
la carrière parlementaire et politique, et jamais je n'ai vu le pouvoir accuser la majorité qui le soutenait.

Cette situation m'inspire une grande tristesse ; il faut donc que
la vérité soit connue toute entière ; eh ! bien je la dirai, avec
un profond respect pour les pouvoirs établis.

Lorsque l'élection du 10 décembre a porté M. le Président de
la république au poste élevé qu'il occupe, nous ne nous sommes
pas dissimulés, en y contribuant, que le nom de *Napoléon* donnait une grande force au pouvoir ; mais qu'il pouvait être, dans
un avenir plus ou moins rapproché, l'occasion de prétentions
dangereuses.

Aussi, tout en prenant l'engagement de le soutenir, sans réserve,
et de lui donner ce qui lui serait indispensable pour le rétablissement de l'ordre, et les développements de la prospérité publique,
nous nous sommes engagés à lui résister, dans la limite de nos
devoirs, quand se produiraient les prétentions que nous redoutions.

Avons-nous tenu cet engagement ? oui, dit M. Thiers, bien
plus, nous avons tout donné.

Quand aux prétentions, il faut le dire, nous ne les avons pas arrêtées aussitôt qu'elles ont parues, par ménagement pour la paix publique ; et sur ce point M. Thiers s'explique ainsi :

Ayant des choses graves à dire, je sens plus que jamais que c'est devant le pays devant l'Europe que je vais parler.

Je ne citerai pas un seul fait qui puisse être infirmé, je n'avancerai rien qui ne soit incontestable ; la clarté se fera complète, et le pays jugera.

Quand la révolution du 24 février s'est faite, j'ai dit à mes amis, et même à d'anciens adversaires : il ne faut émigrer ni au dehors ni au dedans : quelques soient les périls, restons au poste où la confiance nationale nous placera ; défendons ce qui nous a paru nécessaire dans tous les temps ; mais oublions nos sentiments personnels ; et le gouvernement nouveau qui va s'élever, soutenons le.

Appelé dans l'assemblées constituante : j'ai voté pour M. de Lamartine et pour M. Ledru Rollin.

Quand on se préparait à les renverser, nous votions encore pour eux ; et quand le mouvement des choses a porté le général Cavagnac au pouvoir, nous avons voté pour lui avec plus de plaisir, ses opinions le rapprochaient d'avantage des nôtres; nous l'avons donc soutenu sans réserves dans sa politique extérieure, dans tous les actes de son gouvernement ; et nous nous en sommes séparés un seul jour, le jour où il s'est agi de constituer le pouvoir exécutif.

Or, comme ce jour là ont commencé nos relations avec le gouvernement actuel, je demande à dire sur l'élection du 10 décembre la part qui nous en revient.

Lorsque cette élection se préparait, nous avons hésité, mes amis et moi, à nous séparer du général Cavagnac ; nous n'étions pas aussi éloigné de lui que le croyaient ses amis sur les questions diverses de la politique ; nos dissentiments n'avaient d'absolu que les principes sur lesquels la politique intérieure était fondée.

Nous voyant en opposition avec lui sur ce point capital, nous trouvions pour candidat un des nôtres, le maréchal *Bugeaud* que la cruelle mort nous a ravi.

Mais la république elle même nous en donnait un ; par un sentiment qui l'honore, elle avait rappelé l'une des maisons qui avaient régné sur la France, avant de pouvoir les rappeler toutes.

Dès cet instant, il n'y avait plus de choix possible, le prince Napoléon devait attirer les masses à lui.

Pour nous, ayant déja pris rang dans le parti modéré, comme nos opinions nous en faisaient un devoir, nous aurions pu y choisir un candidat ; mais nous l'aurions alors divisé ; et je le déclare bien haut ; ce jour là a commencé le sacrifice de nos préférences à la grande union qui, depuis notre entrée ici, a toujours été notre loi.

Si nous avions été des ambitieux comme le suppose une certaine presse que je ne veux attribuer à personne, bien qu'il y ait quelqu'un, en France, qui en profite, nous aurions trouvé l'occasion de nous emparer du gouvernement.

Le président de la République nous a fait l'honneur de nous consulter, et voici, en peu de mots, les conseils qu'il a reçu de nous.

Ne prenez pas, lui avons-nous dit, des hommes qui, ayant été longtemps au pouvoir, sont restés en butte à toutes les colères des partis, prenez des hommes nouveaux, mais connus dans le parlement, qui joignent au véritable talent une considération méritée ; vous en trouverez, et donnez leur la préférence sur nous ; nous serons à coté d'eux ; et nous les soutiendrons dans la lutte.

Quand aux choses, M. Thiers va les dire aussi : le prince président se montrait effrayé de l'exaltation extraordinaire des partis ; il croyait nécessaire une grande entreprise au dehors, ou quelque grande création populaire au-dedans, pour captiver les passions des masses : et voici les conseils que nous lui avons donnés.

M. Thiers les résume dans les termes suivants :

Des hommes nouveaux appuyés par nous sans réserve, la paix au dehors, au dedans l'ordre, et plus tard, dans le calme des esprits, si la législation comporte d'utiles changements, les introduire, peu à peu, avec maturité et réflexion.

Cette politique a porté ses fruits ; et si c'est la providence qui a si rapidement changé l'état du pays en si peu de temps, le gouvernement ni la majorité n'y sont pour rien ; néanmoins, s'il faut en louer quelqu'un, il n'est pas juste, comme on l'écrit tous les jours, de prétendre que tout le bien vient d'un seul des pouvoirs de l'état, et que tout le mal vient de l'autre ; il est vrai que MM. les Ministres ne le disent pas, cela leur serait difficile ; mais M. Thiers constate ce singulier phénomène d'une majorité soutenant le pouvoir, pendant que le pouvoir l'a fait attaquer par ses organes.

Et pourtant dit-il ensuite, nous avons tenu parole, nous avons été ministériels sans réserve ; quand à moi , je n'ai jamais fait pour les ministres de plus pénibles efforts, que pour ceux qui étaient assis sur ces bancs.

Cependant, un jour arrive où M. le président de la république, trouvant, peut-être, que cette politique ne portait pas assez tôt ses fruits, change brusquement son ministère dont les membres avaient dignement et fortement représenté le pouvoir ; et fait suivre ce changement d'un message annonçant que les hommes d'action allaient remplacer les hommes de parole ; et cela, sur un ton d'omnipotence qui prouvait que si les descendants de Napoléon s'étaient familiarisés avec les idées républicaines, celles du gouvernement représentatif leur étaient bien moins connues.

Eh ! bien, qu'avons nous fait, après ce message du 31 octobre ; nous aurions pu demander aux nouveaux ministres ce qu'ils étaient pour remplacer leurs prédécesseurs; nour aurions pu leur dire : vous êtes des hommes d'action, non des hommes de parole, et leur prouver que la confiance du président ne suppléait pas entièrement à la confiance de l'assemblée ; mais loin de nous livrer à des comparaisons fâcheuses dans l'expression de nos regrets, nous leur avons apporté notre concours, au point que si nous avions agi ainsi dans un intérêt personnel, nous aurions mérité toutes les injures que décernent les partis à la plus servile soumission.

Et c'est au moment où nous nous conduisons de la sorte que la presse repentante qui trouve que les assemblées ont fait depuis cinquante ans le malheur du pays, proclamait qu'il n'y avait qu'un pouvoir fort et peu contredit qui pût le sauver.

Les attaques personnelles, après vingt et quelques années de vie publique, je ne vous étonnerai pas, en vous disant que nous savons les supporter ; mais entendre dire et répéter sous la république que les assemblées parlementaires avaient tout perdu en France ; et qu'un pouvoir peu contredit était, seul, capable encore de tout sauver.

Oh ! cela vous le croirez sans peine, nous blessait profondément, mes amis et moi ; et cependant, nous sommes nous ralentis dans notre zèle, par suite de ses attaques sans cesse renouvelées? non, nous avons toujours montré le même dévouement.

Mais cette politique personnelle du message devait avoir ses conséquences ; le pouvoir n'étant plus aussi fortement représenté qu'il aurait dû l'être, a produit le mécontentement qui a passé à l'aigreur dans beaucoup d'esprits ; et cet état s'est révélé dans Paris, en mars 1850, par le concours des classes moyennes à des élections dont s'est justement alarmée toute la France, non pour les deux collègues qu'on nous a donnés, mais pour les opinions au nom des quelles ils ont obtenu un siége parmi nous.

Vous vous en souvenez ; cette émotion a été immense ; et nous, membres de cette majorité, appelée quelques fois par le pouvoir exécutif, mais attendant toujours ses invitations, avons été appelés de nouveau ; et comme si le message du 31 octobre était effacé de notre mémoire, nous lui avons encore promis notre concours.

Au reste, toutes les imaginations doivent encore se rappeler cette effervescence : ici, je me hâte de le dire, le président de la république paraissait ne penser qu'à des moyens légaux ; et ces moyens étaient indiqués par le simple bon sens.

C'était la loi électorale que nous avons soumise au gouvernement, et dont il nous aurait laissé volontiers la responsabilité toute entière si nous n'avions pas formellement refusé d'en porter seuls le fardeau, en exigeant que le pouvoir et la majorité fussent engagés dans la confection de ce projet.

Quel a été l'effet de cette loi ? elle a produit ce que nous avions voulu.

Du jour de cette publication, date le rétablissement de la sécurité dans les esprits ; et cependant l'opinion générale était qu'une prise d'arme aurait lieu ; et si elle ne s'est pas réalisée comme on le redoutait, il faut l'attribuer, dit M. Thiers, à deux causes, au bon sens du peuple, à l'attitude de l'armée de Paris, et de son illustre chef.

Oui, l'histoire, un jour, dira que l'énergique général qui l'a commandait a mérité cette gloire d'avoir ravivé l'esprit militaire de l'armée, en lui inspirant exclusivement le dévouement aux lois et le dévouement à la patrie ; je fais donc honneur du repos dont nous avons joui au bon sens de ceux qui ont renoncé à troubler l'ordre par l'insurrection, et au sang froid intrépide de celui qui était alors à la tête de notre armée.

Dans ces circonstances difficiles, le pouvoir a constamment obtenu notre concours, bien que les attaques ayent été plus vives que jamais à soutenir que le pouvoir sans assemblée, était le meilleur pour le pays ; et notre dévouement ne s'est pas encore arrêté là.

On est venu nous demander une dotation de trois millions ; il nous en coutait beaucoup de l'accorder ; non que cette somme fut onéreuse pour nos finances, mais parcequ'elle tendait, contre nos opinions, à dénaturer l'institution de la présidence républicaine.

Nous avons pourtant fait ce sacrifice ; et les graves considérations auxquelles on a cédé pour le motiver font voir qu'après avoir pris l'engagement d'arrêter les prétentions dangereuses, on ne l'a pas tenu, par ménagement pour la paix publique.

Résumant ensuite son récit en peu de mots, M. Thiers en arrive enfin aux actes qui ont eu lieu pendant la prorogation de l'assemblée, et qu'il ne croit pas possible, de laisser passer sans résistance.

On nous dit : oui, pendant cette prorogation il y a eu quelques manifestations inconstitutionnelles; mais n'y a-t-il pas eu des cris fâcheux, puis un voyage à *Wiesbaden*, un autre à *Claremont*, mettons qu'il y ait eu inconstitutionalité des deux points, et partant quittes.

Eh bien, c'est vrai, réplique M. Thiers, je suis allé à Claremont voir à son lit de mort un roi dont j'ai combattu la politique, et dont j'ai chéri la personne, parcequ'à travers la plus vive opposition, il avait su discerner l'attachement que je lui portais.

D'ailleurs, j'avais annoncé ce voyage au président de la république, ce n'était nullement un acte clandestin de conspiration ou d'intrigue ; je donnais un exemple qui n'est pas tellement banal qu'on eut raison de l'empêcher, l'exemple d'honorer le malheur, d'honorer la vieillesse, d'honorer l'exil.

Quoiqu'il en soit, en prenant congé du président, ajoute M. Thiers, je lui ai dit que je ne demandais, à lui, à la république, pour prix de mon concours, qu'une seule chose, la liberté de mes affections.

J'avais déjà dit au ministre de l'intérieur, je me suis assis entre une veuve et son fils, le comte de Paris, auquel il n'a pas été donné, devant moi d'autre nom ; et quand le grand jour de la tribune a déjà fait connaître le caractère de cet acte, il n'est plus temps d'y trouver une excuse pour les actes inconstitutionnels que je signale.

Viennent maintenant ceux de la commission de permanence : ils vont être l'objet d'un examen impartial de la part de M. Thiers.

Il a lu tous les procès-verbaux : que disent ils ? on parle des voyages du président, de sa représentation à Paris que la dotation a pu rendre magnifique, des discours qu'il a tenus, et des revues qu'il a passées, comme c'était son droit ; mais contestera-t-on que, dans ces revues, on ait poussé les cris de *vive l'empereur ?* assurément non, eh bien dit-il, nous tous, hommes d'ordre, nous avons été profondément affligés ; je dirai même indignés, si vous permettez que j'exprime par ce mot toute l'énergie de notre sentiment ; et savez-vous pourquoi ? c'est qu'il y avait là quelque chose de plus sacré que la légalité violée.

C'était l'ère des César préparée ; celle où les empereurs étaient proclamés par les légions :

Pour être bien compris, M. Thiers rappelle ici la division des partis existant parmi nous, et demande si ce n'est pas le plus redoutable des exemples que de faire émettre un vœu aux soldats par le cri de *vive l'empereur*, si ce n'est pas là le spectacle des armées faisant la destinée des nations.

On nous fait observer que ces cris n'ont pas étés provoqués ; je veux bien le croire puisque vous le dites ; mais est-il vrai, oui, ou non, que pour ne les avoir pas encouragés le général *Neumayer* a perdu son commandement ? voilà un acte sans exemple; je n'en sais pas un aussi hardi sous aucun des gouvernements précédents ; c'est l'acte le plus extraordinaire, le plus audacieux qui se puisse imaginer :

Et lorsqu'on est venu nous dire à nous, si tracassiers, que dans l'intérêt de la paix publique, il ne fallait pas agiter le pays; qu'il fallait laisser s'ouvrir paisiblement la session ; que le message effacerait tous les faits dont nous nous plaignons ; le message est venu; il a été bien accueilli ; et nous avons passé sous silence l'acte étrange que je viens de rappeler.

Quel jour avons nous donc pris la parole ? quand nous n'avons pas pu ne pas la prendre.

Le général Changarnier qui avait parfaitement compris son rôle, et dont l'habileté, la gloire consistaient à n'appartenir à aucun parti, mais à répondre à ce qu'il y a de commun à tous, la loi ; M. Changarnier à qui une certaine presse disait, tous les jours le *sphinx* ne parle pas, ayant raison de ne pas parler, mais d'agir, le *sphinx* s'est un jour expliqué.

C'est le jour où l'on a déplacé un général pour avoir blâmé les cris de *vive l'empereur*, et lorsque après avoir improuvé une telle injustice, il a dû faire tous ses efforts pour couvrir le général qu'on voulait frapper.

Ce général ayant reçu un dédommagement ; et la justice étant au moins sauvée, si la constitutionnalité ne l'était pas, le général Changarnier, lui seul, de sa propre inspiration, a fait un ordre du jour ; mais quand le *sphinx* parlait ainsi, il signait sa destitution, car elle ne fut résolue que ce jourlà; et comme depuis ce jour, la presse ministérielle ne cessait d'adresser des reproches au général, il était naturel que l'assemblée voulut des explications.

Or, ces explications étaient si peu concertées que quelques amis et moi avons voté l'ajournement à six mois.

Mais la majorité a témoigné la juste confiance que le général lui inspirait, le cas qu'elle faisait de ses services, l'estime qu'elle avait pour sa personne ; et ce jour là, la goutte d'eau a fait déborder le vase ; la destitution du général a été prononcée.

Réconnaissons donc que pour des cris de *vive l'empereur* qu'un général n'avait pas encouragés, et qu'un autre avait interdits par un ordre du jour, deux généraux ont été destitués.

Était-il possible que cette double destitution eut lieu sans que le débat, débat triste et terrible, fut soulevé dans cette enceinte; nous l'aurion voulu que nous ne l'aurions pas empêché, et voila ce qui a brisé la majorité parmi nous.

Ce n'est donc pas nous, c'est vous qui n'avez pas su endurer ce que vous appelez un troisième pouvoir, comme si le mot était sérieux, comme si le général avait désobéi un seul jour au pouvoir établi.

Il est vrai, continue M. Thiers, qu'un homme ayant le génie du commandement, et d'un caractère ferme et décidé, exige plus de ménagements qu'un autre ; mais lorsque je me reporte aux souvenirs impériaux, je trouve que l'empereur qui était un bien grand personnage, un maître bien obéi, avait pour les maréchaux *Massenal* et *Lannes* des ménagements dont la preuve étonnerait ceux qui m'écoutent ; on apprendrait, à quel point l'empereur savait ménager dans les autres les volontés énergiques qui fesaient sa grandeur.

Pour M. Thiers, le général Changarnier est de cette trempe ; mais il a toujours rempli ses devoirs avec la plus grande ponctualité, là est la quetion.

Oh ! si en disant qu'il était un troisième pouvoir, on entendait parler de sa grande importance, je l'accorde ; mais l'assemblée pouvait elle se plaindre qu'il y eut un homme de cette énergie à la tête de la force publique ?

Il avait, au contraire, à ce point de vue, une valeur immense.

Dans l'esprit de tout le monde il assurait à l'assemblée, outre son inviolabilité de droit, une inviolabilité de fait qu'on ne dédaigne jamais.

Oui, me dit-on, mais c'était une anomalie. Une anomalie ! répond M. Thiers : qu'lle est donc cette anomalie qui, à la tête de la force pubique, rassure la confiance dans le lieu où siège l'assemblée.

Imprudents qu vous êtes, avez vous oublié à quelles questions vous alliez vous exposer ? si c'est là une anomalie n'y en a-t-il pas une autre ?

Et franchement, sans outrage pour le pouvoir exécutif, tel qu'il s'est établi depuis deux ans, a-t-il l'attitude et les habitudes d'un président de la république ? parlons ici en honnêtes gens ; ne pouvons-nous pas dire que le président de la république, lui aussi, est une anomalie ?

En votant la dotation, n'avons-nous pas consenti, par amour de la paix à ce qu'il se créat quelque chose qui, n'est plus la présidence de la république ?

Ce que je dis est grave, je le sais ; mais quand vous nous parlez d'un pouvoir exorbitant à la têtes de l'armée n'y en a-t-il pas un autre dans l'état contre lequel nous n'avons pas réclamé dans l'intérêt de l'ordre et de la paix ?

C'est donc le même intérêt qui aurait dû vous faire supporter l'importance du général sur lequel reposait notre indépendance et notre sécurité.

selon moi, un pouvoir auquel on a tant accordé et qui n'accorde rien aux autres, n'agit pas sagement, et doit inspirer de la défiance.

J'engage la France à y penser. Certes, nous ne scrutons pas

toutes les fautes, mais il nous est impossible de dissimuler la gravité de celle qui a été commise par la double destitution infligée à deux chefs d'armée, pour avoir publiquement blâmé le cri de *vive l'empereur* ; c'est une faute, beaucoup plus qu'une faute aux yeux de M. Thiers ; et malgré la longueur de son discours, il demande encore à ceux qui l'ont si souvent interrompu la permission de leur exposer ses convictions les plus vraies sur la république, en suppliant la chambre de lui continuer toute son attention.

Je vous l'ai dit bien des fois, et ce n'est pas pour répéter, ici, une chose qui vous soit désagréable ; mais avant 1848, j'avais une préférence complète pour la forme dont tire tant de gloire et de profit l'Angleterre : élevé dans les idées monarchiques, cette forme me paraissait la plus véritablement libérale, celle qui réunissait au plus haut degré les deux conditions sans lesquelles un gouvernement n'aura jamais mon adhésion.

L'ordre et la liberté.

Cependant, je ne méconnaissais pas le grand et beau spectacle que donne l'Amérique ; mais, en ne rêvant pour mon pays que les destinées de la vieille europe, tout mon vœu se bornait au gouvernement constitutionnel franchement accepté par la royauté, courageusement pratiqué par nous.

Voilà quels ont été les sentiments de toute ma vie.

Lorsque 1848 est arrivé j'en ai ressenti une douleur profonde, vous ne pouvez pas en douter.

Savez-vous alors la question que je me suis sincèrement adressée dans ma retraite, en bon citoyen qui veut chercher et trouver la vérité, je me suis dit : peut-être me suis-je trompé ; il est possible que tout en ayant raison de préférer la forme anglaise, les sociétés européenne soient conduites par la force des choses à la forme américaine.

Dans ce doute, j'ai humilié l'orgueil de ma raison devant la providence, en me disant puisque la France fonde une république, mon devoir est de la servir franchement, sans intérêt, n'ayant désormais rien à demander à quelque gouvernement qui puisse naître dans mon pays.

À mon âge, aucun ne peut rien sur moi ; seul, j'y puis quelque chose ; en me conduisant bien ou mal.

Mon devoir est donc de bien servir la république, non pour

participer à ses grandeurs, mais parcequ'un bon citoyen doit incliner sa tête sous la loi, et que, dans l'intérêt d'autres convictions, il faut en faire loyalement l'expérience.

A côté des douleurs que je ressentais alors, j'éprouvais un sentiment de satisfaction : je me disais : la république c'est le gouvernement de tout le monde ; après les déceptions qu'ont, tour-à-tour, subies les divers partis, aucun d'eux ne doit s'en trouver humilié, il faut donc en faire l'expérience sans arrière pensée ; ce qu'on doit faire, c'est d'y travailler de son mieux.

Il est vrai qu'on peut être républicain de plusieurs manières ; dans tous les cas, voici l'engagement de loyauté qui me paraissait rigoureusement imposé à tous :

C'était que ni les uns ni les autres, par intrigue, par violence ou par des entreprises insensibles, ne conduisissent cette république à toute autre chose qu'elle.

C'était qu'à la fin de l'expérience, il ne se trouvât pas que l'un des quatre partis qui nous divisent eut converti la république à un gouvernement qui serait le sien.

Je vais donc examiner lequel des quatre partis a commis tout récemment ce que j'appelle un manquement à ces engagements là.

M. Thiers fait précéder cet examen de quelques mots sur les voyages de *Wiesbaden*, de *Belgrave Square*, sous *Louis-Philippe*, et de Claremont au sujet du quel il s'est assez clairement expliqué pour obtenir qu'il fut mis hors d'instances ; après cela, il parle de la république, et des seuls moyens qu'ont les républicains, suivant lui, de l'établir.

Nous leur devons, dit-il, de contribuer à ce qu'elle procure le repos et la prospérité publique ; en même temps ils nous doivent de ne vouloir nous amener à leurs tendances, si elles sont bonnes, que par des moyens légaux.

Le parti républicain nous doit cela ; il a, lui, une puissance redoutable ; ce sont les passions populaires, c'est là sa force ; et d'autres ont les traditions, les souvenirs.

Quand au parti bonapartiste (j'appelle chacun par son nom) il est au pouvoir ; c'est là un fait immense ; on dit qu'il veut la légalité, je le crois ; mais malgré ces déclarations aujourd'hui les plus loyales, les souvenirs de l'histoire m'apprennent que le parti qui est au pouvoir est celui qu'il faut surveiller avec la plus grande attention.

Avez-vous vu un pouvoir exister quelques jours dans ce pays sans y créer des intérêts, sans s'y faire des créatures? et malgré les progrès que nous devions faire sous la république, vous appercevez-vous que la faculté de donner des places et des décorations ait perdu de son empire ?

Osons donc l'avouer, dit M. Thiers, notre pays agité par tant de révolutions et dont j'admire la gloire et la grandeur a ses défauts.

Lorsqu'il est soulevé, il effraye les courages lesplus intrépides; quand il est calme, avec quelle promptitude il courbe la tête.

Le pouvoir, à ses yeux, devient l'auteur de tout le bien, même du bien qui se fait en dehors de lui.

De plus, M. Thiers trouve que notre constitution a fait quelque chose de bien étrange ; elle a créé une assemblée ayant la souveraineté effective de déclarer la paix ou la guerre, et placé à côté d'elle un pouvoir qui, étant, en quelque sorte, son subordonné, disposé de la force publique.

Évidemment, s'il y a quelque entreprise à craindre pour le gouvernement, d'où pourrait elle venir ? la réponse se fait facilement dans tous les esprits de bonne foi.

Eh bien ! dans cette situation, que nous devait-on ? dit M. Thiers, on nous devait de nous rassurer complétement ; et c'est le jour où le général le plus important de la situation actuelle improuve le cri de *vive l'empereur* que sa destitution est prononcée; et vous ne voulez pas que nous trouvions exorbitante cette entreprise !

Par cette destitution vous soulevez contre vous tous les sentiments de défiance et de suspicion ; on vous accuse avec raison d'ingratitude ; vous brisez la majorité qui vous soutenait ; et vous vous étonneriez de notre nouvelle attitude, lorsque nous venons, mes amis et moi, faire le grand acte de nous séparer du gouvernement, dans une circonstance si pleine de gravité.

Vous affirmez qu'on ne médite rien contre cette assemblée, c'est possible, mais avant de recevoir de vous une assurance qui puisse nous satisfaire, permettez moi d'attendre le jour où cette assemblée vous aura résisté.

C'est alors que nous pourrons juger de vos résolution.

Vous dites à présent, on va provoquer un conflit, un conflit!.. mais qui l'a commencé ? était-il possible qu'il n'eut pas lieu ?

Et maintenant, vous voulez que l'assemblée cède ; mais si elle cède, permettez moi de faire les réflexions que voici :

Lorsque deux pouvoirs sont aux prises, si celui qui est l'agresseur est obligé de reculer, c'est un désagrément pour lui, mais si c'est celui sur lequel on a entrepris qui cède, sa faiblesse devient si évidente qu'il est perdu à tous les yeux.

Or, quand il n'y a plus qu'un pouvoir, la forme du gouvernement est changée ; le mot, le titre viendront quand on voudra : *l'empire est fait.*

Les acclamations les plus nombreuses accueillirent ce discours dont nous venons de faire l'analyse.

Il avait montré tout ce que donnait à craindre les destitutions des deux généraux qui, après avoir réorganisé l'armée, rétabli la discipline, ranimé l'esprit militaire et maintenu l'ordre, semblaient être punis d'avoir rendu force à la loi.

M. Thiers ayant, ce jour là, occupé toute la séance, la continuation de la discussion amena le lendemain à la tribune le général Cavaignac qui, après avoir remercié M. Thiers de son langage loyal sur la république, renouvela sa résolution de la soutenir plus que jamais de tout son dévouement.

Lorsqu'il eut cessé de parler, M. Dufaure le remplace pour dire que la question ne se trouvait ni dans les explications de M. Thiers, ni dans les sentiments que le général venait d'exprimer ; mais qu'elle était toute entière dans le projet de résolution faisant suite à la proposition de M. de Rémusat relative aux divers actes du gouvernement sur lesquels une commission avait présenté le projet qu'on discutait.

Ce projet ayant donné lieu à de nombreux amendements, celui de M. de Ste-Beuve obtient d'être débattu le premier, il était ainsi conçu :

L'assemblée déclare qu'elle n'a pas confiance dans le ministère, et passe à l'ordre du jour.

Le ministre de l'intérieur intervint pour commenter cette expression de non confiance ; et M. Thiers reparait ensuite après lui, pour lui répliquer par ces mots :

Dans ce moment, grave et décisif, M. le Ministre ne veut pas d'équivoque ; je n'en veux pas non plus.

Je fais toujours effort pour être clair dans ma vie et dans ma conduite ; et j'espère que je vais l'être plus que jamais.

Il y a parmi nous trois types d'opinions : M. Berryer, le général Cavaignac et moi ; et qu'elles que soient nos dissidences et la diversité de nos vues, nous sommes parfaitement d'accord sur la question que je vais poser :

Est-il vrai, oui ou non, que pendant la prorogation, il s'est passé des faits déplorables, des faits qui ont mis en péril la discipline de l'armée ? est-il vrai qu'ils ont alarmé tous ceux qui veulent que rien ne soit changé, ni par ruse, ni par violence, dans le gouvernement actuel ?

Est-il vrai qu'on a poussé l'audace jusqu'à destituer un général, puis un second, et que cela nous a révélé des tendances auxquelles nous voulons résister ?

Voila ce que demande M. Thiers : après ce résumé des faits, la question de l'amendement soulève encore un reste de vive discussion entre le ministre de l'intérieur et lui.

L'amendement que proposait la commission contenait un blâme formel contre le ministère à propos de la destitution du général Changarnier, et puis un hommage personnel à ce commandant en chef de l'armée de Paris ; ainsi formulé, il ne pouvait rallier à lui tous ceux qui étaient d'avis d'infliger le blâme en question.

M. Thiers comprend alors le parti que le ministre voudrait tirer de ce désaccord, et s'empresse de dire qu'il n'acceptait pas ce texte, parcequ'il n'exprimait pas assez radicalement le blâme que méritaient les actes incriminés ; et lorsqu'on en vint au vote ; l'amendement *Ste-Beuve* annonçant que le ministère a perdu la confiance de la chambre ayant été accepté à une majorité considérable, il s'ensuivit une inexprimable agitation.

A la suite de ce vote, les ministres se retirèrent ; et le 24 janvier, le moniteur fit connaître leurs successeurs.

Ils étaient la plupart des hommes inconnus, dont aucun n'appartenait à l'assemblée ; on les considérait comme des ministres intérimaires.

Le 10 février, la chambre leur refusa un supplément de dotation demandé pour subvenir à des dépenses extraordinaires de la présidence ; et le 10 avril suivant ils furent remplacés par un décret.

Dans ce nouveau personnel furent compris trois des ministres qui, deux mois auparavant, avaient été dépossédés de leurs portefeuilles par un vote solennel de la chambre.

CHAPITRE XX.

A cette époque, la révision de la constitution était bruyamment
réclamée ; et comme ce mot de révision, aux yeux des républicains, pouvait signifier rétablissement d'une monarchie, ils s'opposaient à ce grand acte contre lequel était excité l'opinion
publique.

Néanmoins, des pétitions nombreuses faites en faveur du projet avaient été déposées sur le bureau de la chambre ; et le 28
mai M. Albert de Broglie, au nom d'un grand nombre de ses
collègues, présenta, d'accord avec le pouvoir, ce projet de révision auquel il fut décidé qu'on donnerait suite sans retard.

La commission nommée à l'effet de l'examiner, propose son
adoption par l'organe de M. de Tocqueville, son rapporteur ; et
pendant que la majorité se disposait à lui être favorable, Louis-
Napoléon prononçait à Dijon un discours où il disait que l'assemblée nationale l'avait bien secondé pendant trois ans, quand il s'a-
gissait de combattre le désordre par des mesures de compression ; mais que le jour où il aurait voulu améliorer le sort du
peuple, elle lui avait refusé son concours.

Cependant, ajoutait-il, si la France reconnait qu'on n'a pas eu
le droit de disposer d'elle, sans elle, la France n'a qu'à le dire,
le courage et l'énergie du président ne lui manqueront pas.

Ce langage fut d'autant plus remarqué que le président s'exprimait ainsi au moment où la majorité lui donnait des preuves
manifestes de dévouement ; et comme des bruits de coup d'état

circulaient alors dans le public, ce fut à propos du discours de
Dijon que le trois juin, le général Changarnier dit à l'assemblée
qu'on n'entraînerait contre elle ni un bataillon, ni même une
compagnie, et qu'on pouvait dormir en paix.

L'assemblée, en effet, poursuivait paisiblement ses travaux,
lorsqu dans une des séances où se discutait la question des douanes, celle du libre échange, applicable à notre système douanier
fut soulevée par M. de Ste-Beuve, et provoqua aussitôt une réponse de M. Thiers qui demanda la parole pour donner son opinion sur cette importante question.

Voici dans quels termes il commença :

Messieurs,

Quoique je ne partage, sous aucun rapport, l'opinion de M. de
Ste-Beuve, je le remercie d'avoir porté à cette tribune une des
plus grandes questions qui puissent intéresser notre pays.

Je viens donc supplier la chambre de vouloir bien accorder
une patiente attention à des détails, sans lesquels une question
si vaste resterait obscure et vague dans les esprits ; je tacherai de
la préciser ; mais je ne puis pas faire qu'elle n'exige pas beaucoup de temps, pour être résolue aussi sérieusement que le demande son importance.

Tel fut en substance le début de M. Thiers : il y 30 ans,
dit-il, que je m'occupe ici d'affaires publiques ; je n'ai jamais
varié sur cette question ; et ma longue expérience acquise dans
la plus scrupuleuse observation des faits m'a convaincu que la
prospérité de la France tenait au système qu'elle a toujours suivi.

Cependant M. de Ste-Beuve, dont j'honore l'esprit studieux,
a rudement traité ce système ; il permettra donc qu'en ayant
pour sa personne tous les égards qu'elle mérite, je traite rudement, à mon tour, l'opinion qu'il est venu soutenir devant vous.

Il a dit que la nôtre détruirait la prospérité nationale, et je vais
prouver que la sienne la briserait comme verre, si elle venait un
jour, à prévaloir.

J'ai là dessus une conviction profonde que le grand spectacle
auquel je viens d'assister rend encore plus forte et plus complète.

Vous trouverez, dit-il, à son collègue, que notre commerce lan-
guit pendant que l'Angleterere a passé de 30 millions de sterlings
d'exportation à 70 millions, depuis 1830 jusqu'à 1850.

C'est, en effet, un spectacle dont je suis ému comme vous ;

mais que direz-vous quand je vous apprendrai que, dans le même espace de temps, le chiffre des exportations en France s'est élevé de 462 millions à un milliard trente deux millions, vous serez bien forcé de reconnaître que le chiffre de nos exportations ayant plus que doublé, ce qui n'a pas eu lieu en Angleterre, constate que notre système n'est pas si mauvais.

Il faut donc se délier des recueils faits par des écrivains dont on peut contester l'autorité comme exacts observateurs des faits.

Ce n'est pas seulement en théorie qu'on peut se tromper, quand on examine de tels sujets avec une certaine ardeur de jeunesse, il faut encore plus de sureté plus de prudence dans l'observation des faits qu'il n'en faut pour arrêter des principes théoriques ; et le triste privilège de la vieillesse me donne l'avantage d'en savoir plus que vous sur ce point.

Parlant alors de la grande expérience qui se fesait en Angleterre, il dit à M. de Ste-Beuve, attendez au moins que les résultats en soient connus, avant de vouloir l'imiter.

Elle n'est pas encore acceptée par les anglais ; on la trouve ruineuse, au point qu'elle fait contester, non le génie, ni les grands services de *Robert Peel*, mais la prudence avec laquelle il a agi ; il n'est pas un homme éclairé qui ne reconnaisse qu'il a exposé son pays à de rudes épreuves par sa hardiesse à changer le système commercial de l'Angleterre.

M. Thiers se propose donc d'entrer dans l'examen de cette grande expérience, en montrant ce que nous pouvons lui emprunter même désastreusement, et ce qui n'est applicable chez nous en aucun point, parceque les faits, eux-mêmes ne s'y prêtent pas.

Dans cet examen, il commence par faire observer qu'en Angleterre il y a très peu d'impôts directs, et beaucoup d'impôts de de consommation.

Deux chiffres, dit-il, feront sentir la différence entre les deux budgets.

En Angleterre, les douanes donnent 559 millions (monnaie française) les contributions indirectes en donnent 350, ce qui fait 900 millions d'impôts indirects provenant de l'intérieur, ou du dehors, tandis que l'impôt direct ne donne que cent millions, lesquels ajoutés à quelques autres produits de même nature, réalisent un milliard deux cent millions représentant le revenu anglais.

En France les contributions directes représentent 450 millions, les contributions indirectes de toutes sortes rapportent à peuprès 150 millions, et le timbre, les postes, les forêts élèvent le chiffre à un milliard, deux ou trois cents millions comme en Angleterre.

Voilà la différence des deux systèmes.

L'income-tax est un impôt direct que le peuple anglais n'aime pas, parcequ'il est arbitrairement établi ; tandis que le nôtre a pour base un principe d'égalité et de justice ; néanmoins en Angleterre on s'efforce d'en accroître le chiffre, en diminuant celui des impôts de consommation.

Cette réforme est une imitation française dans laquelle les anglais sont entrés depuis longtemps, tout en étant encore loin de nous atteindre.

Pour ce qui est du libre échange, ce n'est pas une imitation qu'ils tiennent de nous ; et j'espère bien, dit M. Thiers, que nous ne les imiterons pas en ce point.

Tenant alors à justifier ce vœu, il va prendre, l'une après l'autre, nos industries les plus importantes, examiner les conditions de leur activité, afin de démontrer qu'une expérience de libre échange ne peut être tentée chez nous avec quelque prudence et quelque bon sens.

En France, dit-il, tout est protégé à des dégrés différents, et si vous aviez cherché aussi souvent que moi le moyen d'établir les prix de revient, vous auriez vu que c'est une chose bien difficile d'apprécier si une industrie est plus protégée qu'une autre.

Cependant, ajoute-t-il, je suis à même de prouver que l'agriculture est la plus protégée de toutes les industries, et qu'elle en a le plus de besoin ; mais M. de Ste-Beuve ayant dit qu'elle n'était pas protégée parce qu'elle était soumise à une échelle mobile, tandis que les fers, soumis au droit fixe, pouvaient profiter de hausses éventuelles dont on privait les céréales au détriment de l'agriculture, M. Thiers lui répond : vous vous révoltez de cela, mais je me révolterais bien plus du contraire.

Qu'arriverait-il, si, après trois ou quatre années de mauvaises récoltes consécutives, on avait la faculté de maintenir au prix de famine pour les populations, ou bien encore, si l'entrée en franchise des blés étrangers devait produire une baisse ruineuse sur les nôtres : cette dangereuse alternative ne suffit-elle pas à faire comprendre que l'échelle mobile ait paru préférable au droit fixe pour les hommes éclairés de tous les pays.

Quant au droit fixe sur les fers il n'en résulte jamais un prix de famine comme pour les céréales, la preuve en est qu'en 1847, époque du grand développement de nos voies rapides, la création des hauts fourneaux qui était de 38 en 1844 s'est élevée jusques à cent deux au bout de 5 ans, et l'on a vu le prix des fers baisser presque au niveau des fers anglais, par l'effet de la concurrence intérieure qui se produisait dans ce temps là.

Tandis qu'il ne peut jamais en être ainsi pour les céréales, parceque la production ne peut se tripler ni se doubler comme le fer, selon les besoins.

Au reste, M. Thiers va faire voir la nécessité de la protection à laquelle est destinée l'échelle mobile par sa discussion sur le prix des blés en Angleterre, et sur les pertes résultant de leur introduction en franchise chez elle ; et pour cela, il se livre à des appréciations si rigoureuses des faits eux-mêmes que ces faits en deviennent irréfragables, bien plus irréfragables que les raisonnements théoriques de M. de Ste-Beuve à qui M. Thiers reproche ironiquement l'emploi de ce mot *irréfragable* que des raisonnements ne peuvent jamais avoir.

Et lorsqu'il arrive à parler des céréales provenant en France de l'extérieur, il demande aux libre-échangistes dont le système consiste à prendre toujours les choses qui coûtent le moins, ce que nos agriculteurs retireraient de leurs produits quand les blés étrangers arriveraient au prix de 12 et 15 francs à leur destination, ainsi qu'il en démontre la possibilité par ses calculs devant l'assemblée.

Qu'arrive-t-il donc en Angleterre où l'infériorité de ces prix se produit souvent depuis la franchise des céréales ? on met les terres en pâturages parcequ'on possède une immense quantité de vaisseaux capables de les approvisionner abondamment, et parcequ'étant maîtres des mers, ces approvisionnements peuvent en tout temps être protégés.

Cependant, tout bien considéré, dit M. Thiers, je me demande ce que deviendraient les prix lorsqu'il faudrait ajouter celui des assurances qu'une guerre ne manquerait pas de créer ; on remettrait alors les terres en céréales ; mais il n'est pas moins vrai que la possibilité de voir quelque temps le prix du pain doublé est une chose qu'une nation prudente ne doit pas braver, suivant M. Thiers.

Après cela, ajoute-t-il, que l'Angleterre se vante d'être la maîtresse des mers, comme nous l'avons été jadis du continent ; qu'elle mette son orgueil à se nourrir des blés venant des rives du *Wolga* ou du Mississipi c'est un fier sentiment bien légitime, mais dont elle pourrait bien être punie par l'expérience.

Pour nous, si sous prétexte de céder à des idées nouvelles nous allions nous exposer à voir un tiers de notre consommation dépendre de la mer, nous serions des enfants, ou des fous ; et l'on devrait dans le monde nous donner un de ces deux noms.

Voila donc pour les blés, dit M. Thiers, et si mes forces et la patience de l'assemblé me le permettent, je traiterai la question de nos diverses industries avec la même précision,

mais ne pouvant pas faire un livre à la tribune, il se voit obligé de les parcourir rapidement pour achever de démontrer les nécessités actuelles du système protecteur qu'on voudrait abolir.

En conséquence, le commerce du blé, de la laine, du fer, de la houille, du coton, des draps, deviennent les matières dont il s'occupe, séparément, avec détail, et qu'il discute tour à tour en les contrôlant par des comparaisons et des calculs sur l'exactitude desquels il défie toute contradiction, d'où il tire la preuve que la protection accordée à chacune d'elles a favorisé leurs progrès, dans les proportions lesplus avantageuses ; et de cette longue et savante discussion sur des faits dont il ne parle si bien qu'après les avoir soumis à des études approfondies, il parvient, enfin, à bien établir que dans l'intérêt national, on ne doit pas se mettre à la merci de l'étranger, quand il s'agit d'objets aussi importants que ceux dont il vient d'entretenir l'assemblée.

Abordant ensuite la théorie du *laissez faire et laissez passer*, il démontre à quel point ce système est vide, infécond, stérile, par des objections tirées des faits qui les rendent incontestables ; et pour répondre à M. Ste-Beuve qui avait cité les anglais comme les ennemis de la protection, il entreprend l'histoire de leur industrie depuis le 15me et 16me siècles : il dit ce qu'ils faisaient alors de leurs produits, notamment de la houille qui est devenue la source de leur puissance ; il rappelle les interdictions dont fit habilement usage Henri VIII pour réserver à sa nation les matières premières qu'elle possédait ; et comme il y avait à cette époque dans l'Inde un peuple qui, en fabricant les cotons avec une perfection extraordinaire, commeoçait, par la voie du cap de Bonne espérance, à répandre en Europe ses mousselines et ses toiles peintes dont on était émerveillé, les anglais malgré l'impossibilité de fabriquer aussi bon marché que les indiens, se mirent à l'œuvre, ils interdirent chez eux l'entrée des cotons étrangers, et cette interdiction absolue suscita de tels efforts que le génie de la mécanique finit par en surgir, et qu'on arriva à faire exécuter par une seule personne le travail de quatre cent.

Depuis lors, au lieu de l'interdiction abolue, les anglais mirent un droit très élevé sur les cotonnades de l'Inde, et lorqu'ils eurent appris à teindre celles qu'ils fabriquaient, ils réussirent à les écouler en quantité innombrables dans l'Inde même dont ils étaient devenus les maîtres, bien que la matière première vint de ce pays.

M. Thiers ajoute encore à cet exemple ce que les anglais ont fait pour les belles races d'animaux qu'on admire tant ; il tient à constater que c'est toujous à l'aide du même système appliqué à toutes leurs industries qu'ils sont arrivés aux beaux résultats que nous connaissons.

Voulant enfin compléter ses démonstrations, M. Thiers continue encore, et dit à l'assemblée : si vous aviez étudié l'histoire de la soie vous sauriez par quels prodiges d'activité et de persévérance on est parvenu à la créer, et tout ce que firent François 1er et Henri IV dans ce but.

Il rappelle les titres de noblesse, les priviléges exclusifs et les encouragements de toutes sortes auxquels le grand *Colbert* eut recours pour attirer les hommes capable de développer chez nous les industries nouvelles ; il fait connaître les perfectionnements qu'elles atteignirent et leurs succés ; et puis il demande si *le laissez faire et le laissez passer* les auraient réalisés.

Il est vrai qu'aujourd'hui, reprend-il, de pareils encouragements ne seraient plus possibles ; mais il croit qu'à l'aide de tarifs bien entendus, pouvant créer un intérêt de faire les choses, on arriverait aux mêmes résultats.

Ici, l'industrie du lin lui sert d'exemple, en racontant les moyens qui furent employés pour ne pas la perdre ; et quand il est à bout de son récit, il s'écrie, eh ! mon Dieu les libres échangistes sont nombreux qui, pour être députés, adoucissent leur théorie, et ne s'exposeraient pas à toucher aux tarifs existants, sans y regarder à deux fois. Pour moi, ajoute-t-il, je combats leur système par ce que je crois défendre la grandeur et la prospérité nationales.

Maintenant dit-il-, parlons un peu des nations étrangères ; elles peuvent aussi servir d'exemple, sachons les écouter.

Voyons ce que font les anglais pour certaines industries, et quelles profondes différences il existe entre leurs produits et les nôtres.

A son avis, ce qu'il y a de plus instructifs dans leur magnifique palais de cristal qu'il décrit en l'admirant, et dans lequel l'exposition de Londres a réuni les produits de tout l'univers, c'est, dit-il, de les comparer et d'étudier le secret de chaque nation dans sa conduite commerciale.

Parlons donc de l'Angleterre : aux yeux de M. Thiers, le vrai caractère de son industrie, c'est la spécialité sur quelques points, et le bon marché provenant d'une abondance de matières premières qui lui permet de ne rien craindre de personne ; et comme il lui fallait de grands débouchés, elle a été forcément entraînée à accorder la liberté de commerce pour l'agriculture, et l'abolition de l'acte de navigation dont il fera connaître les conséquences.

Arrivant ainsi à la question des tarifs anglais, il montre la justesse des calculs sur lesquels ils sont établis, mais après cela, il fait connaître les sacrifices onéreux imposés aux grands propriétaires par la réforme opérée sur les céréales.

Ces sacrifices dont il donne la mesure, font que M. Thiers va dire ce qu'il pense de l'aristocratie à laquelle ils ont étés imposés.

Dans son opinion, elle est la sauvegarde des libertés qu'elle a conquises au profit de la nation ; il apprécie ce quelle souffre dans ce moment de la baisse du prix des blés résultant de la réforme, pendant que les autres classes ne peuvent abandonner le prix du pain qu'elle leur procure, cequi donne lieu, des deux cotés, à de grandes inquiétudes dont le dénouement lui parait néanmoins peu redoutable pour l'avenir.

Quoi qu'il en soit, d'après lui, l'expérience que l'on fait en Angleterre sans un grand danger, deviendrait en France une véritable folie.

Maintenant, il demande la permission de dire quelques mots sur l'industrie française.

Son caractère est l'universalité, la spécialité, la perfection.

Nous faisons de tout, et très bien, mais pour caractériser ces traits, il donnera le sens vrai des mots qu'il énonce.

En premier lieu, il dira que l'Angleterre fait la houille, le coton, le fer, avec une grandeur incomparable, un bon marché merveilleux.

Seulement, la soie qu'elle fait est médiocre, et ses draps sont inférieurs à ceux que nous fabriquons.

Les comparant ensuite à ceux d'Allemagne, d'Italie, d'Espagne, il en vient à cette conclusion, que notre universalité si reconnue, en littérature et dans les arts, se révèle aussi dans notre industrie avec le même éclat.

Les nations qui nous l'envient veulent bien convenir que nous avons l'esprit et le goût ; mais nous avons bien autre chose, ajoute M. Thiers, c'est la profonde intelligence qui se montre dans nos œuvres ; et ce qu'il en a vu à l'exposition de Londres l'a tout-a fait flatté et charmé.

Ce spectacle a été la plus grande joie patriotique qu'il ait eue dans sa vie.

Il y a quarante ans, nos armées nous couvraient de gloire ; aujourd'hui c'est notre industrie qui nous honore aux yeux de l'Europe, et fait dire que nous sommes restés laplus intelligente des nations.

Voyez, dit-il, nos ouvriers si vifs, si bouillans, si ingouvernables, comme ils exécutent les choses les plus difficile, avec une admirable précision.

Mais, ajoute-il aussitôt, avec cette grande qualité de faire de tout et très bien, nous avons nécessairement, une concurrence à soutenir contre chacune des nations qui excellent dans l'industrie que nous produisons comme elles, d'où résulte pour nous l'obligation de lutter contre cette concurrence, en protégeant nos marchés intérieurs par des tarifs.

Aussi, nous vendons plus cher que les anglais, mais nous fesons mieux qu'eux ; et lorsque je compare le chiffre de toutes nos exportations au chiffre de celles que fait l'Angleterre, je crois pouvoir dire que si les anglais ont raison d'être contents de leur sort, nous devons l'être aussi, avec cette différence que les anglais ayant mis, pour leurs grains, toute leur existance au dehors, ils ont besoin d'être toujours puissants pour la conserver, tandis que la nôtre est bien assurée au dedans, ce qui lui parait bien préférable.

Encore un mot, dit M. Thiers en finissant : voici deux jeunes nations qui entrent dans la carrière : ce sont les américains et les russes ; elles y entrent avec une bien remarquable grandeur.

Placées aux deux pôles, le contraste qu'elles présentent est saisissant. L'une vit sous la liberté, et l'autre sous le despotisme.

Leur immensité a quelque chose de menaçant.

Quel est leur sentiment sur le libre échange ? il semble que ce système ne devrait pas leur nuire ; elles sont spéciales dans les matières qu'elles produisent en quantités incalculables : elles nourriraient le monde entier.

Ici M. Thiers fait connaître leurs ressources et quels sont les éléments de leur avenir.

Elles pourraient donc s'en tenir là ; c'est le conseil qu'auraient donné *Pierre, le grand,* et Washingthon, dit M. Thiers ; mais mais elles veulent faire de tout, à tout prix ; et pour cela, elles ont créé un système de tarifs pratiquant la protection, de manière à pouvoir exécuter tout ce qu'elles sont intéressées à faire, comme à faciliter les échanges que nécessitent leurs besoins.

Aujourd'hui, en effet, ce système, comme tout le monde l'entend, est une lutte loyale, une honorable rivalité substituées par le progrès humain à des hostilités atroces ; et la différence des tarifs exprime les efforts patients qui consistent à vouloir faire péniblement, lentement ce que plus tard on fera mieux, c'est une loi divine.

Enfin avant de terminer, M. Thiers fait remarquer avec quelle variété la providence a répandu ses dons sur la terre ; il énumère ce que produisent quelqes unes de ses parties pour montrer que dans le partage tout est inférieur en Europe aux autres contrées du globe ; mais il s'empresse d'ajouter ; ce qui nous fait supérieur à toutes, c'est une seule chose, c'est l'homme, l'homme, entendez vous bien ; parceque les contrés tempérées sont lesplus favorables au cerveau humain.

Dans les pays froids, il est engourdi, dans le pays chaud, il devient sensuel, là seulement l'homme pouvait être grand, fier, ambitieux ; il va prendre les produits du monde entier pour les lui reporter ensuite, c'est donc la pensée de Dieu que vous insultez quad vous dites de laisser aller le hasard, et de ne rien faire.

En conséquence, il proteste contre cette doctrine et conseille à son pays de persévérer dans ses nobles sentiments.

Ainsi finit M. Thiers, il avait parlé pendant plus de quatre heures.

Au moment où il descendait de la tribune, les députés coururent en foule de tous les côtés pour l'accueillir par de chaleureuses félicitations.

Le lendemain, M. de Ste-Beuve essaya de lui répondre ; sa réponse fut très courte ; et M. Thiers demanda de nouveau quelques minutes pour redresser quelques erreurs commises par son jeune contradicteur.

Il reproche à M. St-Beuve sa trop grande facilité à vouloir associer la liberté commerciale et la liberté politique, et de n'avoir pas bien lu Montesquieu expliquant les différences qu'il en fait.

C'est aux yeux de M. Thiers une assimilation puérile que dément l'exemple de l'Amérique où la plus grande liberté politique est associée à des restrictions commerciales aux quelles s'ajoute tous les jours quelque chose.

Les tarifs, dit-il, sont faits pour prévenir les crises, c'est-à-dire pour conpenser les inégalités de géographie, de temps et de situation.

Leur objet est de protéger le travail national, mais la liberté politique n'a rien avoir dans ces questions.

Revenant encore sur ce qu'il avait déja dit de la différence des soieries en Angleterre et en France, il répéte que la supériorité de nos produits consiste dans le gout délicat et la perfection que nos ouvriers savent mettre dans leur travail.

Ce sont ceux que vous avez appelés *la vile multitude*, lui crie-t-on,

Eh bien ! puisqu'on rappelle ce mot dont les partis font un déplorable abus, je vais vous dire ce qu'a fait la vile multitude.

Elle a fait fuir les bons ouvriers ; et si des progrés ont été faits par nos rivaux cela tient à la terreur qui a inspiré à ces ouvriers d'aller porter leur industrie chez d'autres nations.

Après cela, M. Thiers conclut en affirmant que l'Angleterre, l'Amérique et la Russie tiennent, leur grandeur, leur prospérité et leur travail des tarifs qu'elles ont créés.

A la suite de cette courte réplique la proposition de M. Ste-Beuve ayant été mise aux voix fut, repoussée par une majorité dont le nombre mit en évidence le succés éclatant que venait d'obtenir M. Thiers.

La presse fut unanime à reconnaître une fois de plus l'immense talent qu'il avait montré ; néanmoins les apôtres du libre échange n'acceptèrent pas leur échec ; ils continuèrent plus que jamais à défendre leur système dans quelques journaux, en soutenant que les faits énoncés par leur adversaire étaient dénués de fondement.

Cette controverse fut si vive et et si prolongée que M. Thiers se décida, peu de temps après, à publier une nouvelle édition de son discours, pour en confirmer les principes et le contenu.

Dans le même temps une question politique des plus graves agitait les esprits.

C'était la révision de la constitution, proposée par M. Albert de Broglie à l'assemblée.

La commission élue à cet effet lui présenta son rapport, le 14 juillet.

Les monarchistes et les républicains engagèrent une discussion très vive sur cette proposition, M. Thiers ne parla pas, mais vota contre elle ; et comme le chiffre de la majorité qu'elle obtint n'atteignait pas les trois quarts des voix légalement exigées, la proposition fut rejetée.

Quelques jours plus tard, c'est-à-dire le 10 août, l'assemblée, après avoir nommé une commission de permanence se prorogea jusqu'au 4 novembre suivant.

Durant cet intervalle, le retrait de la loi du 31 mai devint l'objet d'une ardente polémique dans la presse ; on attribuait cette intention au président de la république, et des bruits étranges, inquiétants se répandirent dans le public à ce sujet.

Le quinze octobre les ministres donnèrent leur démission, on lui donna pour cause leur dissentiment avec le président sur le retrait en question.

La formation d'un nouveau cabinet fut difficile ; elle ne parut que le 27 octobre au journal officiel, et les commentaires du public furent généralement que la principale mission de ce cabinet, dont les membres étaient peu connus, serait le retrait auquel n'avaient pas voulu consentir leurs prédécesseurs.

Le 4 novembre le président ouvrit la session par un message où il demandait, en effet, à la chambre, l'abrogation absolue de la loi du 31 mai, en lui annonçant qu'un projet de loi lui serait présenté dans ce but par ses nouveaux ministres.

La possibilité d'une pareille concession paraissait douteuse : le président ne demandait, disait-on, cette abrogation que pour recueillir une popularité favorable à sa réélection ; et malgré les complications d'un conflit, la majorité de la chambre qui avait fait cette loi pouvait ne pas vouloir consacrer le principe qu'il n'y avait plus qu'un pouvoir dans l'état, et que ce pouvoir n'était pas elle.

Telles étaient les suppositions du moment, lorsque les ministres présentèrent le projet de loi annoncé.

La chambre ayant été invitée à délibérer sur cette présentation, refusa de passer à la seconde lecture, mais la majorité où figurait M. Thiers ne fut que de 7 voix pour ce refus.

Le gouvernement dut être froissé de ce vote ; il devenait une leçon donnée à ses imprudentes prétentions ; et par sa réponse la chambre justement susceptible faisait acte de dignité.

A la suite de cet incident les questeurs prirent l'initiative d'une proposition nouvelle qui soulevait une grosse question.

Ils demandèrent que le droit de requérir la force armée fut conféré à l'assemblée.

Cette discussion fut longue et orageuse ; les discours prononcés produisirent une mêlée désordonnée d'opinions dont le langage confondait les hommes de tous les partis.

C'était le résultat de défiances réciproques au milieu des quelles intervint M. Thiers pour donner les explications dont on avait besoin.

De nombreuses questions lui furent adressées par ses collègues, quand on le vit monter à la tribune ; et dès le début, il déclare que s'il vote la proposition ce n'est ni pour un parti ni pour un autre, mais pour l'indépendance de l'assemblée.

Que la première condition du gouvernement représentatif se trouve dans l'indépendance du pouvoir appelé à discuter les affaires du pays ; et qu'elle implique, le droit de réquisition directe donné à ses représentants.

C'est une grande question de principes qui surgit au milieu d'un diversité d'opinions soulevées par la loi du 31 mai dont l'application est complétement étrangère à ce débat, mais qui ne doit pas faire oublier les vérités incontestables qu'il va traiter.

L'origine de la proposition révèle évidemment la crainte d'une tentative de violence ; et sa vrai cause, c'est la circulaire du ministre de la guerre dont le fait récent doit parler à vos mémoires, est-il vrai, oui ou non, que cette circulaire a paru à tout le monde une nouveauté bien extraordinaire, et qu'une interpellation au ministre était de rigueur.

Pour, moi dit M. Thiers, je crois qu'en présence d'une pareille circulaire, il importe de rétablir dans l'esprit de l'armée le sens vrai de ses devoirs qu'on essaye de lui faire oublier.

Il rappelle que se trouvant à sa tête, les prédécesseurs du ministre actuel n'ont jamais manqué de lui prescrire obéissance au pouvoir établi par la constitution, et le respect de la loi.

Que ne faisant appel qu'à son obéissance à la discipline et à l'esprit militaire, on s'expose à pervertir ses sentiments si on n'ajoute pas à coté du dogme de cette obéissance, le dogme du respect des lois.

Sous aucun régime, on ne doit tenir un tel langage, dit M. Thiers.

L'armée, au dehors, est le gage de la défense du pays, au dedans elle est le soldat de la loi sans réserve et sans réticence.

Et vous, législateurs, vous devez donner à ce devoir toute sa clarté.

Dans une constitution émanant de l'assemblée souveraine, le principe nécessaire inspiré par le bon sens veut qu'elle soit, elle-même, chargée de sa sureté, et qu'elle ne le délègue à personne.

Voila le principe incontestable: et M. Thiers demande si cette déclaration, sans un règlement qui explique le droit de réquisition, peut faire cesser les anxiétés du moment.

C'est pour lui une sincère question de principe, et non de parti.

M. Jules Favre lui succédant à la tribune lui donne raison ; mais ne pouvant se dégager de l'esprit de défiance qui le domine, et domine l'assemblée dans ce grand débat, il parle pour le projet, mais il votera contre.

Il résulta donc du vote qui survint, que le président de la chambre n'avait pas le droit de réquisition directe et que le pouvoir exécutif était, seul, revêtu de ce droit.

C'est ainsi que se termina cette séance à jamais funeste, où l'on vit le pouvoir parlementaire se dissoudre de ses mains en se refusant le pouvoir de défendre sa propre existance.

C'était un fait inouï dans la vie des peuples libres ; il était l'œuvre de la défiance obstinée, aveugle que nous avons signaleé.

L'ennemi commun devenait le maître des deux partis; et c'est à cela que visait sa politique.

Après ce coup porté contre elle-même, l'assemblée poursuivit sa délibération sur la loi électorale dont elle s'occupait depuis plusieurs séances.

Quelques jours après, un député présenta un projet de loi sur la responsabilité du pouvoir exécutif et de ses agents.

Ce projet fut considéré comme un retour indirect à la proposition des questeurs.

Le lendemain, parut dans le constitutionnel un article attaquant indignement l'assemblée, et provoquant le gouvernemet à faire un coup d'état.

Il produisit une vive sensation dans tout Paris; nous sommes à la veille d'un 18 fructidor, disait-on; on pourrait le croire, en lisant l'article en question.

Dans la séance du 24, novembre, un député demanda à interpeller les ministres sur cet article; le ministre donne quelques explications, et la séance fut levée.

Plusieurs jours s'écoulèrent encore ainsi, pendant lesquels la chambre pouvait être anxieuse, mais ne poursivait pas moins le cours de ses travaux.

Le 2 décembre parut un décret qui annonçait sa dissolution, rétablissait le suffrage universel, convoquait le peuple dans ses comices, à partir du 14 décembre, et décrétait l'état de siége.

Une proclamation du président motivait toutes ces mesures; et pendant cette publication, on procédait à l'arrestation d'un certain nombre de représentants, au nombre desquels figurait le grand citoyen dont nous venons de raconter la glorieuse vie parlementaire jusqu'à ce jour.

TABLE DES CHAPITRES.

Martel, imp., Valet